绿色金融丛书
Green Finance Series

SUSTAINABLE INVESTING
Revolutions in Theory and Practice

三优投资

投资理论与实践的一场革命

[美] 卡利 · 克罗辛斯基(Cary Krosinsky) [美] 索菲 · 彼得(Sophie Purdom)◎著
马险峰 王骏娴 秦二娃◎译

中国金融出版社

责任编辑：董　飞
责任校对：潘　洁
责任印制：程　颖

图书在版编目（CIP）数据

三优投资：投资理论与实践的一场革命（Sanyou Touzi：Touzi Lilun yu Shijian de Yichang Geming）／（美）卡利·克罗辛斯基，（美）索菲·波得著；马险峰，王骏娴，秦二娃译．—北京：中国金融出版社，2018.2
ISBN 978－7－5049－9393－9

Ⅰ.①三…　Ⅱ.①卡…②索…③马…④王…⑤秦…　Ⅲ.①投资理论
Ⅳ.①F830.59

中国版本图书馆 CIP 数据核字（2018）第 006141 号

出版发行　中国金融出版社
社址　北京市丰台区益泽路 2 号
市场开发部　（010）63266347，63805472，63439533（传真）
网上书店　http://www.chinafph.com
（010）63286832，63365686（传真）
读者服务部　（010）66070833，62568380
邮编　100071
经销　新华书店
印刷　保利达印务有限公司
尺寸　169 毫米×239 毫米
印张　24.5
字数　386 千
版次　2018 年 2 月第 1 版
印次　2018 年 2 月第 1 次印刷
定价　68.00 元
ISBN 978－7－5049－9393－9
如出现印装错误本社负责调换　联系电话（010）63263947

《绿色金融丛书》编委会

《绿色金融丛书》序言

2016年冬季，我国北方和东部大部分省市又陷入重度雾霾，红色预警持续发布，学校停课、汽车限行、企业停产、工地停工，严重影响了正常的生产生活秩序，也给当地的经济造成了冲击。一些经济学家们在猜测，雾霾是否已经构成了我国经济发展的硬性约束条件，经济增长潜力还有多少？百姓对雾霾的抱怨、对碧水蓝天的期盼，经济面临的环境制约再次成为政府焦虑的中心，中央和各级政府纷纷开展调研，征求各界意见，以寻求更有效的措施来解决困扰百姓生活、健康和经济可持续发展的最大痛点：环境问题。

近年来，要求环保部门法治生威的呼吁日益高涨，强化执法力度、依法治理环境问题的诉求给各级环保部门带来了空前压力。同时，我国环保法律和标准也确实在不断提高。2015年1月1日，新的《环境保护法》开始实施，环保部密集发布了按日计罚、查封扣押、限产停产、企业信息公开和突发环境事件调查等管理办法，环境执法力度也在不断趋严。

绿色金融是推动绿色发展的重要动力

然而，我们目前面临的严重的环境挑战不仅仅是一个环境的末端治理问题，从根本上来讲是一个经济问题。长期以来，我国经济高速增长，但是其所付出的环境代价是难以估量的。世界银行的研究显示，污染所造成的环境成本占我国年度GDP的比重高达9%，而我国2016年GDP增速为

6.7%，若将环境成本考虑在内，“绿色 GDP”实际上是负增长。在经济的高速发展过程中，各级政府采取了许多不可持续的“激励”措施，包括税收优惠、廉价土地、低廉的资源（能源、水等）价格等，吸引了大量低端、污染性的制造业，使高污染的煤炭产业占能源产业的 2/3，让高排放的汽车产业以每年 20% 的速度成长。即使末端治理能够将单位 GDP 的排放降低 60%～70%，由于高污染的经济活动在成倍增长，总的污染水平也在继续恶化。

我国政府已经清晰地意识到，过去的污染型的发展模式是不可持续的，并将绿色发展提升至国家发展战略的最高层面。2015 年 4 月，中共中央、国务院审议通过了《关于加快推进生态文明建设的意见》，指出“协同推进新型工业化、城镇化、信息化、农业现代化和绿色化”，首次提出了“绿色化”概念。党的十八届五中全会提出贯彻“创新、协调、绿色、开放、共享”五大发展理念，把绿色发展提升到一个新的高度。加强生态文明建设被写入“十三五”规划，绿色发展和环境保护将成为我国经济发展中首要考虑的重要国策。

要从根本上治理环境，需要建立一套新的激励和约束机制，使经济资源（包括资金、技术、人力等资源）更多地投入到清洁、绿色的产业，抑制资源向污染性产业投入。而绿色投资在整个资源配置过程中起着关键的作用。只要资金流向了绿色产业，其他资源就会跟着流向绿色产业。根据环保部、中国环境与发展国际合作委员会（国合会）等机构的研究报告，未来五年，我国绿色投资需求为每年 3 万亿～4 万亿元人民币。我们估计，财政资金最多满足 15% 的绿色投资需求，85% 以上的绿色投资需求必须依靠市场化的融资方式来解决。因此，建立一个绿色金融体系，让金融机构和金融市场能够引导大量社会资本投入到绿色产业，就是当务之急。

绿色金融是指为支持环境改善、应对气候变化和资源节约高效利用的经济活动，即对环保、节能、清洁能源、绿色交通、绿色建筑等领域的项目投融资、项目运营、风险管理等所提供的金融服务。近年来，我国绿色金融取得了快速发展。2015 年 9 月，中共中央、国务院发布了《生态文明体制改革总体方案》，其中首次明确提出“要建立我国的绿色金融体系”。经国务院批准，2016 年 8 月 31 日，中国人民银行等七部委联合发布了《关于构建绿色金融体系的指导意见》（以下简称《指导意见》），标志着构建绿色金融体系在金融市场和各级地方政府的全面落实和正式启动。《指导意见》明确提出要通过再贷款、贴息、专业化担保机制等措施支持发展绿色信贷和绿色债券市场，设立各类绿色发展基金，在环境高风险领域实行强制性的环境责任保险制度，建立上市公司和发债企业强制性环境信息披露制度，支持金融机构开展环境压力测试，建立碳金融市场，建立绿色评级制度，推动对外投资绿色化等三十五条具体措施。《指导意见》的发布标志着我国成为全球第一个具有明确政府政策支持的、全面构建绿色金融体系的国家。

2016 年是绿色金融元年

很多国内外专家说，2016 年是绿色金融的元年。我很认同这个看法，这个观点适用于中国，也适用于全球。除了政策层面的创新之外，2016 年我国在绿色金融产品、工具、方法等领域中，取得了许多重要的进展。如绿色债券，2015 年我国还没有绿色债券市场，2016 年我国在境内和境外发行的绿色债券已经达到了 2300 亿元人民币，占到全球同期绿色债券发行量的 40%，成为全球最大的绿色债券市场。此外，我国的机构还推出了绿色资产支持证券（green ABS）和绿色资产担保债券（green covered bond），各个地方设立了不少绿色产业基金支持绿色股权融资，我国四家评级公司推出了绿色债券的评级方法（全球只有六家），我国出现了多家有能力提供绿色债券第三方认证的机构，中央国债登记结算公司和中国节能环保集团公司推出了四只绿色债券指数，中国金融学会绿色金融专业委员会推出了公益性的绿色项目环境效益评估方法，工商银行率先在全球推出了银行业的环境压力测试方法，最近北京环境交易所和上海清算所一起推出了中国第一个碳掉期产品。2016 年以来，几乎每个星期，都可以看到各种绿色金融产品发行和创新的新闻，令人十分鼓舞。中国在绿色环境压力测试方法、环境效益评估工具、绿色债券指数、气候债券指数等方面的创新在全球都是领先的。广东、浙江、贵州、新疆、江西、内蒙古等地纷纷制定了或正在制定构建本地绿色金融体系的实施方案。

2015 年 4 月，中国人民银行批准成立了中国金融学会绿色金融专业委员会（以下简称绿金委）。尽管成立的时间只有两年，绿金委在国内外组织了几十场推广和研讨活动，组织开展了四十多个研究课题，编制了《绿色债券支持项目目录》，支持了包括许多绿色金融产品和分析工具在内的开发工作。目前，绿金委会员单位数量比两年前增长了约一倍，至 150 多家，包括所有的大中型银行和很多大型券商、保险公司、基金公司、绿色企业等，这些机构所持有的金融资产占全国金融资产的 67%。众多金融机构积极参与绿金委的活动，表明中国金融体系已经开始真正关注绿色金融和责任投资。农业银行、国家开发银行、工商银行、中国银行等一些大的金融机构都已经在集团内部建立了全面推动绿色金融发展的规划。

从国际上看，2016 年绿色金融领域的最大亮点是在二十国集团（G20）框架下正式讨论了绿色金融议题，并在 G20 领导人杭州峰会公报中明确提出了要扩大全球的绿色投融资，要从七个方面克服绿色金融发展面临的挑战。两年前，绿色金融在全球还是一个被边缘化的题目，主要国家央行行长和财政部部长几乎没有讨论过这个话题。一些国家对绿色金融的理念存有疑虑。2016 年，在中国的倡议下，G20 财金渠道设立了绿色金融研究小组，由中国人民银行和英格兰银行共同主持。在研究小组的推动下，绿色金融成为主流议题，而且通过 G20 领导人杭州峰会公报成为全球共识。这个“政策信号”的作用非常大。2016 年 10 月，我在美国华盛顿参加世界银行和国际货币基金组织年会期间的四天之内，就有 8 个由金融界主办的关于绿色金融的研讨会；11 月在摩洛哥参加第 22 届气候变化大会（COP22）的两天半时间里，也参加了 4 场关于绿色金融的讨论会。现在业界对绿色金融的关注程度之高，在几年之前是不可想象的。

除了中国和 G20 的推动之外，2016 年以来，全球其他一些机构和国家也在努力推动绿色金融的主流化。比如，金融稳定理事会（FSB）设立了一个气候相关金融信息披露工作组（TCFD），2017 年 3 月要向 G20 提交关于强化环境信息披露的自愿准则。法国发布了《能源转型法》，其中第 173 条专门提到，要求法国的机构投资者披露在投资过程当中如何考虑环境、社会和治理（ESG）的因素。IFC 旗下的可持续银行网络（sustainable banking network）和联合国责任投资倡议（PRI），在 G20 绿色金融研究小组的支持下，迅速扩大其能力建设的网络。印度、日本、印度尼西亚等国正在准备推出自己的绿色债券市场。香港联交所启动了半强制性的环境信息披露制度。从这几个例子来看，全球正在形成一个强劲的、共同推动绿色金融发展的势头。

虽然绿色金融在 2016 年取得了长足的进展，但其规模与绿色投资的巨大需求相比，仍然是杯水车薪。比如，根据 OECD 专家的预测，全球绿色债券发行量只占全球债券发行量的 0.2%（中国绿色债券占全部债券发行量的 2%），但未来会有几十倍的成长空间。我预计在今后几年乃至十几年内，绿色金融在全球仍将保持高速增长，而要保持好的发展势头，关键在于准确识别和有效克服绿色金融面临的挑战。

绿色金融面临的挑战和克服挑战的选项

由我本人和英格兰银行高级顾问 Michael Sheren 担任共同主席的 G20 绿色金融小组在《2016 年 G20 绿色金融综合报告》（*G20 Green Finance Synthesis Report*）中指出，全球绿色金融的发展面临以下五大障碍，并提出了克服这些障碍的一系列政策选项：

（一）外部性。这种外部性可以是绿色项目带来环境改善的正外部性，也可以是污染项目带来环境损害的负外部性。内化环境外部性的困难会导致“绿色”投资不足和“棕色”投资过度。比如，一些清洁能源项目比传统能源项目的建设成本更高，但无法就其环境效益正外部性（降低排放、提升居民健康水平）收费，因此项目回报过低，无法吸引私人投资。一些国家用补贴、税收抵免、电价补贴、碳交易和环境保护政策等来应对这些外部性，而在绿色金融领域则可以采用增信和担保、优惠贷款、利率补贴和项目补贴等，以改善这些项目经风险调整后的回报率。再如，有些制造业企业会污染环境，但是它们的负面外部性没有被充分内部化。比如，如果区域内居民健康状况受到损害，却由于种种原因不能向污染企业索赔，就会纵容污染企业的过度投资和生产。这种情况在那些环境权益尚未被有效界定和环保政策执行能力较弱的国家尤其常见。近年来，通过金融措施来应对类似负面外部性的案例越来越多。比如银行业的“赤道原则”和许多证券交易所对上市公司提出的环境信息披露要求等，都在一定程度上抑制了污染性投资，从而达到了将部分环境外部性内生化的目的。

（二）期限错配。在不少国家，由于资本市场不发达，许多长期基础设施项目融资主要依靠银行贷款。而银行由于需要避免过度期限错配，因此难以提供足够的长期贷款。这就导致了长期资金供给不足，使得长期项目，包括长期绿色项目（如污水和固体废物处理、清洁能源、地铁和轻轨）面临融资难、融资贵的问题。金融部门创新可以帮助缓解由于期限错配带来的问题。这些方法包括发行绿色债券、通过设立绿色基础设施投资收益信托（Yield-co）进行融资，以及用未来绿色项目收入作为抵押取得贷款等。

（三）绿色定义的缺失。如果缺乏对绿色金融活动和产品的清晰定义，投资者、企业和银行就难以识别绿色投资的机会或标的。此外，缺少绿色定义还可能阻碍环境风险管理、企业沟通和政策设计。因此对绿色金融和产品的适当定义是发展绿色金融的前提条件之一。由于各国的国情和政策重点不同，目前难以对绿色金融活动达成统一的定义。但是，若定义太多，比如每家金融机构推出一个自己的定义，交易对手之间没有“共同语言”，也会大大增加绿色投资的交易成本。

中国、孟加拉国和巴西，已经在国家层面推出了对绿色信贷的定义和指标；国际资本市场协会（ICMA）和中国绿金委也分别推出了对绿色债券的“国际定义”和“中国定义”。但是不少国家还没有采纳任何一种对绿色金融或对主要绿色资产类别的定义。

（四）信息不对称。许多投资者对投资绿色项目和资产有兴趣，但由于企业没有公布环境信息，从而增加了投资者对绿色资产的“搜索成本”，因此降低了绿色投资的吸引力。此外，即使可以获取企业或项目层面的环境信息，若没有持续的、可以信赖的绿色资产“贴标”，也会构成绿色投资发展的障碍。在一些国家，由于不同政府部门的数据管理较为分散（比如，环境保护部门收集的数据不与金融监管机构和投资者共享），也加剧了信息不对称。不过，解决信息不对称问题的努力已经取得了一定进展。比如，全球超过二十家证券交易所发布了上市公司环境信息披露要求，若干国家或证券交易所已经开始强制要求上市企业披露环境信息。中国也在《指导意见》中明确提出要对上市公司和发债企业建立强制性的环境信息披露制度。

（五）缺乏对环境风险的分析能力。一些金融机构已经开始关注环境因素可能导致的金融风险（包括对机构投资者所持有资产的估值风险和对银行贷款的信用风险），但其理解仍然处于初级阶段。许多银行和机构投资者由于分析能力不足，无法识别和量化环境因素可能产生的信用和市场风险，因而低估“棕色”资产的风险，同时高估绿色投资的风险。结果，污染性和温室气体排放较多的项目仍然获得了过多的投资，而绿色项目则面临投资不足的问题。对环境风险进行更加深入的分析，有助于更好地应对风险，更有效地将环境外部性进行内部化，进而有利于动员私人资本加大绿色投资。近年来，部分金融机构和第三方机构已经开发了一些环境风险分析方法。典型的案例包括中国工商银行开发的环境因素对信贷风险的评估模型、《自然资本宣言》（*Natural Capital Declaration*）对于旱如何影响债券违约率的分析、英格兰银行对气候因素如何影响保险业的评估，以及评级公司将环境因素纳入信用评级的做法等。

绿金委推出的《绿色金融丛书》

在推动我国绿色金融发展和形成G20绿色金融共识的过程中，绿金委的专家们发挥了关键的作用。绿金委的主要骨干曾经都是2014年由中国人民银行发起的绿色金融工作小组的成员，该小组于2015年初提出了发展我国绿色金融体系的14条建议，其中大部分都被写入了中共中央、国务院发布的《生态文明体制改革总体方案》，此后也被写入了七部委的《关于构建我国绿色金融体系的指导意见》。绿金委的成员单位也是中国绿色信贷、绿色债券、绿色保险、绿色指数、碳金融、责任投资、环境信息披露、环境压力测试的工具和方法的主要倡导者和实践者。

绿金委的专家们充分认识到，党中央、国务院提出构建绿色体系的国家战略，七部委出台绿色金融的《指导意见》，只是构建我国绿色金融的一个起点。未来大量的工作需要相关部委、金融机构、第三方机构、地方政府来落实。落实过程中将要面临的一个最大挑战是能力建设问题。许多金融机构的从业人员，虽然有很高的实践绿色金融的积极性，但缺乏对绿色金融产品和分析工具的了解；许多希望参与绿色金融的第三方机构，缺乏进行绿色评估、评级、认证的专业知识和经验；许多绿色企业，希望获得更低成本的绿色融资，但苦于不了解绿色金融各种产品的特点和提供此类金融服务的机构；许多地方政府官员，有推动当地发展绿色金融的积极性，但不知道用哪些政策工具可以最有效地调动社会资本。

为了进一步推广绿色金融理念，强化能力建设，有效传播绿色金融产品、工具和方法，绿金委的部分骨干成员成立了《绿色金融丛书》编委会。编委会组织了绿金委的一大批专家，计划以丛书的形式推出一系列与绿色金融发展相关的案例和研究成果。目前已经出版和即将出版的第一批研究成果包括：构建中国绿色金融体系、中国绿色金融发展与案例研究、国际绿色金融发展与案例研究、绿色金融与“一带一路”、G20 绿色金融倡议和背景报告、绿色债券市场研究、绿色基金研究、金融机构的环境压力测试、低碳城市融资模式、面向金融业的环境信息披露、碳市场与碳金融研究、绿色保险案例与研究、可持续投资研究等。这些研究成果以中国作者为主，包含大量中国元素，不但有理论创新，也有极强的实践性，是国际上绿色金融前沿领域中最为系统的一套丛书。我相信，这套丛书的出版，将成为我国绿色金融发展过程中一个积极的推动力量，也会为我国绿色金融教育和人才培养提供重要的参考教材。

马骏

中国人民银行研究局首席经济学家

中国金融学会绿色金融专业委员会主任

G20 绿色金融研究小组共同主席

2017 年 3 月

译者序

三优投资是环境、社会责任和公司治理（ESG）投资的中文简称，是指投资者在进行投资时，除考虑投资对象的财务指标因素外，还选择在环境、社会责任和公司治理方面表现优秀的公司进行组合投资。三优投资的本源即ESG投资概念，最早可能出自《高盛2007年环境报告》。鉴于公司治理因素是几乎所有投资者都会关注的长期影响因素，高盛公司在该报告中，将公司治理因素与环境、社会责任因素整合在一起，提出了新的ESG投资新理念。

一、三优投资正在推动形成投资理论与实践上的一场革命

自从ESG这一概念提出以后，被投资界所广泛接受。明晟（MSCI）、标准普尔等指数编制机构相继推出各类ESG指数产品，各资产管理机构陆续推出相应的指数投资产品，ESG系列指数的影响力日益增强。据统计，MSCI公司近年来基于全球5 500多家上市公司编制了100多只ESG指数，以满足投资者的需要，欧洲斯托克指数（Stoxx）也与ESG研究服务机构Sustainalytics合作，开发了基于ESG评级的指数系列。除了针对特定企业的ESG评级之外，MSCI、Sustainalytics等机构还开发了针对特定国家和特定行业的评级产品，为地区和行业的可持续发展提供评价依据。据统计，2016年全球ESG投资基金的资产规模约为23万亿美元，占全球总管理资产的26%。ESG投资已经从边缘型的投资策略逐步发展成为主流投资策略。

实践表明，ESG指数具有良好的长期表现。从2007年9月28日至2017年7月31日近10年间，MSCI新兴市场ESG领先指数平均年化收益率为5.53%，高于MSCI新兴市场指数1.48%达4.05个百分点。同一时期，MSCI全球市场ESG指数平均年化收益率为4.98%，高于MSCI全球市场指数

4.26%达0.72个百分点。

与此同时，为应对全球气候变化、满足投资者不断发展的信息需求，更好地管理非财务绩效和应对环境及社会风险，国际上已有多家交易所、证券监管机构以及一些非政府组织提出要求上市公司披露ESG相关信息，有的交易所还推出了专门的信息披露指引，指导上市公司发布ESG报告。在联合国层面，贸发委、全球契约、环境规划署金融倡议和负责任投资原则于2009年共同发起成立了联合国可持续证券交易所倡议（简称UN SSE），致力于为全球的证券交易所、投资者、监管机构和企业之间提供有效沟通的平台，加强上市公司ESG信息披露，推动可持续投资活动的开展。2015年，UN SSE发布了供交易所自愿采纳、面向上市公司的ESG信息披露指引。截至2017年底，包括上交所、深交所在内的全球67家证券交易所成为UN SSE的合作伙伴，承诺推动资本市场的可持续发展。

三优（ESG）投资经过十余年的发展，在国际投资领域开始流行，甚至逐步形成趋势，引领全球投资的时代新潮流，最终推动形成投资理念与投资实践上的一场革命。

二、三优投资逐步成为新时代主流投资趋势的历史渊源

三优（ESG）投资理念的形成过程中，汇聚了上百年来投资历史上多个源流的投资理念和多元投资目标于一体，犹如聚积众多涓涓细流，最终汇成滚滚长江，推动形成新时代的主流投资趋势。汇聚形成三优（ESG）投资理念的主要源流，主要包括道德投资、社会责任投资、社会影响力投资、绿色投资、三重底线投资和可持续投资等方面的投资理念。

一是道德投资。投资者明确将财务要素之外的因素纳入投资决策的起源，最早来自宗教对道德的诉求。“道德投资”起初是指不投资与酒、香烟、赌博甚至军火相关的企业。有的宗教组织早期宣布其会员不得从武器和奴隶交易中获益。伊斯兰教要求自己的宗教信仰者不得投资涉及猪肉生产、色情、赌博等企业。

二是社会责任投资。19世纪末期，伴随工业化快速发展，企业间的并购重组增加，一些大型垄断企业在西方国家不断涌现，掌控这些企业的资本家及其家族逐步成为“敛财大亨”的角色，劳资双方矛盾加剧。这迫使国家政

府出台诸多法令，明确商业企业所要对社会承担的责任范围，用以限制企业及资本家在社会、经济甚至政治参与上的快速扩张。随着社会各界对种族问题、工人权益、环境保护的关注越来越多，政府也开始要求企业除对股东负责以外，还必须对员工、消费者及周边环境负责。20 世纪 80 年代，专业社会责任评级机构和相关金融产品的出现，促进形成了新的责任投资方法，也使得原来有着“社会责任投资理念”的投资者从“不为赚钱、只为社会责任”的投资意识向“社会责任和财务回报兼顾”的方向转变。由此开始盛行的投资理念可被称为现代“社会投资理念”，即在财务考量之外，将环境、社会等因素以多种方式纳入投资评估和决策中。英国在 1983 年、美国在 1988 年先后设立专业社会责任评级机构。1990 年全球第一只责任投资指数多米尼 400（Domini 400 Social Index）问世，“同类最佳投资”投资方式随后出现。全球报告倡议组织（GRI）于 2000 年成立，联合国责任投资原则组织（UN PRI）于 2006 年成立。2000 年英国立法建立社会责任投资养老金信息披露监管制度。2001 年挪威石油基金实施社会责任投资政策。2017 年全球已有超过 1800 个组织加入 UN PRI，这些组织管理资产规模达 68 万亿美元。

三是社会影响力投资。新世纪以来，国际上一些投资者开始将推动生态环境保护、帮助贫困人民获取医药、住房、教育和卫生保健等社会资源、降低失业率等更多社会因素纳入其投资决策中。2007 年洛克菲勒基金会提出“社会影响力投资”理念，并在 2010 年联合摩根大通将其定义为一种新的可供市场选择的资产类别。社会影响力投资被定义为投资者主动投资于既能创造社会和环境效应，又能为投资者带来财务回报的投资行为。目前，世界上一些重要的慈善基金会，以及一些主流投资银行，都先后开展社会影响力投资。全球社会影响力投资金额也在不断提升。根据全球影响力投资网络（Global Impact Investing Network）调查显示，投资机构承诺的影响力投资金额从 2015 年的 150 亿美元上升到 2016 年的 177 亿美元。美国、英国政府已开始通过财税政策支持影响力投资。

四是绿色投资。人民银行、证监会等七部委联合发布的《关于构建绿色金融体系的指导意见》指出，绿色投资是指为支持环境改善、应对气候变化和资源节约高效利用的投资活动。绿色投资理念源于绿色经济的发展。绿色经济一词源自美国经济学家肯尼斯·鲍尔丁于 1989 年出版的《绿色经济蓝皮书》。该书主张经济发展必须是自然环境和人类自身可以承受的，不会因盲目追求生产增长而造成社会分裂和生态危机，不会因为自然资源耗竭而使经济无法持续发展。绿色经济是生态经济，也是可持续发展的经济。2012 年，英国政府设立绿色投资银行（Green Investment Bank，GIB），它也是全球首家由国家设立的专门为绿色低碳项目融资的银行。该银行过去三年间为绿色项目融资价值超过 100 亿英镑。2017 年 8 月 18 日，澳大利亚麦格理集团完成了对英国绿色投资银行的收购，并改名为绿色投资集团。1995 年我国学者首次提出绿色金融概念。随着近年来我国加快构建绿色金融体系，绿色投资取得快速发展。

五是三重底线投资。三重底线（Triple Bottom Line）是指经济底线、环境底线和社会底线，即企业必须履行最基本的经济、环境和社会责任。1997 年，英国学者约翰·埃尔金顿（John Elkington）最早提出了三重底线的概念，他认为企业社会责任可以分为经济责任、环境责任和社会责任。衡量经济责任的指标包括收入、支出、税费、经济环境要素、就业、经济多样性要素等；环境责任就是环境保护，包括企业对空气和水、土地、能耗、自然资源的使用，对固体、有毒废物排放情况等；社会责任是指对社会其他利益相关方的责任，衡量指标包括教育、平等、社会资源可获得渠道、健康和幸福、生活品质、社会资源等。企业在进行企业社会责任实践时必须履行上述三个领域的责任，投资者应选择“三重底线”指标表现良好的公司进行投资。

六是可持续投资。可持续投资理念可以说是借鉴自联合国的可持续发展理念。2015 年 9 月，世界各国领导人在联合国峰会上通过了 2030 年可持续发展议程，该议程涵盖 17 个可持续发展目标。可持续发展是指在不损害后代人满足其自身需要能力的前提下满足当代人需要的发展。要实现可持续发展，必须协调经济增长、社会包容和环境保护三大核心要素，消除贫穷是实现可持续发展的必然要求。可持续投资理念的核心可以说就是 ESG 投资，即三优投资。本书之所以没有直接选用可持续投资作为书名，而是选用了“三优投资”，一个重要的原因是我们从投资者的角度考虑到，任何投资都是期限明确的投资，并在投资期限内将追求投资回报作为明确目标。使用三优投资这一表述，从字面上和实际上理解，都属“同类最佳”投资，可以增强投资者的投资信心，避免认为回报较低的误解。

三、三优投资是价值投资适应时代需要的创新与发展

价值投资一直是所有投资理念的核心。三优投资不是对价值投资的替代，而是价值投资的新发展，是价值投资适应时代变化而取得的转型升级。这主要是因为，在过去相当长一段时期，投资者着重关注企业财务指标，在选择投资资产时看重公司未来创造现金流的能力及其折为现值是否高于其现行市场价格。这段时期，企业对自然资源的使用多少不够重视，在许多情况下有可能被看作是免费的，也是没有成本和未来风险的。但过去几十年来，情况发生了很大变化，全球进入可持续发展时代，自然资源已成为稀缺资源，环境和社会要素不能再无限供给。尤其现代投资活动中，仅关注企业的财务指标进行投资将面临更多的不确定性和更大的风险。而通过三优投资，通过环境、社会责任和公司治理三类指标体系对公司进行筛选，挑选出表现优秀的公司，其未来产生的现金流更具稳定性和可靠性，因而会降低投资活动面临的环境和社会责任风险，以及公司管理高层治理失败的道德风险。

三优投资，这个颇具中国特色的中文名称，有助于改变我国传统机构投资者将社会责任投资误解为是不求回报或投资回报率较低的投资理念。在我国，儒家“穷则独善其身、达则兼善天下”、“君子爱财、取之有道”的哲学思想，在一定程度上体现了我国投资者早期的“道德投资”理念。随着社会对生态环境破坏、自然资源稀缺、食品安全、消费者维权的关注越来越多，以及西方社会责任投资理念的引进，我国开始推动发展“社会责任投资”理念。2005 年，国资委中国企业改革和发展研究会成立了“中国企业社会责任联盟”。2006 年，深交所颁布了《上市公司社会责任指引》，明确上市公司在经营活动中应当遵纪守法，遵守商业道德，履行应尽的社会责任。《关于构建绿色金融体系的指导意见》明确提出，要逐步建立健全上市公司和发债企业强制性环境信息披露制度，鼓励金融机构开发、投资绿色金融产品。与此同时，基金管理机构也开始意识到具备社会责任意识的企业意味着较低的投资风险，并积极开发相关基金产品。截至 2017 年底，中银、兴全、建信、汇添富、财通等基金公司推出的以环保、低碳、新能源、清洁能源、可持续、治理、社会责任为主题的公募基金 100 多只，规模近 800 亿元。但从整体上看，我国三优投资还处于发展初期，新的投资生态初步形成，一些大型机构投资

者还处于观望状态，三优投资规模有待进一步扩大。

习近平总书记在中国共产党第十九次代表大会上提出，到世纪中叶，要把中国建设成为富强民主文明和谐美丽的社会主义现代化强国。发展三优投资，是资本市场推动绿色低碳经济发展、促进现代化建设的重要举措。“他山之石，可以攻玉”，我们组织翻译这本书的目的，就是要研究借鉴国际投资领域的新思路新方法，促进三优投资在我国的发展，促进提高资本市场效率，深化市场功能发挥。我国经济和资本市场的稳定健康发展，必将对推动三优投资发展创造更加良好的环境条件。三优投资具有广阔的发展前景！

马险峰

2018 年 1 月 22 日于北京金融街

投资领域正在进行一项开创性的转型。当下，一个清晰而关键的现实问题亟待解决：金融因素必须要作为社会可持续发展进程中的考量因素，可持续发展问题亦需要通过商业途径驱动。因此，投资行为正在不断演进，朝向更积极和实际的哲学和框架发展。

《三优投资》使读者能够跟紧各地区和各类别资产的发展趋势，借鉴全球领先从业者的贡献。无论是金融专业人士、其他感兴趣的投资者，还是寻求采用三优投资来影响利益相关者想法的公司，阅读本书都会深受启发。政策制定者和其他利益相关方也需要意识到正在发生的事情，以更好地理解其应如何做才能有效实施变革，实现经济和金融上的成功。

《三优投资》对可持续投资实践进行了重要的总体阐述，对可持续信贷和金融领域的学者、学生以及有志于此高速发展领域的专业人士和政策制定者都有很高的参考价值。

Cary Krosinsky 是可持续策略、投资和财务价值领域的杰出教育家和作家。执教于美国耶鲁大学、加拿大康考迪亚大学、美国马里兰大学、美国布朗大学，并担任碳追踪计划、责任投资原则（PRI）、Wilshire Associates 公司等机构的高级顾问。

Sophie Purdom，亨利·大卫·梭罗奖学金获得者，美国布朗大学可持续投资理论和实践课程的共同创办人和讲师，并参与成立布朗可持续投资基金。目前，她在波士顿的贝恩咨询公司担任助理顾问，即将前往美国哈佛大学商学院继续深造。

“三优投资就像一个必要的路线图，描述了我们当前的位置和未来的发展路径。我们正处于一个潜力无限的时代，能够充分发挥技术优势和发展动力，管理金融资源和社会意愿，解决全球正共同面临的问题。这本书是帮助我们做出关键决策的有力工具。”

——**Jenny Chen**，美国多丽丝公爵慈善基金会，高级投资官

“通过实施至关重要的可持续低碳转型，我们终于从口头劝说走向了实际投资。这本书为转型的原因、方法、工具和思路提供了极好的指引，涵盖了这个领域的前沿思想。”

——**Dave Gorman**，英国爱丁堡大学责任投资联盟，社会责任和可持续发展系主任

“如果我们想为子孙后代保护好这个星球，那么将资金重新引向可持续发展领域则是至关重要的。这本书为这个新兴领域提供了有益的综述，论证了这个关键的金融创新将如何发生。”

——**Jules Kortenhors**，美国落基山研究所，首席执行官

“负责管理我们基金发展前景的那些人必须对可持续投资的理论和实践有深刻的理解。作为受托人，我们不能被动地接受市场给予我们的东西。我们必须坚持我们的影响力，以促进我们投资公司的可持续行为。”

——**Seth Magaziner**，美国罗德岛州财务总监

“Krosinsky 和 Purdon 关于企业、机构、政府和个人更持续的投资方法进行创新性描述，为了解绿色金融富有挑战性的理念具有精彩指导。”

——**J. Timmons Roberts**，Ittleson 社会学和环境研究教授

美国布朗大学环境与社会研究所共同创始人气候与发展实验室创始人之一

“可持续解决方案的市场需求正在不断加速，可投资解决方案日益多元化。这本由 Krosinsky 和 Purdom 撰写的书籍，应该是每个想要获取超额投资回报的投资者的必读书籍。”

——**Jockson Robinson**，美国 Trillium 资产管理公司副主席和投资组合经理

“可持续投资在过去的十年中已经走过了很长一段路。从一开始，Krosinsky 就是一位精明的观察员和参与者。在新书中，Krosinsky 和 Purdom 提供了对可持续投资理论和实践 360 度的详细阐述，具有令人惊讶的广度和深度，是可持续投资领域必不可少的读物。”

——**Paul Shrivasava**，加拿大 Future Earth 执行董事

“无论是资产所有者，还是资产管理者和投资顾问都将从可持续的投资中受益匪浅。本书着重让读者从投资者的视角对可持续投资进行深入了解。正如书中所指出的那样，将理论转化为投资实践，就是让产品更加符合可持续投资者需求。”

——**George Wong**，美国纽约州养老基金特别投资主任

本书作者及参与机构简介

Will Martindale，负责任投资原则组织（PRI）的政策研究部负责人。自加入 PRI 以来，Will 负责开展了有关信义义务、投资信念和使命及公共政策投资者互动的多项主要项目。他独自编著和参与编著的书籍有：《21 世纪的信义义务》（与 UNEP FI、联合国全球契约及 UNEP 可持续金融系统设计项目合著）、《资产所有者如何推动负责任投资：信念、战略和使命》、《长期负责任投资政策框架：公共政策投资者互动的案例》（与 UNEP 可持续金融系统设计项目合著，伦敦）。Will 曾在伦敦帝国大学攻读数学专业，拥有伦敦政治经济学院比较政治学硕士学位。在加入 PRI 之前，曾在法国巴黎银行信贷交易部担任业务经理，在摩根大通担任初级职员。

Sagarika Chatterjee，负责任投资原则组织（PRI，位于英国伦敦）政策研究部副主任，负责在投资者气候变化行动领域领导 PRI 开展工作，包括召集全球 PRI 签署支持《巴黎协定》和《蒙特利尔碳承诺》（现已获得 120 名投资者支持，承诺额达 10 万亿美元）。Sagarika 与 PRI 联合国合作伙伴，如联合国全球契约、联合国环境规划署金融倡议组织（UNEP FI）、碳披露项目（CDP）、气候变化机构投资者集团（IIGCC）、北美气候风险投资者网络（INCR）和澳大利亚/新西兰气候变化投资者集团（IGCC）开展密切合作，并以个人身份在约瑟夫—朗特里基金会投资委员会任职。该基金会是一家致力于推动社会变革的独立组织。Sagarika 拥有英国伦敦大学发展研究硕士学位，英国牛津大学管理学学士学位及英国剑桥大学社会和政治学文学士学位。在加入 PRI 之前，她曾在英国翠丰集团从事商贸工作，负责为集团旗下的百安居（B&Q）采购木材，也曾担任过英国社会投资论坛（UKSIF）副主席和环境研究慈善机构 Earthwatch 的托管人，还在 BMO 环球资产管理公司任职过十余年，专门从事将环境、社会和公司治理（ESG）因素融入投资实践方面的工作。

Jason Mitchell，可持续发展战略家和思想领袖，联合国负责任投资原则组织（UNPRI）下属对冲基金指导委员会主席，英仕曼集团旗下 GLG 公司的可持续投资战略负责人。Jason 拥有英国伦敦政治经济学院国际政治经济学硕士学位和美国加州大学伯克利分校英国文学和古典文学文学士学位，是英美关系计划（British American Project）的会员，并加入了梅肯研究院青年领袖圈。早期，Jason 曾在瑞士信贷第一波士顿银行科技股票研究小组工作，还曾在 Andor Capital 公司和 Pequot Capital 公司从事过电信和技术方面的业务。自 2014 年起，他担任联合国负责任投资原则组织（UNPRI）下属对冲基金指导委员会主席，并在塑料披露项目和 Hub Culture 的理事会任职。在 GLG 公司，他主要负责全球可持续性战略和 Virgin 气候变化战略，参与公司全球股权战略和欧澳远东地区战略的共同管理。过去两年，Jason 还曾担任过英国政府顾问，就撒哈拉沙漠以南非洲地区基础设施建设提供咨询意见，后又担任海得科国际有限公司首席运营官。他曾在《赫芬顿邮报》、《华尔街日报》、《机构投资者》杂志、《7 ×7》杂志、《彭博社》、《环球时报》、《挪威晚邮报》、《欧洲货币》杂志、《日经新闻》、《负责任投资者》杂志、《对冲基金月刊》、《另类投资管理协会月刊》及《投资欧洲》等报刊杂志上发表过文章和评论。2011 年，被《机构投资者》杂志评选为年度明日之星。

Nick Robins，联合国环境规划署（UNEP）可持续金融系统设计项目联席主任（旨在推出使金融体系与长期可持续发展相匹配的政策方案），气候债券倡议组织、碳追踪计划和 WHEB Asset Management 公司顾问，Resurgence Trust 托管人。Nick 在可持续发展的政策、研究和财务方面拥有超过二十年的从业经验。在加入 UNEP 之前，Nick 曾在国际环境与发展学会、欧盟委员会环境总司工作，曾是原可持续发展工商业理事会理事，担任过亨德森全球投资公司社会责任投资研究部负责人及该公司负责任社会投资基金部负责人。在亨德森全球投资公司任职期间，他公布了有关投资基金的首份碳审计报告，并参与了未来产业基金的设计。2007 年至 2014 年，他曾在英国伦敦的汇丰银行气候变化创优中心担任负责人，就清洁技术发展、气候脆弱性、绿色激励项目及闲置资产等问题开展投资研究。他撰写的两本书分别为《改变世界的公司：东印度公司如何塑造了现代跨国公司》（2006 年）和《可持续投资：长期绩效的艺术》(与 Cary Krosinsky 合著，2008 年)。

Rory Sullivan，负责任投资、气候变化、人权与发展问题方面国际知名专家。Rory 在相关领域拥有 20 余年的工作经验，近期参与的项目主要有：与负责任投资原则组织合作编写报告《21 世纪的信义义务》；与联合国全球契约合作，向公司提供建议，说明公司为了管理投资者短期主义对企业可持续性造成的影响而可采取的战略(《应对、转型与改变》报告)；与多家英国和美国的投资管理人合作，制定并实施负责任投资战略。他已就有关负责任投资、气候变化、人权和发展问题，撰写包括《评估公司责任：投资者如何真正地利用公司责任信息?》(2011 年)、《公司应对气候变化的对策》(编辑，2008 年)以及《商业和人权：进退两难的困境及解决方案》(编辑，2003 年)在内的七本书和许多论文、报告和文章。

Dan Esty，美国耶鲁大学 Hillhouse 奖学金教授，任教于耶鲁环境学院、法学院及管理学院，担任耶鲁大学环境法律与政策中心主任、耶鲁大学商业与环境中心(成立于 2006 年)顾问委员会委员。Dan 曾在美国环保署担任各种高级职务，任职期间协助谈判通过了 1992 年的《联合国气候变化框架公约》，还曾担任美国华盛顿特区的彼得森国际经济研究所高级研究员。1994 年，获得耶鲁大学教授职位。2011 年至 2014 年，他曾担任康涅狄格州能源与环境保护局局长，任职期间凭借能源和环境政策制定方面的新思维而声名鹊起，包括在康涅狄格州建立全美首家绿色银行，为改善康涅狄格州的监管框架的轻便性、稳定性、高效性、有效性对康涅狄格州的所有环境许可项目进行了“瘦身”调整等创新举措。他曾参与撰写/编辑了十本书和数十篇论文，内容涉及环境保护、能源和可持续性及其与政策、公司战略、竞争力、贸易和绩效计量和经济成效之间的关系。其著作《绿色商机：精明企业如何利用环境战略进行革新、创造价值和打造竞争优势》曾被评为近十年最畅销的“绿色商业”图书。

Jeff Cherry、Conscious Venture Lab 执行董事，同时是新兴学科自觉资本主义® 的思想领袖。Jeff 对自觉资本主义® 的理念进行扩展，建立了 Concinnity Advisors 对冲基金，专注识别及投资具有更全面、长期价值取向的公司。他曾协助建立 Conscious Venture Fund，在马里兰州西巴尔的摩市、俄亥俄州克利夫兰市及密歇根州底特律市等地开展种子期企业投资，为这些城市及其市民提供最有用武之地的机会。

Cary Krosinsky，从事教学、写作和咨询工作，尤其专注于能够实现丰厚股东价值和社会利益双重目标的商业投资策略，以及为碳追踪计划、分销商与制造商半导体专业协会（dMass）、可持续金融市场网络、RLP Wealth Advisors 公司及 Wilshire Associates 公司提供高级顾问服务。Cary 先后任教于美国布朗大学、耶鲁大学、马里兰大学及加拿大蒙特利尔的康考迪亚大学。任教布朗大学期间，他与 Sophie Purdom、投资办公室联合开设了可持续投资理论和实践课程，目的是在学校捐赠基金内成立一只新的基金。在从事可持续性与投资领域的教学、写作和咨询工作前，Cary 曾从事过技术工作，创建了全球首家可持续发展与投资者关系企业及首个全球化的机构所有权数据库（目前他仍是该数据库的公认专家）。他此前的著作主要包括《可持续投资：长期绩效的艺术》（Routledge 出版社，2008 年）和《可持续投资的发展历程》（Wiley 出版社，2011 年）。

Elodie Feller，2013 年 1 月加入联合国环境规划署金融倡议组织（UNEP FI），担任投资委员会协调员，负责 UNEP FI 的投资工作计划，是 UNEP FI 和 PRI 的报告《21 世纪的信义义务》的主要作者。目前负责由 UNEP FI、PRI 与世代基金会共同发起的亚洲信义义务项目。Elodie 毕业于瑞士日内瓦高等国际关系学院，专业为国际关系。在加入 UNEP FI 前，曾在 Lombard Odier Investment Managers 公司的固定收益部门担任产品专家和 ESG 分析师。

Thomas Walker，加拿大蒙特利尔康考迪亚大学金融系的教授，大卫－奥布莱恩可持续企业中心代理主任，重点研究领域为可持续投资、环境诉讼和绿色风险投资。Thomas 在公司治理、风险管理和证券诉讼方面有诸多研究，现已发表了三十部经过同行评审的相关著作，并获得多个优秀论文奖项。在担任大卫－奥布莱恩可持续企业中心主任之前，他曾先后担任康考迪亚大学金融系主任、评议会财政委员会委员及国际职业风险管理师协会（PRMIA）指导委员会委员。目前，他担任两家可持续中心学术顾问委员会委员和康考迪亚大学联合可持续投资顾问委员会委员。

Sophie Purdom，亨利·大卫·梭罗奖学金获得者，美国布朗大学可持续投资理论和实践课程的共同创办人和讲师，并参与成立布朗可持续投资基金。目前，她在波士顿的贝恩咨询公司担任助理顾问，即将前往美国哈佛大学商学院继续深造。

Winnie Lau，皮尤慈善信托基金会国际海洋政策项目的干事，拥有美国华盛顿大学的海洋学博士学位。曾在美国国际开发署（USAID）担任气候变化科学与技术顾问（在斯里兰卡工作），期间设计并管理USAID在马尔代夫的数百万美元气候变化适应项目（这些项目重点关注水资源安全和海洋资源保护），同时为USAID、斯里兰卡、马尔代夫代表团提供有关气候变化及科技问题的咨询建议。她还担任过森林趋势组织海洋生态系统服务部项目经理，作为海洋生态系统服务付费（PES）及其他创新融资机制领域专家，制定了概念框架和工具，推动全球性实践社区的形成，并与哥伦比亚和墨西哥当地合作伙伴合作开展陆上生态系统服务付费示范项目。此外，她还发表了海洋生态系统服务付费方面的文章、出版了相关入门书，并促成和举办了学术会议和培训班。

David Lubin，现任气候数据和可持续性研究公司S3 LLC董事总经理，全球商业分析领军企业Palladium集团创始董事，美国复兴全球公司联合创始人、联合董事长和董事总经理。David曾在美国塔夫茨大学和哈佛大学任教，在设立和管理公私技术和商业分析公司方面拥有25年的从业经验，曾担任可持续性创新者工作组（SIWG）主席（该组织是由全球可持续发展领域的领头企业组成的研究联合会）、Zefer公司副董事长（该公司是互联网商业战略和技术开发方面的领头羊，2001年被日本电气公司（NEC）收购）。自1991年起，他在美国复兴全球公司担任联合创始人、联合董事长和董事总经理。美国复兴全球公司作为企业绩效管理和IT服务领域的先驱者，现已发展成为上市公司，在世界各地拥有6000名员工。David经常发表演讲，且著作颇丰，作品主要包括《缩小可持续性差距》（与Daniel Esty合著，麻省斯隆管理评论，2014年）和《可持续性势在必行》（与Daniel Esty合著，哈佛商业评论，2010年）。

BrianMcFarland，Carbonfund. org基金会项目投资组合部总监，负责确定全球气候变化缓解项目，开展尽职调查，并为这些项目组织安排财务援助。同时，Brian也是CarbonCo公司项目组织部的总监，负责确定和设计分布在巴西和印度尼西亚境内的若干“REDD +”项目，并为这些项目的实施提供咨询建议。Brian拥有美国美利坚大学的商业管理硕士和全球环境政策硕士双学位。

现已发表二十二篇文章，出版一本著作，书名为《REDD +与商业可持续性：思维超前公司扭转毁林趋势的指南》。近期，他将出版一本新书，书名暂定为《环境保护融资：关于热带雨林保护国际融资的历史回顾》。

Helene Winch，任职于 Low Carbon 有限公司，专门负责推动机构投资者对可再生能源进行大规模投资，并管理相关的英国能源政策风险。Helene 过去 20 年一直从事金融领域工作，负责大宗商品交易、投资管理、养老金管理和公共政策方面工作。曾在私营和非政府组织部门任职过，也在资产规模达 40 亿英镑的英国电信养老金计划和联合国负责任投资原则组织（PRI）中担任过政策部负责人。

John Waugh，Integra LLC 公司气候与环境部的总监，Integra LLC 是一家从事国际开发业务的专业服务公司。John 是参与式规划领域的专家，拥有在参与式绘图和参与式社交网络分析方面的工作经验。自 1980 年以来，他一直在环境和发展交叉领域工作，主要担任环境保护战略和弹性社区规划方面的分析师和顾问。在担任世界自然基金会（WWF）项目经理及和平卫队志愿者期间，他为非洲的一处保护区制定了一份共同管理协定（1987 年）。该协定属于此类协定中最早的一批。目前，他仍在从事此项工作，就民主刚果共和国境内的社区管理保护区的利益分享机制，向倭黑猩猩保护倡议组织提供咨询建议，重点关注领域包括决策过程中的信息使用、可持续金融、利益共享、关于气候适应的参与式规划及冲突后自然资源管理。

Todd Cort，美国耶鲁大学管理学院及林业和环境研究学院教员，耶鲁大学商业和环境中心联席主任，美国哥伦比亚大学地球研究所兼职讲师。Todd 拥有土木与环境工程博士学位，生物化学学士和硕士学位，并持有加利福尼亚州专业工程师执照。此前曾担任 TUV 莱茵集团和挪威船级协会（Det Norske Veritas）可持续咨询服务部总监，为计量指标、风险管理及审计实践等可持续事项提供咨询建议。

StefanieD. Kibsey，加拿大康考迪亚大学约翰墨森商学院大卫 - 奥布莱恩可持续发展企业中心项目协调员。Stefanie 拥有加拿大滑铁卢大学环境与资源研究专业环境研究硕士学位，研究方向是自然学科中的交叉领域，包括科学—实践—政策交叉领域、自然资源管理、环境变化和治理、可持续金融制度及新兴风险。此前，她曾任职于加拿大第二大养老基金管理公司魁北克储蓄投资集团，从事负责任投资和环境风险管理方面的工作。

Gabriel Thoumi，注册金融分析师和金融风险管理师，Climate Advisers 高级研究员，主要向客户和联盟提供资本市场“绿化”方面咨询建议及全球金融分析建议，以降低系统性气候风险。Gabriel 拥有美国密歇根大学的工商管理硕士和理科硕士学位，曾担任该校跨校区教学学习奖学金研究联盟和厄博研究所的研究员，在通过风险缓释和回报增强措施以提高全球资本市场的可持续性的管理和部署相关框架方面拥有 15 年的工作经验。他还曾在 Calvert Investment Management 公司工作，主要负责对全球股权、指数和固定收益投资组合，及投资组合在公用事业、能源、材料、化工产品和金融行业的持仓等进行估价。他经常发表演讲，著作颇丰，任教于多所大学。

Bud Sturmak，成立于 2015 年的 BlueSky Investment Management 公司创始人，RLP Wealth Advisors 公司的投资顾问和合伙人，可持续金融市场网络成员，注册理财规划师和获认证的投资受托人。Bud 在 1995 年毕业于美国狄金森学院，获得历史文学学士学位，在可持续投资、对投资管理人开展详细尽职调查及为机构投资者和高净值投资者推荐解决方案等领域拥有近十年的工作经验，曾参与撰写了 2012 年出版的《可持续投资的发展历程》。在过去 18 个月时间内，Bud 及其团队开展了一项大规模研究项目，通过科学的方法探索环境、社会和公司治理（ESG）与投资绩效之间的关系，得出了以下结论：在 ESG 指标方面表现良好的公司同时也能创造出丰厚的财务收益。注意到市场上缺乏以提升投资绩效为目标的 ESG 理财产品后，Bud 及其团队成立了 BlueSky Investment Management 公司。

Christopher Wright 博士，挪威银行房地产管理公司可持续发展部的负责人，负责确保可持续风险和机遇得到适当评估，并融入房地产投资过程。此前，他在挪威银行投资管理公司担任高级分析员，就各资产类别提供气候变化风险方面的咨询建议。他拥有可持续金融和政策领域的学术背景，并曾在相关领域从事顾问工作。

JulesKortenhorst，Vision Ridge Partners 投资公司投资分析师。该投资公司致力于追求财务绩效的同时产生相匹配的变革性环境影响。Jules 拥有美国布朗大学哲学和经济学专业的双学士学位，曾在荷兰自然与环境协会实习，为公私部门提供环境咨询服务。他的研究方向包括可持续性食品体系、荒野疗法及尼采。

Harold Bracy，美国布朗大学大二学生，正在攻读应用数学经济学学位，同时担任该校社会责任投资基金能源部主席。Harold 由失聪的父母一手抚养长大。从布朗大学毕业后，他希望继续攻读经济学博士学位，通过自己的知识改善故乡缅因州岩石海岸的经济状况，为故乡提供更多发展机会。

Winston Kortenhorst，就读于美国布朗大学经济学专业。Winston 的故乡是荷兰。他曾在 Greentech Capital Advisors 公司进行暑期实习，担任实习分析师。该公司是一家专门从事可持续基础设施领域交易的投资银行。另外他还曾任职于多家资产管理公司。除环境金融外，Winston 的兴趣爱好是篮球和登山。

Kathryne Chamberlain，美国布朗大学大四学生，正在攻读生物医学工程学位，同时还在开展微流体诊断器械方面的独立研究。Kathryne 来自加利福尼亚州圣地亚哥，喜欢旅游。她曾在纽约投资银行实习了两个暑假，还担任布朗大学小学生课外辅导机构（BEAM）的协调员。该机构致力于为罗德岛州普罗维登斯市的小学生提供各类学科课程辅导。作为海外交换生，她上学期在爱尔兰都柏林学习，最近刚返回母校。

Morgan Smiley，美国耶鲁大学大四学生，耶鲁大学 Dwight Hall 社会责任投资（DHSRI）基金联席主席之一，纽黑文城市辩论联盟前任联席主席，主修伦理、政治和经济学专业，重点研究方向为能源行业。Morgan 来自纽约长岛，曾在美国耶鲁大学政治系担任研究助理。2016 年暑假，Morgan 曾在一家投资银行担任实习分析师，毕业后她将成为该公司的全职分析师。

Lillian Childress，美国耶鲁大学环境工程专业学生，耶鲁大学工业生态研究中心助理研究员，协助管理《环境投资学报》，将于 2017 年毕业。

Stephanie Lee，加拿大约翰墨尔森商学院金融专业本科生，大卫－奥布莱恩可持续发展企业中心助理研究员，研究方向包括可持续金融和社会企业、并购以及技术分析。

Ali Edelstein，百胜餐饮集团的资深可持续分析师。塔夫茨大学弗莱彻法律与外交学院毕业，持有国际贸易硕士学位。2015 年 9 月至 2016 年 4 月曾担任 Breckenridge Capital Advisors 信用分析师。

Mimi Reichenbach，《环境投资月刊》副编辑（负责撰写清洁技术和金融工具创新领域等相关内容），Nexus 全球青年峰会气候变化工作小组和耶鲁大学零耗能思维项目成员，美国菲利普斯埃克塞特学院的女校友。Mimi 于 2016 年毕业于美国耶鲁大学，获得环境研究文学学士学位，研究方向为可再生能源和人类健康，曾在 Braemar Energy Ventures 公司、三叶草资产管理公司、Sunvestment Energy Group 及耶鲁大学持续发展办公室任职。

Emily Rutland，一名金融技术初创企业业务分析师，同时也是一名自由撰稿人，撰写以可持续性城市和社区为主题的文章。Emily 目前居住在纽约，2015 年获得美国耶鲁大学英语文学士学位。在耶鲁大学学习期间，她专注于从商业和环境视角开展可持续发展方面的研究。

Mujtaba Wani，美国耶鲁大学政治学和人文学专业本科生，将于 2017 年 5 月毕业。

Ella Warshauer，美国布朗大学的大四学生，正在攻读经济学学士学位，重点研究方向为环境研究。

Dwight Hall 社会责任投资基金，耶鲁大学 Dwight Hall 的一项社会创新实验示范计划，基金规模为 85000 美元。该基金委员会由美国耶鲁大学 20 名学生组成，由耶鲁大学理事会下属 Dwight Hall 指导管理，旨在对耶鲁大学学生及其他人士进行道德投资教育，以期转变企业行为。该基金主要通过组织召开有关行业中新兴实践和趋势的会议，以市场为导向对社区开发、社会责任共同基金、不动产投资信托公司及交易所交易基金进行投资，以实现其目标。

Mirova 公司，Natixis Asset Management 公司的分公司，从事负责任投资业务，为将价值创造与可持续发展相结合专门制定了全程介入方法。Mirova 公司的投资理念为：将可持续发展因素纳入投资方法，可形成为投资者长期创造价值的解决方案。

Terra Alpha Investments LLC，一家成立于 2014 年从事倡导性投资的企业。公司经营理念是环境生产力（即公司使用和影响自然资源的效率）将增强企业和投资者的风险调整收益。在寻找能为投资基金带来具有竞争力的回报的盈利企业时，Terra Alpha 公司将会把能源、水资源和自然材料的效率等环境数据作为一项主要因素予以重点考虑。

本书作者和推荐人观点仅代表个人观点，并不代表所属单位的观点。

致　　谢

首先感谢 Nick Robins，他不仅持续给予我们睿智的建议，而且还于 2015 年下半年建议我们继第二本有关可持续投资的书之后，再撰写一本书，介绍未来五至十年的可持续投资发展趋势，这是促成撰写本书的直接原因。

同时感谢 Kate Chamberlain，她在章节编辑和修改方面的出色表现，帮助我们在期限非常紧的情况下按期完成撰写工作。感谢最近数月和几年来我们所熟知的布朗大学和耶鲁大学的其他学生，他们都很优秀。感谢 Frederic Lamontagne 在视频会议方面付出的努力，感谢 Dana Le 以如此能干的方式领导管理我们的专题讲座，感谢 Marta Pysak 和 Solveig Xia 为我们邀请到导师和评委，感谢所有参与布朗大学 PLCY 1710 课程的导师、评委、演讲人、学生和其他参与者。大家的共同努力促成了这一我们永远不会忘记的特殊课程。我们非常幸运可以将大家的部分作品纳入本书。感谢我们有幸邀请到的与全体同学分享知识和经验的所有令人赞叹的演讲人。感谢可持续投资讲读社（Junto for Sustainable Investing）激发我们产生了许多新的思维，感谢 Keith Brown 帮助我们最终得以在布朗大学开设这一课程。

感谢布朗大学校长 Christina Paxson 对布朗大学可持续投资基金成立给予的支持。感谢 Jane Dietze 和 Molly Landis 以令人兴奋的方式尝试新鲜事物，使这一大“拼图”的各个部分组合到一起。

我们对在耶鲁大学结识的优秀学生表示感谢，我们热爱他们。有太多的学生需要予以感谢，遗漏任何应予以致谢的人，将使我们深感愧疚。最后，我们还要感谢 Alexander Vernoit，您久经历练的智慧给我们留下深刻印象，同时，我们还要感谢 Gabe Rissman，基本上一切功劳都归功于您。

感谢 Sophie Purdom 将我带入这一特殊领域，与您共同执教，既快乐又荣幸。

目　　录

第三部分　新的疆界

附件

图

表

专栏

引　言

未来的投资属于可持续投资

Cary Krosinsky 和 *Sophie Purdom*

很少有人意识到我们正处于一个历史转折点。技术对现代生活的猛烈冲击，及不断增加的生存压力和保持最高生产力的压力，每天吞噬着全球大多数职场人士，也影响着大量渴望步入职场的学生。与此同时，正在悄然进行的系统性变革却几乎无人注意。在这吞噬一切的短期影响和无所不在的长期影响的作用之下，谁拥有事先判定历史转折点的能力和远见？当前，我们发现自己正置身于有史以来空前重大的商业转型之中。投资者的投资实践是否已为这些正在进行的重大转型做好准备？如果没有，需要作出何种调整？投资能否使这些已在进行的必然转型得以大规模实施？如何才能做到这一点？

关于短期和长期投资观点与战略之间的比较，目前存在大量的讨论。实际情况是根本就不存在所谓的长期投资。长期投资只不过是由一系列短期投资组成而已。有所变化的是，在未来，这些短期投资需要逐渐进行有意识的转型，使我们在至多一代人的时间内实现我们需要达到的目标。行动过快，可能会陷入清洁技术泡沫，而行动过慢，就会落后于下一个特斯拉公司，如何在这两者之间取得恰当的平衡？这正是我们希望在以下各章中讨论的内容。

目前有一个明确、首要的现实情况需要解决，即：

在当今时代，商业上的成功必须将影响社会发展的可持续性因素考虑在内，同时，可持续性发展问题也需要商业上的成功作为支撑。

秉持这两种观点的双方，历来一直相互对立，但现在正逐步认识到，为了双方及全球成功和可持续发展，有必要开展深入、紧密的合作。缺少任何一方都会导致双方的失败。现在，好消息是金融成功和可持续发展成功的结合已开始全面实施，而这种结合是非常必要的。考虑到环境和社会不断发展，世界需要尽快加速实施这种结合。不追求金融成功的可持续发展仅属于慈善，尽管就其本身而言，这是一件美好、高尚的事情，但并不足以解决真正的可持续发展问题。缺乏可持续性的金融活动有可能引发环境和社会灾难（即气候变化、淡水短缺、不平等和不公平程度的加剧）。

实际上，我们对成功充满信心，因为如果只有通过将可持续发展和金融结合在一起，方能取得超常绩效，那么，这一情况的出现时间将比我们设想的更早，从而迫使投资者采取行动，为金融和社会成功的可持续性发展提供积极动力，同时，在争取金融和社会利益的达尔文式竞争中，未参与这一潮流的主体必将落后于人。对此持怀疑态度的人须当心。对积极的方法有共鸣，且能够有效推行这些方法的人，最终一定会取得成功。如何推动这一点发生，正是本书研究的重点。

本书假设您在气候科学和 ESG（环境、社会和公司治理）方面具有一定的知识，但是如果您需要相关内容的简明阐述，请查阅附件内容。

关于 ESG 与投资过程的整合，现已开展大量尝试工作，但是在解决社会挑战方面，这一领域仍处于初级阶段。鉴于我们面临的挑战在不断快速增加，而且通过金融手段解决社会问题也越来越受到关注，因此，本书将集中讨论未来五至十年的投资趋势，以创新型的全球解决方案为导向，跨越不同区域、制度和实施战略，考虑目前实际有效的方法、可能有效的方法及需要立即采用的方法。

幸运的是，目前正在发生的快速变化对我们有利，例如，可再生能源的成本急剧下降及传统的高碳经营方式面临挑战。但是，也有许多不利因素需要避免。

全球对面临的环境和社会挑战的关切日益加强，投资者对将 ESG 因素纳入投资过程的兴趣正处于空前高涨的水平。如我们在正文第 1 章所讨论的，不同的“投资战略”已然形成。

最令人兴奋的是我们似乎即将迎来可持续投资的转折点，届时，资本自身就可以解决环境和社会问题，并得出有效的解决方案。这些解决方案同时还将提供获取超常财务绩效的各种机会。

可以说，第一波社会责任投资实施速度过快，有时候过于以政治为导向，并且试图使用质量差甚至不存在的数据，这通常导致负面筛选制度在某种程度上构建不当，甚至无效。成熟投资者对此并不认同。这种态度丝毫不奇怪，尤其是这种社会责任投资的金融回报率通常很低，仅能达到基准绩效。

至关重要的一点是，我们发现可持续投资这艘大船，正在从多重价值导向转向单一价值导向，从发布负面消息转向寻找解决方案，从较差财务绩效转向超常财务绩效，并且开始按照需求规模，将资金投向更有效的方向，有助于以更有效、更快速的方式实现社会进步和低碳发展这一目标。

本书的其他部分讨论了针对各资产类别、地区和投资战略所需采取的措施，及如何制定相应的计划。

有人可能会提出在巴黎举行的《联合国气候变化框架公约》第21次缔约方会议（COP21）上，各国开展气候谈判，并签订《巴黎协定》。这表示已经实现了“遵守制度”的里程碑。为了着手在全球范围内对可持续发展和金融活动之间已存在的无衔接情况进行统一，有必要召开此类大会。非常利好的消息是变革已经拉开帷幕，将这两种思维模式融合在一起，从而产生恰好合理的投资。

我们撰写此书的目的是为了记录从负面的影响转变为正面影响的过程；介绍在金融方面，具有超常绩效的积极、可持续投资实践，及主流金融和可持续投资两个领域的结合；以及帮助双方认识到这些目标目前完全是同一回事，彼此并不矛盾。

第一部分

可持续投资方式

第 1 章

可持续投资的七大投资战略

Cary Krosinsky

我们在着手考虑可持续投资及其趋势时，第一步主要是确定和明确该领域的状况及其各种不同的实践。在该领域中，各投资战略往往彼此迥异，各有特色，而且对该领域不太熟悉的人，往往会将可持续投资一股脑地归入“我很可能会丧失收益”的投资类别。但事实上，大多数可持续投资并不有损收益。只要想一下具有宗教使命的投资基金和寻求开展水利基础设施投资基金两者之间的差异，就能知道投资战略的差异程度。

同时，如下一章所讲述的，当您真正对战略进行深挖和对比时，您会发现投资者在寻求财务绩效最大化时，无须牺牲金融收益，而且投资组合面向未来的定位可能也会成为产生超额收益的一个原因。

对我们而言，本章是理论联系实际的一章，而且具有投资决策权力的任何人，都需要更好地了解术语和绩效方面仍然存在的模糊和混淆情况。

因此，为了明确起见，我们在此提出以下概念：

可持续投资的七大投资战略

可持续投资和影响力投资是两个最经常被宣传的术语；它们所指的其实是在实践和绩效两方面，存在显著差异的七种不同投资战略。

这“七大投资战略”包括：

1. 多元价值优先投资战略——从根源上讲，该领域最初是对宗教使命的落实，主要针对饮酒、烟草、武器等行业及南非种族隔离、苏丹问题和化石燃料，采用负面筛选制度。若将环境、社会和公司治理（ESG）因素考虑在内，截至2014年，该投资战略涉及的资产管理规模占21万亿美元资产管理规模的三分之二（全球可持续投资联盟2015年报告）。多元价值优先投资也经常被称为道德投资［负责任投资或社会责任投资（这一术语目前有点过时）的主要表现形式］。伊斯兰金融（sharia finance）经常采用负面筛选制度，单纯来看，其属于以所有权共享为核心的共享经济的一种形式。多元价值优先投资对财务绩效不怎么关注，许多研究显示，其绩效水平往往等同于基准绩效水平，导致该投资战略常常被视为具有慈善性质。因此，从信义义务的角度而言，该投资战略并不适合用于投资。

2. 单一价值优先投资战略——该战略的倡导者包括 Generation Investment Management 和 Parnassus Investments 等公司。这两家公司的资产规模最近几年增加了100多亿美元。鉴于单一价值优先投资将 ESG 作为主要考量因素，在获取潜在超常财务绩效的同时，可推动社会可持续发展，因此，单一价值优先投资的优势已大大增加。有人呼吁将单一价值优先投资改称为可持续投资，并扩大其规模，使利润和社会利益能够同时实现规模化增长。从数据上看，Generation 公司的绩效在其成立后前十年已经超过基准水平，但大多数活跃基金管理人表现欠佳，且管理的基金数目已达上限，因此，实现规模化可能有一定的难度。最近八年，Parnassus 公司的资产管理规模已从不足10亿美元增至150亿美元。

3. 社区/影响力投资战略——社区投资长期以来以改善特定地区和目标群体的福利作为投资目标。如小额信贷这种“金字塔底端”的投资也属于社区投资的范畴。从历史上讲，社会化商业在很大程度上也属于其范畴。对于希望通过有目的的投资产生积极社会和环境影响的投资者而言，作为一种工具，影响力投资的地位最近不断升高。例如，加拿大原住民族资助的一家风力发电厂，可以为当地带来地方、环境和社区利益。大多数影响力投资涉及全球最贫穷人口如何获得医药、住房、教育和卫生保健等领域，也有些人对影响力投资采用了一个统领性的定义，认为其囊括本书所列的所有潜在投资战略。本书第3章将对此作出进一步详细论述。

4. 主题投资战略——主题投资本质上主要为私募股权投资或创业投资，而且也可通过部分共同基金（包括欧洲最大的 ESG 基金：Pictet 水资源基金）

进行。主题投资经常关注清洁技术、可再生能源、水资源等相关的创新型环境金融领域（例如节能）。主题投资属于可持续投资的一种极端情况，旨在实现积极的目的，而可持续投资的另一种极端情况是负面筛选出来的以全球大市值流动指数为基础的公众公司基金。气候/绿色债券是主题投资范畴内一个受关注度不断加大的领域，同时绿色基础设施这一新生领域的受关注度也不断增加，可以说绿色房地产也属于主题投资的范畴。本书第 11 章将进一步详述投资者如何集中开展主题投资。

5. ESG 整合战略——通常情况下，分析师、资产管理人和投资者在开展 ESG 整合时，从一个或多个外部提供商获取 ESG 数据，在各种传统因素之外，将 ESG 作为一套新增标准，用以分析企业的实力。ESG 整合战略目前也呈上升趋势。例如，据悉，有些放贷人在向潜在贷款人作出贷款承诺之前，在尽职调查过程中，将 ESG 最低绩效作为进一步的考察对象。资产所有者也使用绩效最差标准，来确定参与的活动（积极所有权是行使股东权利对管理和绩效进行影响的过程）。ESG 整合战略若要发挥作用，需要将数据访问与具体策略相结合。[1] 我们在随后各章提供了一些投资者的实例，我们上一本书《可持续投资的发展历程》也对实践中所采用的方法进行了详细讨论。

6. 参与/请愿战略——股东参与通过两种公开方式开展，即对闲置资产风险等问题、薪酬、税务及许多其他问题作出股东决议和进行公开披露。股东参与也经常秘密地开展，而且经过广泛深入对话后达成的协议并不会公开披露。目前，股东参与气候变化股东决议的程度已达到创纪录的水平，同时所报备的决议数量也创下了历史最高纪录。可以说，股东参与是试图推动积极变革的投资者迄今为止所部署的最成功的战略（详见第 7 章中有关负责任投资原则组织资产所有者气候变化框架的内容及个案研究，以及第 15 章中有关围绕关注于积极面的股东行动主义而开展的各种活动内容）。股东参与也包括与决策者之间的互动，及资产所有者与外包的基金管理人（若其被采用）之间的互动。

7. 依规范筛选战略——其大体上属于一种北欧战略，通常需要采用联合国原则（包括《联合国全球契约》和《联合国工商企业与人权指导原则》）作为最低投资标准。

投资者在寻求解决特定问题时，经常组合部署上述七种活动；例如，

2015 年，负责任投资原则组织（PRI）制定了《资产所有者气候变化战略框架》，通过三种方式将资本额外具体分配额与以下各项相结合：与公司的互动、政策互动、与外包基金管理人的互动及与销售公司的互动（该互动不存在表面商业理由）。

社会问题的最佳解决方式是开展有目的的投资和多方利益相关者对话。企业治理问题的通常解决方式是通过分析 ESG 数据发现绩效最差者，并尝试提高其绩效。

根据所部署的上述活动的不同，财务绩效也存在很大差异。据我们了解，采用负面筛选制度的机构认为其自身并不是为了追求收益最大化，而且学术文献中充斥着大量有关该战略并非最佳战略的案例。

单独而言，积极、可持续投资也是产生财务绩效的主要渠道，详见我们在下一章中对在布朗大学所开设课程的成果作出的详细说明，及我们在最初撰写的两本书中对这一主题作出的详细论述。

注释

1. 可参阅《可持续投资的发展历程》（Cary Krosinsky、Nick Robins 和 Stephen Viederman 编著，纽约：威利出版社，2011 年）第34 章有关 Insight Investment Management 公司及其设计的 ESG 战略流程。

参考文献

GSIA（Global Sustainable Investment Alliance）2015. Global Sustainable Investment Review 2014 *. www. gsi - alliance. org/members - resources/global - sustainable - investment - review - 2014/。查阅日期：2016 年 9 月 8 日。

第 2 章

从牵强的理论，到最佳实践

——布朗大学的可持续投资课程

Sophie Purdom

故事的开始颇具象征意味：漆黑之中，我被高中老师教课桌下乱成一团的电器设备电线给缠住了。

当我摆脱这些电线的缠缚时，我手中拿着资料，一个灵感浮现在我脑海中。拔掉不用的电器插头，可以消除电路负载（电器不使用，但仍插在插座上时消耗的电力），为学校节约用电。这种做法只需付出很少的努力，却可以取得可观的成效。我们着手组织了一个可持续项目，认真开展宣传，呼吁大家从我做起，改变自身的行为。这个项目成功减少了学校的耗电量，由此节省的开支足以聘用两名新的教师。

这一项目的核心在于可持续发展与财务价值之间的关系——这正是我在黑暗中拔掉插头时产生的顿悟：从长远来说，节约能源可惠及整个地球和全体人类；对个人来说，节省开支却可以产生立竿见影的效益。低碳经济将拯救地球摆脱人为变暖的灾难，如果我们一定要立即向低碳经济转型，实现可持续发展必须了解金融的逻辑和语言。因为无论是好是坏，经济学都是当今的通用语言，而且我们目前必须在全球范围内共同携手，一致行动。

布朗大学的情况要更为复杂。我来到布朗大学时，发现许多愤世嫉俗的热血青年正云集一处，吁请布朗管理委员会作为带头人，引领化石燃料撤资运动。布朗大学煤炭撤资运动精心组织了公开活动、集会、高调演讲和大规模请愿，签名人多达两千多人，要求布朗大学从 15 个最肮脏的煤业公司撤资。这一活动还吸引到了反对“山顶移除法采煤”的活动家、生物伦理学教授 Peter Singer、杜克能源公司首席执行官以及 350. org 的 Bill McKibben。出于人权、代际公平以及环境公正等道德原因，学生、教员、员工、校友及整个布朗社区，纷纷支持煤炭撤资请求。2013 年 2 月 6 日，投资政策公司责任顾问委员会（ACCRIP）“鉴于煤炭行业对人类和环境的影响已得到充分的证明”，建议布朗大学接受煤炭撤资运动的请求。

2013 年 10 月 27 日，布朗大学校长 Christina Paxson 向布朗社区发出了一封信函[1]，宣布布朗大学董事会决定不从煤炭业撤资。Christina Paxson 在信中，向布朗大学煤炭撤资运动表示致敬，承认他们揭示了煤炭对社会和环境造成的损害，但她继续指出，“社会损害是布朗大学撤资的必要但非充分理由”，且“由于就目前而言，煤炭对于全球经济的运作仍不可或缺”，因此，撤资可以改善社会弊病的主观判断“难以付诸实施”。随后，Christina Paxson 建议：

接下来应考虑的问题是，撤资是否会通过加速远离煤炭的转型，帮助解决煤炭造成的社会危害。很显然，撤资不会对相关公司产生直接影响。布朗大学的持股数量过少，因此，撤资并不会减少公司的利润。此外，这些公司的利润主要取决于其产品的市场需求，而非其股票价格；即便布朗大学的持股数量再大，撤资亦不会减少公司利润。

总之，过度强调社会危害，导致撤资对煤炭公司的财务影响被遗忘。因此，可持续发展与财务价值之间的关系未能得到证明。

带着对煤炭撤资运动先例的思考，我开始研究可持续发展与财务价值之间的关系。我们与众多团队合作，制定了可持续的普罗维登斯计划，通过了弹性罗德岛气候变化法案，并要求化石燃料公司的高管遵守《联合国气候变化框架公约》的规定。在波士顿的环境责任经济联盟（CERES）实习期间，我试图证明某些化石燃料公众公司的高碳、高资本支出产生的碳资产风险，值得引起公司管理层的关注。这一想法并没有推进；现在，CERES、碳追踪计划，以及来自耶鲁大学的学生们，正在牵头就气候风险与主要煤炭公司进行互动的投资者网络开展对话。

我相信，将环境、社会和公司治理（ESG）方面的重大信息进行分析、整合，不仅有益于地球和人类，而且可带来更高的财务绩效。这一理念促使我成立了布朗社会责任投资基金（SRIF）。作为一个负责管理布朗大学 50000 美元流动资金的学生团体，SRIF 在管理一个由公共股权组成的集中投资组合时，运用了 ESG 这一理论。纳入 SRIF 投资组合的每一只股票都必须符合财务和 ESG 绩效标准。每周，SRIF 团队都会举行一次会议，推介一个满足财务标准和 ESG 绩效标准的目标股票，以期获取参会人员足够的投票支持。在我任职 SRIF 期间，我们进一步发展了公司在 ESG 方面成功与否的相关标准，因为我们整合了可持续会计准则委员会（SASB）等领先组织的实质性评估、我们不同团队对科学、市场和社会的广泛理解，以及来自 MSCI ESG Analytics 的数据。我们的投资方法也随之发生了转变。我们以实质性而非指标作为关注重点。我们顺应长期趋势，而不追逐短期风潮。我们身体力行所提倡的公司治理理念，并通过培训、建立职业关系网络和辅导等方式致力于扩大我们的成员队伍。我们的领导团队从一个人数不多的同质团体，发展成为一个由十五名成员组成的委员会，每名成员的年龄、专业和个人背景都各不相同。

我们的付出有了回报。布朗大学管理委员会认为我们的表现证明 ESG 投资应当获得与传统投资相同的支持，并决定将我们的资产管理规模增加至 120000 美元，与布朗大学投资集团的种子基金规模相当。2014 年，SRIF 的回报率达到 13.5%，且自此以后，每年的绩效都超出标准普尔 500 指数。即使在困难时期，SRIF 的绩效也始终保持领先于 80% ~90% 的基金管理公司。

SRIF 最大的一项成就是，它向学生们提供了与布朗大学投资办公室开展对话的机会。由于布朗大学煤炭撤资运动所付出的努力，投资办公室将其关注点转向了社会责任投资。在校长 Paxson 的鼓励下，投资办公室开始采取行动，实现在捐赠基金中逐步引入 ESG 考量因素的目标。我曾作为实习生，分享 SRIF 的经验。撤资讨论彰显了布朗大学需要一个零化石燃料捐赠基金方案的紧急性和迫切性。我们开始制定全美首个有关机构捐赠基金的可持续投资捐赠方案，这一举措非常成功，不仅满足了上述需求，而且确立了布朗大学在这一领域的领先地位。布朗大学可持续投资基金将致力于通过开展有能力实现以下目标的投资，推动布朗大学捐赠基金实现长期资本增值：缓解与环境、社会和企业治理（ESG）问题相关的系统性风险，并将向低碳可持续经济转型过程中所产生的机会最大化。

随着时间的推移，SRIF 的营业收入逐年增加，而且作为校园内传统投资方案之外的一种替代性方案，SRIF 所吸纳的学生的背景范围也不断扩大。由于布朗大学管理委员会对可持续投资的兴趣已被激发起来，而且布朗大学尚无将金融与可持续发展问题结合在一起的课程，所以布朗大学同意由我编写可持续投资课程的教学大纲。该课程的最终目的是教育培养可持续投资领域的下一代思想领袖和从业者。在耶鲁大学 Dwight Hall 社会责任投资基金的引荐下，我与 Cary Krosinsky 取得了联系，共同努力使该课程得以开设。凭借 Cary 的丰富经验以及我本人在布朗大学涉足的不同工作，在 2016 年春季学期开始前一天，我们获得了学校对该课程和教学大纲的正式批准。在上课第一天，可持续投资理论与实践课程取得了开门红，前来上课的学生人数超过了一百人，争相参加我们全新的 25 人研讨班。从学生的绝对人数和组成多样性来看，我们很显然触动了学生的兴趣神经。我们最终开设的这个班由具有各种不同经历的 45 名学生组成，包括有远大抱负的油气投资银行家、对标准普尔 500 指数尚不了解的大一新生、经验丰富的环境正义活动家及可再生能源工程师。

整个学期内，按照真正入世学术研究的方式，我们将该班与该基金衔接起来。学生们为布朗大学可持续投资基金撰写了概况说明书（见专栏 2.1），并基于参照投资办公室的分析作出的分析，推荐最合适的基金管理人。令人惊奇的是，学生们在经过独立分析后选出的最受欢迎的基金管理人竟与投资办公室的选择完全一致。在该班结课时，学生们通过其基于大量研究制作的简报，宣传介绍了在 ESG 方面领先的公司，以将其纳入为布朗大学可持续投资基金（BUSIF）所推荐的集中投资组合。结合整个学期内的上课情况及与被宣传公司的最高管理层的访谈，客座评委认为，与专业投资者相比，学生们的简报更加具有说服力。实际上，结课时，我们推荐的投资组合是经全班同学表决选出的最受欢迎的五只股票，该组合在 2016 年 3 月 31 日至 8 月 30 日期间上涨了 25.95%，而标准普尔 500 指数同期上涨了 8.16%。

专栏 2.1　布朗大学可持续投资基金概况说明书

目标

布朗大学可持续投资基金致力于通过开展有能力实现以下目标的投资，推动布朗大学捐赠基金实现长期资本增值：缓解与环境、社会和企业治理（ESG）问题相关的系统性风险，并将向低碳可持续经济转型过程中所产生的机会最大化。

概况

本基金认为，目前市场低估了 ESG 因素，ESG 因素属于长期最佳财务投资。本基金通过确定带动股东价值和社会利益的宏观经济、技术和社会趋势，积极开展投资项目筛选工作。本基金将审查每一投资项目，确定其业务活动是否与本基金设定的 ESG 目标相符合。

本基金的核心经营价值观是投资组合公开透明、社区参与和信息无障碍。本基金在网上公布回报率、投资项目和政策等信息。鉴于本基金在规模更大的布朗大学捐赠基金中的地位，学生们通过入世学术研究所提供的投资信息具有重大价值，布朗大学投资办公室对此予以鼓励。本基金接受捐赠，数额大小不限。

专栏 2.2　Hannon Armstrong 公司推介材料

Kathryne Chamberlain

我是可持续投资理论和实践课程的一名学生，这门课程由 Cary Krosinsky 和 Sophie Purdom 共同授课。老师要求我们开展研究，为布朗大学可持续投资基金（BUSIF）推介一家上市公司。我们的团队由三名成员组成，我们决定推荐 Hannon Armstrong 公司。该公司专门从事可再生资源和节能项目的债务和股权融资业务。在课上，我们开展讨论，认为投资对象不应只是有能力在向低碳经济转型过程中取得成功的公司，还应是就必然到来的能源革命而言，有责任推动其发生的公司，我们选择 Hannon Armstrong 公司的初衷即反映了这一点。

落基山研究所首席执行官 Jules Kortenhorst 是我们的导师。在导师的鼓励下，我们团队直接与 Hannon Armstrong 公司取得了联系，对该公司的无形资产，包括受人尊重的文化价值观的维护，进行了评估。为了进一步完善我们的尽职调查和提高推介材料的质量，按照我们课程所秉承的入世学术研究原则，我们直接与该公司首席财务官 Brendan Herron 进行通话，然后又与该公司的首席执行官 Jeff Eckel 进行了简短的交流。通过谈话，我们意外地发现，从业务模式到高管的个人价值观，都体现了 Hannon Armstrong 公司对 ESG 标准的遵守。

我们的简报取得成功，并获得第一名，都归功于这一次的电话交流——一方面原因是我们团队能够在财务报告之外进一步地了解该公司，另一方面原因是我们的同学和布朗大学投资办公室也能够透过我们的通话，体会到该公司显而易见的可信度和热情。推介结束之后，我们将简报发送给 Herron 先生，并立即收到了他的祝贺。同时，Herron 先生表示其公司有意向考虑为参与该课程的学生提供就业机会。入世学术研究使我们的学习不再局限于课堂，即使这一门课程仅构成我们学习成绩单上的又一个学分，但入世学术研究是我们建立终身受益的职业关系的桥梁。

学生们、用人单位和校外人士都称赞这门课程取得了成功。学生将这门课程誉为布朗大学最受欢迎的课程。用人单位直接选走了我们近三分之一的学生，担任可持续投资相关职务。校外人士也纷纷希望以我们为榜样，在各自的院校如法炮制。布朗投资办公室赏识该课程产生的学习资料和良好势头，而且将来会因训练有素的学生、实习生而受益。这些学生、实习生能够继续推进 EGS 因素融入布朗大学捐赠基金。

布朗大学可持续投资基金已通过批准，即将进行公开发行。我本人、SRIF 的众多同仁、布朗大学零化石燃料社团（Fossil Free Brown）的成员及全班同学，毕业之时，会对如何将可持续投资引入未来及全世界有更加全面和深入的理解。

布朗大学的可持续投资变革虽然具有独特性，但可供借鉴。针对布朗大学对气候变化开展的隐式宣传是否合乎道德而开展的讨论，为通过切实、可行的方式成立一只经过周密考虑的零化石燃料基金，间接铺平了道路。布朗大学证明了社会和环境价值观不仅与金融不谋而合，而且实际上有助于作出明智的投资决策。

从活动家到经济学家，从大一新生到老校友，从学生社团到布朗投资办公室，各种利益相关者均认为这场运动产生了具体成果：布朗大学证明了需要众人的力量，才能点燃从消极筛选/撤资向积极可持续投资变革的火把。

然而，布朗大学从中获得的最重要的经验也许是，有必要营造一个始终作为共同体一起进行讨论和学习的空间。因此，我们写这本书的目的就是使得未来的改革者获得可以将可持续投资引向未来的各种武器。

注释

1. www. brown. edu/about/administration/president/2013 – 10 – 27 – coal – divestment – update。查阅日期：2016 年 9 月 8 日。

第3章

影响力投资

Thomas Walker、*Stefanie D. Kibsey* 和 *Stephanie Lee*

历史背景和定义

自2008年国际金融危机以来，金融市场系统的可行性、有效性和社会效用不断受到质疑。在反思这种国际金融危机时，学术界、监管部门和业界人士探索出了各种调整市场结构的方法，以避免过度的风险承担、对短期绩效的过分重视、自私自利行为及明目张胆的欺诈行为。事实上，随着最近的Libor和外汇市场操纵事件（O'Toole 2012年报道；Vaughan等人2013年报道）等欺诈行为不断被曝光，越来越多的市场参与者开始质疑传统金融市场的可行性和社会目的。的确，股东收益最大化这句古老准则的范围已经扩大，纳入到一项更大的使命。这项使命就是在创造财务收益的同时，实现社会和环境目标。

正是在这种背景下，影响力投资的势头大增。"影响力投资"一词最初由洛克菲勒基金会于2007年提出（Harji等人2014年报道；洛克菲勒基金会2016年年报），至今已有近十年时间。影响力投资通常被定义为"旨在创造财务收益之外的正面影响的投资"（O'Donohue等人，2010年报告，第7页）。换句话说，影响力投资者期望其投资不仅能够产生财务收益，同时也能带来积极的社会或环境收益（Harji等人2014年报道）；为了获得资金，投资对象通常希望制定一个不仅财务上稳健，而且还产生可计量正面影响的可持续业务模式（Harji等人2014年报道）。

概况

影响力投资贯穿于许多不同的资产类别，例如，社会影响力债券和私募股权这两种固定收益工具是影响力投资者最常使用的两种资产工具（Svedova 等人 2014 年报道；Saltuk 等人 2015 年报道）。影响力投资也存在于众多不同的行业，其中，小额贷款最受投资者关注，而且从投资者吸收的资金数量也最多。其他常见的行业包括可持续农业、可再生能源和卫生保健（Saltuk 等人 2015 年报道）。

英国在影响力投资方面明显占据全球领先地位。这可能归功于其采取的金融创新措施，例如推出影响力债券等（Svedova 等人 2014 年报道）。2015 年春，正当我们撰写这篇文章之时，英国政府积极支持影响力投资，向社会投资提供高达 30% 的税收减免额度（英国内阁办公室和财政部 2015 年报告）。美国也紧随英国的步伐，奥巴马总统公开表示支持影响力投资（Svedova 等人 2014 年报道）。对于解决社会问题的市场化战略，美国也一向秉持非常开放的态度。

虽然发达市场和发展中市场的影响力投资规模相差不多，但是，四分之三以上开展影响力投资的机构位于北美洲、欧洲和大洋洲（Mudaliar 等人 2016 年报道）。这也就意味着，大量资金从发达市场流向发展中市场，因为在发展中市场上，每一美元的投资创造重要影响的机会更多（Mudaliar 等人 2016 年报道）。

影响力投资者

影响力投资者是一个多元化群体，包括高净值人士（如 George Soros）、基金会（其中，知名度最高的倡导者可以说要属洛克菲勒基金会）及公共机构投资者等（Svedova 等人 2014 年报道）。具有社会意识的投资者分为两大类：一类是为了实现其所追求的社会影响，愿意接受较低投资收益的投资者；另一类是不愿意在收益方面作出让步的投资者，即所谓的“使命投资者”（Brest 和 Born 的 2013 年报告）。大多数社会动机投资者都属于后一类。

影响力投资者如何进行投资？从战略投资角度来看，影响力投资者可采用多种不同的途径。2016 年全球影响力投资网络（GIIN）（Mudaliar 等人 2016 报道）开展的一项调查显示，大多数影响力投资者的目标是为特定的人群创造利益。为了实现这一目标，他们所投资的企业或者是出售和提供可对目标人群产生正面影响的产品或服务，或者是为目标人群提供直接就业机会。对于政府或慈善援助等传统方法无法解决的迫切社会问题，这些投资策略的出现带来了新的解决方案。

发展

影响力投资目前尚处于早期发展阶段，但发展速度很快。GIIN 和摩根大通公司最新的一项调查显示，受调查的 157 个投资者通过影响力投资实现的投资额超过 152 亿美元（Saltuk 等人 2015 年报道）。当然，影响力投资是一个全新的领域，而且其定义范围非常广泛，因此，难以准确地估算通过影响力投资战略开展的主动投资的实际金额。

当然，任何强劲增长模式的可持续性均应受到质疑。根据加拿大负责任投资协会的一份研究报告（Lanz 等人 2015 年报道），2012 年至 2013 年期间，加拿大影响力投资领域的资产管理规模增长了 9.5%。从全球来看，GIIN 的研究报告显示，与 2014 年相比，投资者对影响力投资项目的投资额预计在 2015 年将增加 16%（Mudaliar 等人 2016 年报道）。

尽管影响力投资领域呈现上述增长势头，并且个人投资者对这一领域的兴趣不断增加，但是影响力投资在全球机构投资中仍仅占有极小的比例。例如，作为加拿大负责任投资领域的最大投资者，养老基金对负责任投资项目的投资额达 154.9 亿美元，但影响力投资项目的投资额仅占 0.26%（Lanz 等人 2015 年报道）。事实上，在加拿大负责任投资协会调查的全球所有养老基金中，没有一家表示拥有明确的影响力投资策略。影响力投资还有很大的发展空间，养老基金的投资证实了这一点。在这一方面，世界经济论坛在更早的一份报告（Drexler 和 Noble 的 2013 年报告）中提出，64% 的美国养老基金中预计未来会开展影响力投资，而截至 2013 年，仅有 6% 的美国养老基金曾进行影响力投资，两者之间存在巨大反差（Drexler 和 Noble 的 2013 年报告）。

非正式的证据显示，自那以后，正在考虑制定或已开始实施影响力投资战略的养老基金数量已大幅增加。

动机

应当鼓励影响力投资的原因众多，其中一项主要原因或许是针对社会问题的私人投资可以带来巨大的正面改变。当影响力投资者被问及其动机时，他们普遍表示愿意对当地社区有所贡献，对可持续发展感兴趣，及想要使投资战略符合其个人价值观（Saltuk 等人 2015 年报道）。许多投资者还表示，在考虑影响力投资时，投资绩效也是一个需要考虑的重要方面。此外，并不是仅有影响力投资者有动机促成改变。在摩根士丹利公司 2015 年的一项投资者调查中，投资者认为 46% 的投资组合应为可持续投资（摩根士丹利公司 2015 年报告）。

有趣的是，这一发展在很大程度上归功于客户对影响力投资需求的不断增长。2012 年，美国可持续及负责任投资论坛组织（U. S. SIF）一份关于可持续及负责任投资趋势的报告显示，客户的需求是越来越多资产管理人在开展投资时使用 ESG 标准的主要原因（Voorhes 等人 2012 年报道）。同样地，根据 2016 年 GIIN 的调查，基金管理人反映客户需求是其将影响力投资纳入投资组合的最重要原因（Mudaliar 等人 2016 年报道）。这一趋势在短期内停止的可能性不大。事实上，2015 年的一份财富管理研究报告对千禧一代的投资需求进行了考察。根据该研究报告，德勤卢森堡分所（Kobler 等人 2015 年报道）表示，千禧一代的全球财富总额到 2020 年时将达到 19 至 24 万亿美元，大约是 2015 年的两倍。该报告还指出，千禧一代对负社会责任投资项目（包括影响力投资项目）的需求不断增加，从而为新的创新型金融产品开创市场。

摩根士丹利公司在 2015 年的一份研究报告中也注意到投资者需求发生的类似变化。该研究报告显示，与整个投资者群相比，"千禧一代对以具体社会或环境后果为目标的公司或基金进行投资的可能性"是整个投资者群体的"两倍"（摩根士丹利公司 2015 年报告，第 4 页）。由于这些代际变化，影响力投资市场在不远的未来注定会呈现爆炸式增长。

克服挑战

尽管影响力投资大有前途，但影响力投资的广泛应用面临着众多的障碍。这些挑战包括缺乏高质量的交易、可使用的适当资本及促使投资顾问推荐影响力投资项目的激励措施（Saltuk 等人 2015 报道）。但该问题的根本原因是严重缺乏可使影响力投资蓬勃发展的监管框架。若缺乏这一框架，要改变影响力投资必然造成收益低于市场水平或“收益减少”的这一长期错误观念，面临巨大挑战（Brest 和 Born 的 2013 年报告；Saltuk 等人 2015 年报道）。

根据摩根大通公司最近的一份研究报告（2015 年），55% 的影响力投资者在进行影响力投资时，寻求具有竞争力的、相当于市场水平的收益率。这表明对于这些投资者而言，财务收益与社会和环境收益同等重要。同样地，Drexlere 等人（2013 年）发现，79% 的影响力投资基金以达到市场收益率为目标。尽管上述调查结果显示，绝大多数基金实际上正在谋求获得相当于市场水平的收益，但大多数投资者并不充分了解这一事实，而是存在普遍的错误观念，认为影响力投资往往伴随着低财务收益。沃顿商学院最近的一份研究报告发现，“该研究抽样调查显示，总体而言，寻求市场收益率的影响力投资项目……，其财务竞争力并不弱于其他股权投资机遇”（Gray 等人的 2013 年报告，第 6 页）。因此，Gray 等人的研究消除了上述错误观念，并提出在影响力投资中，财务收益不会因换取社会和环境收益而减少。相反，财务收益与社会和环境收益可同时实现。

只有当影响力投资的预期财务收益具有更大确定性时，投资者才会对影响力投资产生更大的兴趣。因此，如何才能克服这些挑战？在了解影响力投资的好处后，可制定多项机制，推动社会型企业的发展。认知是发展的关键。随着对影响力投资的好处的认知进一步加深，还可推动公共政策的调整，从而激励投资者向社会型企业模式转型，并使所有参与者获得更多的利润。

虽然影响力投资越来越受欢迎，但是投资者投资退出困难这一因素，阻碍了影响力投资实现真正的腾飞式发展（Mendell 和 Barbosa 的 2013 年报道）。在文章中，Mendell 和 Barbosa 认为，若没有二级市场，而且流动性不充足，机构投资者便会不愿意向影响力投资注入大量的资金。因此，目前迫切需要寻找一个沟通投资者和投资对象的公共平台。为投资者和投资对象之间搭建沟通渠道的金融中介机构极为稀缺，但是随着需求的不断增多，此类金融中介机构的数量也在缓慢增长。

为了确保影响力投资的持续性，解决迫切社会问题，影响力投资亟待创新。全球范围内存在的巨额资金，可以采用更有意义的方式进行部署。投资者、慈善家及各种机构刚刚开始认识到，市场化工具在解决最重要的社会和环境挑战方面具有巨大能力，影响力投资是应对这些问题的最佳方式之一。随着研究、资金量不断增多，而且中介机构更为有效，影响力投资蓄势待发，将冲击传统的投资界，完善现有的慈善模式，并给有需求的众人创造新资源。影响力投资正在对整个社会进行改善，而且在未来数年内，将继续如此。

专栏 3.1　社会型企业

世界正面临着新的和持续不断的挑战，例如，贫困、气候变化和整治动荡等，但是，这些社会和环境问题一直未能通过传统方式得以解决。由于通过政府援助以及慈善机构提供的资金有限，近几年来涌现出大量创新社会型企业，这些企业不仅填补了资金缺口，而且直接解决上述社会和环境问题。

2006 年诺贝尔和平奖获得者 Mohamad Yunus，将社会型企业定义为以实现一定的社会目标为宗旨，不派发任何股息，但在财务方面具有可持续性的企业（Yunus 和 Weber 2007 年报道）。尽管并非所有企业都会愿意放弃利润，但许多不同的经营模式使企业可以承担更多的社会责任。

共益企业是一种新型法律实体，使公司在实现股东财富最大化的同时，可以执行一项长期使命。因此，对于寻求在其社会和环境价值观不受影响的情况下，确保盈利的企业家而言，共益企业是理想的选择（Wilburn 和 Wilburn 的 2014 年报告；B Lab 2016a 报告）。这些社会和环境价值观必须纳入公司依法确定的目标中，因此，与盈利具有同等重要性。美国多个州以及数个国家（例如意大利）已经认可共益企业，其他的一些州和国家也在考虑通过类似的法律（Schwartz 2013 年报道；B Lab 2016b 报告和 2016c 报告）。

另一个例子是B型企业。巴塔哥尼亚公司的首席执行官Rose Marcario认为，“B型企业是我们时代取得的最重要的进步之一，企业的影响和服务范围并非仅局限于股东——企业对社区和地球也负有同等的责任，这一简单的事实是B型企业的创建基础”（B Lab 2016d报告）。与自报绩效的共益企业不同，B型企业属于营利性公司，必须达到既定的社会和环境绩效、问责和透明度标准，方可取得非营利性组织B Lab的认证（NBIS 2012年报告；B Lab 2016e报告）。此外，全球任何私营公司均有资格取得B型企业认证。

尽管B型企业和共益企业可能会带来其他方法无法产生的正面社会和环境影响，但它们也存在一些重大的缺陷。例如，B型企业和共益企业通常难以筹集资本。伦敦的社会证券交易所就属于一个可行的解决方案。社会证券交易所是为投资者和社会型企业创设的向其提供融资渠道的一个金融中介机构（参见社会证券交易所2016年报告）。作为首家受监管的此类交易所，社会证券交易所是一项创新制度，面向的对象是同时寻求融资和产生正面社会及环境影响的公司。

社会型企业制度通常被称作“开明的资本主义”（Yunus和Weber的2007年报告）。尽管传统的资本主义制度很快发生根本性改变的可能性不大，但是推动这一制度逐渐转型的因素肯定存在，而且社会和环境价值观已开始逐步纳入旧的资本主义制度。

参考文献

B Lab（2016a）‘What Is a Benefit Corporation?’ B Lab（http：//benefitcorp. net/FAQ）。查阅日期：2016年6月1日。

B Lab（2016b）‘International Legislation’，B Lab（http：//benefitcorp. net/international－legislation）。查阅日期：2016年6月1日。

B Lab（2016c）‘State by State Status of Legislation’，B Lab（http：//benefitcorp. net/policymakers/state－by－state－status）。查阅日期：2016年6月1日。

B Lab（2016d）‘Why B Corps Matter’，B Lab（www. bcorporation. net/what－are－b－corps/why－b－corps－matter）。查阅日期：2016年6月1日。

B Lab（2016e）‘What Are B Corps?’ B Lab（www. bcorporation. net/what－are－b－corps）。查阅日期：2016年6月1日。

Network: for Business Innovation and Sustainability (2012) 'B Corporations, Benefit Corporations and Social Purpose Corporations: Launching a New Era of Impact - Driven Companies', NBIS, October 2012.

Schwartz, A. (2013) 'Delaware Just Made It a Whole Lot Easier for Socially Responsible Companies to Exist', Fast Company & Inc., July 23, 2013. www.fastcoexist.com/1682654/delaware - just - made - it - a - whole - lot - easier - for - socially - responsible - companies - to - exist。查阅日期：2016 年 9 月 8 日。

Social Stock Exchange (2016) 'Profit with Progress', Social Stock Exchange, (http://socialstockexchange.com/)。查阅日期：2016 年 6 月 1 日。

Wilburn, K. and Wilburn, R. (2014) 'The Double Bottom Line: Profit and Social Benefit', *Business Horizons*, vol. 57, no. 1, 11 - 20.

Yunus, M. and Weber, K. (2007) 'Creating a World Without Poverty: Social Business and the Future of Capitalism', New York: Perseus Books.

参考文献

Brest, P. and Born, K. (2013) 'When Can Impact Investing Create Real Impact?' *Stanford Social Innovation Review* (http://ssir.org/up_ for_ debate/article/impact_ investing)。查阅日期：2016 年 5 月 16 日。

Drexler, M. and Noble, A. (2013) *From the Margins to the Mainstream: Assessment of the Impact Investment Sector and Opportunities to Engage Mainstream Investors*, World Economic Forum Industries and Deloitte, September 2013. (www3.weforum.org/docs/WEF_ II_ FromMargins-Mainstream_ Report_ 2013.pdf)。查阅日期：2016 年 9 月 8 日。

Gray, J., Ashburn, N., Douglas, H., Jeffers, J., Musto, D., and Geczy, C. (2013) 'Great Expectations: Mission Preservation and Financial Performance in Impact Investing', Wharton Social Impact Initiative, University of Pennsylvania. (https://socialimpact.wharton.upenn.edu/wp - Content/uploads/2013/ll/Great - Expectations_ Mission - Preservation - and - Financial - Performance - in - Impact - Investing_ 10.7.pdf)。查阅日期：2014 年 1 月 14 日。

Harji, K., Best, H., Jeyaloganathan, M., Gauthier, K., Reynolds, J., Martin, E., Ulhaq M., Odendahl, S., Hera, J., Rose, L., Burns, A., and Milne, J. (2014) 'Financing Social Good: A Primer on Impact Investing in Canada', Royal Bank of Canada, June 2014.

Kobler, D., Hauber, F., and Ernst, B. (2015) 'Millennials and Wealth Management:

Trends and Challenges of the New Clientele', Deloitte Luxembourg (www2. deloitte. com/content/dam/Deloitte/lu/Documents/fmancial - Services/lu - millennials - wealth - management - trends - challenges - new - clientele -0106205. pdf)。查阅日期：2016 年 9 月 13 日。

Lanz, D., Abbey, D., Smeh, D., Wentzell, D., and Mneina, E. (2015) *The* 2015 *Canadian Responsible Investment Trends Report.* Canadian Responsible Investment Association.

Mendell, M., and Barbosa, E. (2013) 'Impact Investing: A Preliminary Analysis of Emergent Primary and Secondary Exchange Platforms', *Journal of Sustainable Finance and Investment*, vol. 3, no. 2, 111 -123.

Morgan Stanley (2015) 'Sustainable Signals: The Individual Investor Perspective', Morgan Stanley Institute for Sustainable Investing, February 2015.

Mudaliar, A., Schiff, H., and Bass, R. (2016) *Annual Impact Investor Survey*, Global Impact Investing Network, May 2016.

O'Donohoe, N., Leijonhufvud, C., Saltuk, Y., Bugg - Levine, A., and Brandenburg, M. (2010) 'Impact Investments: An Emerging Asset Class', J. P. Morgan, November 2010. O'Toole, J. (2012) 'Explaining the Libor Interest Rate Mess', CNN, July 10, 2012.

The Rockefeller Foundation (2016) 'Innovative Finance' (www. rockefellerfoundation. org/our - work/initiatives/innovative - finance/)。查阅日期：2016 年 5 月 21 日。

Saltuk, Y., Idrissi, A., Bouri, A., Mudaliar, A., and Schiff, H. (2015) 'Eyes on the Horizon: The Impact Investor Survey', J. P. Morgan, May 2015.

Svedova, J., Cuyegkeng, A., and Tansey, J. (2014) 'Demystifying Impact Investing', Centre for Social Innovation and Impact Investing, Sauder School of Business, University of British Columbia, April 2014.

United Kingdom Cabinet Office and HM Treasury (2015) '2010 -2015 Government Policy: Social Investment' (www. gov. uk/government/publications/2010 - to -2015 - government - policy - social - investment/)。查阅日期：2016 年 5 月 25 日。

Vaughan, L., Finch, G., and Choudhury, A. (2013) 'Traders Said to Rig Currency Rates to Profit off Clients'. Bloomberg News, June 12, 2013.

Voorhes, M., Humphreys, J., and Soloman, A. (2012) *Report on Sustainable and Responsible Investing Trends in the United States* 2012 (www. ussif. org/files/publications/12_ trends_ exec_ summary. pdf)。查阅日期：2016 年 5 月 21 日。

第 4 章

巴黎如何成为气候融资之都

Nick Robins

从交易所到布尔歇

交易所广场（Place de la Bourse）是历史悠久的法国金融中心，在其东北十公里的地方坐落着布尔歇机场（Le Bourget）。2015 年 12 月 12 日，法国外交部长洛朗·法比尤斯（Laurent Fabius）在这里敲下了手中的绿色小木槌，宣布通过《巴黎气候变化协定》。从一开始，资金就是全球气候谈判的主要内容，谈判重点关注两个紧密相连的问题：首先是如何募集必要的资金，让全球经济“脱碳”，并同时使之免受气候紊乱的影响；其次是谁应该承担各个国家内部和之间实现这种转型所需的费用。

这一次，资金问题同样在巴黎谈判进程占据主导地位，但同时也出现了新的动态。巴黎谈判达成了一揽子承诺和保证，不仅涉及传统的政府谈判，而且影响到更广泛的金融体系。因此，现在需要在以下背景下，重新考虑世界金融的未来：在本世纪内将化石燃料碳净排放量降低到零。这是一个宏大的目标，但可以有助于重新确立金融体系的根本目的，即服务于社会的远大理想。

本章追溯了在巴黎达成共识的“网络化”融资方案的发展历程。这种融资方式将正式谈判与金融监管机构、金融机构以及民间团体的广泛行动联系在一起。本章探讨了法国为激励本国金融体系内部行动而作出的努力和国际上利用金融体系实现气候安全的措施，以及两者之间的创造性动力。本章在结束时，思考了如何能够在未来一年内深化这种新融资方式。

老论点，新动力

在过去四分之一世纪的很长一段时间里，联合国气候谈判的金融议程都可以归结为公共资金从较富裕的工业化国家向较贫穷的发展中国家转移。这有两个方面的原因。首先，大气中的大部分碳污染存量是由工业化国家造成的，因此，按照“谁污染谁付费”原则，应该向受气候冲击影响最大的发展中国家提供支持。其次是发展中国家基本上比较贫困，这可能成为采用资金成本较高的低碳技术的主要制约因素，国际转移支付可有助于克服可行性差距。2009 年，工业化国家承诺在 2020 年之前，每年通过各种渠道向发展中国家拨款 1000 亿美元，这一高度政治化的议程变得更加明确。

然而，这一承诺涉及许多不确定性和不同意见：公共和私人资金应该各自占多大比例？是否应该在现有的发展援助之外增加新的资金？什么样的融资应该算作气候融资？在这些讨论中，也考虑了引入来自银行、保险公司和投资者的私人资本，但通常以间接方式进行，作为实施碳污染定价或出台可再生能源和节能等低碳方案推广政策而附带产生的结果。

巴黎谈判的目的是为了达成自 1997 年《京都议定书》以来的第一个全球气候变化协议。2009 年哥本哈根会议谈判失败后，大家开始以更宽广的视角考虑气候融资问题，其中包括资产超过 300 万亿美元的全球金融体系。这反映出大家认识到，要把全球气温升幅控制在 2℃这个可以接受的目标水平内，就必须以一种前所未有的方式重新调配资金。预测数据显示，仅清洁能源每年就需要超过 1.1 万亿美元的投资，节能领域需要的投资最为显著（联合国环境规划署，2015 年）。此外，资金必须撤离碳密集型资产（最主要的是煤炭、石油和天然气）。根据美国投资银行花旗集团（2015 年）预测，如果不改变现有投资模式，到 2050 年金融体系内滞留的闲置化石燃料资产可能会高达 100 万亿美元。另外，还需要投入额外的资金来保护人们生活的社区免受因气候变化而日益增多的自然灾害影响。从根本上说，如果不这样重新配置资金，那么金融体系就会走上毁灭之路。根据经济学人智库进行的评估，如果发生全球平均气温上升 6℃的最坏情况，可能导致 13.8 万亿美元的可管理金融资产现值损失，约占全球总额的 10%（经济学人智库，2015 年）。

巴黎气候大会将气候融资目标由数十亿调至数百亿美元，这意味着扩大了巴黎大会的目标。不仅要让各国政府就传统的公共财政优先事项达成一致意见，而且要争取央行和金融监管机构以及商业银行、投资者和保险公司等新参与者的真正承诺。所有这一切恰逢金融体系本身继 2007—2008 年信贷危机后正在经历重大修复和重整。经过初期的财政刺激，包括“绿色激励”计划，尤其是中美两国的努力，各国政府正通过新一轮紧缩措施来压制公共开支。G20 国家每年为化石燃料提供 4520 亿美元补贴，是清洁能源产业所获补贴的许多倍，这显然可能已经成为削减开支的一个目标（海外发展研究所，2015 年）。

如果要为应对气候转变找到资金，其中多半势必为私人资本，并且必须通过一系列新的市场规则加以引导。2015 年年初，法比尤斯（Fabius）明确表达了他对来年的愿望：“关键在于整个金融体系要考虑到气候风险，预先设定远大的目标并将其纳入投资决策”。因此，围绕《联合国气候变化框架公约》（UNFCCC）范围内的财政谈判这个传统中心议题，精心构建了一个新颖的改革模式。对于法国来说，金融是其希望与正式的政府间谈判齐头并进的“行动议程”的重要组成部分。这与 UNFCCC 对金融界的积极开发非常吻合，特别是其秘书处执行秘书克里斯蒂娜·菲格雷斯（Christiana Figueres），她认为资本所有者、银行家和保险公司是气候变化过程的主要摇摆因素之一。早在 2014 年，她曾向机构投资者发出警告说，忽视气候风险可能越来越被视为违反其对最终储户和受益者承担的信义义务（联合国气候变化框架公约，2015 年）。

法国的金融生态系统

法国在国内层面上积极采取行动实现自身金融体系的绿色化，同时在筹备巴黎大会的过程中做了广泛努力，将气候因素纳入全球金融的整体架构。这两项行动之间现在已经产生了强大的联动力量。

21 世纪初，法国采取了各种措施使金融机构将环境和社会因素纳入考量。与其他工业化国家一样，这些措施最初为试行性质，主要侧重于改善企业有关可持续发展问题的信息披露，以便金融机构作出更好的决策。2010 年，法国要求资产管理人报告其如何处理环境、社会和公司治理（ESG）这三个关联在一起的问题。

除了这些监管措施之外，法国还逐渐形成了一个与众不同的金融生态系统，聚合了公共养老基金的购买力和商业主体的创造力，以及社会型企业和智库的推动力［具体实例参见 2 Degrees Investing Initiative（2 摄氏度投资倡议）（2015 年）和 I4CE（气候经济协会）（2015 年）］。举一个例子，巴黎并非欧洲第一个倡导可持续负责任投资（SRI）的金融中心。但过去十年来，就可持续、负责任投资领域的资金管理规模而言，巴黎已经超越了伦敦，截至 2015 年 5 月的资金管理规模达 220 亿欧元（Extel 公司/英国社会投资论坛联合调查，2015 年）。欧洲投资者评选的可持续发展问题投资研究方面的前三大银行也都位于法国。

巴黎谈判的方式从两个主要方面刺激了这一进程：第一，气候挑战规模巨大，意味着不能再把私人融资看作是以碳定价和清洁能源补贴为重点的传统政策的陪衬；第二，法国认为有必要展示其在整个气候融资议程中的主导作用，以便为达成协议积累必要的政治资本。

当然，法国扩大了对发展中国家的公共气候融资承诺，保证到 2020 年将每年的支出增加到 50 亿欧元。在更广泛的层面上，法国总统弗朗索瓦·奥朗德 2015 年 2 月批准成立委员会，由前发展部长帕斯卡尔·康芬（Pascal Canfin）和经济学家阿兰·格朗让（Alain Grandjean）担任联席主席，共同领导进行快速评估，研究如何找到调动气候融资的新途径。该委员会开展的工作远远超出了《联合国气候变化框架公约》的传统范围，探讨了国际货币基金组织（IMF）和世界银行等主要金融体系管理机构需要如何提高自己的标准。该委员会发布的报告提出了可以实现这一点的十种方式，比如让所有开发银行制定“2℃投资路线图”，要求总部设在瑞士巴塞尔的国际清算银行将气候风险纳入银行和保险公司监管规则等（康芬—格朗让委员会，2015 年）。到该委员会发布报告的 6 月中旬时，国内外在这方面已经取得了重大进展。

随着越来越多的投资者认识到气候变化的战略性质，法国财政部长米歇尔·萨潘（Michel Sapin）4 月提出，金融稳定理事会（FSB）应该研究全球变暖可能对金融体系未来发展方向造成的影响。金融稳定理事会成立于 2008 年信贷危机之后，其任务是重塑一个健全和诚信的全球资本市场，但此前从未关注过环境议程。然而，到 2015 年年初，气候问题越来越被视为一个可能对金融管理产生改变性影响的问题。萨潘的介入之所以具有重要意义，是因为金融稳定理事会的主席是英国央行行长马克·卡尼（Mark Carney）。早在 2014 年秋天，卡尼就已经承认，如果要实现全球平均气温升幅不超过 2℃ 的目标，“就必须放弃使用目前的绝大部分化石燃料储备”。卡尼认识到，金融机构和监管机构都“很不幸地为视野所限”，这限制了其应对气候变化等长期威胁的能力。为此，他发起了全球首次以气候变化给金融安全性和稳健性带来的影响为对象的评估活动，重点评估英国的保险业。萨潘的外交策略奏效了，G20 国家财政部长在美国华盛顿特区批准金融稳定理事会开展评估工作。

回到法国来看，一系列影响深远的法律最终进行了修订，以推动向低碳能源体系转型。这些法律包含许多创新措施，尤其值得一提的是确定了法国未来十五年的碳排放税发展方向，到 2030 年，碳排放税将增至每吨 100 欧元。重要的一点是把采取措施充分利用金融行业的力量视为核心改革内容。另外，改善信息披露既是企业也是投资者的关注重点。针对公司的气候报告要求更加严格，以确保投资者了解企业面临的气候相关问题风险及其管控，从而可以作出明智的选择。信息披露要求还扩展到了投资者本身，新的规定要求投资者报告自己面临的气候相关问题风险及其投资组合是否符合把全球气温升幅控制在 2℃ 内的目标。

然而，信息披露只是改变金融行为的第一步。接下来需要分析这些数据并重新配置资产。法国的新法律还包括承诺开发将气候因素纳入在内的“压力测试”，评估不断变化的自然、政治和技术情景可能对银行贷款项目产生何种影响，并最终说明法国银行业面临的气候变化风险。除了这些机构行动外，法国还采取了其他措施，通过制定面向消费者的投资基金标签，使公民个人能够发挥自己的作用，其中一个标签侧重于“能源转型”；另一个标签，从更为广泛的意义上讲，侧重于社会责任（法国财政部国库司，2016 年）。

一批起到主导作用的法国金融机构证明，在投资决策中反映出气候因素是切实可行的，这有助于将这些措施纳入法规条例之中。例如，欧洲最大的基金管理公司东方汇理开辟了新的途径，让谨慎的养老基金在维持主流指数的风险回报状况的同时，可以降低其投资组合面临的碳风险。更重要的是，法国国内采取的这些措施构成了国际金融界大变革的一部分。国际上的主要金融机构已经纷纷开始减少其持有的化石燃料资产，同时提高可持续投资（如绿色债券）的资产配置，推动企业承担更大的应对气候变化责任。在这些举措背后，碳追踪计划组织、绿色和平组织、350 国际环境组织等全球性组织和团体开展的大量精辟分析和公共宣传功不可没。这一切都突出说明，要想实现气候安全，就必须从根本上扭转资金的流向。

法国的这些努力在 5 月 22 日形成了合力，此时距离召开《联合国气候变化框架公约》第 21 次缔约方会议（COP21）还有不到 6 个月的时间。在巴黎举行的全球气候融资会议上，萨潘得以宣布法国国民议会刚刚通宵讨论通过了新的信息披露要求。几分钟后，保险巨头安盛集团的首席执行官 Henri de Castries 宣布了一系列广泛措施，其中包括退出价值 5 亿欧元的煤炭相关投资项目，到 2020 年使绿色投资增至现在的 3 倍，达到 30 亿欧元，及公布其所有投资项目的碳足迹。Castries 还宣布了扩大发展中国家保险保障的新措施，明确表示“气温升幅不超过 2℃的世界可以投保，如果气温升幅达到 4℃肯定不行”。

网络化解决方案

因此，到正式气候谈判于 12 月上旬在布尔歇进行的时候，这种气候融资新模式的三大要素终于凝聚在一起：核心是正式谈判，核心之外便是金融体系监管机构的措施，而最外一层是金融业自身采取的行动。

12 月 12 日，法比尤斯正式宣布达成多层次的《巴黎协定》，该协定一开始就提出以“使资金流动符合温室气体低排放和气候适应型发展的路径”为目标（第 2c 条，2015 年）。此外，该协定还通过一系列具有战略意义的信号，致力于完成以金融手段支持脱碳和提高气候适应力这一双重任务，进一步加强了对金融的重视。

第一个信号是各方就长期目标达成一致意见，一致认为应把全球平均气温升幅控制在“低于工业化前水平之上 2℃”，并立志“将气温升幅限制在工业化前水平以上 1.5℃之内”。该目标的实际意义在于需要在 21 世纪末之前将化石燃料造成的净排放量降至零（牛津大学马丁学院，2015 年）。在净零排放的世界中，每排放一吨二氧化碳就必须相应地从大气中永久清除一吨。因此，可以确认脱碳已是大势所趋，而且这一趋势将重塑全球资本市场，使得以今天的能源体系推测未来的传统财务预测方法遭受质疑。

几乎每个国家都提交了被称为“国家自主贡献”（INDC）文件的国家气候计划，使这个长期目标对全球市场而言具有可信度。《巴黎协定》明确表示，这些计划不会实现将与工业化前水平相比的全球平均温度升幅控制在 2℃以内的目标，更不用说使温度升幅限定在比工业化前水平高 1.5℃的宏伟目标。联合国环境规划署出具的分析报告显示，全面落实现有承诺将导致全球气温上升 3℃。然而，即使 INDC 所包含的承诺不足以实现气候安全，就巴黎进程开始时大家担心的全球升温 4℃的情况而言，INDC 仍然是一大进步（《联合国气候变化框架公约》，2015 年）。而对于金融界来说，显然不能再“一如往常”地走下去。有预测显示，到 2030 年，即使 INDC 中包含的承诺不够充分，仍可以使 2030 年的全球煤炭需求量比 2012 年下降 5%（Spencer，2015 年）。

《巴黎协定》还规定了重新调整金融体系重点的措施，以便应对日益严重的气候变化影响，特别是对发展中国家的影响。越来越令人担忧的是气候变化的实质性影响越来越大，可能导致全球投资者的避险情绪上升，切断发展中国家与资本市场的联系。就在召开 COP21 之前，发展中国家的财政部长于 2015 年 10 月结成新的联盟，成立了“脆弱二十国”集团（V20）。V20 由菲律宾担任主席国，联合了各大洲的国家，如阿富汗、肯尼亚、圣卢西亚和图瓦卢等。他们有着显而易见的共同感受：气候冲击已经超出了这些国家的应对能力，每年因气候变化造成的损失至少达到其国内生产总值的 2.5%。自 2010 年以来，每年的经济损失估计达到 450 亿美元，这一数额到 2030 年预计将增加近十倍，达到近 4000 亿美元（V20 公报，2015 年）。V20 致力于在非洲和加勒比地区现有的区域性计划的基础上，制定一个新的气候风险分担机制。将保险业的专有知识经验与公共目标融合在一起的这一中心思想，最终在《巴黎协定》中得以体现（第 8 条，2015 年）。另外，《巴黎协定》还要求所有主要的国内和国际金融机构报告其方案如何纳入耐气候和气候适应力措施（COP21，第 43 条）。

减轻气候影响的后果是一回事；确定责任方又是另一回事。《巴黎协定》特别明确地载明，对于气候变化的不利影响所造成的损失和损害，无任何依据可使各国彼此“承担任何责任或支付任何赔偿”（COP21，第52条）。诉讼一直是各国内部推动政府和企业采取气候变化行动的主要工具（全球正义计划，2016年）。作为没有认真对待气候风险的银行、养老基金和保险公司所面临的一个风险，诉讼有可能成为新的重大威胁，因此，其在金融议程中的地位不断上升。

至于资金方面，在巴黎大会召开前已经有越来越多的工业化国家和世界各地的开发银行作出了公共财政承诺。例如，世界银行在10月承诺，到2020年将气候融资提高到每年160亿美元，占全部贷款的28%左右。到巴黎大会召开时，新成立的绿色气候基金已经获得了40个国家的100亿美元出资承诺。经济合作与发展组织开展的一项研究显示，2014年发达国家调动的气候融资资金已经达到每年620亿美元（经济合作与发展组织，2015年）。然而，许多发展中国家，特别是印度，对这一估算的分析方法和过程提出了质疑（印度财政部，2015年）。最后，《巴黎协定》改变了对1000亿美元这一标志性目标的理解，不再将其视为国际资金的上限，而是视为下限。工业化国家承诺继续调集标志性的1000亿美元资金，并且全新的目标将于2025年设定。

虽然金融创新在信贷危机之后遭受骂名，但《巴黎协定》还是寄望于通过新思维来实现“自愿减缓行动的社会、经济及环境价值，及其在适应、健康和可持续发展方面的共同效益”（COP21，第108条；另请参见Sirkis等人的报告，2015年）。在法国，大家已经开始讨论挖掘货币政策在支持能源转型方面的创新潜力。举例来说，2015年2月，法国国家战略和预测总署（前身为国家计划委员会和法国总理的智库）发布提案，建议利用欧洲中央银行（ECB）的量化宽松计划为欧洲的低碳投资项目融资。

然而，只看《巴黎协定》的内容无法完全领会整个一揽子巴黎协议对气候融资的重要意义。第二阶段行动涉及金融体系规则制定者，巴黎是金融稳定理事会新成立的气候变化相关风险信息披露工作组启动工作的标志性地点。根据G20于2015年4月作出气候风险调查研究的委托，金融稳定理事会于2015年9月在伦敦与政府和私营部门专家进行了磋商。主要基于英国央行确定的金融体系面临的三大气候风险（即自然风险、转型风险和诉讼风险），金融稳定理事会主席马克·卡尼11月提出创建一个新的行业主导的信息披露工作组，以便更好地了解这些风险（英国央行，2015年）。该工作组效仿的是金融稳定理事会设立的强化信息披露工作组（EDTF），后者是在信贷危机后设立的，目的是使晦涩难懂的财务报告要求更加明确。新成立的气候变化相关风险信息披露工作组将以行业为主导，重点是制定非强制性的指导方针，使信息报告工作具有一致性，可以为放款机构、保险公司、投资者以及金融监管机构所用（金融稳定理事会，2015 年）。卡尼认为，“企业不仅要披露其目前的排放情况，而且还要说明其打算如何向未来的净零排放世界转型”（卡尼的讲话，2015 年）。

在克服了一些成员国最初的疑虑之后，G20 在安塔利亚举行的首脑会议上批准了该提案。随后，卡尼在布尔歇谈判大厅内正式宣布成立工作组，由前纽约市市长、金融信息领域的领军人物迈克尔·布隆伯格（Michael Bloomberg）担任主席。《巴黎协定》中并未提及金融稳定理事会新设立的这个工作组，也没有说明金融监管的作用。但金融监管现在已被视作整体解决方案的一个重要组成部分，这在一年前是不可想象的。法国中央银行法兰西银行行长弗朗索瓦·维勒鲁瓦·德加洛（FrangoisVilleroy de Galhau）也选择在巴黎谈判之际，首次就气候变化对中央银行业务的影响谈了自己的看法。他认为，这种挑战可以归结为两个关键问题：“如何确保投资者和金融中介机构了解其实际面临的风险？以及如何防止资本错配到碳密集型产业或资产闲置？”（维勒鲁瓦·德加洛的讲话，2015 年）。重要的是，维勒鲁瓦·德加洛在有关气候融资的一般讨论之外，还探讨了对货币政策的影响，认为“气候变化可能会影响货物和服务的价格……货币政策必须按照维护价格稳定的使命，在推动价格结构实现更平稳的调整方面发挥作用”。他还强调，应对环境因素已经是欧元区面临的任务之一（欧洲中央银行体系，《条例》第 2 条）。不过，到目前为止，欧洲央行虽然提出了调整政策进而实现可持续增长和“尊重环境”的这一明确要求，但还没有形成任何正式的政策举措。

监管界采取初步行动之后便是第三阶段，也就是金融机构自身的承诺。从 20 世纪末到 2009 年哥本哈根谈判前夕，投资者已经开始采取集体行动，支持全球气候政策［气候变化机构投资者集团（IIGCC），2008 年］。现在，资产合计超过 24 万亿美元的机构投资者在巴黎大会上表示，支持达成一份雄心勃勃的协议，包括推出影响深远的碳定价机制。除了这一具有战略意图的声明外，机构投资者还发起了一系列更具体的计划，来改变实际资本配置状况。

28 位首屈一指的亿万富翁投资者，如比尔·盖茨、维诺德·科斯拉、马云和乔治·索罗斯，共同创建了突破能源联盟，投入私人资本支持公共研究部门开发的创新清洁技术。另外，他们还承诺投入 11 万亿美元的资金，支持扶植绿色债券市场发展的相关政策。对于特定气候融资解决方案而言，绿色债券市场已经成为最有前景的资本配置途径之一（气候债券倡议组织，2016b 报告）。法国债券发行人，包括法兰西岛大区等市政当局和法国电力集团等企业，在东方汇理银行等法国银行的支持下，一直是发展绿色债券的先锋。

投资者也开始接受对自身的气候变化行动绩效实施更严格的审查。就在十年前的 2005 年，首份投资基金碳足迹报告正式发布。时至今日，在巴黎大会上，资产合计超过 10 万亿美元的投资机构承诺，采取这一基本的透明度提升措施；首先签署这一承诺书的是法国公务员补充养老保险管理机构（ERAFP）（负责任投资原则组织，2014 年）。除此之外，在投资组合脱碳联盟（PDC）的动员之下，25 个投资者共同承诺，降低总额达 6000 亿美元的委托管理资产的碳足迹。PDC 由瑞典一家养老基金（AP4）、法国一家养老基金（FRR）和法国一家资产管理公司（东方汇理）一道发起成立，由联合国环境规划署金融行动机构负责管理。PDC 最终集聚的资金数额是其于 2014 年 9 月成立之初所预期金额的 6 倍多。所有这一切都是由非国家行为者构成的气候行动非国家行为者区域（NAZCA）承诺平台的一部分，而且在 10000 多个承诺中，有 425 个是金融机构做出的承诺。

转型融资

2016 年年初，全球各地市场开盘上涨，而没有下跌，因为市场对全球经济前景感到担心。这种短期恐惧与就在几周前达成的长期气候协议之间几乎没有任何联系。

然而，巴黎大会的成果不仅可以看作是一个环保协议，而且也可以看作是充分利用金融体系支持全球发展步入新阶段的战略纲要。现在回头来看，网络化气候行动融资解决方案有力地体现了诺贝尔奖获奖经济学家埃莉诺·

奥斯特罗姆（Elinor Ostrom）的真知灼见，即未来将采用“多中心”的治理模式（奥斯特罗姆，2015 年）。在巴黎大会上，一揽子解决方案不仅来自不同层级的政府，也来自不同的政策领域，远远超出了传统气候政策的范畴，扩展到有关全球资本的公共和私人部门规则。

显然，这种网络化气候行动融资模式的价值，将体现在如何在会议厅之外的现实世界中实际进行资本配置。正如奥朗德总统所强调，“巴黎协定不是尽头，而只是开端”。该协定的组成要素仍然是全新、脆弱的，可能面临任何谈判协议中常见的问题如回溯效力、惯性效应和政治议程上其他较新问题的挤压。不过就其核心而言，这个一揽子解决方案是基于大家认识到应对气候变化的金融结构必须既反映气候科学的硬逻辑，又体现金融体系本身的复杂性。

气候协议通常都会遭遇打击，但巴黎大会上达成的一揽子金融解决方案很有可能能够经得起这些打击的考验，原因在于其依托全球金融的动态、分布式性质建立的网络化模式。要使气候成为中央银行、金融监管机构、商业银行和保险公司工作中的常规要素，还有很多工作要做。在向零碳、无害世界的有序转型过程中，大多数中央银行和监管机构尚未充分发挥自身的作用。但是，新的议程已经对政策制定者和资本市场产生了明显影响。中国已经把发展绿色金融放到了“十三五”规划的核心位置，而在英吉利海峡对岸，伦敦金融城已经推出了自己的绿色金融计划，以迅速扩大绿色债券及其他金融工具的发行规模。

2015 年发生的一切表明，气候行动融资的新战略方针是可行的。在 2016 年及以后的年度，可采取一系列行动加快这种势头，使资金流动“符合气候政策”。就法国本身而言，主要重点将放在落实新通过的《能源转型法》上，不仅要贯彻新的投资者信息披露要求，而且还要说明如何将气候因素纳入银行业压力测试。尽管法国在 2016 年 11 月将气候谈判主席国职权移交给了摩洛哥，但其仍然需要全面参与这些事项。

在系统层面上，这种尚处于萌芽阶段的网络化方案需要充实和深化。在国际上，有三个突出的优先事项：战略、工具和规则。虽然 INDC 听起来比较拗口，但其却是 COP21 的真正成果之一。下一步要把高层政策方向转化成更详细的“绿色金融战略”，将调动国内和国际资本所需的激励措施、标准、法规和联盟具体组合在一起，特别是对发展中国家而言（Callaghan，2015）。在这方面，新成立的绿色基础设施投资联盟体现了政府和投资者的新愿望：开发的长期绿色资产后备项目，在支持实现国家目标的同时，满足投资者的风险/回报要求（气候债券倡议组织，2016a 报告）。

为了实施这些战略，金融机构和政策制定者将需要新工具，使气候和更广泛的可持续发展因素成为金融决策的常规组成部分。在能够获得适当信息的情况下，市场可以最好地发挥作用。金融稳定理事会新成立的工作组已经迅速行动起来，提出了关于有效信息披露基本原则的初步想法。该工作组在第一份报告中明确指出，提高透明度可以降低资产价值发生破坏金融市场稳定性的大幅、意外调整的可能性（金融稳定理事会，2016 年）。金融稳定理事会工作组将于 2017 年 2 月发布其最终报告。金融机构在碳足迹和碳减排问题上作出了新一轮承诺，就对这些承诺建立信心而言，改善信息披露也将具有至关重要的作用。此外，使用工具需要一定的能力，这表明在全世界成千上万的金融专业人士中开展适当技能建设和行为培训具有重要意义。

除了信息披露之外，还需要制定新的规则将气候变化置于金融治理的中心位置。巴黎大会的筹办历程有助于从根本上摆脱举证责任，不用再证明 ESG 因素（例如，气候变化），与信义义务等投资者核心责任的联系。根据现实经验，新共识是“在投资实践中，未考虑包括 ESG 问题在内的投资价值长期驱动因素，就是未履行信义义务”（负责任投资原则组织，2015 年）。这一结论的影响范围超出了普通法司法管辖区（在这些辖区，投资实践是由信义义务推动的），而且涉及确保将气候因素考虑纳入所有金融机构治理这一结构性任务。例如，银行业对审慎性的传统定义将需要进行重新考虑，以便将气候因素纳入风险偏好的常规定义，法国将传统的压力测试扩展到环境领域已经预示了这一点。这个治理问题也产生深刻的社会影响。包容性已经成为全球金融政策的公认目标。对于气候行动而言，目前的挑战在于要充分考虑金融激励措施和职责的变化，以便大家都可以获得所需的资金。

在巴黎大会上达成的网络化解决方案需要所有以下要素协同发挥作用：市场预先考虑未来的冲击，公共财政拉动私人资本，法规将金融稳定性的概念扩至包含脱碳和提高适应力这一新的当务之急。最后，巴黎大会达成的一揽子协议并不能保证会带来资金，但是巴黎大会确立了确实有潜力调动数万亿美元资金的新框架，使这一点有可能成为现实。

参考文献

14CE（2015）Landscape of a Climate Finance（www. i4ce. org/download/landscape – of – climate – finance – 2015 – edition/）。查阅日期：2016 年 9 月 8 日。

2 Degrees Investing Initiative（2015）Assessing the Alignment of Portfolios with Climate Goals（http：//2degrees – investing. org/IMG/pdf/2dportfolio_ vO_ small. pdf）。查阅日期：2016 年 9 月 8 日。

Bank of England（2015）Prudential Regulatory Authority：The Impact of Climate Change on the UK Insurance Sector（www. bankofengland. co. uk/pra/documents/supervision/activities/pradefra0915. pdf）。查阅日期：2016 年 9 月 8 日。

Breakthrough Energy Coalition（www. breakthroughenergycoalition. com/en/index. html）。查阅日期：2016 年 9 月 8 日。

Callaghan，I.（2015）Climate Finance After COP21. Investor Watch.（http：//calltoaction-onclimatefinance. net/site/data/000/000/Climate_ Finance_ After_ COP21_ Final_ 011215_ MG2. pdf）。查阅日期：2016 年 9 月 8 日。

Canfin – Grandjean Commission（2015）Mobilising Climate Finance（www. elysee. fr/assets/Report – Commission – Canfin – Grandjean – ENG. pdf）。查阅日期：2016 年 9 月 8 日。Carney，M.（2015）Breaking the Tragedy of the Horizon – Climate Change and Financial Stability. Bank of England（www. bankofengland. co. uk/pra/documents/supervision/activities/pradefra0915. pdf）。查阅日期：2016 年 9 月 8 日。

Citigroup（2015）Energy Darwinism II（climateobserver. org/wp – content/uploads/2015/09/Energy – Darwinism – Citi – GPS. pdf）。查阅日期：2016 年 9 月 8 日。

Climate Bonds Initiative（2016a）Green Infrastructure Investment Coalition（www. climatebonds. net/files/files/Launch_ COP21_ Green% 20Infrastructure% 20Investment% 20Coalition – Dec% 202015. pdf）。查阅日期：2016 年 9 月 14 日。

Climate Bonds Initiative（2016b）The Paris Green Bond Statement（www. climatebonds. net/resources/press – releases/Paris – Green – Bonds – Statement）。查阅日期：2016 年 9 月 8 日。

COP21 Agreement（2015）Article 43，52，108.（https：//unfccc. int/resource/docs/2015/cop2l/eng/109. pdf）。查阅日期：2016 年 10 月 18 日。

EIU（2015）Recognizing the Cost of Inaction（www. economistinsights. com/financial – services/analysis/cost – inaction）。查阅日期：2016 年 8 月 12 日。

European System of Central Banks（ESCB）, Statute Article 2.

Exel/UKSIF（2015）Mobilising Climate Finance（www. extelsurveys. com/Panel_ Pages/PanelPagesBriefings. aspx? FileName = Extel – UKSIF_ SRI_ Report_ 2015）。查阅日期：2016 年 9 月 8 日。

France Strategic（2015）（http://blog. en. strategie. gouv. fr/2015/02/policy – brief – proposal – finance – low – carbon – investment – europe/）。查阅日期：2016 年 9 月 24 日。

FSB（2015）Proposal for a Disclosure Task Force on Climate – related Risks（www. fsb. org/wp – content/uploads/Disclosure – task – force – on – climate – related – risks. pdf）。查阅日期：2016 年 9 月 8 日。

FSB（2016）*Phase I Report of the Task Force on Climate – Related Financial Disclosures*（https://www. fsb – tcfd. org/wp – content/uploads/2016/03/Phase_ I_ Report_ vl5. pdf）。查阅日期：2016 年 9 月 8 日。

Global Justice Program（2016）Yale University（http://globaljustice. macmillan. yale. edu）。查阅日期：2016 年 9 月 8 日。

IIGCC（2008）Investor Statement on a Global Agreement on Climate Change（www. iigcc. org/files/publication – files/Investor_ statement_ on_ a_ global_ agreement_ 2008. pdf）。查阅日期：2016 年 9 月 8 日。

Ministry of Finance, Government of India（2015）Climate and Finance – An Analysis of a Recent OECD Report（http://finmin. nic. in/the_ ministry/dept_ eco_ affairs/economic_ div/ClimateChangeOEFDReport. pdf）。查阅日期：2016 年 9 月 8 日。

ODI and Oil Change International（2015）Empty Promises（www. odi. org/sites/odi. org. uk/files/odi – assets/pubhcations – opinion – files/9957. pdf）。查阅日期：2016 年 9 月 8 日。

OECD（2015）Climate Finance in 2013 – 14 and the USD 100 Billion Goal（www. oecd. org/environment/cc/OECD – CPI – Climate – Finance – Report. pdf）。查阅日期：2016 年 9 月 8 日。

Ostrom, E.（2009）*APolycentric Approach for Coping with Climate Change*. Policy Research Working Paper 5095.

Oxford Martin School（2015）Working Principles for Investment in Fossil Fuels（www. oxfordmartin. ox. ac. uk/publications/view/2073）。查阅日期：2016 年 9 月 8 日。

Paris Agreement（2015）Article 2c, 8.（http://unfccc. int/files/essential_ background/convention/application/pdf/english_ paris_ agreement. pdf）。查阅日期：2016 年 10 月 18 日。

Portfolio Decarbonization Coalition（PDC）（2016）（http://unepfi. org/pdc/category/news/）。查阅日期：2016 年 9 月 8 日。

PRI（2014 Montreal Climate Pledge（http：//montrealpledge. org/）。查阅日期：2016 年 9 月 8 日。

PRI，Global Compact，UNEP Finance Initiative and UNEP Inquiry（2015）Fiduciary Duty in the 21st Century（www. unepfi. org/fileadmin/documents/fiduciary_ duty_ 21st_ century. pdf）。查阅日期：2016 年 9 月 14 日。

Sirkis，A.，Hourcade，J. – C.，Dasgupta，D.，Studart，R.，Gallagher，K.，Perrissin – Fabert，B.，Eli da Veiga，J.，Espagne，E.，Stua，M. and Aglietta，M.（2015）*Moving the Trillions：A Debate on Positive Pricing of Mitigation Actions.* Rio de Janeiro：BrasilClima（www. centrobrasilndclima. org/precificacao – de – carbono/）。查阅日期：2016 年 9 月 8 日。

Spencer，T.（2015）The Future of Coal：The Long Comedown. EnergyPost（www. energypost. eu/future – coal – long – comedown/）。查阅日期：2016 年 9 月 8 日。

Trésor Direction Générale（2016）（www. tresor. economie. gouv. fr/12541_ cahier – des – charges – du – label – isr – soutenu – par – les – pouvoirs – publics – ）。Accessed September 8，2016. UNEP（2015）The Emission Gap Report（http：//uneplive. unep. org/media/docs/theme/13/EGR_ 2015_ 301115_ lores. pdf）。查阅日期：2016 年 9 月 8 日。

UNEP Inquiry（2015）The Coming Financial Climate（http：//unepinquiry. org/wp – content/uploads/2015/05/Aligning_ the_ Financial_ System_ with_ Sustainable_ Development_ 4_ The_ Coming_ Financial_ Climate. pdf）。查阅日期：2016 年 9 月 8 日。

UNEP Inquiry and 14CE（2015）France's Financial（Eco）system（http：//unepinquiry. org/publication/france – country – report/）。查阅日期：2016 年 9 月 8 日。

UNFCCC（2015）Synthesis Report on the Aggregate Effect of the INFCs（http：//unfccc. int/resource/docs/2015/cop21/eng/07. pdf）。查阅日期：2016 年 9 月 8 日。

United Nations（UNFCCC）（2015）Safeguarding Future Retirement Funds – Time for Investors to Move Out of High – Carbon Assets Says UN's Top Climate Official（https：//unfccc. int/fdes/press/press_ releases_ advisories/application/pdf/pr20140115_ ceres_ finall. pdf）。查阅日期：2016 年 9 月 8 日。

V20 Communique（2015）（www. v – 20. org/v20 – communique/）。查阅日期：2016 年 9 月 8 日。

Villeroy de Galhau，F.（2015）Climate Change – The Financial Sector and Pathways to 2℃（www. bis. org/review/rl51229f. htm）。查阅日期：2016 年 9 月 8 日。

第 5 章

全球资产总价值[1]

Cary Krosinsky

引言

在有关全球金融体系的讨论开展之时，时常出现的情况是所有存量和流量资产的总体价值、影响和相关性并没有得到全面、充分的了解。事实上，即使按照所有全球资本资产的当前市场价值总额计量，所谓“全球资产总价值”也无从知晓，更不用说持续商业资金流对该体系的影响和相关性。

本章旨在开启厘清全球资产价值的进程，特别是可能受到金融体系可持续性（或其缺失）影响的资产，而并不仅仅是以委托管理的机构性资产为代表的资产。

在尝试评估金融市场价值的工作中，通常只考虑金融机构所报告的某些资产类别的管理资产总额，或者例如相对孤立的国际资金流量。

因此，本章将解答以下问题：单一和所有全球资产类别，单独和合并计算的实际总价值分别是多少，从而帮助理解与全球整体存量资产相关的资金流量；资金流量如何或能否影响总价值，这些存量和流量资产应如何转换，方能使金融体系真正具有可持续性，及如何对此进行计量。

人们已经尝试对全球资产的价值进行评估，但总是存在不足，要么缺少国有企业价值、住宅价值等类别，要么没有抓住市场上现金等资金的实质。此类局部性分析揭示了该单一总价值数据的有用之处，我们会对其进行充分利用，但我们的讨论将是全面、完整的，或者至少会努力做到这一点。

那么，为了充分评估全球总资产的静态当前价值，首先要做的就是确定需要了解的资产类别。

按价值计算，规模最大的三个资产类别分别是上市公司、固定收益工具和个人拥有的房地产或受管理投资组合中的房地产。国有企业和基础设施投资组合的总价值，无论是通过直接投资还是项目融资的方式实现的，都对这一分析至关重要。私募股权和风险投资的相关性不断上升，而且将和以下各项一起进行评估：包括森林和大宗商品在内的所谓不动产的价值，以及以现金和不直接与资产挂钩的投资工具名义面值计算的市场上已发行美元的价值。

该分析反映的是所有资产的首次单一、静态价值，实际上就是全球资产的总价值。

公众股权

在公开市场上进行交易的公司拥有上市交易或库存的已发行股票，将其与当前股价相乘得出的结果就是作为资产类别的公众股权的总值。假如公司在多个证券交易所上市交易，或者其持有美国存托凭证（ADR）的实体并非相关发行实体，需要注意确保避免重复计算。

截至 2008 年年初，经分析确定的这一数字为 65 万亿美元（Krosinsky，2008 年），之后股票估值由于随后发生全球金融危机（GFC）而下跌。本次分析按照上述流程进行，即一次着眼于一家公司，分别计算出在全球证券交易所上市的各个公司的市值，然后汇总得出一个数字。

到目前为止，还没有出现使这一局面发生显著改变的证券大规模新发或增发。到本书定稿时，市场估值已基本恢复到原有水平。自那以来，代表 85% 全球市值的 MSCI 全球指数实际上正好持平（MSCI，2016 年）。麦肯锡全球研究院（MGI）在 2007 年年底估算的数字为 64 万亿美元，恰好与本次分析结果相互印证。自从全球金融危机以来，MSCI 新兴市场指数也基本持平（MSCI，2016 年）。

近年来，全球首次公开发行规模已经大大缩水，阿里巴巴算得上一个例外，因此，新股发行规模只有 2000 多亿美元，比前一年增长几乎 50%（复兴资本公司，2014 年）。这是自 2010 年以来的最高发行规模，由于全球金融危机，2008—2009 年几乎没有新股发行。可以估算，自全球金融危机以来，新发上市公司股票至多达到 1 万亿美元，导致全球公众股权总值目前介于 65 万至 70 万亿美元之间（安永会计师事务所，2014 年）。因此，目前可接受的估算值为 67 万亿美元，而且由于市场估值水平此后没有多少变动，所以这个数字现在仍然是有效的。上述数字不仅由于价格波动每天都在变化，而且每毫秒都有变化，这取决于由于各公司股票买卖双方情绪随时达到平衡而形成的当前可接受的股价。

固定收益工具

固定收益工具较难评估，因为其代表的是由借给其他方的现金组成的整个现金池。因此，确定固定收益工具的价值有一些需要注意的事项，即固定收益工具或投资组合的所有者并不拥有相关公司，除非该公司破产。因此，作为整个资产类别，固定收益工具同时反映全球金融体系中的存量和流量资产。即便如此，已发行的所有固定收益工具的总价值还是可以很容易地计算出来，美国的总价值为 35 万亿美元，除美国外的发达国家的总价值为 50 万亿美元，新兴市场的债务价值为 14 万亿美元，共计 99 万亿美元（摩根大通，2015 年）。这个数字包括所有国家的公司债券、主权债券、国债、高收益债券和市政债券。

全球借贷的本质

除了作为全球资产类别的固定收益工具的估算值外，全球借贷的真正规模尚不清楚。举例来说，就如上文所述，固定收益工具的价值约为 100 万亿美元，是规模最大的全球资产类别，而直接放贷和其他形式的贷款则越来越不明显。透明度的这种缺失可能是由于发展中国家常见的黑市手段而产生，也可能是因为合并处理本来在公开市场上无法获得的由银行发放给上市公司和私人企业的贷款而产生。

为了首次全面掌握全球借贷的规模，需要给全球借贷分类，同时对容易不透明的方面进行估算。从根本上说，全球借贷分为个人和家庭贷款，各种组织机构（包括上市公司）贷款，以及政府发行的国债和地方债。其中，部分债券将在交易所上市且完全透明，而很多借贷是直接在资金来源方与接收方之间发生，有时却并不总是涉及受监管的机构。

美国证券业和金融市场协会最近列出的美国债券总额略低于 39 万亿美元，包括市政债券、国债、抵押债券、公司债务、其他联邦机构债务和资产支持证券，而且 2014 年增发了 5.8 万亿美元的债券，同时存量债券每年大约增加 1 万亿美元，这意味着每年有近 5 万亿美元债券已经清偿或者到期。

在全球资产总价值中，很大一部分属于所谓的“实体经济”。例如，房地产和基础设施属于实体经济，非实体经济或上市公司的纯财务部分估计可以达到总值的 20%，即 13.4 万亿美元。固定收益工具、现金和衍生工具，按照定义，并不属于产生实物的实体经济。（因此，全球资本资产价值的“实体经济”部分估计可达 225 万亿美元，恰好是全球资产总价值的一半）。

若要进一步了解借贷对实体经济的影响，就需要将借贷进一步进行细分。借贷中有很大一部分是用于建造基础设施，提供住房抵押贷款以及向企业提供生产商品的资金。因此，在了解每年的新借贷水平时，应该考虑借贷对实体经济健康发展的支持和促进。

如果现有固定收益工具的 80% 用于支持实体经济，那么，很显然，首先可以观察到的是 80 万亿美元正在支持价值 225 万亿美元的实体经济，同时，需要持续不断地流动的新借贷，用来支持实体经济现有和未来的资金流量和估值。

根据证券业和金融市场协会的以上分析，美国的新债券超过 5 万亿美元，大部分通过债券偿兑方式进行抵消，净增额略高于 1 万亿美元。国际清算银行（BIS）是一个特别好的提供资金流量数据的渠道。其于 2015 年 3 月发布的全球金融流量要点报告显示，截至 2014 年 9 月底，美国境外非银行借款人获得的美元信贷规模约为 9.2 万亿美元，同比增长 9%，比 2009 年增长 50% 以上。在这 9.2 万亿美元中，有 4.2 万亿美元是债务证券，4.9 万亿美元为银行贷款。

此外，2014 年，扣除偿付款后，发达经济体的累计国际债券发行额为 1780 亿美元，新兴市场为 3590 亿美元，这意味着美国和美国以外地区 2014 年分别净增 1 万亿美元，致使 2014 年全球新增借贷净额合计达 2 万亿美元。

房地产

在有关全球资产价值的讨论中，住宅价值经常被忽略。举例来说，在经历了安然、世通、阿德尔菲亚等21世纪早期的会计丑闻后，很多美国人已经失去了对公开股票市场的信心，转而争取实现其住宅价值最大化。事实上，在21世纪头十年，很多养老基金在这样的市场上充其量也不过是不赔不赚。由于市场信心下降产生的多米诺骨牌效应，再加上为了鼓励自置居所而放宽信贷标准，也刺激了人们竞相追逐房地产价值，家庭自有房地产的价值逐渐走向了崩溃。许多房主放弃了“溺水”房屋。因此，房地产市场的波动性可能相当大，难以对其进行估算，但尽最大努力得出的估算结果显示，全球个人自有住宅的价值约为75万亿美元。与养老基金、捐赠基金等另行持有的20万亿美元的房地产（包括商业地产）合在一起，自有房地产的总价值达95万亿美元。因此，虽然固定收益工具是规模最大的全球资产类别，但全球房地产的总价值与之不相上下。

国有企业

更难估值的是国有企业以及政府总资产，因为按照定义，这些资产并不公开进行交易。不过，如果把这些资产当作要上市的资产来加以评估，就可以计算出国有企业价值的估算值。无论是从各国政府拥有的化石燃料储备来考虑，还是从代表这些利益的企业来考虑，这一资产类别在全球价值中都占据了重大比例。重要的是要防止重复计算，因为有些组织机构公开上市交易的股票仅占总体价值的很小一部分。这一资产类别的最佳估算结果是35万亿美元，同时我们认识到，如果这类企业不进行私有化交易，这一数字显然仍不确切，但是在本次分析中，这一数字无疑必须加以考虑。

私营企业

私营企业以及支持这种潜在价值创造的前期风险投资，是一个正在快速增长的细分市场。2014 年 6 月，该细分市场的价值达到了 3.8 万亿美元（Preqin，2015 年）。考虑到这一领域的持续发展，我们以 4 万亿美元作为我们的当前估算值。虽然目前正在大力发展社会型企业（例如 B 型企业）、影响力投资和其他形式的“社会资本”，但是以上各者仍然处于这个庞大数字的误差范围之内。不过，像 Natura 和联合利华这样的上市公司的举动还是令人鼓舞。

基础设施

基础设施是较为重要但有时却被忽视的资产类别之一。基础设施可以体现为各种各样的经济活动，有关新增基础设施投资的估算数据显示，到 2030 年投入这一领域的新增资本将达到 50 万—75 万亿美元以上（麦肯锡全球研究院，2013 年）。虽然为了帮助实现任何必要的“绿色转型”，明显需要基础设施，但这方面的投资仍存在资金缺口。

一般认为，基础设施包括公路、铁路、港口、能源、水利、机场等，有时也包括电信基础设施。在某种程度上，全球基础设施成本下降，远不如这个资产类别新增资本的未来投资方向那么重要。一项估算数据显示，2008 年至 2011 年，有 2 万多亿美元投向了全球基础设施的新建。

目前仍在使用的基础设施在过去五十年里，大部分只属于上述类别。考虑到前一段时间建成的长期资产需要进行折旧，可以说很多项目的价值并不大，而且，从增效节支和延长使用寿命的角度来看，注重实现现有资产价值的最大化合乎情理。从 1992 年到 2011 年，按折旧前价值计算，在总额达 30 万亿美元的基础设施投资中，中国占据的比例最大（麦肯锡全球研究院，2013 年）。虽然麦肯锡公司估算截止到 2012 年，现有基础设施的价值为 50 万亿美元，但这似乎并不是折旧后的价值。相反，对于投资组合中的及各国政府拥有的全球现有基础设施，我们以 35 万亿美元表示其总现值。

不动产

其他自有资产类别包括土地、森林、黄金及其他可交易大宗商品，还包括不归上市公司或国有企业所有的私营化石燃料项目。这些大宗商品的每一子类别的价值可以估算，其在受管理投资组合中的总价值也可以估算。目前，根据估算，这一价值大约为 10 万亿美元。

现金

就现金而言，必须考虑三种资金池：银行现金存款、流通中的现金（包括外汇）以及货币市场基金价值。2010 年银行现金存款为 54 万亿美元（麦肯锡全球研究院，2011 年），2013 年外汇储备约为 12 万亿美元（国际货币基金组织，2014 年），美国货币市场基金价值约 2. 6 万亿美元（投资公司协会，2016 年），前述三项加上全球流通中的现金，估计将达到 75 万亿美元，这一数字可以作为全球现金的总数。

上述类别合计后得出的全球资产存量总值为 420 万亿美元。

其他金融工具的名义价值

然而，在当前的证券化时代，衍生金融工具和其他形式的金融创新已经形成了另一层“价值”。国际清算银行认为，2013 年存量衍生金融工具的总价值超过 1000 万亿美元（国际清算银行，2015 年），是所有其他资产类别合计价值的三倍左右（经首次确认后，这一点应该引起关注）。考虑到建立这些衍生金融工具过程中所涉及的杠杆水平（另一个值得引起关注的领域），按平均约 20 倍的杠杆率计算，可以推算出的价值为 50 万亿美元（Nguyen，2014 年）。另有估算显示，衍生金融工具市场套牢了 12 万亿美元的现金（America-Blog，2013 年）。要准确确定这些金融工具的基础价值，必须另外开展研究，这样的分析目前超出了公众监督的范围。因此，全球资产总价值再加上 30 万亿美元之后得出的总值为 450 万亿美元。

表 5.1　　全球资产总价值

<table>
<tr><td>债券
100 万亿美元</td><td>现金
75 万亿美元</td><td colspan="2">股票
67 万亿美元</td></tr>
<tr><td rowspan="2">房地产
95 万亿美元</td><td>国有企业
35 万亿美元</td><td colspan="2">衍生金融工具
30 万亿美元</td></tr>
<tr><td>基础设施
30 万亿美元</td><td>不动产
10 万亿美元</td><td>私营企业</td></tr>
</table>

资料来源：联合国环境规划署探寻项目/Krosinsky。

黑市银行业务

同样，黑市银行业务、借贷和交易也是一个愈演愈烈的现象，超出了公众监督的范围。从存量的角度来看，公众股权的暗池交易在计算全球资产价值过程中，并不属于一个考虑因素，但是地下银行业务和商业活动水平确实要考虑在内，而且可能难以量化。世界银行已经试图这样做（韩国公共财政研究院，2005 年）。鉴于这实际上属于“非法”活动，因此，在计算全球合法资产的价值时，不会将其考虑在内。

了解机构投资——全球资产总价值的半壁江山

全球资产总价值的一半，即 225 万亿美元，属于机构投资者拥有的投资项目（分为主动型投资和被动型投资），这一数额比通常公开引用的数额更高。

这 225 万亿美元包括绝大部分上市公司的市值（规模最大的 1000 家上市公司在全球市值中占据重大比例），而且这笔金额的 70% 为机构投资者所拥有，2010 年这一比例高达 73%（世界大型企业研究会，2010 年）。而在一代人以前，机构投资者还属于少数派（世界大型企业研究会，2000 年）。

大多数固定收益工具也是由机构投资者共同持有。此外，受管理的房地产、基础设施和不动产投资组合可以基本上视为委托管理的资产，衍生工具的全部名义价值也是如此。现金连同“估值性质”及其他类型的对价均被排除在外。

进一步讨论：推动低碳经济的基础设施

对全球资产总价值开展进一步的调查有其必要性，在判断是否需要更多基础设施投资项目时尤其如此。每年发行的新固定收益工具净额超过 1 万亿美元，而对于预计的基础设施支出增加额而言，估算值则各不相同。但是，很多未来金融行动，将把重点放在固定收益工具和基础设施上，进一步提高这些资产配置绿色程度的重要性。按照定义，这些投资属于长期投资，预定投资期限一般从 20 年到 100 年不等。难度更大的是改变现有机构、项目和已发行债券的环境足迹，使受关注领域的性质转向新投资配置。

因此，如何引导未来的基础设施投资，已经成为同时导致机遇和问题的一个重大契机。

首要的问题是要确定未来基础设施投资的预期价值。毕马威会计师事务所在名为《百项基建：环球市场报告》（2014 年）的一份报告中估算，基础设施投资的价值到 2025 年将上升到 78 万亿美元。但该报告同样也预测，以美国为例，投资不会达到理想水平。在最近发布的一份名为《评估基础设施投资的真实价值》（2016 年）的报告中，毕马威会计师事务所确认中国同样存在投资不足的情况，私人投资的缺口高达 40%。这一预测意味着在 10 年内还另外需要 48 万亿美元的投资，而鉴于目前的国家经济状况和预算短缺问题，实际可能的投资额要远低于这一数字。即使新增支出在 25 万亿美元左右，每年也需要 2.5 万亿美元的新投资。

联合国环境规划署探寻项目发布的报告《我们需要的金融系统》（联合国环境规划署，2015 年）指出："要实现基础设施、清洁能源、水资源、公共卫生及农业方面的可持续发展目标，每年需要 5 万至 7 万亿美元的投资。仅就发展中国家而言，估计每年的融资缺口为 2.5 万亿美元。"因此，上述数据与独立信息来源提供的数据相一致。

因此，关键问题是所必需的支出资金将从何而来以及如何使用。

各种团体都在努力解决绿色基础设施问题，比如负责任投资原则组织（PRI）、国际金融公司（IFC）和国际货币基金组织（IMF），同时 Aligned Intermediary、亚洲基础设施投资银行（AIIB）和世界银行也在这方面做出新的努力。然而，与所需的数万亿资金相比，这些努力往往显得杯水车薪，未能跟上向低碳经济转型的步伐。

这一现实情况促使大家关注，是否确实拥有必要资金，可用于实现这一转型。价值100万亿美元的固定收益工具是已经借出的资金，同样，价值70万亿美元的上市公司也是体现在其股价上。虽然这些公司在账簿上和境外注册地确实有2万至3万亿美元的现金，但该数额并不大，不足以帮助支付这一转型的费用。

因此，如果我们需要确保向低碳经济转型按照所需的速度进行，则可能需要某种形式的“绿色激励”来实现这一点。如果需要大约50万亿美元才能为必要的低碳转型提供充足的资金，那么可以采用的一种办法就是印制该数量的货币，然后进行相应的通货紧缩。如果全球资产总价值是500万亿美元，而不是450万亿美元，这意味着通货紧缩率需要略高于10%，新基础设施逐渐产生的利润就可以将这笔钱偿还给政府。

大概更合适的一种办法是开展全球公私合作，以产生这笔50万亿美元的新支出资金，其中包括绿色激励计划经过一段时间带来的25万亿美元，另外25万亿美元则来自私人投资者，作为长期投资计划的一部分，他们也会逐渐获得回报。这将使全球资产总价值的紧缩幅度减小，仅略高于5%。与此同时，回报将是巨大的，而且由于避免了气候变化及其产生的不利经济影响，所减少的现有价值损失也将是巨大的。

如果这一转型要在20~25年内完成，那么双方平均每年各自出资约1万亿美元，就可以为这一转型提供充足的资金。该转型和融资必然需要进行仔细规划，并制定涉及当地社区和全球领袖等各种利益相关者的制衡机制。

首先要做的是确保我们大家就其必要性达成一致意见。

注释

1. 本章由Kathryne Chamberlain改写。

参考文献

AmericaBlog (2013) Worldwide Derivatives Market Could Be Over $1.2 Quadrillion in Notional Value (http://americablog.com/2013/03/the - worldwide - derivatives - market - could - be - over - 1 - 2 - quadrillion - in - notional - value.html)。查阅日期：2016 年 9 月 8 日。

Bank for International Settlements (BIS) (2015) IS Quarterly Review, September 2015 (www.bis.org/statistics/dtl920a.pdf)。查阅日期：2016 年 9 月 8 日。

EY (2014) Global IPO Trends Report G4 (2013) (http://www.ey.com/Publication/vwLUAssets/EY_ - _ Global _ IPO _ Trends _ Q4 _ 2013/ $ FILE/EY - Global - IPO - Trends - Q4 - 2013.pdf)。查阅日期：2016 年 10 月 18 日。

International Monetary Fund (2014) Annual Report (www.imf.org/external/pubs/ft/ar/2014/eng/pdf/al.pdf)。查阅日期：2016 年 9 月 8 日。

Investment Company Institute (ICI) (2016) Frequently Asked Questions About Money Market Funds (www.ici.org/mmfs/basics/faqs_ money_ funds)。查阅日期：2016 年 9 月 8 日。

J. P. Morgan (2015) (www.jpmorganfunds.com/blobcontent/750/453/1323371472246_ MI - GTM - lQ2015_ Mar_ highres - 37.png)。查阅日期：2016 年 9 月 8 日。

Korea Institute of Public Finance (2005) Underground Economy: Causes and Sizes (siteresources.worldbank.org/PSGLP/Resources/UndergroundEconomyPark.pdf)。查阅日期：2016 年 9 月 8 日。

KPMG (2014) Infrastructure 100 World Markets Report (www.kpmg.com/Global/en/IssuesAndlnsights/ArticlesPublications/infral00 - world - markets/Documents/infrastructure - 100 - world - markets - report - v3.pdf)。查阅日期：2016 年 9 月 8 日。

KPMG (2016) Assessing the Value of Infrastructure Investment (home.kpmg.com/content/dam/kpmg/pdf/2016/02/value - of - infrastructure - investment.pdf)。查阅日期：2016 年 9 月 8 日。

Krosinsky, C. (2008) Capital Bridge. MSCI 2016 MSCI World Index (USD) (www.msci.com/resources/factsheets/index_ fact_ sheet/msci - world - index.pdf)。查阅日期：2016 年 9 月 8 日。

McKinsey Global Institute (MGI) (2013) Infrastructure Report (http://www.mckinsey.com/ ~/media/McKinsey/Industries/Capital%20Projects%20and%20Infrastructure/Our%20Insights/Infrastructure%20productivity/MGI%20Infrastructure_ Executive%20 summary_ Jan%202013.ashx)。查阅日期：2016 年 9 月 8 日。

MGI (2011) Mapping Global Capital Markets (www.mckinsey.com/industries/private - equity - and - principal - investors/our - insights/mapping - global - Capital - markets - 2011)。查

阅日期：2016 年 9 月 8 日。

MSCI（2016）MSCI Emerging Markets Index（USD）（www. msci. com/resources/factsheets/index_ fact_ sheet/msci – emerging – markets – index – usd – net. pdf）。查阅日期：2016 年 9 月 8 日。Nguyen，A.（2014）Unpublished paper，Yale.

PRNewswire（2016）（www. prnewswire. com）。查阅日期：2016 年 9 月 8 日。

Preqin（2015）Global Private Equity and Venture Capital Report Sample Pages（https：//www. preqin. com/docs/reports/2015 – Preqin – Global – Private – Equity – and – Venture – Capital – Report – Sample – Pages. pdf）。查阅日期：2016 年 9 月 8 日。

Renaissance Capital（2014）Global IPO Market：2014 Annual Review（www. renaissancecapital. com/profile/showpdf. aspx？filename = 2014GlobalReview）。查阅日期：2016 年 9 月 8 日。

The Conference Board（TCB）（2010）Report：Institutional Investors Owning More of Larger Companies（http：//tcbblogs. org/governance/2010/11/23/report'institutional – investors – owning – more – of – larger – companies/）。查阅日期：2016 年 10 月 18 日。

UNEP（2015）The Financial System We Need. The UNEP Inquiry report，（www. unep. org/inquiry）。查阅日期：2016 年 9 月 8 日。

第二部分

系统及系统性解决方案

第 6 章

系统思维

Cary Krosinsky

日益明确的是，环境、社会和公司治理问题基本上都是系统性问题，因此，应对这些挑战需要系统性解决方案。单靠投资、公司或相关决策者一己之力无法解决这些问题。要实现重大转型，并达到必要的规模，比如向低碳能源转型，各方需要依托达成共识的科学界，意识不断提升的社会基层以及通过提出适当问题进行必要变革的普通群众，互相协作，采取行动。

目前我们一样都不具备。有人已尝试开展可持续投资，但还不够。有公司在采取重大举措，但依然是少数，而且决策者才刚刚开始行动。

此外，提出适当问题的人也远远不够。

通过审视整个全球商业系统，再加上对系统动力学和系统思维的认识，我们可以着手设想恰当的解决方案。坚持实施适当的变革战略，就可以使这些解决方案成为现实。

想一想全球资产总价值及所有相关资产类别的所有权模式，我们便会认识到现行系统是如此的根深蒂固，尤其是当我们考虑到现有状况难以改变的本质时。

气候变化与一切商业活动，甚至日常生活的每一个细节，都有着千丝万缕的联系。我们用的塑料瓶和许多其他石油化工衍生品都来源于化石燃料。在产品供应链内运输、住宅和办公楼供暖等领域，化石燃料的消费量占据绝对比例。

再想一想，改变现状，拥有新物品，不管是汽车、房屋还是发电厂，往往也会带来成本。那些不采取行动应对气候变化的富裕家庭继续开着高排放的车，住着高能耗的房子，以及燃烧化石燃料的发电厂继续经营50年，光是这一现状预计产生的碳排放量，就足以超支碳预算，更不要说亚洲诸多发展中国家正在规划的新煤电厂了。

转变煤炭、石油和天然气的现有使用水平不仅需要一定的时间，而且还需要数以百计的解决方案在全球范围内及时、适当、同步、并行、集中实施，这是一项庞大的行动，包括发展中国家在能源领域的跳跃式发展。

单就中国而言，要将可再生能源的规模扩大至看似所必需的水平，中国需要在实施、执法、互联互通、整合、决议、合作、资金等方面同时采取行动。印度的情况更加困难，印度尼西亚和马来西亚也绝非易事。尽管如此，我们仍要全力以赴。

如果我们需要构建系统，才能带来所必需的转变，我们能否借鉴系统思维，弄清楚从系统角度而言实际有效的方法？

从某种程度上讲，这是我们的全部工作。

已故 Donella Meadows 的著作对系统思维具有根本性重要意义。要了解这一主题，她身后出版的著作《系统思维》是必读的一本书。

从什么是系统这一问题开始，这本经典著作提出了一系列问题：

- 您能否识别任何系统的组成部分？
- 这些部分是否相互影响？
- 这些部分组合起来产生的影响是否最终不同于各部分单独产生的影响？
- 这种影响和行为是否随着时间推移持续产生各种不同的结果？

系统还会迅速、明确地变成一系列的存量与流量。就好比要保持森林系统的健康，新树的种植和生长速度需要与任何可能活跃的伐木企业的砍伐速度相抵消，才能实现平衡。该动态机理同样也适用于其他更加长期的情形，例如，如何维持雨林的永续，如何恢复海洋生态，如何保持大气和气候平衡，以及考虑任何系统的方方面面时遇到的所有更为复杂的问题。对于避免不必要的结果而言，这种认识至关重要。

系统思维的一项关键原则是物质系统在有限环境中无法永续生长下去。我们生活的地球实际上就是这样一个有限的环境。健康的系统需要一个增强回路来推动增长，同时还需要至少一个限制回路来保持所必需的平衡。我们并没有这种限制回路，从长远来看，这是一个主要问题，也正是全球气候谈判等行动试图解决的问题。

存量包括地下资源，例如，锌、铜、磷、化石燃料储备和资源等。流量包括按照定义未将存量考虑在内的财务指标，比如，用于计算 GDP 的财务指标。对于最终导致金融风险甚至巨灾风险的碳排放量，GDP 是否计量其长期影响？GDP 并没有对其进行计量，因此，按照定义，GDP 不足以满足现代目标。GDP 有其自身的作用，但是却被误用、误解和曲解，因此，可以说，GDP 是一个具有危险性的概念，但我们目前还没有更好、更全面的指标。

此外，我们还必须考虑“公地悲剧”这一概念。

若不清楚“公地悲剧”这一概念，可以想象在一片对所有农民开放的草场上，每个农民若完全按自己的经济利益行事，很可能会在这块公共草场上，养殖尽可能多的牛。如果农民在承担多养一头牛所产生的全部水电费的同时，获得由此带来的全部收益，除此之外，不存在任何其他抑制因素，那么每个农民都有可能得出同样的结论，即想要获得这些收益。过度放牧产生的后果最终由所有农民共同承担，除非采取其他措施，否则该草场最终会成为一个注定失败的系统。

联想到气候变化，透过科学研究、进展缓慢的气候谈判和必要的低碳转型，可以清楚地看出我们正受困于一个相似的系统动态之中，其中涉及股东及其拥有的公司。

那么，我们需要解决的关键问题就变为：

我们如何避免发生股东公地悲剧？

另外，Meadows 还非常善于识别出在创造所必需的系统变化方面，可产生最小和最大影响的战略类型。在《干预系统的环节》[1] 一文中，她按有效性对这些战略进行了如下排序：

12. 常量、参数、数据（如补贴、税、标准）
11. 相对于其流量，缓冲器及其他稳定存量的规模
10. 重大存量及流量的结构（如运输网络、人口年龄结构）
9. 相对于系统变化的速度，时滞的长短
8. 相对于试图纠正的影响，负向反馈回路的强度

7. 驱动正向反馈回路而产生的增益

6. 信息流的结构（有权和无权获取信息的人）

5. 系统规则（如激励、惩罚、约束措施）

4. 增添、改变、发展或自我组织系统结构的力量

3. 系统目标

2. 导致系统及其目标、结构、规则、时滞、参数——产生的思维模式或范式

1. 超越思维范式的力量

首先，一眼就可以看出静态数据在创造变革方面，是有效性最差的手段。

尽管透明度很有用，但是静态数据，尤其是在第 9 章所述的这个充满数据挑战的世界里，无法显示变革是否已经成功。沿着列表从上往下看，对流量的了解和管理比静态数据更有效，尤其是在驱动正向反馈回路而非利用负向回路时，这也是我们投资的关键原则之一。继续沿着列表往下看，可以发现规则制定者比规则本身更重要。人具有超越思维范式的能力，但是这需要民众具有意识、意志力，并且在建立适当的正面文化与激励机制时，提出适当的问题。

在讨论如何完成思维范式转变上，Meadows 的著作层层递进，环环相扣，逐步达到高潮。

实际上，实现思维范式转变的最佳途径是：

- 不断指出当前系统中的异常和失败之处。
- 设计全新的系统，并指明其优势。
- 使新系统及其优势清晰明了，易于理解。
- 将具有新思维范式的人（即积极的变革代理人）安插在有影响力的职位上。
- 保持独立于各种思维范式。
- 保持灵活性——任何思维范式都不是“真实无误”。
- 所有的思维范式，包括你的和我的思维范式，都只是对世界（无穷及目标）极其有限的认知。
- 超越人类理解范围。
- 存在思维范式，而且在内心里明了这本身就是一种思维范式——认识

到这一点很有趣——敞开胸怀，进入“未知”状态——了解未知的一切。

对于投资者这意味着什么？

当然，至少意味着一个转折点可能引发价值观的巨大转变，您是为此做好了准备，还是加码加错了地方？可持续投资自身能否成为带来变革的正面思维范式？这是我们要找寻的答案。影响力投资试图做到这一点，但还远远达不到转变环境、社会结果平衡所需的规模。我们相信，大规模的可持续投资是我们的主要希望，可以打造出结果导向型系统，运用资本推动我们所需要的变革发生。

其他机构的行动继续将系统性风险作为重点关注对象，包括投资整合项目组织（TIIP）[2]。TIIP 旨在帮助资产所有者和资产管理人更好地理解如何通过改善系统框架来强化投资；与公司及其他实体进行沟通，为其提供可使其政策和实践进一步与健康系统维护保持一致的投资机会；及与同行合作，提升金融界的诚信度，并鼓励与投资问题相关的社会及环境数据的披露。

TIIP 的目标是更明确地阐明投资组合产生何种系统性影响，以及系统效应对投资组合产生何种影响。TIIP 是 Steve Lydenberg 最近令人关注的智慧结晶。Lydenberg 曾帮助成立了 SASB，而且曾是 KLD（Kinder，Lydenberg and Domini）公司的首位 ESG 研究员。KLD 公司目前隶属于 MSCI ESG Research 公司。

负责任投资原则组织（PRI）正在考虑增添关于系统性风险的第七项原则。系统思维似乎已经深入人心，不仅被大家视为一个问题，而且也被大家视为一个机遇，有助于找到解决可持续发展挑战可能所需的系统性解决方案。

《巴黎协定》的实施要求本身就是系统性的，但是除非该系统的所有组成部分联合起来，通过投资等方式，采取一致行动，否则难以实现实施该协定的目标。

这是我们这个时代的曼哈顿计划——该计划需要构思，实施机制，战略规划，确定优先事项，共享激励措施，保障和定期调整。

全球资产总价值到 2020 年、2025 年和 2030 年需要发生一定的改变，与此同时，要达到这一目标，我们需要以 5 年为单位，对战略作出相应的调整。

本书内容涉及真正需要同步发生的转变。我们需要每 5 年对这些转变进行一次调整，以使我们有目的性地达到我们所需的目标，同时我们还需要将我们行动的方式与科学研究成果进行比对。

留给我们的时间已不足五年。让我们现在就开始行动吧。

注释

1. http：//donellameadows. org/archives/leverage - points - places - to - intervene - in - a - system/。查阅日期：2016 年 9 月 8 日。

2. http：//www. investmentintegrationproject. com/。查阅日期：2016 年 9 月 8 日。

第 7 章

关于减少碳排放量及制定气候变化战略[1]

Cary Krosinsky/负责任投资的原则

PRI 气候变化战略项目

本章介绍的资产管理战略改编自 PRI 气候变化战略项目的两份出版物:《讨论文件:减少各种投资组合的碳排放量》(2015 年)和《发展资产所有者气候变化战略:试点框架》(2015 年)。

PRI 组织是一个联合国支持的国际机构,由共同携手实施六项负责任投资原则的投资者组成。该组织的目标是了解可持续发展对投资者的影响,并支持签署方将这些问题纳入其投资决策和所有权实践。通过实施《负责任投资原则》,签署方有助于更具可持续性的全球金融体系的形成。

《负责任投资原则》是非强制性的,旨在实现雄心勃勃的目标,即提供一系列潜在行动,用以将环境、社会和公司治理(ESG)问题纳入各资产种类的投资实践。负责任投资是一个必须根据各个机构的投资战略、方法和资源量身定制的过程。《负责任投资原则》旨在与按照传统受托框架运营的大型、多元机构投资者的投资模式相兼容。

促使采取行动的驱动因素包括金融价值的保护和社会价值观风险的管理等。以下共识在不断增强:考虑 ESG 主题,包括气候变化,有助于信义义务的履行。拥有多元化、长期投资组合的资产所有者将面临因气候变化风险而产生的成本风险。随着政府和公司日益加大行动力度,而且信义义务开始反映出可持续投资的必要性,资产所有者在应对气候变化方面可发挥积极、独特的作用。

资产所有者必须根据自身的投资方式和资产类别组合而作出反应。

资产所有者采取气候变化行动的充分理由

随着科学界对碳排放影响的关切已尘埃落定，资产所有者越来越有兴趣了解其自身的碳暴露，以及在为后代创造安全环境方面，其可发挥的作用。

从全球层面而言，压力在不断增加。

在 2014 年 11 月的第五份《综合报告》中，政府间气候变化专门委员会（IPCC）提到在达到气候变化的潜在临界点之前，我们还有 1000 吉吨的剩余碳排放预算（IPCC2014 年报告）。国际能源署（IEA）署长 FatihBirol 先生近期表示全球碳排放预算在 2040 年之前将用完（IEA2014 年报告）。

碳追踪计划组织的碳排放预算分析（2013 年）也得出类似结论，普华永道最近预估，按照目前的年碳排放量增长速度，我们还有大约 20 年时间，就用完所有预算。我们不采取行动的时间越长，就越难以保住全球碳排放预算。有关气候科学的其他信息也可在《PRI 气候变化战略项目讨论文件：减少各种投资组合的碳排放量》的附件 A 中查阅。

若要碳减排达到所需要的水平，公司战略、公共政策和投资战略需要彼此呼应，相互提供信息，满足对方的需求。英国石油和联合利华等公司公开表示需要采取气候变化行动，而且越来越多的公司呼吁加强碳定价，其中包括最近发出该呼吁的欧洲 6 家主要能源公司（联合国 2015 年报告）。有 90 多家公司已经承诺在 COP21 召开之前，参加一项或多项有关气候变化的企业领导计划，而且越来越多的公司，包括联合利华公司、雀巢公司、安盛集团、安联公司和本田汽车公司，已承诺接受温室气体减排目标（CDP2016 年报告）。

政策需要按照 IEA 的全球升温幅度不超过 2 摄氏度的四步走战略，通过采用补贴措施营造能源领域公平竞争环境等方式，支持投资战略（IEA2013 年报告）。政策还需要有助于支持公司战略，例如实施长期的固定激励机制，刺激可再生能源投资。上网电价补贴等激励措施的朝令夕改已使公司受挫。

各国政府通过达成双边协议、开展高层磋商和召开其他前导会议的方式，大力促成了 COP21 在巴黎召开，并随后于 2015 年 12 月签署了《巴黎协定》。《气候变化公约》实际上是一项全球性风险管理协定，旨在将气候变化控制在可接受的范围之内。2010 年，《气候变化公约》的缔约方在坎昆约定，全球升温幅度的可接受上限为 2 摄氏度。为了对此作出重大贡献，各国政府要求到 2050 年，全球碳排放量与 2010 年的水平相比至少降低 60%（这与 IPCC 的 40% ~70% 的减排幅度相一致）。

但是，即使政府未完全批准《巴黎协定》，气候变化仍可能对经济和全球碳排放预算造成影响，这意味着资产所有者仍需考虑其自身的碳风险暴露，以及为减少碳排放量可采取的所有潜在行动。资产所有者的投资组合在一定程度上不可避免地面临因气候变化而产生的成本风险。

通常拥有多元化、长期投资组合的大型机构投资者基本上代表了整个资本市场。他们可发挥积极作用，对公司和决策者施加影响，将其自身面临的这些成本风险降到最低限度（Thamotheram 和 Wildsmith，2007 年报道）。资产所有者已经开始采取具体行动，具体实例包括 Aiming for A 联盟（气候变化投资者，2016 年报告）和其他有关气候变化的股东决议，及绿色债券的增多（气候债券倡议组织 2015 年报告）。绿色债券募集的资金专门投向带来环境和/或气候利益的项目。

气候行动非国家行为者区域（NAZCA）等新平台正在追踪以低碳投资计量、参与和再配置为目标的一系列新承诺。

虽然气候变化造成环境风险，但是新能源和新技术投资给投资者带来了机会。

信义义务

信义义务长期以来一直都是一个飘忽不定的概念，而且没有理由认为审慎和忠诚这两个词的解释和界定不会继续发生演变。英国法律委员会（2014 年）一直在研究 ESG 和信义义务之间的关系，其他司法辖区也在密切关注信义义务法律和解释方面的发展。

加州公务员退休基金（CalPERS）等资产所有者已形成的投资信念包括认可信义义务涉及多代人（CalPERS，2016 年报告）。加州大学已开展类似的工作（UCnet，2015 年报告），而且其他资产所有者，包括养老金信托和英国电信养老金计划，已制定一系列信念或等效投资政策。在全球范围内，关于以下观念的认识正在日益增强：投资者的部分信义义务就是管理风险，包括 ESG 风险等长期风险。

也许会有一天，受托人及负责可投资资产池的其他人，需要积极应对气候变化或风险，才能不被认定为违反其自身的信义义务。澳大利亚铭德律师事务所（Minton Ellison）的 Sarah Barker 发现以下三种趋势：对气候变化采取积极的治理态度有助于实现金融财富利益；董事会必须主动应对气候变化对其经营、风险和战略造成的影响这一问题；消极的气候变化治理方式可能不足以使董事履行其勤勉尽责义务（Barker，2015 年报告）。

设定减排目标时应考虑的关键因素

资产所有者具有多样性，导致其采取行动的驱动因素多种多样，包括金融价值和社会价值观等，由此产生的行动和结果也各不相同。每个资产所有者都需要制定与其组织结构概况（包括总部所在国、业务经营所在国、投资组合规模、按资产类别和市场划分的资产管理规模明细表、投资战略及相关规章）相适应的目标。此外，资产管理人的战略需要反映该机构的负责任投资信念、政策、目标和宗旨。

了解每个成员的碳暴露情况对于制定适当的碳强度减排计划至关重要。该风险应由投资组合管理人通过定量计量（即投资组合的碳足迹）和定性评价的方式进行评估。最后，寻找减排机会，取决于投资者互动情况和公共政策互动情况、投资战略及与投资组合管理人和投资顾问的持续磋商情况。

资产所有者在制定和实施其独有的碳排放目标时，必须同时考虑碳减排优先领域、基金资产类别和投资方式。

对于有些资产所有者而言，撤资属于风险管理战略的组成部分，或者是保持投资信念和价值观始终一致的一种方式，而许多机构认为，通过参与和再投资低碳计划等替代撤资，也是有效的。

减排优先领域

如果我们对目前的持续排放水平不实施实质性调整，我们将在 2040 年左右（或者更早）用完碳排放预算。而向低碳经济转型可能会在一定时期内降低平均碳排放量，使渐变转型能顺利实施，从而使我们在 2050 年之前保住该预算。

例如，一项潜在的十年碳减排方案提出的初始减排量为：2011 年至 2015 年 185 吉吨；2016 年至 2020 年 150 吉吨（每年 30 吉吨）。

未来三十年，根据年度碳减排目标，2021 年至 2030 年的碳排放量预计为每年 25 吉吨，2031 年至 2040 年的碳排放量预计为每年 20 吉吨，最后 2041 年至 2050 年的碳排放量预计为每年 10 吉吨。因此，这一概括性介绍说明我们到 2050 年有能力实现的碳排放总量仅为 885 吉吨。

实现这一年度碳减排目标，需要涉及生产和使用两个方面。潜在的行动包括改变发电来源，实现建筑物节能最大化，建造电动车辆及替代性交通工具基础设施，推动实现共享产业经济，及鼓励在农业和土地使用领域采用更好的森林采伐标准。

此外，在“全球升温幅度不超过 2 摄氏度的四步走战略”中，IEA 建议转变煤炭使用方式，取消能源补贴，实现节能最大化和捕获天然气开采过程（或许其他过程）中的甲烷。本章所介绍的是投资者需要予以支持的必备新政策，及节能和甲烷捕获方面的金融机会。具体实例可在《联合国全球契约》的价值驱动因素模型（2013 年）中查阅。

最后，IPCC/IEA/碳追踪计划组织达成的共识是，约 900 ~ 1100 吉吨的全球碳排放预算将在 2040 年左右用完；有鉴于此，必须考虑为目标设定规定适当的期限。资产所有者需要就碳排放目标和期限，与投资组合管理人达成一致意见。某些公司的示范实例可以提供有益指引。例如，联合利华公司于 2010 年推出的可持续生活计划，提出了到 2020 年的“可持续增长蓝图”，该蓝图以三大目标（实现健康和幸福、减少环境影响及改善民生）为核心，以九大承诺为支撑。联合利华公司在其网站上报告目标是否实现，是在计划内还是计划外，及目标的实现比例，同时向客户提供充分透明的信息。

资产类别

既实现碳减排又体现ESG价值观的战略，应根据管理人所管理的资产类别进行定制。具体而言，应予以考虑的主要资产类别有上市股票、固定收益证券、私募股权、基础设施、房地产和大宗商品。

上市股票

上市股票领域的负责任投资实践，包括积极所有权和ESG纳入投资决策，通常最为先进。对于主动型投资而言，投资分析可能有助于在以下公司中发现机会：完全有能力应对气候变化的公司，及提供低碳或适应性解决方案的公司。对于主动型和被动型投资委托而言，气候变化积极所有权很可能是一个具有重要意义的方法，包括就与气候变化相关的股东决议进行表决，及就气候变化与公司和公共决策者进行对话。如下文所强调的，上市股票领域的投资组合碳足迹计量最为先进。

固定收益证券

将气候变化融入发行人分析是可行的，而且这一做法目前在一定程度上，正在政府发行人、新兴市场债券投资者、企业（非金融企业）发行人和资产担保债券中实施。有些大型固定收益证券所有人发现，经过与发行公司直接互动，解决未来可能出现的信贷风险，其影响力得以不断提升。气候债券旨在降低能源生产和运输等行业的碳足迹。正在开发的气候债券越来越多，而且发行人可能扩大资产类别的范围。新发证券的碳足迹计量在短期内是一个重要关注领域。有关与气候变化整合、互动和绿色债券的具体实例，请参阅PRI的《固定收益投资者指南》。

私募股权

虽然对于私营公司或国有公司，几乎无法获得，或者只能获得很少的有用数据，但是至少有一家提供商和资产所有者正在开展私募股权投资组合碳足迹计量工作。CalPERS已要求将股权视为单个资产类别，无论其属于私募股权，还是公众股权，这将提高投资者索要数据、开展评估的能力。

基础设施

有关基础设施的定制分析至关重要。由于未来数年需要更换的数万亿美元的能源和运输基础设施，包括电网、储存、机场/航空基础设施等，会对全球社会的碳足迹产生直接影响，因此基础设施是未来需要重点关注的重要领域。解决方案也必须能够为能源创新提供适当资金。

房地产

领先能源和环境设计认证体系（LEED）以及英国建筑研究院环境评估方法（BREEAM）等标准有一定的用处，同时城市向基准建筑的转型也有所益处。总体而言，城市预计会在碳减排方面发挥带头作用，许多城市计划通过直接投资的方式，包括能够创造就业的节能融资方式，同时减缓和适应气候变化。对于投资组合，明显有机会对其进行长期碳报告，而且相关目标也可计量和报告。

大宗商品

对于绝大多数大宗商品，无论其与生态系统相关，还是与资源相关，均无法计量其碳足迹。在采购层面，有一系列的可持续发展标准正在制定之中，其优势和可信度各不相同。棕榈油标准［例如，棕榈油可持续发展圆桌会议（RSPO）］属于正在进行的工作之一，旨在减少森林采伐。针对渔场可持续发展和黄金等资源可持续发展的工作已经完成，但是这些资源通常是凭资格证进行交易，无法辨别哪种资源实际上可持续发展，哪种资源不可持续发展。关键区域的保护仍是一个重要问题，包括湿地、森林、海洋和渔场的保护。同时，从碳减排的角度而言，还包括碳汇的保护、强化和恢复。环保金融并不足以使投资者在足够大的规模上，将具有经济可行性的技术用于解决潜在问题。

投资方式

一段时间以来，投资者通过就气候变化问题与公司互动，来行使积极所有权。最近的一个实例是挪威银行投资管理公司发布了《公司气候变化战略期望》（挪威银行 2014 年报告），旨在作为投资者与公司之间开展建设性对话的依据。在公司与投资者对话方面，取得的积极进展包括 Aiming for A 联盟的股东决议《对 2035 年及其以后年代的战略适应力》。在英国石油公司、荷兰皇家壳牌集团和挪威国家石油公司的 2015 年年度股东大会上，该决议获得了公司管理层和合计持股比例达98%以上的股东的支持。

为了谨慎使用股东资金，碳资产风险计划需要与化石燃料公司进行互动。同时，As You Sow 和 Arjuna Capital 机构近期提交的一项股东决议，要求雪佛兰汽车公司根据其在高成本、高碳项目的投入，增派收益/股息。该项决议获得合计持股比例达4%的股东支持。此外，还有要求实施强有力管理的决议。通过这些决议，投资者极力劝说公司提出符合全球升温幅度不超过2摄氏度要求的计划，并投票赞成商业模式变更决议。

在上市公司股本所有权中，机构投资者的投资比例超过65%，而几代人之前，这一比例为35%。机构投资者的投资，无论是主动型投资，还是被动型投资，也无论是直接投资，还是通过外包关系实施的投资，若以共同协作的方式作用于碳排放，可能会是一个最大的机会，能够解决即将到来的气候挑战。通过“碳行动”，投资者就减排目标的披露，共同与公司进行互动，而且PRI已推出公司气候游说互动计划。该互动计划以澳大利亚、加拿大、欧洲和美国为关注重点，旨在鼓励公司在气候变化相关政策活动方面，采取负责任的实践。

此外，市场正在走向低费用投资，尤其是被动型公众股权投资。被动型投资并不意味着会产生消极所有权。作为拥有大量表决权的大投资者，被动型投资者完全有能力对公司施加影响。由于被动型投资者的投资范围涵盖整个市场，所以其有意通过与监管机构互动，将标准提升至单个公司水平之上。被动型投资可通过独立账户及其他低成本指数战略开展，以确保当客户在投资委托中提出相关要求时，资产所有者能够使投资组合向低碳资产倾斜。对于如何在集合、被动型投资委托中提供此项基本服务，需要与部分资产管理人开展进一步工作。

最后，与投资组合管理人及外部管理人的对话和互动也至关重要。此举可能包括要求提供投资组合碳足迹及气候变化的综合分析和积极所有权。为了实现投资组合计量、资产配置和互动战略目标，投资组合管理人必须证明其拥有关于气候变化因素的必要知识，且有能力应对气候变化因素。

许多资产所有者与外部基金管理人、对冲基金和顾问等第三方提供商开展合作。全球气候变化投资者联盟（气候变化机构投资者集团2015年报告）近期发布的“气候变化投资解决方案”指南，就资产所有者如何与基金管理人进行互动提供了指引，包括有关以下方面的指引：碳排放量和碳强度的计量，投资决策内部整合、表决和互动，设定减少投资组合碳强度和化石燃料储备风险敞口的目标，及在投资委托设计中纳入气候变化。

化石燃料及撤资

对于有些资产所有者而言，撤资是一种使投资符合投资信念的方式。一个典型实例是将某一产业彻底出售，例如由于健康问题和责任考虑因素，而将烟草公司出售。另一种做法是在多年努力无结果之后，将目标公司出售。例如，挪威银行投资管理公司对经过沟通但多年无进展的公司设有具体的出售流程，并且曾出售过此类公司。

对于其他资产所有者而言，撤资不符合与积极所有权和 ESG 整合相关的投资信念。此外，在全球范围内，化石燃料的使用被视为已深入商业、家庭消费等社会各个领域，以至于在将化石燃料从投资组合中剔除时，无法弄清楚应停止从哪些领域撤资。

资产所有者在考虑对待化石燃料的方式时，最好考虑 IPCC 建议的低碳投资登录平台中提供的碳排放减缓措施。降低或消除化石燃料储备风险敞口的一系列方式包括：设定化石燃料开采风险敞口比例上限，或者将化石燃料行业集团排除在外；使用低碳指数，参照将气候变化融入加权方法的基准、计量和管理投资组合；对于被动型基金，将投资对象从高碳资产向低碳资产倾斜。

碳足迹计量为何能有助于减少碳排放量

投资组合的碳足迹是按比例计算的各投资组合公司碳排放量（与投资组合中所持股票数量成比例）之和。碳足迹是一种有用的定量工具，能够为更全面的气候变化战略的制定和实施提供信息，并有助于资产所有者了解投资组合公司的碳排放量。碳足迹也是资产所有者与投资组合管理人和公司进行接触的一种有用工具，并且能帮助设定碳排放处理的优先领域。

计量投资组合的碳足迹，意味着可以将其与全球基准进行对比，确定减排优先领域及行动，并追踪减排进展情况。需要提醒的是，目前无法获得非上市资产的碳足迹，碳足迹不包括《温室气体议定书》范围 3 排放，而且估算方法之间存在差异。尽管如此，已对投资组合的碳足迹进行计量的投资者仍然表示，这样做能让其更加了解气候变化带来的投资组合风险和机遇，回答利益相关者提出的气候变化问题，并公开展示其应对气候变化的承诺。

对于将投资组合碳足迹纳入考虑范围的任何投资者而言，了解碳排放的具体来源至关重要。一氧化碳不仅是人类各种主要活动的持续产物，而且也是以下活动的持续产物：发电；建筑物持续运行和维护过程中的能源使用；交通运输；工业生产过程；农业生产过程、土地使用和森林采伐。

由于持续使用模式，温室气体排放贯穿于全球商业和社会系统的运行全程。能源持续使用模式可能完全与全球及各地区的持续生产模式相对应。

从全球来看，各地区的能源使用和生产比例存在差异，亚太地区的煤炭使用比例最大，而其他地区的石油和天然气使用比例最大。于是，发展中国家在可再生能源领域实现“跳跃式发展”，成为全球低碳转型成功与否的关键因素。

能源使用是全球碳排放的首要来源，农业和土地使用是全球碳排放的第二大主要原因。了解目前全球生产的封闭模式，是有助于弄清楚碳足迹如何为投资决策提供信息的重要一步，因为对于投资决策而言，能源生产和使用可以说具有同等重要意义。

按资产类别计量的投资组合碳足迹

有关投资组合碳足迹计量最全面的实例是现场计量特定设施的温室气体排放量，由可靠的外部机构对其核实之后，再将其统一纳入公司的生产过程绝对排放量数据。这一计量过程可能涉及所有业务运营，并延伸至公司供应商，甚至沿着供应链一直延伸至采购、生产过程中所用的原材料。生产过程中的持续排放量可通过软件进行监测，以便生成碳排放量动态图像。

股权

对于股权投资组合碳足迹计量，既有现成服务，也有定制服务。碳足迹计量不仅考虑碳，而且还考虑自然资本、化石燃料储备和闲置资产风险敞口。碳足迹主要通过以下步骤进行计量：

1. 通过经核实的信息披露或者通过估算/解释的数据，获取投资组合公司或项目的碳排放量。

2. 选择适当的基准。

3. 按比例计算每家公司的总排放量，然后将其进行汇总，得出每项投资组合的碳排放量总数。

4. 对上述结果进行归一化处理，通常是采用年收入或市值等因子。

5. 假设一批替代性公司拥有相同的资金数额，基于所选择的基准，重新进行一次上述计算。得出的结果可采用百分比差异表示。

6. 可以考虑在各行业和地区内部及之间进行深入细化和分析。

固定收益证券

虽然对于固定收益投资组合的碳足迹计量，存在相应的服务提供商，但是计量的最佳方式目前仍处于研讨阶段。固定收益投资组合的碳足迹计量旨在按照会计规则、《温室气体议定书》及所有权原则，分配温室气体排放量。如果投资者同时持有一家公司的股票和债券，排放量可以分开计算，避免出现重复计算。对于政府债券，可以将气候保护政策及其实施情况进行对比。

其他资产类别

私募股权领域的碳足迹计量技术目前正在开发之中。虽然非上市资产的碳足迹目前难以获得，但是可在尽最大努力的基础上，对其进行计量。

数据挑战

碳足迹计量分为摇篮到大门和摇篮到摇篮。摇篮到大门是指了解一家公司截至其向消费者出售产品的时间点为止的碳足迹。而该时间点之后的任何相关排放量属于消费者碳足迹的组成部分。例如，如果丰田汽车公司出售一辆汽车，则使用该汽车产生的碳足迹属于购车人的碳足迹，而非丰田汽车公司的碳足迹。与之相反，摇篮到摇篮考虑产品从原材料采购、生产阶段到最终处置整个生命周期的碳排放量。

因此，在对公司开展摇篮到大门分析时，其产品的碳排放影响在很大程度上并未被捕获。2011 年，特许公认会计师公会（ACCA）在一项报告中称，若对公司的间接排放量忽略不计，则 75% 的碳排放量可能会因为归属于《温室气体议定书》范围 3 而未被纳入分析范围（ACCA2011 年报告）。

专栏 7.1 《温室气体议定书》

温室气体排放量与范围

作为公认的全球性标准，《温室气体议定书》将温室气体排放分为以下三个范围：范围 1，涉及公司产品和服务的运营环节；范围 2，涉及外购电力；范围 3，涉及公司的 15 类间接排放，包括从公司为开展外部投资而采购原材料到公司产品的使用和处置等各个环节：

1. 外购商品和服务
2. 资本货物
3. 与燃料和能源相关的活动
4. 上游运输和配送
5. 运营过程中产生的废弃物
6. 差旅
7. 员工通勤
8. 上游租赁资产
9. 下游运输与配送
10. 已售产品的加工
11. 已售产品的使用
12. 已售产品生命周期完结时的处理
13. 下游租赁资产
14. 特许经营
15. 投资

资料来源：www. ghgprotocol. org。

例如，福特汽车公司经过对其业务进行全面分析，发现其碳足迹的 90% 来自于使用汽车和卡车。因此，未来产品的设计，及电动汽车和低碳卡车的新技术和基础设施的开发，与改善范围 1 和范围 2 排放相比，要明显占据相对优先的地位。

公司的温室气体排放报告仍然在质量和详尽程度方面存在差异，有些报告经过外部机构核实，而其余报告则没有。尽管公司确实希望报告其范围 3

排放情况，但是其往往并不完全了解其供应链关系的性质。例如，虽然公司对一级供应商了解，但是其可能既不了解原材料供应商，也不了解供应链多个层面内部的所有运输资源。

在缺乏经计量和核实的数据的情况下，范围 3 分析常常采用行业平均值等估算数据。要获得有关任何公司排放量的全面记录，必须使用各种建模技术，针对范围 1、范围 2 和范围 3 的部分或全部内容，将主动报告的未完全经核实的数据与估算数据相合并。该方法包括经济输入—输出生命周期评估（EIO－LCA）模型（卡内基梅隆大学 2016 年报告）。

投资组合碳足迹计量迄今为止已有近十年的历史，最早始于亨德森集团于 2005 年 6 月发布的文章《我的投资组合绿色程度如何?》及其公布的“碳 100 指数”报告。就亨德森集团首次公布的碳足迹而言，亨德森全球护理收益投资组合在当时被认为比其选择的富时全股基准要低碳 32%。目前开展碳足迹计量的投资者包括 Green Century 基金公司、Calvert 基金公司、Pax World 基金公司及《蒙特利尔碳承诺》签署方。2015 年 5 月，法国政府通过投票表决，决定对《能源转型法》第 48 条进行修改，要求机构投资者（保险公司、公共机构和公共养老基金）报告气候变化产生的风险及自有资产的温室气体排放量。

投资组合碳足迹的使用

投资组合的碳足迹提高了资产所有者对投资组合中股权和固定收益证券碳排放量的认识，并可用作资产所有者就气候变化风险、机遇和报告，与基金管理人和公司进行接触的一种工具。投资组合碳足迹还可用作为进一步行动（包括减排）提供信息的一种工具。但是，投资组合碳足迹需要以与投资组合管理人和公司之间的磋商作为补充，尤其是在数据不怎么可靠的情况下。

许多资产所有者使用投资组合碳足迹，为行动提供信息。荷兰的保健养老基金 PFZW 已承诺在 2020 年之前，将可持续投资增加 4 倍，至少达到 160 亿欧元，同时将整个投资组合的碳足迹降低 50%。可持续投资包括对绿色能源、清洁技术、与气候相关的可持续性解决方案、食品安全及水短缺防范措施的直接投资。PFZW 使用 4 家服务提供商的数据，将各个行业的公司进行比较，并挑选绩效最佳者，就可以将碳足迹减少一半。同样，ASN 银行与 Ecofys 合作开发了一种编制碳损益表的方法。碳损益表概念试图实现低碳投资（损益表中的收益侧）与传统的排放密集型投资（该表的损失侧）之间的均衡，并以在 2030 年之前实现该表的平衡为目标。此外，ASN 银行还正在推动某一联盟作出类似的承诺。

联合国环境规划署养老基金和地方政府养老基金使用碳足迹，为其与公司之间的重点接触（包括就排放量信息披露和绩效与公司开展的接触）提供信息，同时与债券管理人和 Trucost 公司合作，监测其公司债券基金的环境足迹总量。与高影响活动相关的债券可以通过分析确定，而且在实际可行的情况下，如果另一只债券能够满足相同的投资组合需求，却不会产生那么大的影响，则可以用该债券替代所确定的债券。最后，投资组合脱碳联盟要求其成员实现以下两个互相关联的目标：计量并披露 5000 亿美元委托管理资产的碳足迹，以及承诺投入 1000 亿美元，开展脱碳工作。该联盟目前仅有 20 名成员。《蒙特利尔碳承诺》是投资组合脱碳联盟碳足迹部门的执行机制。

因此，有充分的理由说明资产所有者需要按照信义义务，与政府和企业一起在减排方面发挥有效作用。鼓励资产所有者采取措施，通过计量投资组合碳足迹，来了解其碳风险敞口，并通过设定与其各自组织结构相应的减排目标，减少碳风险敞口。以下内容对资产管理人采取这些做法的战略作出了说明。

制定气候变化战略的三个步骤

该框架侧重于减缓气候变化的投资行动：资产所有者的行动如何能够减少其投资组合中气候变化风险敞口，同时又支持实体经济领域的减排。

为了使以下步骤适合其自身的需求，资产所有者应从下列框架中选择适当的战略，对其进行调整，以适应其自身的动机、目标和投资方式。战略可能至少会根据资产所有者类型（公司/公共养老基金、大学捐赠基金、慈善基金或其他机构）、主动/被动管理水平及负责任投资成熟程度而有所差异。

步骤 1：测量

了解自身的投资组合风险敞口。

步骤 2：行动

在投资链全程收集承诺书。选择适当的战略，并予以实施：互动战略、投资战略和回避战略。

步骤 3：评价

对有效性进行监测和报告。

具体来讲：

步骤 1：测量

评估投资组合面临的气候变化风险和机遇，及审查投资组合的碳排放量，实际上是解决气候变化的出发点。气候变化风险和机遇是指投资组合应对水短缺等风险和抓住节能等投资机遇的能力如何。投资组合的碳排放量是指投资组合公司碳排放量的实际值或估算值。

除投资组合的碳排放量和碳足迹的确定存在不同方法外，风险敞口评估也存在不同方法，包括行业分析、闲置资产分析、低碳风险敞口、定量投资建模。

行业分析

该方法可以发现对高碳行业的风险敞口，对各个公司的绩效进行绝对和相对评估，并评估各个公司管理气候变化相关风险的能力。侧重于自然气候风险的行业分析，将评估可能对公司产生影响的与气候变化产生的有形影响相关的风险。例如，这些风险可能包括运营风险及因野火、重大水灾或旱灾而引发的有形损害的费用。

联合国环境规划署金融行动机构（UNEP FI）和世界资源研究所（WRI）2015 年的出版物《碳支持风险：讨论框架》重点讨论了三大碳风险因素，分别为：政策和法律风险、技术风险和市场/经济风险。政策和法律风险是指可能对资产所有者所投资的公司的运营和财务可行性产生影响的政策或规章。技术风险包括可能对公司的技术选择和成本产生影响的替代性、低碳技术的商业可获得性和成本的发展动态。另外，市场和经济风险涉及可能对公司产生影响的市场或经济状况的变化，例如，消费者偏好的变化或化石燃料价格的波动等。

行业分析的一个实例是投资组合管理人可能会考虑，行业是否有充分能力抵挡，或应对气候不断变化对业务经营产生的影响，及资本成本和资源（即能源、水资源和原材料）价格的波动所带来的影响。此外，投资组合管理人可能还会评估低碳产品开发的机遇，特定市场内业务经营的监管风险及公司声誉因发行人评级而出现的变化。

闲置资产分析

对化石燃料公司进行闲置资产分析，有助于分析不按照限制全球暖化的需要对投资进行调整时将产生的影响。

碳追踪计划组织对闲置资产的定义如下：

闲置资产是指在向低碳经济转型过程中，由于相关市场或监管环境的变化，在经济生命期（以投资决策时的假设为准）结束之前的某一时间，不再能够产生经济收益（即不再满足公司内部的收益率）的化石燃料能源和发电资源。

闲置资产风险包括因政策或立法变更而产生的监管闲置、因相对成本和价格的波动而产生的经济闲置及由于水灾或旱灾而产生的自然闲置。资产所有者可以与投资组合管理人或提供商合作，分析所面临的闲置资产风险。

低碳风险敞口

低碳投资可以被视为高碳投资的“防备手段”。低碳投资所涉及的风险，包括政策和技术变化，可能需要进行评估。资产所有者可以与投资组合管理人或提供商合作，确定哪些公司的大部分收入来自于清洁技术、节能或绿色建筑等。

定量投资建模

风险评估可以利用将气候变化纳入在内的量化投资建模，包括 35 年以上的资产类别敏感性，如美世公司（2015 年）在名为“气候变化时代下的投资”的研究报告中提供的建模。该研究报告考虑与技术发展、资源可获得性、气候变化的影响及政策决定相关的风险因素，并且说明了方案的考虑情况及地区、资产和行业的敏感性。

英国环境署养老基金的“解决气候变化影响的政策”（2015 年）是资产所有者在使用风险分析时将排放风险与碳足迹、低碳风险敞口及投资建模相结合的一个实例。该政策致力于确保投资组合和投资过程符合全球升温幅度不超过 2 摄氏度的要求。该政策包括将该基金财产的 15% 投向低碳、节能和其他气候变化缓解机遇的目标，同时还包括该基金股权投资组合的脱碳目标：在 2020 年之前，将该基金在煤炭及石油和天然气方面对“未来排放”的风险敞口分别降低 90% 和 50%（与截至 2015 年 3 月 31 日的标的基准风险敞口相比较而言）。

步骤 2：行动

对于寻求降低气候风险敞口并鼓励向低碳经济转型的资产所有者而言，有各种方案可供其使用。在确定适当战略时，资产所有者可以利用下文所述的涉及以下三大战略的框架：互动战略、投资战略和回避战略。

互动战略

公共政策影响金融市场的可持续性和稳定性。因此，政策互动是投资者为了受益人的利益而承担的信义义务的自然和必要延伸。气候变化方面的支持性公共政策是确保新能源形式和节能方面存在公平竞争环境的必要条件，也是扩大低碳投资规模的必要条件。投资者与公司之间的互动是鼓励向低碳经济有序转型的关键工具。

投资战略

资产所有者应将气候变化融入投资决策，并识别低碳机遇。碳风险需要在投资决策（包括在分析股权投资中的公司价值和评估固定收益信贷风险）时予以考虑。低碳投资机遇包括“绿色”基础设施、气候债券、绿色债券及对公共和私募股权的积极或主题可持续投资。

回避战略

投资可能会由于金融风险（若与公司的对话未取得成功）、市场信号或履行资产所有者的特定使命等原因，而通过筛选或重新配置的方式被回避。

战略1：互动

与政策制定者的互动

与决策者的互动可以对政策制定施加影响，因此降低针对投资者的不确定性，同时增强投资者对可能对未来投资产生影响的政策方向的了解。

投资者最近重点关注的领域包括要求政策制定者提供稳定、可靠且具有经济意义的碳定价，以帮助按照气候变化挑战的规模改变投资的方向，并加强对节能和可再生能源的政策支持。政策制定者应通过资助清洁能源研发、制定逐步取消化石燃料补贴的计划和鼓励有益的私募融资，来支持低碳技术创新和部署。最后，政策制定者必须考虑有关低碳技术和气候适应力投资的金融法规可能产生的其他不利影响。

战略评估

优点

影响政策制定和了解未来政策方向，有助于实现公平竞争环境。

缺点

要进行有效的政策互动，需要满足资源配置、董事会支持和国内外投资者合作等方面的要求。

时间框架

该战略为中长期战略，但是，对2015年12月举行的COP21作出政策回应，是一个短期内的关键机遇。

绩效追踪和计量

虽然绩效指标往往集中在互动的数量和执行上，但是最终只有政策结果和稳定性才具有重要意义。

资产所有者可以通过支持以下公共计划，与政策制定者进行互动：

全球气候变化投资者声明：投资者可以签署该声明，向政府发出明确信号，即投资者强烈支持制定全球气候变化协议。

气候披露标准委员会信义义务声明：该声明旨在将气候变化相关信息纳入主流公司报告，作为一项信义义务。

全球商业气候联盟：该联盟专注于制定明智的政策框架，使有力度的气候行动能得以实施。

与公司的互动

投资者与公司在气候变化方面的互动已经有一段时间，这种互动在鼓励公司向低碳经济转型方面发挥关键作用。对于有效互动而言，明确的目标至关重要。资产所有者需要监测互动结果，重点监测公司是否对投资者关切作出满意回复。资产所有者需要决定互动对话应持续多长时间，及公司提供的回复不能令人满意时应采取何种投资决策。

投资者与公司间的互动可以包括资产所有者单独（或者连同/通过外部管理人及服务提供商）进行的互动或协同其他资产所有者进行的互动。合作互动的协调机构包括 PRI、气候变化机构投资者集团和气候风险投资者网络等。这些对话的议程应包括公司战略和向低碳经济转型、减排目标、碳资产风险、节能和政治游说。有效互动可能需要在董事会和运营层面通过不同方式（例如信函、电话或面对面会议、联合报备或股东决议表决等）开展对话。此外，根据目标不同，投资者可以公开宣布互动的利益或对其进行谨慎保密处理。

近期的发展包括 Aiming for A 联盟的股东决议（2012 年）：“对 2035 年及其以后年代的战略适应力”。在英国石油公司、荷兰皇家壳牌集团和挪威国家石油公司的 2015 年年度股东大会上，该决议获得了公司管理层和合计持股比例达 98% 以上的股东的支持。同样，为了谨慎使用股东资金，碳资产风险计划（Ceres，2016 年报告）牵头与化石燃料公司进行互动。同时，As You Sow 公司和 Arjuna Capital 公司的股东决议（2015 年），要求雪佛兰汽车公司根据其在高成本、高碳项目的投入，增派收益/股息。该决议获得合计持股比例达 4% 的股东支持。最后，要求实施强有力管理的决议越来越受关注，在这些决议中，投资者极力劝说公司提出符合全球升温幅度不超过 2 摄氏度的要求的计划，并投票赞成商业模式变更决议。

战略评估

优点

影响高碳公司战略、政策和排放绩效的改进。

缺点

有效互动需要资源配置，但是相关结果可能需要一定的时间才会产生，而且难以明确将其归因于投资者互动。

时间框架

虽然碳减排行动的承诺可以立即产生效果，但是通常情况下，达成共识需要一定时间，而且公司采取行动和作出调整也需要一定时间。

绩效追踪和计量

指标可以重点关注（以直接、合作方式及通过服务提供商）所互动公司的数量，公司在互动之后调整实践或作出实践调整承诺的情形的数量，及任何股东决议的投票数。

除单独互动外，资产所有者也可以加入 PRI 气候变化公司游说投资者工作组、公司气候风险管理投资者期望计划、CDP 碳行动组或 Ceres 关于气候和可持续发展的股东计划，以扩大其互动实践。

与整个金融界的互动

此种互动形式可能涉及关于如何战胜挑战（例如绿色基础设施投资壁垒等）的对话，也可能包括证券交易所的公司信息披露和报告要求方面的对话。此外，该互动还可能涉及为了加深投资者对气候变化的了解和认识而与学术研究人员的互动。

战略 2：投资

将气候变化整合进投资决策的投资

ESG 因素的整合是指投资管理人为了加强投资决策而“将环境、社会和企业治理因素系统、明确地纳入传统财务分析”（新气候经济 2015 年报告）。气候变化综合分析可以有助于了解行业和公司特有的风险。尽管气候变化综合分析本身并不是实体经济碳减排的一种方式，但是在为投资者互动和投资决策提供信息方面，其具有至关重要的意义。鉴于被动型基金并不涉及选股或相对于某一基准的低权重/高权重公司，因此，对于被动型基金和主动型基金而言，整合战略更适合于后者。目前，与固定收益等其他资产类别领域相比，股权领域的整合实践更为先进。

主动型股权投资：在整合过程中，可能需要确定并分析与气候变化相关的重大问题，对这些问题进行量化，以调整价值驱动因素假设，从而作出更明智的投资决策。气候变化可在投资决策的不同阶段，包括概念形成、公司分析、投资论证和投资组合构建，进行考虑。随着整合实践逐步生根发芽，资产所有者可以与投资组合管理人合作，计量 ESG 因素对估价的影响。例如，根据身为投资组合管理人的 Robeco 公司的计算，ESG 因素平均占目标价格的 5%，对估价的影响比例从不足 23% 到 71% 以上不等（Robeco 公司 2015 年报告）。

固定收益投资：在整合过程中，可能需要分析发行人面临的重大气候变化风险及其产生的财务影响，对该风险进行定价，确定该发行人所发行的债券是否具有良好投资价值，从而对发行人的信贷风险和资信开展更明智的评估。对于公司债券而言，气候变化可以在行业和公司层面进行考虑。同时，对于政府债券、市政债券和超国家债券而言，气候变化也可以予以考虑，重点考虑所面临的气候变化影响及对其适应力等。标准普尔等信用评级机构已开展主权风险和气候变化方面的工作。

战略评估

优点

系统性地将气候变化风险和机遇评估纳入投资决策。

缺点

虽然可以在公司和行业层面有效识别碳风险，但是以有意义方式合计整个投资组合的碳风险有一定的难度，而且数据聚合也有一定的难度。

时间框架

稳健的综合分析流程的制定最初可能需要占用大量资源，但是其将来可能会持续有助于明智投资决策的作出。

绩效的追踪和计量

绩效指标可以重点关注投资组合管理人如何主动地将气候变化因素纳入核心决策流程（包括主动型股权投资的概念形成）和固定收益的资信状况。指标可能包括由于气候变化风险和机遇的整合而在行业、公司或发行人层面调整特定投资决策或分析的证明。

通过绩效考核会议、调查或者投资委托的正式内容，可鼓励投资组合管理人将气候变化风险和机遇整合进行业分析，以及投资组合管理人评估基金面临的气候变化风险和机遇的报告。对于主动型股权投资，投资组合管理人可以通过公司战略、管理质量（包括创新）、财务报告和估价工具的评估等方式，将气候变化因素整合进概念形成阶段。相反，固定收益管理人可以将气候变化风险因素整合进信贷风险评估。

低碳解决方案投资

气候变化解决方案投资有助于为低碳经济转型提供资助，而且对于应对全球持续排放至关重要。优先领域包括交通运输、发电、房地产、工业生产过程、可持续农业和林业。

各资产类别和投资方式中都存在投资机遇。这些投资机遇包括低碳指数、主题基金、气候相关债券、绿色基础设施、房地产和私募市场机遇。

低碳指数

低碳指数旨在反映拥有低碳排放量的高权重公司低于整个市场的碳风险敞口。低碳指数投资可能涉及投资于碳密集型行业内的一流公司或对环境产生积极影响的公司，例如，在缓解气候变化起因方面的领军公司。

主题基金

主题基金的投资理念旨在以环境主题为中心，通常是以环境问题解决方案为中心。侧重于气候变化的主题基金可能对可再生能源、节能、清洁技术、水资源和废物管理进行投资。

气候相关债券

气候相关债券旨在为应对气候变化的项目（包括风力发电、太阳能发电、水力发电和轨道交通等）融资或再融资。新发行的气候相关债券通常要经过多轮申购，全球气候相关债券总额达 5977 亿美元（截至 2015 年 7 月），同比增长 20%。气候债券倡议组织支持的气候债券标准有助于证明该债券确实是“绿色的”。

绿色基础设施

据估算，2013 年至 2030 年的基础设施新投资需要 570 万亿美元，同时基础设施规划需要符合全球升温幅度不超过 2 摄氏度的目标。全球房地产可持续性基准（GRESB）基础设施评估为资产所有者提供开展基础设施资产评估和行业标杆研究的评估工具，包括气候变化风险和适应力的具体指标。从长远来看，资产所有者可能需要在投资绿色基础设施投资机遇方面，与利益相关者开展合作。

房地产

建筑物的一次能源消费量占全球的 40%，因此，新建建筑物和现有房地产存在大量的减排机遇，尤其是通过节能方式进行减排的机遇。全球房地产可持续性基准等工具可以帮助资产所有者了解建筑物在能源消费和温室气体排放方面的绩效。

私募市场机遇

这些机遇可能包括对清洁技术、节能和水资源等进行投资的基金。这些基金可以开展基础设施投资和私募股权投资。

战略评估

优点

低碳解决方案投资明显有助于为低碳经济转型提供资助，并利用投资组合，来解决排放问题。

缺点

对于低碳投资如何能够展示其真正有助于解决气候变化、流动性和多样性问题，及所需的投资后备项目、专业技能和资源配置，存在相关担忧。此外，评估以往未发现的机遇，例如，新技术需要进行资源配置和筛选，这可能给许多资产所有者造成障碍。

时间框架

直接投资和资产配置，尤其是达到重大规模时，可以很快开始对气候变化产生影响。

绩效追踪和计量

基金可能会承诺将其委托管理资产总额的一定比例投向低碳、节能和其他气候变化缓解项目。2015 年，英国环境署养老基金公布了此类目标，但其尚未制定进一步的绩效指标。

投资组合管理人和顾问应根据资产配置和其他投资目标开展机遇审查，并将气候变化纳入资产配置决策。资源包括低碳投资登录平台，这是一个全新的有关机构投资者低碳和减排投资的全球、公共线上数据库，数据包括投资类型和价值、目标区域和管理人（气候变化投资者 2015 年报告）。

参阅本章结束部分的支持投资组合气候风险和低碳解决方案投资评估的个案研究。

战略 3：回避

回避高碳公司

如果资产所有者存在对依赖于化石燃料储备（常规和非常规石油、天然气和煤）的公司的风险敞口，资产再配置是减少该风险敞口的一种方式。通常，投资者在审查资产再配置可能性时，首先计量对高碳或化石燃料公司的风险敞口，然后再评估消除或减低该风险敞口对投资的影响。在开展该审查时，还需要评估对误差、波动性和收益追踪的影响。

重要的是要考虑将煤炭公司和/或油砂公司等碳密集型公司排除在外，并且不再对化石燃料开采使用比例标准。此外，受益人和利益相关者的观点、地方政策轨迹及大宗商品上升周期内的市场绩效不佳的风险，属于重点关注领域。

战略评估

优点

基于碳金融风险敞口或价值观的资产再配置，降低投资组合的碳排放，并就投资者对碳风险的担忧，向市场发出信号。

缺点

资产再配置可能对短期绩效产生影响，而且在所有权仅转让给另一个资产所有者时，并不会降低碳使用量。

时间框架

虽然资产再配置对投资组合碳排放量的降低产生直接影响，但是对整个全球碳排放预算的影响并不明显。

绩效追踪和计量

碳足迹可以参照某一基线（包括同比波动）和基准评估投资组合的碳排放量。

资产所有者可以利用受益人和其他利益相关者的意见，独自或协同顾问或提供商开展资产再配置审查，确定资产再配置方案。此外，基金会可以考虑加入撤资—投资慈善事业联盟。

适当战略的选择

为了确定适当的互动、投资和回避战略，资产所有者需要与高级决策者、受益人和利益相关者及投资组合管理人进行互动。

资产所有者与董事会、受托人和首席投资官的初期讨论可以涉及气候变化行动的论证，重点讨论气候科学影响、信义义务及投资期限和投资负债的符合情况。在概括介绍潜在战略的同时，这些讨论应涉及符合投资目标的程度，最终受益人的风险和波动率，同行如何应对气候变化，及如何使用新绩效指标开展成效监测和评估。

关于气候变化的快节奏公开讨论，使得资产所有者与受益人、工作人员、支持者（对于慈善机构而言）和外部利益相关者的互动具有重要意义。资产所有者需要就与投资相关的气候变化风险及如何按照其长期利益管理这些风险，与成员进行沟通。沟通机制可能包括调查、小组座谈、研讨会、成员年度大会或以气候变化为中心的活动，及通过定期报告和使用社交媒体而开展的战略提案沟通。

投资者与投资组合管理人的初期对话对于气候变化行动的确定和执行至关重要，无论投资者认为适合采取何种战略。该对话可能包括了解投资组合管理人实施以下行为的能力：对投资组合碳足迹和/或其他种类风险评估进行评价；与公司和决策者进行互动；开展综合分析；或考虑低碳主题投资的方案或重新配置所持有的高碳投资。投资组合管理人需要确认其是否愿意就新的重大要求，与资产所有者合作。

讨论内容应包括管理人如何改进其自身的方式，以在约定的期限内满足新要求。投资组合管理人和顾问需要对投资委托产生影响的任何风险管理或减排新战略开展正式评价。他们需要就对资产配置的影响，可投资领域，误差、流动性、投资期限和财务收益预期的追踪，及投资组合管理人满足新要求的能力的简要说明，发表明确意见。

将与气候变化相关的要求纳入管理人的选择、指定和监测过程，是确保预期明确并得以实现的重要方式。与气候变化相关的要求可以融入用于选择管理人的需求方案说明书、调查问卷、讨论和评估标准，及有助于管理人指定的合同条款和补充协议。用于监测管理人的评估框架可以将与气候变化相关的绩效指标纳入在内，而相关协议可以明确规定报告的性质和频率。

绩效考核会议上的讨论或通过书面信函开展的讨论，应涉及为应对气候变化风险和机遇及管理排放风险已开展的投资活动。具体的讨论领域包括：

气候变化风险与机遇：何种行业分析、闲置资产分析或其他分析可以用于了解所面临的气候变化风险与机遇？

排放风险计量：排放监测方可采用何种方法（例如碳足迹）？如何使用调查结果？

互动：可以开展何种表决？与公司和决策者之间可以开展何种互动（包括目标设定和结果计量）？

投资：如何制定投资流程，以在行业和公司层面将气候变化风险和机遇纳入在内？

回避：资产再配置或投资组合对排放密集型化石燃料持有量的风险敞口的减少，是否能够被纳入在内？会对基金产生何种影响？如何对基金进行管理？相对于基准，基金目前存在什么化石燃料风险敞口？

步骤 3：评价

资产所有者可以制定相关流程，评估其实施所选择战略的有效程度。除每项战略（详见下文）内所建议的特定绩效指标外，还有范围更广泛的监测和报告工具，包括下文所列工具。对于各资产所有者如何评估其对实体经济减排作出的贡献，还需要开展进一步工作。

PRI 报告框架

从 2016 年起，该框架将规定强制性指标及有关投资者气候变化实践的年度主动披露，包括计量、互动、低碳投资和主题投资。为每位投资者生成的公开透明度报告，使该框架更为完备，而且可以在内部审查时使用。未来，保密评估可能包括气候变化。

资产所有者信息披露项目：

该项目对信息披露开展独立、深入评估，涉及透明度、风险管理、低碳投资、积极所有权和投资链匹配情况（资产所有者信息披露项目 2016 年报告）。

平衡记分卡

平衡记分卡在财富 500 强公司中很受认可，而且已纳入联合国全球契约和 PRI 的价值驱动因素模型工作。资产所有者在利用与以下各项相关内部认识、文化和培训指标，制定绩效指标时，可采用类似方式：气候变化，和外部委托管理人就气候变化开展合作的能力，及该合作的成功程度。资产所有者应评估投资者与公司和决策者互动的成功程度，及偏离既定目标（例如定量碳排放目标）的程度。

气候变化投资者气候行动平台

2015 年，气候变化投资者网上平台上线，以公开识别和记录全球投资界采取的一系列气候变化行动。该平台列出在以下四个主要行动领域采取行动的投资者名单：计量（例如，投资组合的碳足迹）、互动（例如，与化石燃料和能源密集型公司的互动）、强化措施（例如，加强与公共决策者的互动）和资产再配置（包括低碳资产投资及从排放密集型活动撤资）。

有关股权投资组合碳风险评估的个案研究：安联保险集团

该个案研究着重说明了如何在水泥和奶制品等主要行业，利用碳风险和能源风险进行选股。该个案研究可用于在公司对潜在风险作出反应前后，评估这些风险和将其纳入定价，并为与公司的互动提供信息。

安联保险集团是一家拥有 8500 万客户的国际金融服务公司，提供保险和资产管理产品和解决方案。安联全球投资者公司是安联保险集团的一家子公司，从事全球资产管理业务，提供具有各种风险/回报范围的一系列主动型投资战略和解决方案。其投资团队根据各种股权、固定收益、另类和多元资产战略，代客户管理 4460 亿欧元的资产。安联气候解决方案股份有限公司是安联保险集团的气候变化能力中心。

2014 年，安联全球投资者公司和安联气候解决方案公司联合 CO – Firm 和世界自然基金会德国办事处开展了一项试点项目，构建碳和能源风险模型，用于选股。该试点重点关注美国（加利福尼亚州）、中国（广东省）和德国的水泥和奶制品行业，旨在评估由于碳和能源监管（其属于因气候政策的增加而产生的最重大短期风险）而对公司收益产生的财务方面的影响。该模型为该监管制定了看似合理的发展路径，得出了可用于压力测试的情景。常规财务分析无法捕获到这一点。

该研究发现利润影响的变化，在很大程度上取决于公司根据不断变化的监管环境调整业务运营、碳风险敞口和业务模式的能力。与预期一样，该试点研究发现利润影响在能源密集型行业最强烈，在向消费者转嫁成本的能力有限的情况下尤其如此。在碳和能源价格未来五年出现政治上看似合理的上涨的情景中，监管成本可能导致目前的利润下降 70% 以上（见表 7. 1 第 2 列："风险利润"；对于德国而言，风险利润为 12. 4 欧元/吨水泥）。

如表 7. 1 所示，如果某家水泥公司预计会出现监管变更，并采取运营措施，例如，投资废热回收项目（在具体措施实例中，废热回收属于一项关键技术改进），负面利润影响会降低，而且甚至可能扭亏为盈。在所选择的情景中，该公司可以将利润分别增加 4 至 7 欧元/吨水泥（对于德国而言）、1.6 欧元/吨水泥（对美国加利福尼亚州而言）和 2.1 欧元/吨水泥（对于中国广东而言）（见表 7.1 第 3 列："利润增加潜力"）。例如，中国广东的利润增加潜力总额超过 1.1 欧元/吨水泥。这是将中国广东的风险利润（1 欧元/吨）和利润增加潜力（2.1 欧元/吨）相加得出的结果。

因此，该方法对风险采用自下而上的视角，使投资者能够发现区分公司未来绩效的因素（例如，另类技术或业务战略），因此作出更佳的投资决策。该区分能力使投资者能够将由于能源的使用和温室气体排放量而可能产生的风险纳入定价，使行业和公司参与气候变化缓解战略（例如，技术升级），并为选股提供支持。

表 7.1　利用碳风险计量加强财务分析

地区	截至目前的利润（欧元/吨）	风险利润（欧元/吨水泥）	利润增加潜力（欧元/吨水泥）
德国	17.3	-12.4	4.7
美国加利福尼亚州	20.3	-3.2	1.6
中国广东	12.0	-1.0	2.1

支持低碳解决方案的个案研究：AP7

该个案研究说明了长期投资者如何能够支持气候变化解决方案，并强调支持性公共政策对于扩大此类投资至关重要。

AP7 是瑞典额外养老基金体系的预设基金，管理资产规模达 360 亿美元。作为政府养老基金，其价值观以国会作出和政府执行的民主决策为基础。AP7 追踪某一指数，因此在整个全球股票市场的占比不高。其投资组合反映了整个全球经济中的风险和机遇，投资期为 30～40 年。AP7 拥有多项气候变化战略：碳足迹，积极所有权和 15 亿欧元的环境技术投资。

AP7 认为其可以在投资气候变化解决方案的同时获得收益。纯风险投资不可行，因为损失太大，同时又难以找到风险较低的并购投资。私募股权清洁技术是一个很好的投资领域；虽然达到退休年龄的储户不太热衷于这种投资，但年轻一代的储户和千禧一代的态度却非常积极。

AP7 的清洁技术私募股权计划始于 2007 年。该计划向未上市清洁技术公司投资了 2 亿美元，而且外包了两个管理人。AP7 的大多数投资在美国，其余在北欧国家。AP7 是特斯拉汽车公司（一项成功的投资项目）的首批投资者之一，并与一只瑞典收购基金共同投资设立了一家北欧资源回收公司 Norskgjenvinning。该公司目前投资了 Solar City，这是一家在太阳能电池板制造领域具有技术优势的公司。

若要使清洁技术投资取得成功，重要的一点是要设定长期投资期限，采用务实的收益目标，做到投资多元化，并利用专业知识。私募股权计划通常运行 5 ~ 10 年，但清洁技术投资需要更长时间，需要董事会的大力支持。最初，AP7 要求私募股权投资的绩效每年以 2% 的速度超过上市股票，但后来针对清洁技术，调整了此项要求，因为其回报率比公众股权回报率低 5%。此外，AP7 在北欧地区找不到足够有吸引力的投资项目，因此必须实现投资多元化，将投资范围扩展至国际投资。最后，AP7 的内部专家在私募股权方面具有十多年的经验，在清洁技术方面拥有 8 年经验。

清洁技术正在成熟。AP7 预计 5 年后将有更多的投资机会，其正在研究如何能够增加融资解决方案。然而，AP7 无法大幅扩大投资规模，因为当前的收益会给储户的资金带来风险。关键原因是创业技术和其价值套现之间存在时滞，尽管与其他市场的公司相比，美国公司在这方面的表现更好。

AP7 认为，为了扩大清洁技术投资规模，在大型资产所有者可以对公司进行投资时，必须在初创至取得规模更大的财务成功之间的间隔期内，通过政府对公司的资助，来弥补资金缺口。此外，从长远来看，投资者需要的是符合以下条件的公司：拥有自主研发新技术，在消费者需求驱动下开展技术研发，且没有过度依赖政府补贴。AP7 强烈主张有必要实施碳定价，以便为替代性发电和清洁技术投资提供财务驱动力。

举例而言，投资者近期采取的符合 PRI 框架的其他行动包括：

• 为了进行投资转型，最终实现低碳未来的目标，纽约州共同退休基金联合高盛公司和富时罗素公司新成立了一只 20 亿美元的低碳基金。该低碳基金的追踪误差为 25 个基点，目标为所产生的投资组合碳足迹比相关基准低 70%。纽约州共同退休基金用于公众股权投资的资产配置未来可能会发生变化。纽约州共同退休基金还另行分配15亿美元，用于积极、可持续性投资，及纯煤炭项目撤资和持续股东倡导战略。

- ABP是欧洲规模最大的养老基金之一。为了使其投资符合持续向低碳经济转型的目标，ABP制定了一项实施期限至2020年的计划，将分配给“清洁世界”的投资承诺从325亿美元上调至660亿美元，包括将45亿美元分配给可再生能源，同时将碳足迹降低25%。在从头对其整个公众股权投资组合进行彻底重新调整的过程中，ABP还提出自2016年起算的1100亿美元的股权领域碳排放预算，摒弃此前所持的普遍所有权概念。欧洲另一只规模最大的养老基金PGGM/ PZFW正在采取类似措施，转向更加基于解决方案的投资。

- 耶鲁捐赠基金目前由David Swensen管理。由于耶鲁捐赠基金资产价值大幅增长，Swensen成为捐赠基金投资历史上最受推崇的重要人物。Swensen对外部管理人进行询问，以便了解气候风险。经过进一步互动，耶鲁捐赠基金卖出了对无利可图的碳和沥青砂项目的两项持仓，价值1000万美元。

- PRI工作组的另一位积极参与者安盛集团承诺，将内部管理资产从碳相关活动风险敞口最大的公司撤出，以去除投资组合风险，并符合安盛集团的企业责任战略，同时在2020年之前，将绿色投资规模增至原规模的3倍，达到30亿欧元。

注释

1. 由Kathryne Chamberlain改写。

参考文献

ACCA（2011）The Carbon We're Not Counting：Accounting for Scope 3 Carbon Emissions（www. accaglobal. com/content/dam/acca/global/PDF – technical/climate – change/not _ counting. pdf）。查阅日期：2016年9月8日。

AOD Project（2016）（www. aodproject. net）。查阅日期：2016年9月8日。

As You Sow（2015）Chevron Shareholders with $7. 75 Billion in Stock Vote to Increase Dividends to Protect Investor Capital in the Face of Risky Investments in Costly Carbon Reserves（www. asyousow. org/wp – content/uploads/2015/05/release – chevron – shareholders – with – 7 –

75billion – in – stock – vote – to – increase – dividends. pdf)。查阅日期：2016 年 9 月 8 日。

Barker, S. (2015) Directors' Personal Liability for Corporate Inaction on Climate Change. Governance Directions, 67 (1), 21 – 25.

CalPERS (2016) (www. calpers. ca. gov/index. jsp? bc =/investments/policies/invo – policy – statement/home. xml)。查阅日期：2016 年 2 月。

Carbon Tracker (2013) Carbon Tracker's Carbon Budget Q&A (www. carbontracker. org/wp – content/uploads/2014/08/Carbon – budget – checklist – FINAL – 1. pdf)。查阅日期：2016 年 9 月 8 日。

Carnegie Mellon University (2016) EIO – LCA; Free, Fast, Easy Life Cycle Assessment (www. eiolca. net/index. html)。查阅日期：2016 年 9 月 8 日。

CDP (2012) Why We're Aiming for A' (www. cdp. net/en – US/News/Pages/why – aiming – for – a. aspx)。查阅日期：2015 年 12 月 12 日。

CDP (2016) (www. cdp. net/en – US/Pages/HomePage. aspx)。查阅日期：2016 年 9 月 8 日。

Ceres (2016) Carbon Asset Risk (www. ceres. org/issues/carbon – asset – risk)。查阅日期：2016 年 9 月 8 日。

Climate Bonds Initiative (2015) Final 2014 Green Bond Total Is $36. 6bn (www. climatebonds. net/2015/01/final – 2014 – green – bond – total – 366bn – % E2% 80% 93 – that% E2% 80% 99s – more – x3 – last – year% E2% 80% 99s – total – biggest – year – ever – green)。查阅日期：2016 年 9 月 14 日。

Finance UNEP Initiative, World Resource Institute (2015) Carbon Asset Risk: Discussion Framework (www. unepfi. org/fileadmin/documents/carbon_ asset_ risk. pdf)。查阅日期：2016 年 9 月 8 日。

IIGCC (2015) Climate Change Investment Solutions: A Guide for Asset Owners (www. iigcc. org% 2Ffiles% 2Fpublication – files% 2FClimate – Change – Investment – Solutions – Guide_ IIGCC_ 2015. pdf&usg = AFQjCNHB6zSNStAewjqG3pgwhksRsUXtwQ)。查阅日期：2016 年 10 月 18 日。

International Energy Agency (2013) World Energy Outlook Special Report 2013: Redrawing the Energy Climate Map (www. iea. org/publications/freepublications/publication/weo – 2013 – special – report – redrawing – the – energy – climate – map. html)。查阅日期：2016 年 9 月 8 日。

International Energy Agency (2014) Signs of Stress Must Not Be Ignored, IEA Warns in Its

New World Energy Outlook（www. iea. org/newsroomandevents/pressreleases/2014/november/signs – of – stress – must – not – be – ignored – iea – warns – in – its – new – world – energy – outlook. html）。查阅日期：2016年9月8日。

Investors on Climate Change（2015）Low Carbon Registry（http：//investorsonclimatechange. org/portfolio/low – carbon – registry/）。查阅日期：2016年9月8日。

Investors on Climate Change（2016）Aiming for A（http：//investorsonclimatechange. org/portfolio/aiming – for – a/）。查阅日期：2016年9月8日。

IPCC（2014）Climate Change 2014：Synthesis Report. Contribution of Working Groups I, II and III to the Fifth Assessment Report of the Intergovernmental Panel on Climate Change. Core writing team R. K. Pachauri and L. A. Meyer（eds.）. IPCC, Geneva, Switzerland, 151 pp.（www. ipcc. ch/report/ar5/syr/）。查阅日期：2016年9月8日。

Law Commission（2014）Fiduciary Duties of Investment Intermediaries（www. lawcom. gov. uk/project/fiduciary – duties – of – investment – intermediaries/）。查阅日期：2016年9月8日。

Mercer（2015）Investing in a Time of Climate Change. Report（www. mercer. com/content/dam/mercer/attachments/global/investments/mercer – climate – change – report – 2015. pdf）。查阅日期：2016年9月8日。

Norges Bank Investment Management（2014）Climate Change Strategy：Expectations to Companies（www. nbim. no/globalassets/documents/climate – change – strategy – document. pdf? id = 5931）。查阅日期：2016年9月8日。

Robeco（2015）Measuring ESG Impact, Part 1：Valuation（www. robeco. com/images/measuring – esg – impact – part – 1 – valuation – may – 2015. pdf）。查阅日期：2016年10月18日。

Thamotheram, R. and Wildsmith, H.（2007）Increasing Long – Term Market Returns：Realising the Potential of Collective Pension Fund Action. Corporate Governance：An International Review, 15（3）438 – 454.

The New Climate Economy Report（2015）（http：//newclimateeconomy. report）。查阅日期：2016年9月8日。

UK Environment Agency Pension Fund（2015）Policy to Address the Impacts of Climate Change（www. eapf. org. uk/ ~ /media/document – libraries/eapf2/climate – change/policy – to – address – the – impacts – of – climate – change. pdf? la = en）。查阅日期：2016年9月8日。

United Nations Framework Convention on Climate Change（2015）Six Oil Majors Say：We Will Act Faster with Stronger Carbon Pricing. Open letter to UN and governments（http：//newsroom. unfccc. int/unfccc – newsroom/major – oil – companies – letter – to – un/)。查阅日期：2016 年 9 月 8 日。

United Nations Global Compact (2016) Implement the Value Driver Model (www. unglobalcompact. org/take – action/action/value – driver – model)。查阅日期：2016 年 9 月 8 日。

University of California UCnet (2015) Office of the CIO's 10 Investment Beliefs (http://uc-net. universityofcalifornia. edu/news/2015/02/cio – 10 – beliefs. html)。查阅日期：2016 年 9 月 8 日。

第 8 章

为何撤资会成为深思熟虑的投资流程的结果

Cary Krosinsky

2006 年以来，我与碳追踪计划组织的创始人一直保持着密切联系，不仅见证了所谓“闲置资产争论”的完整历史以及由此引发的地盘之争，而且还看到以下假设目前已被广泛接受，且接受该假设的人数在不断增多：世界上大部分剩余的化石燃料需要留在地下不开采，才可使我们这个世界保留一线生机，有机会避免未来数十年由于气候变化的影响而可能引发的一系列全球性气候灾难。

大家比较困惑的是，如何在有效面对气候变化中获取超额绩效，这正是本书主要讨论的内容。

相比之下，较为明确的是，撤资是个人和机构基于道德/伦理/政治理由可以采取的一种立场，但对于大多数投资者来说，撤资是经过深思熟虑的投资流程的最终结论。

早在 2011 年，碳追踪计划组织的一小群人首先发布了《不可燃碳》报告[1]，在该报告中，我被列为同行评审人员。列入该报告的人员实际上是当时碳追踪计划组织团队所有的成员，他们在工作上一直都是“超常发挥”。

我们 2006 年的最初设想是成立一个名为“投资者披露项目”的组织。

2005 年，我在伦敦第一次见到了 Mark Campanale 和 Nick Robins。之后，我们共同致力于机构所有权数据整合工作，以观察哪些投资者承担的气候风险最大，并尽可能使这些数据变得更加透明。尽管我们当时并没有做到这一点，但是我们开始朝着建立一家机构的目标努力，与此同时，我们也认真研究了波茨坦研究所（Potsdam Institute）/迈因斯豪森（Meinhausen）于 2009 年在《自然》杂志上刊登的文章[2]，注意到温室气体排放目标有可能要与限制全球变暖发生的概率扯上关系。紧接着，我们将建立碳追踪计划的想法付诸实践，大约五年前，我们推出了第一份报告，并大获好评。

基于这一点，我参加了 Garrison Institute 举办的一些高级别活动，并结识了比尔·麦吉本（Bill McKibben）。2011 年 6 月，我发电子邮件给麦吉本，问他是否有兴趣看看我们将于同年 7 月发表的研究报告。随后，于 2012 年 7 月，麦吉本在《滚石》杂志发表了题为《全球暖化的骇人新数学》（Global Warming's Terrifying New Math）[3]的文章，这篇文章得到广泛传播[4]，并帮助催生出化石燃料撤资运动。

麦吉本选择采用煤炭、石油和天然气全面撤资战略，这一选择（很显然，该选择是麦吉本与包括 Naomi Klein 和 Bob Massie 在内的几个顾问共同作出的一个结果难料的决定）问题多多。

首先，化石燃料的使用具有极大的系统性影响。石油本身用于化工产品、货物运输等一切领域。化石燃料成分复杂，可以说，我们需要对煤炭、石油和天然气加以区别对待。

实际上，碳追踪计划组织并不支持全面直接撤资的观点。

在 2015 年的有关天然气的报告中，碳追踪计划组织表示：

“碳追踪计划组织并不提倡纯粹的化石燃料撤资做法。相反，我们主张互动，对与化石燃料相关风险溢价进行准确定价，信息透明，关闭高成本、高碳项目——即项目层面的撤资。我们希望确定最具经济合理性的路线，使化石燃料行业不超出碳排放预算[5]。”

完全摆脱化石燃料消耗是十分困难的，为了停止不必要的生产，需要缩小优先事项的范围，实现这一目标需要投资者和股东的参与，即投资者需要成为企业的所有人，以保留其话语权。

对此不太关注的企业所有人将保留投机性持股，从而促使企业发生可能不必要的资本支出。有序转型需要创新、监管、投资者鼓励及企业合作共同发挥作用，同时再加上基层个体和消费者发出要求采取正确行动的呼声。

请记住，我们需要石油来维持当前经济的运转。飓风桑迪肆虐后，人们的第一个诉求就是把加油站恢复加油服务，以便加油站工作人员可以重返工作岗位。目前，航空也需要喷气燃料。有序转型将是一个艰难的过程，但我们需要优先考虑成本较低、值得开采的资源，而不是需要留在地下的资源。

最幸运的是，高成本的煤炭、石油和天然气与高碳之间存在关联关系，因此，通过侧重于生产成本较低的能源，同时采取必要措施，推动实现以下必要转型和终止森林砍伐，我们可以促使实现更好的经济活力和增长：运输、建筑物、工业生产过程及能源生产向低碳消费转型，及向降低其他温室气体产量转型——方式之一是提高农业、土地使用以及石油与天然气生产中的甲烷效率。

以上讲的是如何从高碳经济撤资。等式两边的生产和消费都需要进行有组织的转型。

所幸的是，地下的温室气体大多数以煤炭的形式存在，因此，集中精力实现中国和印度从煤炭到可再生能源的跳跃式发展，是一个非常明确和重要的目标，值得高兴的是落基山研究所等组织正在研究这个问题[6]。一大部分有财务风险的资本支出都发生在石油开采领域[7]，尤其是北极地区石油开采及加拿大阿尔伯塔省的焦油砂/油砂开采。因此，这些问题出现之后，围绕碳资产风险，领先投资者已通过 Ceres 等组织，与企业开展互动，要求企业向股东退还现金，而不是将其浪费在“气温升幅不超过两摄氏度的世界”不需要的高成本项目上。

在给定的回应时间内没有同意上述要求的企业，要么被安盛集团、安联保险集团、挪威银行等众多领先机构纷纷抛售，要么成为美国银行等最大型银行的拒贷对象。同时，由于没有任何合理的商业理由，煤炭一直以来都是撤资的重点。

这样一来，撤资就成为经过深思熟虑的投资流程的最终结论。

2015 年，在负责任投资原则组织（PRI），我们与签署负责任投资原则的一部分规模最大的机构，包括上文提及的安盛集团和安联保险集团、全球保险集团、澳大利亚部分养老基金、瑞典一家大型养老基金 AP 基金及加州大学系统等，共同制定了《气候变化资产所有者框架》。

由此产生的项目很成功（详见上一章所述），该项目的第一份报告题为《关于减少碳排放量》，论述了在投资者具备认识低碳转型实现方式的基础上，应对气候变化的复杂程度[8]。最后一份《框架报告》[9]指明了投资者针对气候变化可以采取的三项十分明确的行动：

1. 增加（如本书从头至尾所讨论的）各个资产类别（包括公众股权）的积极、可持续投资项目配置，及增加私募股权、风险资本等领域可能可用的解决方案的积极、可持续投资项目配置。

2. 与企业、决策者及外包基金管理合作方（如有）进行互动。

3. 在缺乏商业理由且互动失败的情况下，将企业出售。

《框架报告》中有大量关于富有成效的行动的个案研究。

因此，我们相信，我们布朗大学这个班的定位，正好指明了有必要撤资之时的撤资基础和路线。我们为布朗大学可持续投资基金（BUSIF）选择的基金管理人都不涉足化石燃料投资项目，他们并不是一开始就有意这么做，而是在寻求对最佳工作场所进行投资（Parnassus Endeavor 基金）时，或寻找最有能力实现未来可持续发展的企业（Mirova 全球可持续发展股权基金等其他基金）时，由于其投资流程而导致出现这一结果。

在北美洲及其他地区的大学校园，撤资讨论多年来一直热情不减。尽管我们花在讨论上的时间可能有点长，不过现在我们对未来的道路已经有了清楚的认识。

我们的可持续投资流程不仅有效，而且已取得超常绩效。它完全符合负责任投资原则的框架，并以理想未来为方向对我们的投资组合进行定位，同时有助于为捐赠人创造一个领先的积极、可持续投资方案，而且作为整个可持续投资领域的思想领袖，值得其他捐赠基金以及资产所有者效仿。

注释

1. www. carbontracker. org/wp - content/uploads/2014/09/Unburnable - Carbon - Full - rev2 - l. pdf。查阅日期：2016 年 9 月 9 日。

2. www. nature. com/nature/journal/v458/n7242/full/nature08017. html。查阅日期：2016 年 9 月 9 日。

3. www. rollingstone. com/politics/news/global - warmings - terrifying - new - math - 20120719。查阅日期：2016 年 9 月 9 日。

4. http：//planetsave. com/2012/07/29/global - warmings - terrifying - new - math - gets - half - a - million - views - my - thoughts/。查阅日期：2016 年 9 月 9 日。

5. www. carbontracker. org/wp - content/uploads/2015/06/CTI - gas - report - Final - WEB. pdf。查阅日期：2016 年 9 月 9 日。

6. www. rmi. org/reinventing_ fire_ china。查阅日期：2016 年 9 月 9 日。

7. www. carbontracker. org/wp – content/uploads/2015/11/CAR3817_ Synthesis_ Report_ 24 – 11. 15_ WEB2. pdf。查阅日期：2016 年 9 月 9 日。

8. http：//2xjmlj8428ula2k5o341lm71. wpengine. netdna – cdn. com/wp – content/uploads/PRI_ Discussion – Paper – on – Reducing – Emissions. pdf。查阅日期：2015 年 12 月 12 日。

9. http：//2xjmlj8428ula2k5o341lm71. wpengine. netdna – cdn. com/wp – content/uploads/PRI_ Climate – Change – Frameworkl. pdf。查阅日期：2015 年 12 月 12 日。

第 9 章

尚待解决的数据挑战

Dan Esty 和 *Todd Cort*

引言

本章从投资者的角度，探讨了对关注企业可持续发展的投资者构成限制的数据挑战。首先，通过对一些投资者希望获得可持续发展数据的案例分析，本章审视了完善相应指标的必要性。其次，本章探讨了投资者在当今市场上可用的环境、社会和公司治理（ESG）指标，并指明几乎所有这些数据集的不足之处。最后，本章为力求透过可持续发展视角开展分析的投资者，照亮前进的道路。

由于当前投资者越来越希望了解的一系列因素，不同于传统投资者所依赖的因素，因此，加强 ESG 数据说服力的必要性成为了关注的焦点。

投资者对可持续发展的关注，是出于千差万别的利益和价值观考虑。可持续发展这一主题可能会涉及范围相当广泛的一系列问题，这意味着任何两名投资者所关注的 ESG 指标清单都不会完全相同。虽然同样希望在优化财务回报的同时，使投资组合符合其有关环境、社会公正等方面的价值观，但具体在多大程度上优先考虑前者，投资者的看法也大相径庭。

现有的 ESG 数据在不同程度上成功满足了这些投资者的需要。由于传统的社会责任投资者是历史最悠久的一类投资者，所以大部分数据提供方可以提供精心构建的负面筛选制度。但是，投资者若希望对为客户提供可持续发展解决方案的企业进行投资，可供其使用的达到全面覆盖程度的指标甚至更少。而关心企业社会回报的投资者，几乎没有什么可依赖的指标。

主流投资者的数据需求

现有的企业可持续发展指标要么涉及面狭窄，要么存在方法论缺陷，因此，单靠这些指标，投资者无法真正采取精心的战略方法，来应对气候变化风险或实现其他环境目标。在这一方面，可以发现很多问题。

运营指标和声誉指标

陶氏公司是否属于可持续发展的企业？陶氏公司曾长期污染环境，一些经过可持续发展筛选的投资组合可能会将其排除在外。但近几年，陶氏成为了公认的可持续发展领头羊。该企业拥有全球认可的安全计划，从运营效率到创新，制定了多组具体、可量化的可持续发展目标，支持全球循环经济发展。陶氏公司的报告还指出，目前其销售额的10%（58亿美元）来自于“因可持续发展化学而具有高度优势”[1]的产品。

因此，如果从运营而非声誉的角度来看，陶氏公司在可持续发展领域占据领先地位。然而，可用的ESG数据注重向后看，几乎没有捕获到陶氏公司的这些最新成就，也没有反映出陶氏未来通过向客户提供可持续发展解决方案而获益的潜力。尽管这明显会带来增值，但是在市场上，陶氏股价并没有随之上扬，可能是因为投资者没有看到陶氏公司追求绿色化学的决心所有具有的价值。但是，正如下文所述，投资者之所以无法看到陶氏公司追求绿色化学的决心所有具有的价值，很有可能是因为相关数据不存在或者有缺陷。

“足迹”和“手印”

现有ESG框架只要提供关于当前绩效的指标，几乎所有数据都会集中在受评企业的环境影响或足迹上。尽管了解所有这些要素有所帮助，但其并没有完整反映企业可持续发展的情况。正如在上文所述的陶氏公司案例中，了解一个企业的手印——企业对客户可持续发展的影响程度——往往同等重要。

更具体而言，投资者若要试图了解陶氏公司将如何应对不断出现的可持续发展挑战与机遇（Lubin和Esty，2010年），就需要获得陶氏在节能、安全、减废及其他产品类别方面正在开展的市场转型的相关数据。作为一家历史悠久的工业企业，陶氏公司确实存在污染环境的遗留问题，但相对于其目前在可持续发展领域占据的领先地位，尤其是其致力于满足客户对能源与环境突破的需求的决心，这些遗留问题与其市场前景的相关性要小得多。

再者，在部分工业领域，由于足迹过轻，而手印过重，侧重于企业直接影响的传统 ESG 分析将会严重扭曲任何可持续发展数据的对比情况。例如，根据软件公司开发的应用软件所实现的可持续发展收益，而非其运行的电脑所消耗的电力水平，对软件公司进行评价，是一种更好的评价方式。Salesforce. com 公司证明，与预置型应用相比，网络型 IT 解决方案使客户的碳排放量降低了 95%[2]。

除了增长风险和生产力风险以外：还存在机遇及负面风险

大部分 ESG 指标都是以风险为导向。计量企业碳足迹的数据集目前已经可用。如果二氧化碳排放被定价或面临更严厉的监管，投资者凭借温室气体排放量记分卡，就可以确定哪些企业或行业可能会有风险。但是，目前几乎没有什么关于气候变化正面风险的信息可用，而这些信息可能有助于投资者买进随着碳定价的覆盖范围扩大将蓬勃发展的企业或行业。

因此，至少有一部分具有可持续发展头脑的投资者需要获得记录环保活动和战略的数据，尤其是与可持续发展相关的增长方面的数据，包括因企业的环保努力所带来的顶线销售额增长以及底线盈利能力。理想情况下，ESG 数据提供方会提供反映企业的可持续发展愿景和执行能力的指标——甚至指示性或定性指标。

重大性

虽然重大性是一个已成熟的概念，存在于每一个重要的可持续发展管理系统标准、披露指引以及风险管理框架之中，但它至今未能有效地促使企业对 ESG 问题进行战略决策和数据披露，尽管全球报告倡议组织（GRI）[3]、全球环境管理倡议组织（GEMI，2015 年）及可持续发展会计准则委员会（SASB）在这方面做了很多工作[4]。从根本上说，ESG 报告及数据比较的结构需要重新调整，以捕获对各家企业及其所在行业而言具有重要性或重大性的信息。

尽管扩大可持续发展数据框架范围的呼声越来越高，但是目前的指标体系基本上反映的是价值投资者长期以来的关注点，其中最突出的就是环保群体所关切的问题（范围相当狭窄）。因此，在收集到的信息中，一大部分是表面信息，而且以声誉为导向。要让企业可持续发展指标变得更有意义，需要在更大程度上关注在环境影响方面真正具有重要意义的事情上——同时需要重新调整指标结构，以体现出该重大性分析。

统一报告框架和行业特有指标

在哪些可持续发展问题最为突出这一问题上，各行业的看法大不相同，基于此项原因，各行业所应该报告、跟踪及比较的指标也有所不同。如今，行业特有指标越来越普遍，但是在近期的可持续发展数据发展历程中，统一报告要求在很长一段时间里受到过度重视。在发布最新版的报告框架（GRI G4）之前，GRI 通过为企业指定 A、B、C 三个应用等级（报告覆盖范围最广的企业将获得 A 级评级），长期根据报告量来奖励企业。这就导致出现了一堆根本无关紧要的报告，例如美国房地产企业关于人权问题的报告，或全球性咨询公司关于提高最低生活工资的努力的报告。即使在行业部门中，各种各样的指引框架也可能不合时宜。在石油和天然气行业，许多框架都要求提供从勘探、生产到精炼的指标，尽管事实上只有极少数的石油和天然气企业属于业务范围从上游绵延至下游的一条龙企业。

若要在行业之间进行比较，就需要一些所有行业类别都通用的指标。花旗银行比美国银行的可持续发展状况更稳健，这一点值得有些投资者关注，而其他投资者则希望了解相对于公共事业行业或其他行业，整个金融服务业的表现如何（Srinivas，2015 年）。因此，能够促进行业间基准分析的指标，以及促成跨行业比较的指标，都具有重要性。

其他方法论问题

之所以出现有关现有 ESG 数据的担忧，一方面是因为所收集的内容，另一方面是因为指标的构建方式。尽管 ESG 数据的受关注度多年里不断提升，但是对于如何解决可持续发展领域内的一系列基本方法论问题，几乎没有取得什么进展。

规定数据和自报数据

在美国，环境保护署（EPA）要求根据《洁净水法》和《洁净空气法》的规定上报数据，这些规定涉及空气中有毒化合物释放、降雨径流以及地表径流等一系列工业环境影响。其他机构，例如能源信息署（EIA）收集其他强制性能源数据，包括国产和进口燃料数据，以及来自各行业的能源消耗数据。只要这些数据是公开的，ESG 分析公司都会加以利用。因此，关于化学品泄漏以及空气与水中有毒化学品排放的指标，尽管仍然容易出错，而且在有碍数据对比的边界范围方面受到严重制约，但是由于其是以政府数据集为基础，所以与其他 ESG 数据相比，其还是相当准确的。但是，除这几类为数不多的数据外，企业报告其他数据的时间、方式及对象，都以其认为方便为准。此外，由于 ESG 领域的数据大部分来自于企业对调查的自愿回复，数据集还存在其他不一致和漏洞（Clarkson 等人，2011 年）。

辅导结果和利益冲突

如果信息收集人同时提供咨询服务，帮助企业弄明白如何回应所提的问题，那么调查数据就可能会更加失真。有几家数据提供方长期以来，就安排与之存在关联关系的咨询公司提供上述辅导。总部位于苏黎世的可持续发展资产管理公司（Sustainable Asset Management），是最早一批进入企业可持续发展指标领域的企业之一，但由于其咨询业务与其数据收集工作之间被视为存在利益冲突，导致其信誉受损。如今，大部分开展 ESG 数据收集、分析和评级业务的公司，也提供与 ESG 数据相关的付费基准和咨询服务，这导致客观数据收集和数据咨询之间的界限变得十分模糊。

监测数据与估计数据

部分可用 ESG 数据来自于测量结果（例如使用监测设备分析得出的空气污染实际水平）。不幸的是，在关键的环境因素方面，以测量为基础的数据惊人地稀缺。一大部分数据是基于估算编制而成的。估算有时相当准确，有时属于胡乱猜测，具体取决于估算实施人是谁，存在哪些确保估算准确性的激励措施，及是否有工具来测量估算误差。

有几个环境数据集是名义上以测量为基础。例如，美国大型烟囱的废气排放数据必须遵循严格的测量规定，使用嵌入式监控器记录二氧化硫、一氧化二氮和挥发性有机化合物等化学物质。但是，即使这些数据集也很快遇到严重的方法论问题，例如，允许小型烟囱和燃烧源根据燃料类型和燃烧量对排放量进行估算，或者不提供任何数据。即使是对于大型烟囱等受到高度监管的排放源，一家企业可能会报告位于多个国家的运营点的排放量，而这些国家在抽样方案、误差率及报告边界方面存在显著差异。

即使在温室气体排放量等广泛使用的数据类型中，大部分数据都来自于估算而非实际监测或测量。大型 ESG 数据企业所使用的二氧化碳数据，几乎都有同一个来源：CDP（其前身为碳披露项目），而 CDP 的数据正是从这些企业本身收集来的[5]。报告企业对其排放量进行估算——通常是基于可以跟踪的能源消耗进行估算。在估算时，有些企业态度认真，有些企业敷衍了事；有些企业对数据进行内部和外部交叉检查，有些企业省略这方面的工作；有些企业追求准确度，有些企业为了维护自身形象窜改数据。

对其他可持续发展数据进行准确估算，甚至更为困难——更容易发生数据操纵和报告滥用的情形。因此，需要完善企业可持续发展指标框架，以优先考虑能够按照前后一致的方法收集到更多测量数据。

验证

在全球编制可持续发展报告的最大型企业当中，半数以上采用某种形式的第三方审计（毕马威会计师事务所，2013 年）。但是，在这些审计报告中，大部分验证只涉及一小部分信息（Hubbard，2009 年）。ESG 分析公司在收集和报告该数据时，并不清楚哪些指标和数据点已经过验证（如果有的话）。总的来说，数据分析公司完全依赖于报告企业自身提供的数据，并没有对其准确性进行任何额外的检查。如果可持续发展指标要赢取投资界的信任，还需要开展更多的工作，澄清哪些数据已经过政府机构或第三方可信验证机构验证。

覆盖范围

目前，全球大概有8～10万家上市公司。截至2015年，全球只有5000家企业（主要是上市公司）向CDP报告其碳排放量，占比不足5%［全球房地产可持续发展标准（GRESB），2015年］。就其他关键问题提供指标的企业数量甚至更少。全球规模最大的自愿报告指引机构GRI提供了一个数据库，列明了针对其每条披露建议完成报告的公司数目（基于向GRI提交报告的企业）。截至2015年年末，1395家企业（不足上市公司总数的2%）已纳入该数据库[6]。如此小的覆盖范围限制了现有ESG数据集的准确性和可用性，尤其是对于行业内部比较分析而言。

漏洞填补

大部分ESG数据提供方均尝试填补其数据指标漏洞。但是补漏方式却千差万别，而且对于正在开展何种推算或外推，往往并不怎么透明。有些数据提供方报告特定数据的来源（例如，数据提供人）以及缺少的数据。其他数据提供方则仅仅进行简单的查缺补漏。ESG数据企业使用各种补漏策略——有时候会提供一个方法附录（但并非总是如此），详细说明其数据矩阵漏洞的填补方法。有些数据提供方首先利用其他可用数据进行推算，然后仔细分析哪些指标最能预测缺失的数据点，最后才据此填补漏洞。许多其他数据提供方计算漏洞的平均值，给未报告企业一个平均得分——有时候是处境类似的企业的平均得分。有些数据提供方对未报告企业作出处罚，但是否及如何进行处罚往往并不透明。虽然基于推算得分，对非报告企业作出处罚可能有些武断，但是这些非报告企业之所以选择不进行报告的策略，可能正是因为其担心（或知道）其自身的实际数据比平均值要差得多。

报告一致性和方法严谨性

由于缺乏政府规定，乃至行业制定的报告标准，企业按自以为便利的方式提供各种类别的数据。这种不一致造成了很多问题。如上文所述，有些企业非常仔细地测量其温室气体排放量——并如实报告测量结果。有些企业报告的主要目的是修饰门面。要使企业可持续发展数据值得信任，并为投资者提供使其得以进行系统性比较的数据，就需要加强数据收集、报告以及验证方面的方法严谨性。

标准化

即使大家都同样致力于确保数据准确，缺乏统一的报告标准也会带来问题。比方说，针对温室气体排放，有些企业只报告范围 1（燃料直接燃烧造成的排放），有些企业报告范围 1 和范围 2（加上电力或蒸汽等进口能源所造成的排放），很少一部分企业报告范围 1、范围 2 及范围 3（包括范围 2 以外的在企业价值链内发生的所有其他非直接排放）。缺乏一致性为基准分析造成实实在在的问题，因为只报告范围 1 的企业的表现看起来可能比报告范围 1 和范围 2 的企业更好。同样，对这三个范围都进行报告的企业的碳足迹看起来可能比仅报告范围 1 和范围 2 的竞争对手要大，尽管标准化对比反映出来的可能会是另一种结果。

同样，追踪违法行为次数、执法行动、声誉或任何其他可能关注企业规模的指标，都需要进行标准化处理。否则，该指标只不过是一个间接反映企业规模的指标，而并非一个反映企业对可持续发展问题重视程度的有用指标。

更笼统而言，企业或行业间可持续发展对比的价值，取决于所涉及的指标是否为反映差异的有用指标，这就要求可能对分析造成干扰的其他因素被认定为同等重要。如果这些具有潜在干扰性的因素不进行标准化处理，那么得出来的任何基准都不会准确。比如，如上文所述，如果企业违法数据没有除以企业规模（以销售额或员工人数或增值为分母）就进行比较，那么比较结果反映的更多是公司的规模，而不是可持续发展。

结果和投入

在没有关于实际环境结果的有效数据（例如，烟囱的碳排放水平或废水中污染物指标）的情况下，ESG 数据企业提供的数据是最佳可用数据。但是这些试图避开数据限制的尝试，会导致数据出现进一步的失真和偏差。比如，有时候，并没有提供有关企业环境绩效的真实指标，而是依赖于企业环境预算或人员配置规模的相关数据。尽管在某些情况下，有这些间接指标总比没有任何指标要好，但是随着时间的推移，数据使用者应坚决要求企业可持续性指标框架从以投入为导向——例如花费的资金和开展的项目——转为以结果为导向——例如排放水平或环境质量指标。

分析

数据分析方面还有其他问题。有些数据提供方对于开展比较的方式，采取相当透明的态度，有些在提供数据时，几乎没有对相关背景做任何介绍（Delmas 和 Blass，2010 年）。例如，编制和出售环境指标数据集的 Trucost 公司，在 ESG 数据领域一直不太受欢迎，部分原因在于它几乎没有透露多少有关其分析方法的内容。因此，对于 Trucost 的“暗箱”里出来的数据是否可靠，数据使用者心有余悸（Cranston，2014 年）。该黑箱挑战不断为其带来麻烦，拉低了 Trucost 在《新闻周刊》“最可持续发展的企业”排行榜和道琼斯可持续性指数等主要可持续发展排行榜上的排名。

合并和加权

已出现的另一系列有争议的问题是，多个可持续发展指标如何合成为一个综合指数。如果记分卡以十项单个因素为基础（例如二氧化碳排放、空气污染、废物等），它们在合并过程中是否应获得同样的权重？还是某些因素被视为比其他因素更为重要，因此获得更高的权重？是否应平均分配各项基础指标的得分（例如使用一种称为“Z－得分”的方法），以避免出现某些指标暗中获得比其他指标更大的权重？是否应剔除异常值？或者是否应采用其他统计方法来“截尾”？这些问题回答起来并不容易。事实上，已经有不少博士论文论述了解决这些问题的最佳办法[7]。

最后，解决合并和加权问题不仅是科学，还是一门艺术。或者更准确地说，合并方式是否合适，取决于试图要达到的目的。问题的关键是，数据提供方要对他们正在做的事情公开透明。更重要的是，随着主流投资者对可持续发展指标越来越感兴趣，他们很可能会希望对过去为满足社会责任投资者的需求而选择使用的基础方法论，进行重新考虑。

前进之路

随着企业可持续发展受到越来越多的关注，尤其是主流投资者的关注，这就要求 ESG 指标的设计方式，基础数据收集的方式，及以比较为目的的数据合并方法，要更为谨慎。加强统计严谨性是可行的，加强所做假设的透明度至关重要。随着可持续发展指标用例不断扩大，需要增加新的数据和完善现有数据集。为了行业内和整个市场的比较更为准确和有意义，需要扩大数据覆盖范围。

最重要的是，由于投资者的需求不断扩大，而目前的 ESG 指标无法满足这些需求，因此，迫切需要从根本上调整可持续发展指标框架，并且需要政府作出某种程度的安排——包括提出一定程度的强制性数据报告要求，制定确保方法一致性和指标可比性的规则，及要求开展规定验证。在可持续发展数据的收集、报告和验证方面，减少标准和制定更多目标明确的指引，也有助于突出重点和提高 ESG 指标的一致性和严谨性。从投资者的角度来看，这样的整合应基于重大性原则开展。

随着主流投资者越来越清晰地意识到，可持续发展的要素可以转化为卓越的财务绩效，更有效的数据，及出于特定投资目标而设的记分卡，更多主流投资者可能会发现，在市场分析过程中，开展一定程度的可持续发展评估是明智之举。

注释

1. 陶氏公司：“我们的 2015 年可持续发展目标（Our 2015 Sustainability Goals）”，www. dow. com/en - us/science - and - sustainability/sustainability - reporting/sustainable - chemistry/。

2. 如欲了解更多信息，请查看 Salesforce 网页：“Salesforce. com 与环境：减少空中的碳排放（Salesforce. com and the Environment：Reducing Carbon Emissions in the Cloud）”，www. salesforce. com/assets/pdf/misc/WP_ WSP_ Salesforce_ Environment. pdf。

3. 如欲了解更多信息，请查看全球报告倡议（Global Reporting Initiative）网站：www. globalreporting. org/Pages/default. aspx。

4. 如欲了解更多信息，请查看可持续发展会计准则委员会（Sustainability Accounting Standards Board）网页，“重大性”，www. sasb. org/materiality/important/。

5. 如欲了解更多信息，请查看碳披露项目（Carbon Disclosure Project）的网站：www. cdp. net/en – US/Respond/Pages/companies. aspx。

6. 如欲了解更多信息，请查看全球报告倡议可持续性披露数据库的完整清单：http：//database. globalreporting. org/benchmark。

7. 例如，参见 Tanja Srebotnjak 著《环境政策综合指标的制定：统计学解决方法与政策形势》（The Development of Composite Indicators for Environmental Policy：Statistical Solutions and Policy Aspects），耶鲁大学出版社，#3293388（2007）。

参考文献

Clarkson P.，Overell，M. and Chappie，L. L.（2011）'Environmental Reporting and Its Relation to Corporate Environmental Performance'，*Abacus*，47，1，27 – 60.

Cranston，G.（2014）'Back to Basics：Demystifying Natural Capital Valuation'，*Huffington Post*（October 15，2014），www. huffingtonpost. com/gemma – cranston/back – to – basics – demystifyi_ b_ 5990034. html。查阅日期：2016 年 9 月 9 日。

Delmas，M. and Blass，V. D.（2010）'Measuring Corporate Environmental Performance：The Trade – Offs of Sustainability Ratings'，*Business Strategy and the Environment*，19，4，245 – 260.

GEMI（Global Environmental Management Initiative）（2015）'Quick Guide：Materiality'. September. http：//gemi. org/wp – content/uploads/2015/09/GEMI – MaterialityQuickGuide – 2015. pdf。查阅日期：2016 年 10 月 18 日。

GRESB（2015）2015 Report，https：//www. gresb. com/results2015/global_ trends。查阅日期：2016 年 9 月 9 日。

Hubbard，G.（2009）'Measuring Organisational Performance：Beyond the Triple Bottom Line'，*Business Strategy and Environment*，19，3，177 – 191.

KPMG（2013）'Survey of Corporate Responsibility Reporting 2013'，www. kpmg. com/sustainability。查阅日期：2016 年 9 月 9 日。

Lubin，D. and Esty，D.（2011）'The Sustainability Imperative'，in *Evolutions in Sustainable Investing*，ed. C. Krosinsky，N. Robins and S. Viederman. New York：Wiley，2012. And in Harvard Business Review，88（May 2010），42 – 50.

Srinivas，S.（2015）'Citigroup to Invest \$100bn in Tackling Climate Change'，*The Guardian*，*February* 18，2015. www. theguardian. com/sustainable – business/2015/feb/18/citi – 100bn – investment – climate – change – banks – environment。查阅日期：2016 年 9 月 9 日。

第 10 章

扩大万亿可持续投资的规模
“自上而下”的投资战略

Cary Krosinsky

所谓的“万亿可持续投资”是 2015 年至 2016 年期间新出现的大约数万亿美元的可持续投资承诺额。这笔新资金有可能会改变企业开展业务的方式，使得企业在获取更多具有环境和社会意识的投资资本的竞争中，更具可持续性，并且有可能使可持续性进一步扩展至似乎所需的数万亿美元资金。

自上而下、自下而上的吸引可持续投资资金的竞争可以说最具吸引力，因为其在激发创造力的同时，能够运用资本主义的自然力量，将之用于良好目的。

当竞争处于健康状态、创造力实现最大化时，许多类型的机构会蓬勃发展，例如，在大学和许多行业的上市公司目前为获取可持续发展领导地位而进行的竞争中，就可见到这一情况。从许多方面而言，投资者自身刚刚开始参与该竞争。

近期，大学因可持续发展而备受瞩目；通常，新生最常对大学提出的问题就是，“你们正在就可持续发展开展什么研究?”正如许多研究所示，千禧一代越来越希望对世界产生积极影响。同样地，毕业生在选择工作地点时，也日益希望工作环境使其不仅能够挣钱和发展事业，同时也能够发挥最大影响力。因此，出现了人才和质量的竞争，包括确定最具可持续性机构的竞争，这一竞争也开始在投资界逐步开展，看到这一情况令人欣喜。

根据我近期的经验，在试图依靠可持续投资和影响力投资发展自身业务的大型美国金融机构中，美国银行或许是最“全身心投入”的机构。美国银行最近声称其将管理具有可持续性或影响力的 100 亿美元新资产作为主要目标，而且积极寻求让客户符合其价值观，并与数十名内部工作人员开展合作。[1]

美国银行首席执行官 Brian Moynihan 近期在几次大型活动[2]中相当直言不讳地表示，有必要应对气候变化，而且该银行在最近一次的新闻发布会上，“上调了其在增加目前低碳业务领域环境业务计划方面的承诺金额，具体而言，在 2025 年之前，通过发放贷款、投资、筹资、顾问服务和为全球客户制定融资解决方案的方式，将承诺金额从 500 亿美元上调至 1250 亿美元”。[3]自 2007 年以来，该银行在低碳业务融资领域已提供超过 390 亿美元的资金，其中仅 2014 年一年就提供了 120 亿美元，包括：

- 40% 投向可再生能源——太阳能、风能、水能、地热能、高级生物燃料或能源混合组合。
- 33% 投向节能融资。

美国银行还发挥牵头作用，促进绿色债券市场不断扩大规模，先于 2013 年发行了首只基准规模的公司绿色债券，发行规模为 5 亿美元，后来又于 2015 年春发行了第二期绿色债券。[4]

根据彭博新能源财经的数据，2014 年，在绿色债券发行领域，美国银行是规模最大的承销商。

美国银行开展的活动包括安排数十名员工直接就这些问题开展工作，以及为内部顾问提供培训。因此，美国银行将可持续投资视为促使其自身未来取得成功的关键驱动因素。为了使可持续投资取得更大规模的成功，最重要的一点是要让作出资源承诺并证明自身具有专业知识的机构获得市场份额增加的回报。

因以赢利为核心而享有盛名的高盛公司，已承诺在 2025 年之前，向清洁能源融资领域投入 1500 亿美元，[5]该承诺是全球金额最大的可持续融资承诺，是其此前目标的 4 倍。清洁能源转型不仅需要资本，而且还需要财务专家的创造性思维，因此，看到出现这一级别的资金承诺额令人欣喜。

7 月，高盛公司在某种程度上预示了其将采取该措施，当时，高盛与美国铝业公司、苹果公司、美国银行、伯克希尔哈撒韦能源公司、嘉吉公司、可口可乐公司、通用汽车公司、谷歌公司、微软公司、百事可乐公司、联合包裹服务公司和沃尔玛公司共同参加了美国白宫组织的“促使美国企业采取气候变化行动”的活动，[6]该活动当时的明确目标是提高能效（这是气候转型过程中关键、必要的一环，IEA 表示全球每年需要的新投资多达 1 万亿美元），促进低碳投资，以及使美国低收入家庭更容易获得太阳能。此外，纽约州共同退休基金目前正在与高盛公司合作，以设立一只 20 亿美元的低碳公共股权基金。

这些计划有助于高盛公司沿着比以往更具可持续性的道路走下去，同时高盛公司还经常提到其环境政策框架，该框架进一步锁定与气候变化缓解项目、气候变化适应项目、气候风险管理及其自身业务经营相关的活动。[7]

所有大型银行均已入局。花旗银行近期宣布了一项为期十年的 1000 亿美元可持续发展承诺，[8]而摩根士丹利公司和摩根大通公司创设了新的财富管理平台，为有意向开展可持续投资和影响力投资的客户提供服务。

在洛克菲勒基金会的支持下，摩根大通编制了有关影响力投资的主要报告。[9]摩根士丹利可持续投资研究所越来越繁忙和坦率，定期就房地产价值、多元化和许多其他可持续性主题发布思想领导力报告。[10]这些机构还在快速地招聘工作人员，而十年前，其驻纽约市办事处根本没有一名从事这一领域业务的员工。（我之所以对此了解，是因为我曾在 2006 年试图找到相关人员，邀请其参加一次有关可持续发展的活动，但是最后却徒劳无功。）

自上而下的竞争正好能够满足需要；让所有这些机构通过提供更好的服务开展竞争，并增加市场份额，以便其获得较大而非较小的发展，使可持续投资日益成为主流，这属于且应该属于我们的目标，但并非唯一的目标，因为同时我们也迫切需要自下而上的解决方案、创新和新思维，推动改善大型参与者的表现。

合作机遇也大量存在，而且最终很有可能会成为最重要的机遇。公私合作（有时称为 PPP）有可能会为迫在眉睫的长期任务，带来似乎所必需的数十万亿美元的资金，但是我们需要从单个承诺和有效策略个案研究入手。在该路线图制定方面的一系列合作努力已经开始实施，例如 Paul Lussier 已在耶鲁大学开展相关努力。[11]

在可持续新投资所需的数万亿资金中，剩余部分可以来自大型养老基金（例如荷兰的 ABP 和 PGGM）提供的可持续投资新承诺，除此之外，目前还在快速开展许多其他类似的全球性努力，同时，根据彭博新能源财经的可靠计量数据，可再生能源投资也已达到破纪录水平,[12]根据彭博新能源财经的最近报道，2015年的可再生能源投资额远超3000亿美元。

同时还需要全球竞争力，因此，我们非常高兴地看到Mirova公司（法国最大基金管理人Natixis公司旗下公司）利用其关于如何以可持续方式开展投资的周密流程和想法，在美国设立分支机构。具体实例可参见其全球可持续股权基金，该基金是一个非常周密的有关单一价值优先投资的例证，在布朗大学的课程上，我们曾在分析可用资金时，对单一价值优先投资进行深入分析。Mirova公司的碳足迹计量方法也是我们发现的最好方法，因为该方法考虑了范围1、范围2和范围3的所有内容[13]及本书后一章的内容。

如果单一价值优先投资产品的数量越来越多，将是一件令人高兴的事，因为市场上目前的选择似乎不够多，其中一个实例是Generation Investment Management公司或Inflection Point Capital Management公司管理的基金中的公募基金（详见我们上一本书《可持续投资的发展》中的个案研究）。Inflection Point公司后来从法国养老基金La Franpaise获得了交由其管理的10亿美元资金。这一点说明了该自下而上的动态战略能够取得成功，打造更好的产品，进而再激发进一步的自上而下的周详计划。因此，若要使所需的自上而下/自下而上的动态战略更为完备，至关重要的一点是从初创公司的角度而言，制定创新型投资计划的尝试越来越多，并且使最佳解决方案胜出。

这些解决方案正在各地大量涌现，因此，难以对其进行追踪，但是可供追踪的一些实例包括Terra Alpha公司和BlueSky Investment Management公司。在许多新出现的实例中，这两家公司仅构成两个实例，下一章直接提供了这两家公司的个案研究。

注释

1. www. ustrust. com/publish/ust/capitalacumen/summer2014/insights/investments - values. html。查阅日期：2016年9月9日。

2. www. ceres. org/investor - network/investor - summit/speakers/brian - moynihan。查阅日期：2016年9月9日。

3. http：//newsroom. bankofamerica. com/press - releases/environment/bank - america - an-

nounces – industry – leading – 125 – billion – environmental – busines。查阅日期：2016年10月18日。

4. http：//about. bankofamerica. com/en – us/green – bond – overview. html。查阅日期：2016年9月9日。

5. http：//fortune. com/2015/11/02/goldman – sachs – clean – energy/。查阅日期：2016年9月9日。

6. https：//www. whitehouse. gov/the – press – office/2015/07/27/fact – sheet – white – house – launches – american – business – act – climate – pledge。查阅日期：2016年9月9日。

7. www. goldmansachs. com/citizenship/environmental – stewardship/epf – pdf. pdf。查阅日期：2016年9月9日。

8. www. citigroup. com/citi/news/2015/150218a. htm。查阅日期：2016年9月9日。

9. https：//thegiin. org/assets/documents/pub/2015. 04% 20Eyes% 20on% 20the% 20Horizon. pdf。查阅日期：2016年9月9日。

10. www. morganstanley. com/what – we – do/institute – for – sustainable – investing。查阅日期：2016年9月9日。

11. https：//environment. yale. edu/profile/paul – lussier/。查阅日期：2016年9月9日。

12. http：//about. bnef. com/。查阅日期：2016年9月9日。

13. www. mirova. com/Content/Documents/Presse/va/PR%20Mirova%20Carbone%204_ %20EN. pdf。查阅日期：2016年9月9日。

第 10a 章

“自下而上”的战略
作为投资考虑因素的水资源

Terra Alpha Investments 公司

水资源是每个人都需要的一种资源，但是即使面临水资源短缺，也很少有公司或投资者对水资源予以充分重视，或对水资源的有限使用作出规划。对于许多企业而言，用水限制或无法用水对企业而言曾是个遥远的概念，但现在却日益成为现实，并且构成了一项全球性的近期挑战。水资源压力的影响已波及各个行业，任何公司在任何水资源紧张地区开展业务运营或依赖于该地区的业务运营的，均可能面临自然风险、监管风险或声誉风险。但是，如果风险受到管控，可能会带来机遇。做好应对水资源压力现实的准备，可以使公司减少弱点，胜过竞争对手。当公司计量水足迹并披露该信息时，公司和投资者双方均会受益。公司在向投资者提供重大信息时，可以将同行作为基准。投资者可以通过将水资源风险和机遇纳入估价方法的方式，作出实现收益最大化的明智决策。

Terra Alpha 公司表示企业和投资者双方都需要了解水资源压力的现实、风险和机遇，并且在构建投资组合时，考虑与水资源相关的各种基本因素。基本启示如下：

- 确定由于水资源风险而具有重大闲置可能性的资产数量。
- 确定由于水资源的可用性或不断变化的天气形势而产生的可能导致生产设施和供应链中断的经营风险。
- 确定相对于同行及/或在运营改进方面，公司降低水资源相关成本的经营机遇。

- 将效率因素纳入盈利预测。
- 将资产负债表和经营风险纳入估价过程。

一旦公司收集了水资源使用、风险和机遇的相关数据后，其可以主动优化水资源效率，并最大限度降低水资源风险。Terra Alpha公司认为任何投资者均可以且应该使用该信息，作出更佳的投资决策。投资者若将水资源和自然资源影响纳入投资分析和投资组合构建过程，可以降低风险，提高收益。

全球背景：由于各种因素，全球水资源压力正日益加大

各个国家、社区和公司已经感受到该压力的影响，且该影响未来会逐步加深。全球水资源消费量不断增加所产生的影响，由于气候变化而加剧，同时也使所有淡水供应备受压力。世界经济论坛称全球水资源危机是“未来十年地球面临的最大威胁”（世界经济论坛2015年报告）。随着全球水资源需求量快速增加，而且全球水资源供应变得更加多变、不可靠，全球各地已感受到水资源压力造成的影响。

地球水资源中只有2.5%为淡水（美国地质调查局2016年报告）。根据预测，2007年至2025年，发展中国家水资源使用量将增加50%，发达国家水资源使用量将增加18%（Zabarenko 2015年报道）。到2030年，全球淡水供应量与需求量预计会出现40%的缺口。到2025年，全球67%的人口预计会生活在缺水地区，而2015年这一比例接近20%（Buerkle，2007年报道）。全球水资源基础设施陈旧、低效。单就美国而言，基础设施每年损耗的水资源达2.1万亿加仑（Schaper，2014年报道）。全球气温不断升高，可能导致冰川融化速度加快，蒸发量增加，降雪量降低，这三项因素加大了发生旱灾的风险（Miller，2016年报道）。极端旱涝灾害的严重程度和发生频率均在不断增加（Solomon等人2007年报道）。

未来出现的水资源紧张将无疑对企业产生影响，而且企业目前已有切肤之感。2015年，全球有405家公司在碳披露项目（CDP）的年度水资源调查中，向CDP报告了总额达25亿美元以上的不利水资源挑战（CDP2015年报告）。

了解水资源相关风险十分重要，有助于减少潜在损失，创造机遇。

企业面临的水资源风险可以分为自然风险、声誉风险和监管风险，而且将产生重大财务影响。

农业和工业的用水量占全球水资源供应量的90%（联合国教科文组织2003年报告）。就直接成本和机会成本两方面而言，水资源风险可能产生重大财务影响：运营成本增加，无法继续生产，产品和品牌形象受损，企业的用水权受相关法规影响。公司若未能定期评估水资源风险及其价值链，将面临不利的业务影响。根据CDP收集的公司数据，65%的公司报告面临重大水资源风险，27%的公司报告去年经历负面水资源风险影响（CDP 2015年报告）。对投资者而言，这意味着其投资组合存在高风险敞口。

各个公司，无论其处于哪个行业，均在其价值链的某一环节依赖于水资源。这些风险伴随着一定的代价。无视水资源相关风险可能引发损失，而对这些风险的管理措施进行准备和披露，可能创造发展机遇，这一点越来越明显。

水资源竞争、监管薄弱、基础设施老化和不足、水污染和气候模式不断变化，是导致水资源风险产生的驱动因素。这些因素共同作用所引发的风险，在整个价值链对企业产生影响，并对财务绩效构成重大威胁。在用水安全方面，公司面临的风险分为以下三大主要类型：自然风险、声誉风险和监管风险。

自然风险

水资源供应发生任何变化，都可能阻碍公司的持续运营。水资源是企业稳定运营的基本条件。水资源供应和质量发生重大变化，将通过各种方式影响各行业内的企业。无视水资源短缺所带来的自然风险，可能会导致用于生产、灌溉、加工、冷却或清洗的水资源量不足，甚至导致写字楼关闭（联合国全球契约2016年报告）。如果公司在价值链的某一环节依赖于水资源紧张地区的业务运营，则该公司存在薄弱环节。

全球水资源压力使公司面临以下自然风险：水资源过多（例如水灾）、水资源过少（例如旱灾）、水污染、水价波动。自然风险可能对公司产生较大的财务影响，并且在收益指导值或预期值未实现时，可能会造成股价下行压力。

随着恶劣天气事件的发生频率不断增多，公司面临的与水资源压力相关的事件越来越多。

• 由于2015年的加利福尼亚州旱灾，仅美国农业部门就遭受22亿美元的损失（Howitt2014年报告，第9页）。

• 美国棉花产量因2011年的旱灾而减半，导致棉花价格飙升。由于棉花短缺，盖普公司将全年利润预测下调22%，随后其股价下挫17%（Roy2011年报道）。

以下实例说明了由于未监测所面临的水资源过多风险而使企业遭受的有害影响：

• 2010年，Sasol Synfuels公司的一家工厂遭受水灾，给Sasol有限公司造成约1560万美元的生产损失（CDP 2012年报告，第18页）。

• 2010年，慕尼黑再保险公司的季度利润下降38%，原因是由于澳大利亚发生的严重水灾导致75%的煤矿关闭，慕尼黑再保险公司收到价值3.5亿美元以上的理赔请求（Peace等人2013年报道）。

• 2011年的极端降雨严重妨碍英美资源集团在智利的采矿作业；由于停工，铜产量下降8%（Peace 2013年报告）。

专栏10a.1 泰国水灾

2011年，高于平均水平的降雨量及其他因素导致泰国遭受50年一遇水灾。全球几乎40%的硬盘驱动生产和制造工厂位于昭拍耶河河谷，这是一个众所周知的洪泛区。严重水灾引发人口大量撤离、工厂关闭，并中断了位于该河谷内的所有工业生产过程的供应链（美联社2012年报道）。硬盘驱动的装运量下降，比需求量低30%（Mearian 2011年报道）。

• 由于供应链中断，艾默生电气公司的成本增加，销售额下降，为此，其净收益下降23%（Van de Voorde 2012年报道）。该负面影响也对股价产生影响：截至报告日，艾默生股价相对于标准普尔500指数下跌近3%。

• 全球最大的硬盘驱动生产商西部数据公司被迫关停泰国工厂，其60%的硬盘驱动都是在泰国工厂生产。西部数据公司的运营和满足客户需求的能力受到严重影响。其股价一天下挫了7%（Tibken 2011年报道）。

- 根据全球第二大个人电脑生产商联想集团的报告，全球硬盘驱动缺货使每个硬盘驱动的成本增加5美元至10美元（美联社2012年报道）。其他行业也受到影响。
- 丰田汽车公司、本田汽车公司、尼桑汽车公司和福特汽车公司的收益均受到水灾影响；水灾导致这些公司关停其在泰国的工厂，零部件短缺减缓了世界各地汽车生产速度。对于受洪水淹没的工厂，本田汽车公司面临高昂的修复费用；其被迫推迟发布新车型，而且其报告当季收益为负。2011年，本田汽车公司的股价下跌28%。根据丰田汽车公司的报告，其净收益下降18.5%，收入下降4.8%，营业利润下降32.4%。在丰田汽车公司发布负收益报告后，其股价随之下跌22%（Whipp 2011年报道）。

总体上看，上述水灾达到前所未有的严重程度（Meehan 2012年报道）。公司本应该做好准备，应对运营和供应链因水灾风险而中断时所产生的损失。

全球各地剩余的清洁、可用水资源正在快速地被污染。在许多工业生产系统中，工业用水的质量至关重要，但是污水的处理方法有限，而且成本高。企业往往面临无法预见的资本支出和较高的污水净化费用。污水处理方案可能会耗费大量时间，有时候可能根本不可行。

半导体生产需要大量高度净化水。如果可用水的质量恶化，公司将面临处理成本增加的问题。摩根大通公司的报告预估，如果水资源成本翻一番，德州仪器公司和因特尔公司的每股收益将分别降低大概5%（据2008年的数据）（Levinson等人2008年报道）。如果成本过高或者处理不可行，生产将中断或者需要迁移至新地点（Morrison等人2009年报道）。如果企业希望在水质差的地区扩大运营规模，污水源也可能对其发展机遇造成限制。

声誉风险

声誉风险源自于公众所形成的水资源管理不善的认知。根据世界经济论坛开展的一项研究，五分之三的首席执行官表示其认为公司品牌和声誉占公司市值40%以上（Brigham和Linssen，2010年报道）。

坚实的品牌声誉价值意味着更高的利润；相反，声誉损害会转变为实际的财务损害。随着社区、投资者和消费者对水资源短缺所产生的自然风险的了解程度加深，其更有可能反对水资源使用方面的实际或表面上的不平等。反对意见的增加可能会对企业绩效和竞争力产生严重影响。声誉风险包括：品牌价值和消费者认知度受损、向新市场拓展的难度加大、公司营业执照丧失、投资者疏远及股价受挫。

声誉损害产生的一个原因可能来自于水资源短缺及当地社区与公司之间就用水需求而产生的质量纠纷。我们已经见到由于当地人的反对而造成利润损失和停业的情况：

• 社区的反对迫使雀巢水业集团于 2009 年取消在加利福尼亚州设立全美最大瓶装水厂的计划。反对者认为雀巢集团从加利福尼亚州旱灾区取水构成非法行为（Barton 2010 年报道）。雀巢集团也遭受重大的声誉损害，因为密歇根州的市民不管主管部门作出对雀巢集团有利的裁决这一事实，认为雀巢集团的取水行为不适当，并且与当地供水存在竞争关系（Morrison 等人 2009 年报道）。

• 2014 年，印度北部的地方官员责令可口可乐公司关闭一家使用当地水资源的瓶装水厂。多年来，该厂一直都是当地反对者的反对目标，因为村民将地下水位的下降归咎于该瓶装水厂。除导致该瓶装水厂的经营中断外，该事件还导致原计划投入 2400 万亿美元扩建该瓶装水厂的项目发生损失（法新社 2014 年报道；Chaudhary 2014 年报道）。

• 为了开采智利境内冰川下面所蕴藏的金矿和银矿，加拿大矿业公司巴里克黄金公司提出要移动这些冰川，随后遭到公众强烈反对，这些冰川是当地社区唯一的淡水来源。该项目原本可开采价值至少 115 亿美元的黄金，但是当地社区的反对致使该项目夭折（Chaudhary 2014 年报道；Wadi 2014 年报道）。

监管风险

企业的蓬勃发展需要稳定的监管环境。清洁水资源正逐步被公认为一项有限资源，因此，其使用和影响正在引发更大力度的监管。

如果企业价值链的任何环节位于水资源紧张地区，且该地区最新的法规可能限制水资源使用、提高废水质量标准或上调水价，企业将面临监管风险。自然风险和声誉风险引发的事件往往会产生监管风险：水资源短缺和公众监督迫使主管部门实施更严格的水资源政策。如果企业开展运营的地区缺乏与水资源相关的法律，且该地区法规突然发生的意外变更可能会造成资产发生意外成本或损失，则企业也将面临监管风险。监管风险包括：水价上调；水资源效率、重复使用或回收利用要求更加严格；污染限制增多或废水质量标准提高；取水权发生变更；实施新的工艺或产品标准；及营业执照被吊销。这些风险往往会对公司的用水产生较大影响，而且有可能造成收入损失及/或妨碍工业生产：

• 2013 年，爱克斯龙电力公司被迫提前十年将一座核电站退役，原因是为满足更严格的水资源许可条件，对该核电站进行升级所需的成本高达 8 亿美元（CDP 2012 年报告）。

• 由于化学排放物污染了当地饮用水源，默克集团被迫支付 2000 万美元，作为“罚款、环境改进费和清理费”（Morrison 等人 2009 年报道）。

• 2014 年，巴里克黄金公司未能在其新建的 Pascua - Lama 矿井安装法律规定的废水排放处理系统，智利法院随后对该公司处以 1600 万美元的罚款。巴里克黄金公司并没有安装可行的污水处理系统和防雨水污染系统。在该公司与智利政府之间的法律诉讼未完结之前，该矿业项目的建设暂停。该公司的股价同年下跌 15%（Castaldo2015 年报道；BBC 新闻 2013 年报道）。

• 2015 年，加利福尼亚州通过一项法案，对用水量施加限制，原因是该州遭受严重旱灾的影响。该法案的目标是将全州的用水量降低 25%；不遵守该法案将遭受惩罚措施制裁。同年 9 月，星巴克公司的供水商 Sugar Pine Spring Water 公司因“使该州的旱灾更严重”而被加利福尼亚州政府处以罚款，加利福尼亚州政府指称该公司挖掘已枯竭的泉水，而且这些泉水所在地区是加利福尼亚州遭受旱灾最严重的地区之一（Nagoumey 2015 年报道）。

水资源机遇：从运营、战略和市场角度而言，较高的效率可以为企业和投资者带来较高的收益

尽管水资源压力给公司和投资者造成的风险无可否认，但是这些压力同样也会带来实现超常绩效的机遇。抓住这些机遇的公司更有能力胜过同行。在 CDP 的《2015 年全球水资源报告》中，73% 的被调查公司表示水资源带来了“运营、战略或市场机遇”。在这一比例中，将近 77% 的公司表示这些机遇将在未来三年内得到实现。所有这些机遇可以为企业和投资者带来重大增值。未能利用这些趋势的企业和投资者，将落于时代之后。

运营机遇

提高运营效率历来都是许多企业实现重大、长期财务节约的核心战略；提高公司业务运营的用水效率也会产生同样效果。公司有大量机会，可以在节省开支的同时降低运营用水强度。赛莱默公司预估安装成本为零或负数的现有高效废水处理技术，可能会使因废水管理使用能源而产生的碳排放量减半（赛莱默公司 2015 年报告）。考虑到目前在加利福尼亚州，大约 20% 的电力用于运输和处理水资源和废水，全美总能耗约 2%（241 亿美元）（EIA 2011 年报告）用于饮用水和废水处理服务，（Pabi 等人 2013 年报道）降低这些系统的用水量或提高其效率会直接降低成本。节约成本及增加销售额都可能会产生运营机遇。

• SAB Miller 公司于 2010 年对其在世界各地的工厂开展水资源风险评估，而且自那以后采取措施，减少用水量，以帮助这些工厂在未来 5 年内节省 3 亿美元的成本（CDP 2015 年报告，第 28 页）。

• 2013 年，百威英博啤酒集团将总体用水量降低了 5.4%，为公司节省了 250 万美元，相当于生产 60 亿罐以上啤酒产品所需的用水量。减水行动在随后一年为该公司节省了 500 万美元，而且自 2012 年以来，已为公司节省了 1200 万美元（百威英博啤酒集团 2013 年报告，第 21 页）。

• 英美资源集团 70% 以上的业务经营位于水资源紧张的盆地。为了解决

这一问题，英国资源集团于2011年推出了“节水目标工具”，并且到2014年实现了公司截至2020年的减水目标。该减水行动为该公司每年节省360万美元的成本（2030水资源集团2016a报告）。

• 2007年，利惠公司成为首家开展生命周期评估的服装公司，对其生产的牛仔裤的整体环境影响进行计量。可持续水资源管理已成为利惠公司的主要优先事项，2011年之后尤其如此。在2011年，巴基斯坦的水灾和中国的旱灾对农作物产量产生不良影响，导致棉花价格大幅上涨。该公司计划到2020年，从良好棉花倡议组织采购其所需棉花的75%，良好棉花倡议组织培训棉农在种植棉花过程中大幅减少用水量。该公司的“Water < Less™”节水计划从2011年至2014年实现的节水量超过10亿升。最近，该公司在中国的一家工厂使用再生水生产了100000条女士牛仔裤。该公司目前正在世界各地执行该标准。

在CDP《2015年水资源报告》所含的公司中，辉瑞公司、江森自控公司和洛克希德—马丁公司均报告，在其采用更有效的水资源管理措施之后，销售额均有所增加；而亚萨合莱公司、Biogen公司和万豪国际集团均表示，因采取减少用水量的行动而节省了更多成本。

越来越多的证据表明，减少用水量可以带来财务利益。英国环境保护署2013年发布的有关富时100指数公司的报告发现，石油天然气行业、基础资源行业、建筑材料行业和保险行业盈利能力最强的公司，在各自行业的平均用水强度最低（英国环境保护署2013年报告）。随着所报告水资源数据的一致性不断提高，而且水资源定价更加准确，运营用水效率与盈利能力之间的关系变得日益显著。

战略机遇

水资源风险可能会给公司的长期计划造成严重危害，但是降低用水强度的公司，与同行相比，将具有竞争优势。

评估和降低供应链运营应对水资源压力的脆弱性，将有助于保护运营持续性，提高供应链适应力，提振投资者信心。战略机遇还包括，在减少环境影响的同时，可以提升品牌价值和社区商誉。各行业的公司正在采取行动，以抓住这些机遇，并通过此举提高其市场地位：

- 福特汽车公司确定，其 24% 的业务运营位于目前被视为存在水资源短缺风险的地区。为了在水价大幅上涨之前，从战略上降低目前的耗水量，福特汽车公司已实施新技术，以便从 2009 年至 2015 年，将每辆车的用水量降低 30%。更具体而言，从 2000 年至 2013 年，福特汽车公司已将墨西哥 Cuautitlan 工厂每辆车的用水量降低 58%，该工厂位于缺水地区（福特汽车公司 2016 年报告）。
- Holmen Paper 公司已开发出使用经处理的城市废水造纸的先进技术，并且成为欧洲首家完全使用“回收水”进行纸张生产的造纸厂。这一做法不仅增强了其运营安全性，可以应对未来的水资源压力，而且还提高了其在社区内的商誉（Holmen 公司 2015 年报告）。
- 在饮料行业，直到 2008 年，生产 1 升饮料一直都需要 12 升水。依靠一家瓶装饮料企业的创新，百事可乐公司将这一比例降低至 1:2.2，即每升饮料用水 2.2 升。该创新削减了其营业费用，降低了其对周边社区的影响，并增强了其对水资源短缺的适应力（Matthews 2016 年报道）。
- 2006 年，力拓集团将其在西澳大利亚州的工厂进行了扩建，而且趁机对该工厂的水资源管理设施进行了检修。最终结果是该工厂从附近湖泊的取水量下降了 96%，同时降低了泵送水的成本，而且该工厂有能力将 40% 的水进行回收利用。这些改进措施大大地降低了力拓集团对当地水资源的需求量，并且有助于增强其运营能力，可以应对未来旱灾，并缓和社区的强烈反对（2030 水资源集团 2016b 报告）。

即使亲自经历过水资源风险不利影响的公司仍可以将该风险转变为机遇。

专栏 10a.2 百事可乐印度公司绕了一圈又回到原点

百事可乐印度公司的情况不仅具有水资源相关风险方面的警示意义，而且也通过实例，具体说明了公司可以通过增强水资源保护责任来重新进行战略定位。印度的许多地区都深受水资源短缺之苦，而且 1.3 亿以上的印度人生活在水质差的地区（Shiao，2015 年）。尽管百事可乐公司的工业用水量仅占全印度的 0.04%，但是其仍因用水而遭受批评（Brady，2007 年）。

地下水枯竭的地区就该公司的水足迹提出抗议，导致该公司声誉受损，营业中断，销售额下降。为此，百事可乐公司寻求抵消其印度业务运营的水足迹。2009年，该公司通过在全印度各地开展各种项目，进行水资源补充和回灌，实现了“水资源正平衡”。百事可乐公司的活动包括雨水集蓄、建造水坝和一系列农业干预措施。百事可乐公司自2009年以来一直保持“水资源正平衡”，而且水足迹抵消一直是该公司主要优先事项（百事可乐印度公司，2013年）。

已化解具体风险的公司正在获益。但是，已对整个供应链进行评估的公司最有能力实现潜在机会利益的最大化。

专栏10a.3　通用磨坊食品公司评估所有风险

通用磨坊食品公司对整个供应链的水足迹进行了计量，并且联合大自然保护协会评估了全球60多个集水区的健康状况。这些集水区对其运营至关重要。通过此举，最终确定了八个主要危险集水区（大自然保护协会，2012年）。

通用磨坊食品公司确定，由于人类使用和气候变化，位于墨西哥北部的El Bajio集水区在2035年之前可能不适合进行大规模农业种植。认识到这一点之后，通用磨坊食品公司推动公司、政府机构和非政府组织等多方利益相关者之间开展合作，制定保护该集水区的计划。通用磨坊食品公司已开始向当地种植西兰花和花菜的农民发放无息贷款，以加快实施滴灌措施。迄今为止，这些措施预估每年为该地区节省了11亿加仑的水资源（大自然保护协会，2012年）。

通用磨坊食品公司同时也正在其他七个危险集水区执行保护计划。通用磨坊食品公司掌握大量有关水资源风险敞口的信息，并且与危险集水区的当地利益相关者开展公开对话，因此，其更有能力抵挡（或避免）未来水资源压力产生的影响。

市场机遇

未来几十年，水资源压力会不断加大。因此，公司若能最大限度降低水资源风险或帮助客户实现风险最小化，将更有能力取得成功。由于水资源短缺具有局部性，所以如果公司减少水资源对其业务运营的直接影响，则可以将其物理位置对其造成的限制最小化。更直接明确的市场机遇则来自于水资源安全和有效的解决方案。

据估算，全球水资源行业是一个价值 4500 亿至 5000 亿美元的全球市场，而且世界各地对水资源的需求量正在不断增加（Dray ，2011 年）。仅就美国而言，陈旧或故障基础设施的漏水每年给私人财产造成的损害约为 100 亿美元。这凸显了开展新投资具有极大的必要性（Pechet，2015 年）。未来二十年，中国现在的膜法废水处理技术市场每年将以 30% 以上的幅度增长（Boccaletti 等人，2009 年）。

麦肯锡公司预估，全球每年需要投入 500 亿至 600 亿美元，用于部署水资源生产力改进措施，“方可弥补水资源供应和需求之间的缺口”。

私营部门预计将负责支付该笔开支的一半，而且这些投资中许多都需要 3 ~4 年的时间才会产生正收益（Boccaletti 等人，2009 年）。这一巨大的资金需求量为公司和投资者带来大好机会，使其有机会引领潮流，参与制定他人的解决方案或为他人提供解决方案。

有些公司已开始抢占战略机遇，提供这些解决方案。

- COOPERNIC（由欧洲主要零售商组成的采购联盟）资助印度、危地马拉和马达加斯加的农场采用更高效的灌溉系统。这些系统有助于农民将取水量降低 69%，将农业生产力提高 41%。生产力的提高意味着剩余农产品增多，农民不仅可以将其出售给供应商，而且也可以在当地市场进行销售(2030 水资源集团，2015 年)。

- Advansa 公司在其位于土耳其阿达纳省的一家化工厂实施了一项试点项目，每年减少 150000 立方米以上的冷却水使用量。该项目的回收期不到 6 个月。目前，该项目每年节省的成本超过 100000 美元。最重要的一点是这些改进措施符合欧盟制定的更严格的水资源管理条例，使得 Advansa 公司可以进入附近的欧盟市场（2030 水资源集团 2016c 报告）。

- Jain Irrigation Systems 公司已开发出来的微灌和滴灌系统的用水量仅占传统灌溉系统用水量的 30%，而且该公司已向印度的农民部署该技术。此项技术旨在降低农业用水量，提高从事小农生产的农民的用水效率，从事小农生产①的农民占印度全体农业生产者的 75%。最近五年，Jain 公司对这一新市场的投资，致使其每年公司市值的增长率达 72%（Jain Irrigation 公司，2016 年）。

结论：企业和投资者必须适应未来的水资源压力

不可否认，全球水资源正在变得越来越紧张。世界各地的公司和投资者均已感受到这些压力的影响。水资源压力产生各种财务风险，包括相对明显的自然风险和相对无形的监管和声誉风险，这些风险均会产生严重的财务后果。不断变化的水资源挑战也会带来机遇。通过积极调整自身的业务运营、供应链、产品组合和投资战略，公司和投资者均可以使自身更有能力在不断变化的受限制环境中，保持竞争优势并取得成功。为了抓住这些机遇，公司必须首先计量自身的水足迹。开展水足迹计量的公司一定会更有能力管理自身的风险，并取得业务上的成功。水资源计量、管理和报告的组织机构和流程已可供公司使用，而且有助于公司确定危险区域和制定管理战略。

投资者需要请求公司提供该信息，并将其纳入投资流程，以更好地深入了解相关情况。许多为企业提供信息披露、计量和管理工具的机构，同样也可供投资者用作工具，以确保其投资项目的水资源安全。

参考文献

2030 Water Resources Group（2015）‘Micro – Irrigation for Food Security’（www. waterscarcitysolutions. org/new – micro – irrigation – for – food – security/）。查阅日期：2016 年 2 月。

2030 Water Resources Group（2016a）‘Corporate Water Efficiency Targets in the Mining Industry’（www. waterscarcitysolutions. org/corporate – water – efficiency – targets – in – the – min-

① 小农生产指的是以家庭经营为主的小农户。

ing – industry/）。查阅日期：2016 年 2 月。

2030 Water Resources Group（2016b）‘Mine Water Recycling’（www. waterscarcitysolutions. org/mine – water – recycling/）。查阅日期：2016 年 2 月。

2030 Water Resources Group（2016c）‘Reducing Water and Energy Consumption in a Chemical Plant’（www. waterscarcitysolutions. org/wp – content/uploads/2016/02/A – Reducing – Water – and – Energy – Consumption. pdf）。查阅日期：2016 年 2 月。

AB InBev（2013）Global Citizenship Report – Environment（www. ab – inbev. com/content/dam/universaltemplate/abinbev/pdf/sr/download – center/2013_ GSR_ REPORT_ Environment. pdf）。查阅日期：2016 年 9 月。

AFP（2014）‘Indian Officials Order Coca – Cola Plant to Close for Using Too Much Water’. Guardian（www. theguardian. com/environment/2014/jun/18/indian – officals – coca – cola – plant – water – mehdiganj）。查阅日期：2016 年 9 月。

Associated Press（2012）‘Thai Flooding Impact on Tech Companies, Suppliers’（http://news. yahoo. com/thai – flooding – impact – tech – companies – suppliers – 004001255. html）。查阅日期：2016 年 2 月。

Barton B.（2010）Murky Waters? Corporate Reporting on Water Risk. Ceres（www. ceres. org/resources/reports/corporate – reporting – on – water – risk – 2010）。查阅日期：2016 年 9 月。

BBC News（2013）‘Chile Fines Barrick Gold $16m for Pascua – Lama Mine’（www. bbc. com/news/world – latin – america – 22663432）。查阅日期：2016 年 2 月。

Berntell A.（2014）‘How Can We Save Water and Avoid a Crisis?’ World Economic Forum.（https://www. weforum. org/agenda/2014/03/water – growth – challenge – minding – demand – supply – gap – 2/）。查阅日期：2016 年 9 月。

Boccaletti G., Grobbel M., and Stuchtey M. R.（2009）‘The Business Opportunity in Water Conservation’. McKinsey &. Company（www. mckinsey. com/business – functions/sustainability – and – resource – productivity/our – insights/the – business – opportunity – in – water – conservation）。查阅日期：2016 年 9 月。

Brady D.（2007）‘Pepsi: Repairing a Poisoned Reputation in India’. Bloomberg（www. bloomberg. com/bw/stories/2007 – 05 – 31/pepsi – repairing – a – poisoned – reputation – in – indiabusinessweek – business – news – stock – market – and – financial – advice）。查阅日期：2016 年 9 月。

Brigham A. and Linssen S.（2010）‘Your Brand Reputational Value Is Irreplaceable. Protect It!’ Forbes（www. forbes. com/2010/02/01/brand – reputation – value – leadership – managing – ethisphere. html)。查阅日期：2016 年 9 月。

Buerkle T.（2007）'Making Every Drop Count：FAO Heads UN Water Initiative'. FAONewsroom（www. fao. org/Newsroom/en/news/2007/1000494/index. html）。查阅日期：2016 年 9 月。

Castaldo J.（2015）'Barrick Gold Makes Big Changes to Become a Smaller Company'. Canadian Business（www. canadianbusiness. com/lists – ancl – rankings/best – stocks/investor – 500 – 2015 – barrick/）。查阅日期：2016 年 9 月。

CDP（2012）CDP Global Water Report 2012（https：//www. starwoodhotels. com/Media/PDF/Corporate/CDP – Water – Disclosure – Global – Report – 2012. pdf）。查阅日期：2016 年 10 月 18 日。

CDP（2015）CDP Global Water Report 2015（www. cdp. net/CDPResults/CDP – Global – Water – Report – 2015. pdf）。查阅日期：2016 年 10 月 18 日。

Chaudhary A.（2014）'Farmers Fight Coca – Cola as India's Groundwater Dries Up'. Bloomberg（www. bloomberg. com/news/articles/2014 – 10 – 08/farmers – fight – coca – cola – as – india – s – groundwater – dries – up）。查阅日期：2016 年 9 月。

Dray D.（2011）'Investing in the Global Water Sector'. Citigroup Global Markets（www. waterinnovations. org/PDF/presentations/Dray – 0927p. pdf）。查阅日期：2016 年 9 月。

EIA（2011）'Consumer Expenditure Estimates for Energy by Source，1970 – 2010；Annual Energy Review'. U. S. Energy Information Administration（www. eia. gov/totalenergy/data/annual/pdf/sec3_ 11. pdf）。查阅日期：2016 年 1 月。

Environment Agency（2013）Environmental Disclosures：The Fourth Major Review of Environmental Reporting in the Annual Report and Annual Accounts of the FTSE All – Share Companies. Environment Agency（www. gov. uk/government/uploads/system/uploads/attachment_ data/file/290052/Disclosures_ full_ report_ 04c911. pdf）。查阅日期：2016 年 9 月。

Ford（2016）'Operating in Water – Scarce Regions'（http：//corporate. ford. com/microsites/sustainability – report – 2013 – 14/water – scarce. html）。查阅日期：2016 年 2 月。

Holmen（2015）'Sustainability – Raw Materials – Water'. The Holmen Group（www. holmen. com/en/Sustainability/Raw – materials/Water/）。查阅日期：2016 年 9 月。

Howitt R.（2014）'Economic Analysis of the 2014 Drought for California Agriculture'. Center for Watershed Sciences，University of California – Davis.（https：//watershed. ucdavis. edu/files/biblio/Economic_ Impact_ of_ the_ 2014_ California_ Water_ Drought_ l. pdf）。查阅日期：2016 年 9 月。

Jain Irrigation（2016）‘Jain Irrigation Saves Water，Increases Efficiency for Smallholder Farmers’．Shared Value Initiative（https：//sharedvalue. org/examples/drip – irrigation – practices – smallholder – farmers）。查阅日期：2016 年 2 月。

Levinson M.，Lee E.，Chung J.，Huttner M.，Danely C.，McKnight C.，and Langlois A.（2008）‘Watching Water：A Guide to Evaluating Corporate Risks in a Thirsty World’．J. P. Morgan and World Resources Institute（http：//pdf. wri. org/jpmorgan _ watching _ water. pdf）。查阅日期：2016 年 9 月。

Matthews K.（2016）‘Balancing Profitability and Sustainability’．Triple Pundit（www. triplepundit. com/2016/02/balancing – profitability – sustainability/）。查阅日期：2016 年 9 月。

Mearian L.（2011）‘Impact of Hard Drive Shortage to Linger Through 2013’．Computer World（www. computerworid. com/article/2500090/data – center/impact – of – hard – drive – shortage – to – linger – through – 2013. html? page = 2）。查阅日期：2016 年 9 月。

Meehan R.（2012）‘Thailand Floods 2011：Causes and Prospects from an Insurance Perspective’. Stanford University（http：//web. stanford. edu/ ~ meehan/floodthai2011/FloodNotes17. pdf）。查阅日期：2016 年 9 月。

Miller B.（2016）‘2015 Is Warmest Year On Record，NOAA and NASA say’．CNN（www. cnn. com/2016/01/20/us/noaa – 2015 – warmest – year/）。查阅日期：2016 年 9 月。

Morrison J.，Morikawa M.，Murphy M. and Schulte P.（2009）Water Scarcity and Climate Change：Growing Risks for Businesses and Investors. Ceres and Pacific Institute（www. ceres. org/resources/reports/water – scarcity – climate – change – risks – for – investors – 2009）。查阅日期：2016 年 9 月。

Munich RE（2016）‘Flood Facts：The Biggest Floods 2005 – 2015’（https：//www. munichre. com/australia/australia – natural – hazards/australia – flood/economic – impacts/biggest – floods/index. html）。查阅日期：2016 年 2 月。

Nagourney A.（2015）‘California Imposes First Mandatory Water Restrictions to Deal With Drought’．New York Times（www. nytimes. com/2015/04/02/us/california – irnposes – first – ever – water – restrictions – to – deal – with – drought. html）。查阅日期：2016 年 9 月。

Nature Conservancy（2012）‘Irapuato Water Stewardship Assessment. General Mills’．（www. nature. org/about – us/working – with – companies/companies – we – work – with/irapuato – water – stewardship – assessment. pdf）。查阅日期：2016 年 9 月。

Pabi S.，Amamath A.，Goldstein R. and Reekie L.（2013）Electricity Use and Management in the Municipal Water Supply and Wastewater Industries. Electric Power Research Institute and Water Research Foundation（www. waterrf. org/PublicReportLibrary/4454. pdf）。查阅日期：2016 年 9 月。

Peace J.，Crawford M. and Seidel S.（2013） Weathering the Storm：Building Business Resilience to Climate Change. Center for Climate and Energy Solutions（www. c2es. org/docUploads/business – resilience – report – 07 – 2013 – final. pdf）。查阅日期：2016 年 9 月。

PechetT.（2015）'Turning Water Problems into Business Opportunities'. TechCrunch（http：//techcrunch. com/2015/06/22/turning – water – problems – into – business – opportunities/）。查阅日期：2016 年 9 月。

PepsiCo India（2013）'Replenishing Water'（www. pepsicoindia. co. in/purpose/environmental – sustainability/replenishing – water. html）。查阅日期：2016 年 9 月。

Roy D.（2011）'Texas Cotton Farmers May Abandon Record Acres Because Of Drought'. Bloomberg（www. bloomberg. com/news/artides/2011 – 06 – 30/texas – cotton – farmers – may – abandon – record – acres – because – of – drought）。查阅日期：2016 年 9 月。

Schaper D.（2014）'As Infrastructure Crumbles，Trillions of Gallons of Water Lost'. NPR（www. npr. org/2014/10/29/359875321/as – infrastructure – crumbles – trillions – of – gallons – of – water – lost）。查阅日期：2016 年 9 月。

Shiao T.（2015）'3 Maps Explain India's Growing Water Risks'. World Resources Institute（www. wri. org/blog/2015/02/3 – maps – explain – india% E2% 80% 99s – growing – water – risks）。查阅日期：2016 年 9 月。

Solomon S.，Qin D.，Manning M.，Marquis M.，Avery K.，Tignor M. B.，LeRoy Miller Jr. H.，and Zhenlin Chen（eds.）（2007）'Climate Change 2007：The Physical Science Basis. Contribution of Working Group to the Fourth Assessment Report of the Intergovernmental Panel on Climate Change'. Cambridge and New York：Cambridge University Press（www. ipcc. ch/pdf/assessment – report/ar4/wgl/ar4 – wgl – frontmatter. pdf）。查阅日期：2016 年 9 月。

Tibken S.（2011）'Thai Floods Hit PC Supply Chain'. Wall Street Journal（www. wsj. com/articles/SB10001424052970203658804576636951367373290）。查阅日期：2016 年 9 月。UNESCO（2003）Water for People，Water for Life. United Nations World Water Development Report（www. un. org/esa/sustdev/publications/WWDR_ english_ 129556e. pdf）。查阅日期：2016 年 9 月。

UNGC（2016）'Physical Risks'（http：//lucasx. webfactional. com/business – case/water – related – business – risks/physical – risks/）。查阅日期：2016 年 2 月和 9 月。

USGS (2016) ‘Where Is Earth’s Water?’ (http://water.usgs.gov/edu/earthwherewater.html)。查阅日期：2016 年 1 月。

Van de Voorde J. (2012) ‘Emerson Sales Delayed Due to Flooding’. Osher Van de Voord (www.oshervandevoorde.com/blog/500-emerson-sales-delayed-due-to-flooding.html)。查阅日期：2016 年 9 月。

Wadi R. (2014) ‘Chilean Farmers and Foreign Mining Firms Face Off Over Andes Gold’. MintpressNews (www.mintpressnews.com/chilean-farmers-and-foreign-mining-firms-face-off-over-andes-gold/199434/)。查阅日期：2016 年 9 月。

Whipp L. (2011) ‘Thai Floods Erode Toyota’s Profits’. Financial Times (www.ft.com/cms/s/0/74941cfa-09e4-11e1-85ca-00144feabdc0.html)。查阅日期：2016 年 9 月。

World Economic Forum (2015) Global Risks 2015 – 10th Edition (http://www3.weforum.org/docs/WEF_Global_Risks_2015_Report15.pdf)。查阅日期：2016 年 10 月 18 日。

Xylem (2015) Powering the Wastewater Renaissance: Energy Efficiency and Emissions Reduction in Wastewater Management (http://poweringwastewater.xyleminc.com/images/Xylem_Wastewater_Renaissance_2015_Report.pdf)。查阅日期：2016 年 9 月。

Zabarenko D. (2015) ‘Water Use Rising Faster Than World Population’. Reuters (www.reuters.com/article/us-population-water-idUSTRE79O3WO20111025)。查阅日期：2016 年 9 月。

第 10b 章

“自下而上”的战略

BlueSky Investment Management **公司**
Bud Sturmak

引言

世界上最优秀的投资者一向都会认真深入地检视上市公司披露的一切信息。虽然财务报表等传统的数据源依旧重要，但如今已经出现了挖掘数据的新途径。企业透明度及信息披露水平的日益提高，以及公司环境、社会及公司治理（ESG）数据量化及计量研究领域的不断发展，使投资者有机会凭借更全面的信息对公司进行评估，以更充分地揭示企业面临的风险与机遇。ESG 研究衡量公司治理、能源效率、污染及废物管理、产品安全、工作场所质量、供应链管理和社区影响等非财务因素。虽然投资者一直在摸索如何运用该信息，但是有条不紊且执行有方的 ESG 整合战略可以揭示企业风险和竞争优势，而这两者是投资组合管理人单纯依靠传统财务分析无法发现的。历史证明，像沃伦·巴菲特这样的卓越投资者都具有一个共同的特质，就是在出现新信息时，有能力使投资理念与时俱进。如今，ESG 给有前瞻性思维的投资者及投资组合管理人带来了明确机遇，使其可以在 21 世纪里提高超额收益，更好地管理风险。

ESG 和绩效：学术研究

数以百计的独立研究显示，在 ESG 措施方面表现良好的公司同时也会产生出众的财务收益。[1,2]这个现象在两份元研究报告（meta - study）中已得到充分证明。这两份研究报告的结论皆是在 ESG 方面表现优秀的公司资本成本较低，盈利性更好，而且股票绩效出色。Arabesque Partners 公司和牛津大学在 2015 年的一份名为《从股东到利益相关者》的元研究报告中，分析了 200 多份不同的 ESG 研究报告，并发现：

- 90% 的研究报告显示 ESG 表现优越的公司资本成本较低；
- 88% 的研究报告显示可持续发展与经营绩效呈正相关关系；
- 80% 的研究报告显示可持续发展与股票绩效呈正相关关系。

德意志银行 2012 年的一份经哈佛商学院教授 George Serafeim 审阅的元研究报告，即《可持续投资》，也得出了相似的结论，并且作出了以下补充：

- ESG 因素与出众的风险调整证券回报率存在关联关系。
- 如果投资者选择有能力的管理人，将 ESG 整合进执行良好的战略，则有可能获取出众的风险调整回报率。
- 与 ESG 因素不同，社会责任投资战略，若依靠排他性筛选，而非追求出众绩效，几乎不会产生多少正面效果。

德意志银行的元研究报告，给我们提供的一个关键启示是，对现代的 ESG 整合方法与传统的社会责任投资方法进行区分具有重要意义。普通存在的一个错误观念是将 ESG 因素纳入在内会对绩效造成负面影响，认为 ESG 和社会责任投资是同一回事的误导性认识是导致这一错误观念产生的根源。如学术研究所示，采用限制性筛选制度使投资组合符合伦理、道德或宗教信念，社会责任投资在绩效方面确实举步维艰。相比之下，ESG 却可以融入投资过程，以发现具有强大竞争优势的公司，进而提高投资绩效。社会责任投资告诉投资组合管理人应排除在外的投资项目，而 ESG 告诉其应纳入考虑的投资项目。

发掘 ESG 的价值

在实践中，难以成功地将 ESG 因素融入投资过程，从而获取学术研究中明确证明的超额收益。企业 ESG 数据实际上浩瀚如海，对于一般的观察者而言，这些数据看似“杂乱无章”，掩饰了其潜在价值。公司 ESG 绩效的计量和量化方法存在大幅差异，现有 ESG 研究的质量也是如此。这些数量和质量问题促使华尔街误以为 ESG 无价值，而且将 ESG 信息纳入在内可能对绩效产生负面影响。这一点可能说明了为何目前缺乏以提高绩效和超额收益为目的的对 ESG 因素进行整合的产品。

为了识别有用信息而对 ESG 数据进行解析，是任何整合战略取得成功的关键。世界上最成功的投资者都明白，信息并非完美无缺，而且经常存在失真的情况，因此，有必要对财务数据去粗取精。这个过程可以揭露出一些有价值信息，这些信息能更精确地反映公司整体健康状况，以便识别未来很可能大有前途的业务。沃伦·巴菲特学会了重点关注回报率和所有者收益等财务指标，帮助辨识收益出众的公司。ESG 数据也是如此。周密且执行有方的 ESG 整合战略，应该认识到有必要分析各个独特的 ESG 数据点，判断其价值，而且还应认识到各行业都具有一系列其独有的重大 ESG 因素。

我们的研究显示，在现今的各种 ESG 因素中，有许多对于绩效和风险而言没有多少价值，或者与之并不存在什么关联关系。虽然如此，通过严格的学术分析和科学方法，我们的研究已明确识别与资本回报率和额外收益的提高存在高度关联关系的重大 ESG 因素，而且这些因素为投资绩效的提升提供了机会。我们的 ESG 优化流程已发掘了 ESG 的潜在价值，从而导致我们开发了旨在提高超额收益和更好管理风险的多因素 ESG 模型。

大量研究显示，某些 ESG 因素具有财务重要性，而且与投资绩效呈正相关关系，但很少有投资者认识到其价值。市场与投资管理人无视重大信息的情况已屡见不鲜。对此，沃伦·巴菲特曾作出以下说明：

“市场低效的情况很多，对这一点我深信不疑。格雷厄姆 - 多德（Graham - and - Doddsville）都市的这些投资者一直都是通过利用价格与价值之间的差额进行获利。当股价可以受到华尔街“羊群”影响，并且被最情绪化、贪婪或沮丧的人推向极端时，我们很难相信市场定价总是合理的。事实上，市场价格往往是不合理的。”

（巴菲特，1984 年）

投资方法与时俱进：沃伦·巴菲特的崛起

将 ESG 融入投资过程，并不需要我们对投资领域进行彻底改造；相反，其只不过是带来了对当今一些最佳投资方法进行完善的机会。这并非一个新的概念，巴菲特对 Graham 和 Dodd 投资方法的发展说明了这一点，此举导致巴菲特成为史上最伟大的投资者之一。

1929 年股市崩盘之后，Benjamin Graham 率先提出了价值投资理念，以满足投资者不断增长的需求，即更好地管理风险和提高投资回报率的需求。Graham 及同为金融教授的 David Dodd，在他们于 1934 年出版的影响深远的著作《证券分析》中，明确说明其投资方法的核心是买进交易价格远低于其内在价值的企业。该安全边际不仅在市场出现困境时为投资者提供下行保护，而且还使投资者能够最终抓住上行获利的机会。作为哥伦比亚大学的教授，Graham 曾指导一代又一代价值投资者巧妙地运用他的方法取得成功，其中以沃伦·巴菲特最为出名。

在认识到过于重视价格远不及对有价值的公司进行投资那么重要之后，沃伦·巴菲特及其合作伙伴 Charlie Munger 继续发展 Graham 和 Dodd 的价值投资方法。在 1990 年的一份写给 Berkshire Hathaway 公司股东的信函中，巴菲特提到：

“我可以告诉大家发生在我身上的有关‘廉价收购’的其他愚蠢事例，但我确信大家明白：以普通的价格买进一家不错的公司股票要远胜以不错的价格买入一家普通的公司股票。Charlie 早就明白这个道理；而我是好久以后才明白。不过如今，在买进公司或普通股票时，我们会选择拥有一流管理层的一流企业。”

（巴菲特，1990 年）

资本主义的基本原则是当一家公司具有经济优势时，竞争会逐渐削弱该优势。巴菲特之所以重视业务质量高的好公司，是因为他认识到某些公司因拥有显著的长期竞争优势，而占据独一无二的地位。在 1996 年的一份写给 Berkshire Hathaway 公司股东们的信件中，巴菲特表达了以下著名观点：“在商业上，我寻求有着无法突破的‘护城河’保护的经济城堡”（巴菲特，1996

年）。此外，Robert Hagstrom 在著作《沃伦·巴菲特之道》中提到："投资的关键在于确定公司的竞争优势，尤其是确定该优势的持久性。拥有宽广、可持续的护城河的产品或服务，可以给投资者带来回报"（Hagstrom，2014 年）。

巴菲特认识到，宽护城河公司有能力产生高于竞争对手的投资资本回报率，而且宽护城河使这些公司可以持续、长期产生高投资资本回报率。图 10b. 1 阐明了该概念。

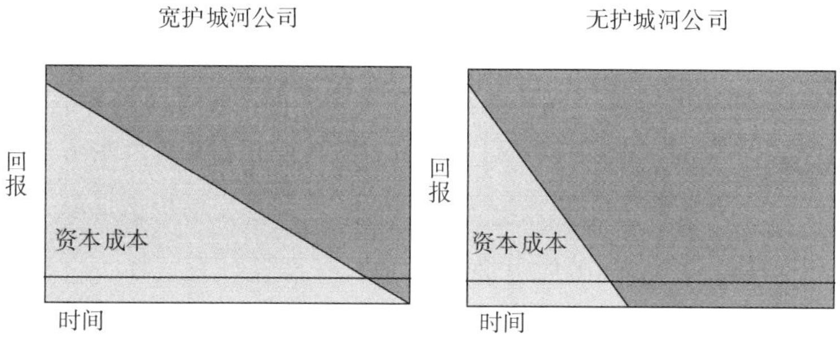

资料来源：BlueSky Investment Management 公司。

图 10b. 1　有无护城河情况下的投资资本回报率

"我们喜欢购买可产生高投资资本回报率的股票，前提是这种回报持续下去的可能性很高"（Lowe，2007 年）。巴菲特认识到，如果公司能产生高于资本成本的资本回报，且能长期保持这状况，与无此优势的公司相比，其价值更大。通过专注于投资这类公司，巴菲特得以不断地捕获价值，并取得出众的投资回报。

如果巴菲特能准确地识别经济回报高于平均水平的公司，该公司股票的价值将长期、稳步上升，因为股价会与该公司回报的走势相呼应。如果一家公司一直保持 15% 的股本回报率，其股价每年的上涨幅度要大于股本回报率为 10% 的公司。

（Hagstrom，2014 年）

投资研究巨头 BlueSky 公司的创始人 Joe Mansueto 十分信服巴菲特的护城河理论，以至于其将护城河理论定为该公司股票研究的基础。为了测试以下假设是否成立，我们对 BlueSky 公司的护城河评级开展了绩效分析：拥有竞争优势的护城河公司的绩效胜过无护城河公司。

以下为我们调查结果的摘要：

表 10b.1　晨星公司关于有无护城河公司绩效的数据（截至 2016 年 3 月 31 日）

	3 年绩效	5 年绩效
无护城河公司	8.13	9.16
窄护城河公司	12.00	12.09
宽护城河公司	12.72	13.53
罗素 1000 指数公司	11.52	11.35

数据来源：BlueSky Investment Management 公司。

该简明绩效分析的对象是按照护城河进行分组的罗素 1000 指数公司。该分析明确显示无论是在 3 年期内，还是在 5 年期内，宽护城河公司都拥有最强劲的超常绩效。窄护城河公司具有超常绩效，但逊色于宽护城河公司。无论是在 3 年期内，还是在 5 年期内，无护城河公司一组的绩效都低于衡量基准。这个简单分析证实了巴菲特的假设，即拥有较大竞争优势或最宽护城河的公司具有强大的经济优势。

21 世纪商业格局：对 ESG 的需求

虽然巴菲特的价值投资法仍然十分有用，但是商业格局正在以投资者们始料未及的方式发生改变。现如今，公司必须适应现代 21 世纪的变革力量，包括人口增长、资源限制、气候变化、技术的快速变化、法规的不断变更、消费者需求的不断变化、社交媒体的传播力量以及对提高透明度的需求。这些变革力量在 20 世纪可能无足轻重，但是，在今天，上述问题具有财务重要性，公司必须进行调整和发展，以保证其长期生存能力。

在描述当今全球挑战时，最常用的术语就是公司的可持续发展，公司也已经对可持续发展挑战采取不同程度的应对措施。投资者可以将 ESG 这一现代工具纳入投资过程，以评估公司如何应对当今的可持续性发展挑战。埃森哲公司 2013 年的一份研究报告发现，“约 63% 的首席执行官预计可持续发展将在 5 年内彻底改变其所在行业，而且 76% 的首席执行官认为将可持续发展注入其公司的核心业务，将推动收入增长，并创造新机遇”（埃森哲，2013 年）。

有些人可能会问，可持续发展的公司与传统公司之间有什么不同？在

2012 年发表于《麻省斯隆管理评论》的一篇题为《如何成为可持续发展的公司》的文章中，Robert Eccles、Kathleen Miller Perkins 和 George Serafeim 对可持续发展机制做出了说明。在该文章中，他们写道：

> 与绝大多数的传统公司相比，可持续发展的公司愿意并且能够参与随着社会期待演变而所要求的那种持续转型变革。可持续发展的公司积极创造新流程、产品和商业模式，提高环境、社会及治理绩效，而且这些新流程、产品和商业模式共同发挥作用，通过节省成本、产生新收入、提升品牌及更好地管理风险，来提高公司财务绩效。
>
> （Eccles 等人，2012 年）

可持续发展的公司，或者具有强劲 ESG 绩效的公司，能够通过以下方式创造股东价值并增加投资资本回报率：

- 创新型增长——设计能够解决当今应对可持续发展挑战的新产品和服务能够赢得新客户并实现显著增长。
- 资源管理和效率——通过有效管理资源、减少废物及采用可持续发展的流程，公司能够增加盈利能力。
- 风险管理——良好的治理措施能够培养一种透明的问责文化。供应链审慎管理能够保证全体员工和供应商获得公平待遇，并且确保材料来源于合乎道德的渠道。由此而产生的公司声誉提升，有助于产品需求的增长。
- 人力资本——当可持续发展成为公司文化及更广泛的使命的组成部分时，公司就能够提升员工生产力和留任率。吸引并留住顶尖人才能够给公司带来显著的竞争优势。

在 BlueSky 公司，我们自主开发一种多因素 ESG 模型，用于识别具有上述特点，且能够创造股东价值、提高回报率的公司。我们的模型包含许多重大 ESG 因素，这些因素已获得大量学术研究的证实，而且经过严格的学术试验，已被证明具有财务重要性。从概念上讲，我们的模型在一定程度上是基于健全的概念，例如，可持续发展会计准则委员会（SASB）制定的 SASB 重要性地图等，该地图解释了各行业所特有的一些重大 ESG 问题。我们的模型使我们能够自主制定 ESG 分数，按行业对公司进行量化和排名。我们为所有罗素1000 指数公司打分，并且将其分为高 ESG 组（ESG 绩效强劲）和低 ESG 组（ESG 绩效不佳）。我们的研究显示，ESG 与投资资本回报率之间存在直接关联关系，因为 ESG 方面绩效优异的公司明显具有更高的投资资本回报率：

- 高 ESG 组公司的投资资本回报率比低 ESG 组公司高出 54%。
- 重大 ESG 因素与投资资本回报率之间存在着高度关联关系，这证实了 ESG 对财务具有重大影响，而且将其纳入投资过程具有重要意义。
- ESG 推动各行业产生更高的投资资本回报率，在全球行业分类系统（GICS）的 10 个行业中，有 8 个行业呈现出这种正相关关系。

将 ESG 整合进巴菲特的价值投资法——强强联合

成为可持续发展的公司并取得强劲的 ESG 绩效，就其本身而言，可能并不会为公司带来持久的竞争优势，而且可能不会使公司转变成不错的公司，也不会转化成吸引人的投资理念。然而，值得注意的是，成为可持续发展的公司并赢得顾客、员工和供应商的信任，需要花费许多年的时间，同时这也是一个需要重大、长期承诺的复杂过程。若缺乏管理层的实质性承诺和员工的认同，只做漂绿表面功夫，对提升 ESG 绩效几乎没有多少帮助。将 ESG 分析融入投资过程，开始使得无形因素成为有形因素，揭示了能够为具有高于平均水平的投资资本回报率的持久特许经营企业提供基础的根本要素。ESG 本质上能够揭示与公司相关的重要信息及具有财务重要性的信息，但是 ESG 只说明了部分情况。

同样，巴菲特手中的一些宽护城河公司，从 ESG 角度而言，可能就显得不那么具有吸引力。比如，巴菲特的长期宠儿——沃尔玛过去可能取得了不错的成绩，但是仔细看一下沃尔玛的 ESG 绩效，就会发现它存在可能危及其未来前景的重大风险。沃尔玛采取的环保计划值得赞许，而且其管理层通过采取更节能的措施，已证明了可持续发展在商业方面的价值。但是，更深入挖掘沃尔玛的 ESG，就会发现它的重大风险来源于其长期的治理不善和社会绩效不佳。沃尔玛面临着源源不断的有关员工待遇的投诉和指控，包括工资低、过度使用兼职员工以及设立血汗工厂。沃尔玛也受到治理不善的困扰，其中包括最近发生在墨西哥的一起引人注目的贿赂案以及沃尔玛随后对该案的掩盖。此外，沃尔玛的业务还面临因为消费者喜好的不断变化而带来的挑战，消费者更喜欢在网上向亚马逊等竞争对手购物。如果从更广泛的 ESG/价值角度进行检视，沃尔玛的长期发展似乎有问题，这也说明通过整合 ESG，可以显著改进巴菲特的价值投资法。

为进一步调查 ESG 与巴菲特经济护城河方法之间的关系，及将两者进行整合所产生的潜在利益，我们对所有罗素 1000 指数公司进行了 ESG/护城河分析。我们使用晨星公司关于每家公司的护城河评级，将这些公司分成三组，分别为无护城河公司、窄护城河公司和宽护城河公司。我们使用自主开发的以前述的重大 ESG 因素为基础的 ESG 评分方法，将各组护城河公司进一步分为高 ESG 组和低 ESG 组。表 10b. 2 列出了罗素 1000 指数公司的 ESG/护城河分析结果。

其中一项重要调查结果是，在 3 年期和 5 年期内，同时拥有护城河和高 ESG 的公司展示出最强劲的投资绩效。这就意味着高 ESG 放大了窄护城河公司和宽护城河公司的竞争优势。简而言之，ESG 整合与巴菲特的经济护城河相结合，可以提供一种强有力的方法，用于识别当前现代商业格局中具有持续竞争优势的公司。虽然分开使用也能展现各自的价值，但当 ESG 整合与巴菲特的护城河在投资过程中一起使用，能够显著提高超额收益。

表 10b. 2　　　　有无护城河的罗素 1000 指数公司的绩效

罗素 1000 指数	3 年绩效		5 年绩效	
公司	低 ESG	高 ESG	低 ESG	高 ESG
无护城河公司	7. 64	10. 22	8. 83	10. 49
窄护城河公司	11. 10	14. 06	10. 86	14. 93
宽护城河公司	12. 09	13. 77	13. 17	14. 15

数据来源：BlueSky Investment Management 公司。

举例而言，Alphabet（Google）公司是一家同时具有宽护城河和强劲 ESG 绩效的公司，也是 BlueSky 公司持股最多的公司之一。Charlie Munger 近期表示：“谷歌有一条巨大的新护城河。事实上，我可能从未见过如此宽的护城河。”[3]谷歌在因特网搜索领域的统治地位，为其提供了抵御竞争对手的宽经济护城河，并使其能够占据约 25% 的显示器广告投资市场。除搜索业务以外，谷歌的 YouTube 也是顶级视频网站，拥有 10 亿以上用户，而且还在继续快速发展，谷歌目前在云/企业业务领域扮演重要角色。谷歌一直积极创新，现在每季度都会提供有关“其他投资项目”这一类别的最新信息，该类别包括

Google Fiber、Nest、Calico、Verily、Google Ventures、Google Capital 和自动驾驶汽车单位 Google X。

从 ESG 角度来看，由于拥有行业内最高效的数据中心之一，谷歌经证实在碳排放领域保持领先地位，属于碳排放最低的公司之一，而且谷歌创造了舒适的工作环境，带来了不可思议的利益，并因此闻名于世。谷歌的计划组合，包括对可再生能源、可持续通勤及清洁能源项目投资作出的巨大承诺，已经使得谷歌连续数年保持碳中和。

跨国消费品巨头公司联合利华，是同时拥有宽护城河和强劲 ESG 绩效的另一个范例。联合利华不仅拥有一大批全球知名的品牌，同时由于其身为黏性消费品的大型供应商，且这些消费品在零售领域占据重大比例，因此其竞争优势较大。联合利华的规模还使其可以生产低成本产品，导致竞争对手难以与其进行竞争。因此，长期以来，联合利华实现的投资资本回报率一直都很高。

联合利华很早就认识到，可持续发展同时也可带来商业上的利益，早在 2010 年就推出了“可持续生活计划”，详细说明了其到 2020 年将温室气体、水和废物足迹降低 50% 的各项宏伟计划。基于可持续发展能够驱动增长这一核心信念，联合利华将该计划与销售额翻一番的目标相结合。联合利华已经注意到其可持续发展品牌，包括 Dove、Lifebuoy、Ben&Jerry's 和 Comfort 等知名品牌，“占公司 2014 年增长额的一半，并且增长速度是其他业务的两倍。”[4]

与擅长挑选赢家一样，ESG 同样也擅长避开输家。巴菲特通过以诱人的价格收购了管理有方、拥有宽护城河的公司，来最大程度地降低风险。投资组合管理人对 ESG 绩效强劲的好公司进行投资，可以避免发生一些灾难性的损失。12 月，大众汽车股份有限公司承认在部分车型中安装排放测试作弊软件，在此之前，多家高知名度的 ESG 监督机构，包括 MSCI 公司和 International Shareholder Services 公司，都对其给出了较差的治理评级。该治理过失导致大众公司在短短一个交易日内，市值蒸发了 176 亿美元。如图 10b. 2 所示，大众公司的 MSCI ESG 评级明显低于同行宝马汽车公司和戴姆勒汽车公司的评级。

对比于同行宝马公司和戴勒姆公司，大众公司的排放丑闻对其绩效的影响如图 10b. 3 所示：

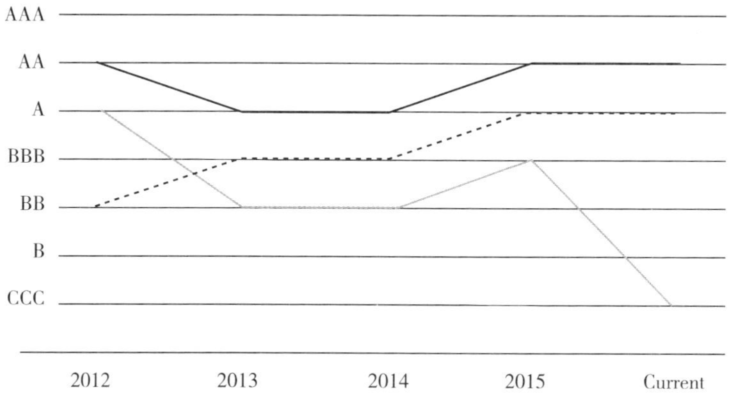

数据来源：BlueSky Investment Management 公司。

图 10b. 2　MSCI ESG 评级比较

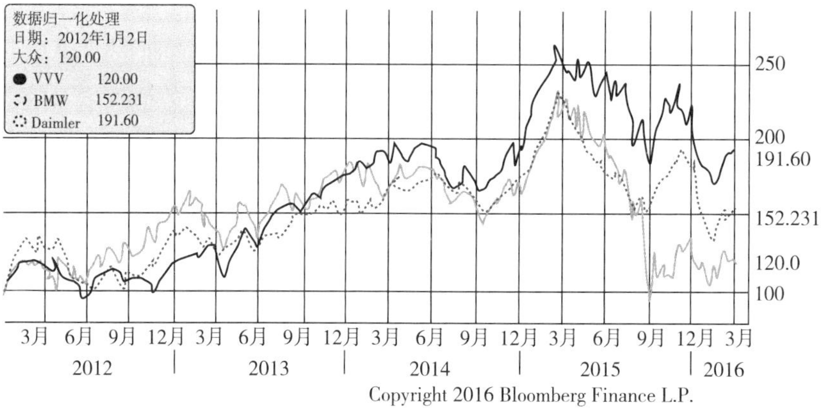

数据来源：BlueSky Investment Management 公司。

图 10b. 3　排放丑闻期间大众公司的绩效

受托义务和 ESG 整合

资产所有者、受托人和投资管理人应当清楚学术研究中已广泛证明 ESG 问题具有财务重要性，并且将 ESG 整合到投资流程所产生的财务利益，已在全球范围内被广泛接受。在 ESG 的认可、接受以及与投资流程的整合方面，美国已经落后于世界其他国家，在很大程度上是因为美国误以为ESG和社会责任投资（SRI）是同一回事。

联合国责任投资原则组织（PRI）最近的一份报告《21世纪的信义义务》，明确阐明了必须如何看待当今的信义义务，并得出了如下结论：[5]

- 在投资实践中，未能考虑长期投资价值驱动因素，包括ESG问题等，就属于未履行信义义务。
- 许多国家已制定法规或法典，要求机构投资者在投资决策中考虑ESG问题。
- 在美国，存在以下常见错误观念：ESG问题纯粹是道德问题，而且不具有财务重要性；重视ESG问题将牺牲投资绩效；重视ESG问题难以增加投资价值。

ESG整合战略投资目前在全球范围内明显呈现增长趋势，包括大量欧洲机构投资者和养老基金也在增加这方面的投资。尽管美国在这一方面的进展较慢，但是目前已有改善的迹象，因为CalSTRS与纽约州公共退休基金等大型养老基金已经动用数十亿美元，开展ESG整合投资。随着这一趋势继续向前发展，受托人若未将ESG纳入考虑，会发现其难以就遗漏与投资绩效存在直接关联关系的具有财务重要性的信息，为自己辩护。

2015年12月，195个国家签署了具有标志性意义的气候协议，我们预计，随着该协议的签订，公司将需要尽早解决ESG风险，资产所有者也需要尽早将ESG整合进投资流程。

结论

ESG数据是信息时代产生的有益副产品，不仅提高了透明度，而且还提供了从更广阔的视角对公司进行分析的机会，可以更全面揭示公司风险、竞争优势和未来机遇。大量学术研究已经证明，公司ESG绩效和出众财务回报之间存在不可否认的联系。纵观历史，最成功的投资者在商业格局发生改变和新趋势出现时，能够与时俱进，逐步调整并完善投资方法。ESG给投资者提供了明确的机会，使其可以在21世纪提升绩效，并更好地管理风险。实现这一目标的方式是采用精心构建的方法进行资本配置，使用拥有严格流程的资产管理人，提取有效信息，捕获学术研究所证明的超额收益。

信息披露

BlueSky 公司自主评定的 ESG 排名是根据 100 多项因素而得出的一个综合得分，这些因素来源于公司的信息披露、专业数据集和其他公开信息。组成高 ESG 组的公司在重大 ESG 因素方面的得分高于其各自所在 GICS 行业的平均分。组成低 ESG 组的公司在重大 ESG 因素方面的得分低于其各自所在 GICS 行业的平均分。

BlueSky Investment Management 有限公司是一家注册投资顾问机构。本章内容仅供参考。只有在正式获得牌照或被免除牌照要求后，BlueSky Investment Management 有限责任公司及其代表方可向客户或潜在客户提供咨询服务。以往绩效并不构成对将来回报的任何保证。投资有风险，并且可能造成本金损失。除非客户已签署服务协议，否则 BlueSky Investment Management 有限公司不向其提供任何咨询服务。

注释

1. Clark, G. L. , Feiner, A. and Viehs, M. , 2014 - From the Stockholder to the Stakeholder, Oxford University and Arabesque Partners study. Oxford: Oxford University Press. http://papers. ssrn. com/sol3/papers. cfm? abstract_ id = 2508281。查阅日期：2016 年 9 月 8 日。

2. Fulton, M. and Kahn, B. , 2012. Sustainable Investing: Stablishing Long - term Value and Performance. Climate Change Advisors report, Deutsche Bank, June, http://papers. ssrn. com/sol3/papers. cfm? abstract_ id = 2222740。查阅日期：2016 年 9 月 8 日。

3. CBS Market Watch, May 2009. ‘Buffett, Munger Praise Google's “Moat”’, www. marketwatch. com/story/buffett - munger - praise - googles - moat。查阅日期：2016 年 9 月 8 日。

4. Unilever Press Release, 2015. ‘Unilever Sees Sustainability Supporting Growth’. May 5. www. unilever. com/news/press - releases/2015/Unilever - sees - sustainability - supporting - growth. html。查阅日期：2016 年 9 月 8 日。

5. UN PRI report, Fiduciary Duty in the 21st Century, www. unepfi. org/fileadmin/documents/fiduciary_ duty_ 21st_ century. pdf。查阅日期：2016 年 9 月 8 日。

参考文献

Accenture and UN Global Compact, 2013. ‘The UN Global Compact – Accenture CEO Study on Sustainability 2013’. s. L: s. n.

Buffett, W., 1984. ‘The Superinvestors of Graham – and – Doddsville’. Fiennes, the Columbia Business School Magazine, p. 11.

Buffett, W., 1990. Berkshire Flathaway Inc. Letter to shareholders, s. L: s. n.

Buffett, W., 1996. Berkshire Hathaway Inc. Letter to shareholders, s. L: s. n.

Deutsche Bank Group, 2012. ‘Sustainable Investing: Establishing Long – Term Value and Performance’. https://institutional. deutscheam. com/content/_ media/Sustainable _ Investing_2012. pdf。查阅日期：2016 年 10 月 18 日。

Eccles, R., Perkins, K. M. and Serafeim, G., 2012. ‘How to Become a Sustainable Company’.

MIT Sloan Management Review, 53, 4, pp. 43 – 50.

Hagstrom, R., 2014. The Warren Buffett Way. 3rd ed. Hoboken, NJ: Wiley.

Lowe, J., 2007. Warren Buffett Speaks. Hoboken, NJ: Wiley.

第 10c 章

"自下而上"的战略

Mirova 公司和碳影响分析法：计量投资组合气候变化影响的创新型方法

***Mirova* 公司**

对于投资者而言，在构建有助于向低碳经济转型的投资组合时，计量金融资产的气候变化影响是减轻碳风险和抓住低碳机遇的一个必要步骤。因此，Carbone 4 公司与 Marova 公司合作开发出了一个超越碳足迹计量的创新型方法。碳影响分析法为资产管理人提供深入、"自下而上"的有关投资组合及其标的公司碳影响的分析，具体如图 10c.1 所示。

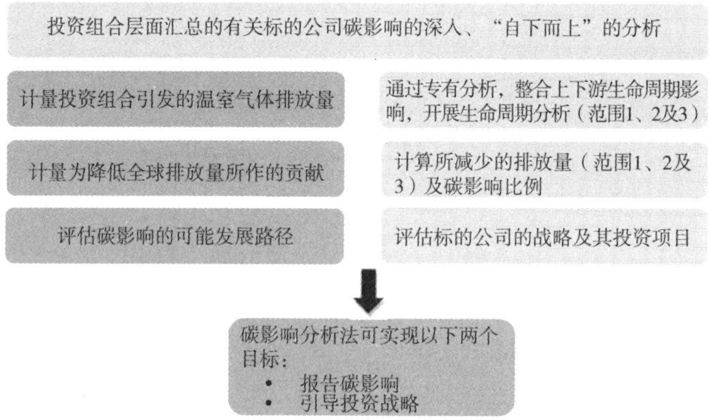

资料来源：Mirova 公司。

图 10c.1　碳影响分析流程

第一版的碳影响分析法旨在以上市公司（甚至包括未报告其碳足迹的上

市公司）的股票和债券为分析对象。在未来版本中，碳影响分析法的分析对象将扩展至其他财务资产。

碳影响分析法的核心方法原则

“自下而上”的分析

投资组合碳影响分析以深入评估每家标的公司作为起点，然后在投资组合层面对评估结果进行汇总。该分析可以区别同一企业部门内的公司，并可以辨别公司在战略决策和报告中纳入气候及能源相关问题方面作出的努力。

就“高风险”部门提供具体洞见的部门分析法

根据各个经济部门的特点，每个经济部门面临的与低碳转型相关的挑战各不相同。因此，碳影响分析法区分“高风险”部门和“低风险”部门，并提供关于“高风险”部门的具体洞见，同时为各个经济部门定制计算原则。

图 10c. 2 详细列明了开展详细碳影响分析的“高风险”部门。

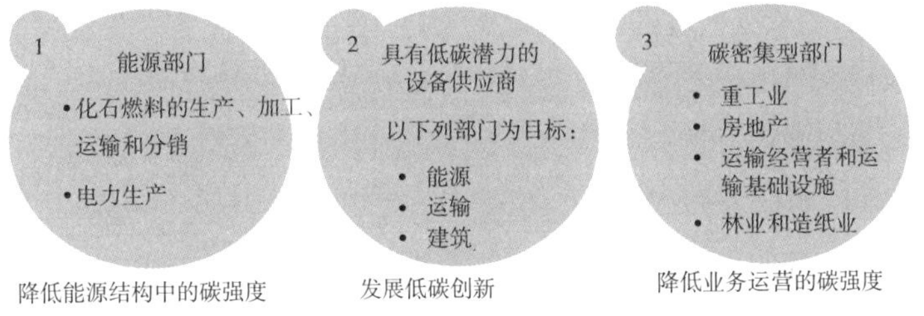

资料来源：Mirova 公司。

图 10c. 2　高风险部门

投资组合层面的汇总消除了碳排放量的重复计算

在对同一价值链内的公司间接排放量进行汇总计算，导致同一温室气体排放量多次被计入同一投资组合时，会发生温室气体排放量的重复计算。在合并计算投资组合的碳影响时，碳影响分析法会对计算结果（包括所引发的排放量和所避免的排放量）进行再次处理，以消除大多数重复计算的情况。

碳影响分析法评估的主要结果

通过碳影响分析法，资产管理人可以获得投资组合层面的评估结果及针对每家标的公司的评估结果，因此，该结果不仅可以作为投资项目的报告，而且还可以引导投资项目。

图 10c. 3 举例说明了投资组合层面的主要结果（仅作说明之用，数据并不准确）。

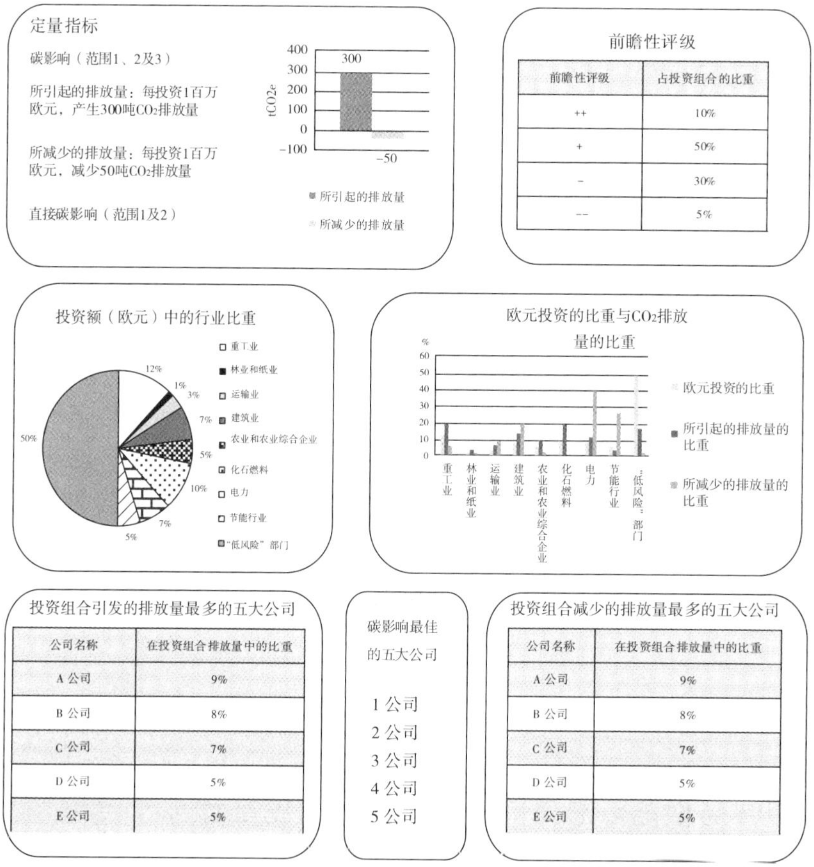

资料来源：Mirova 公司。

图 10c. 3　样本碳影响分析

图 10c. 4 举例说明了针对每家标的公司提供的主要结果（仅作说明之用）。

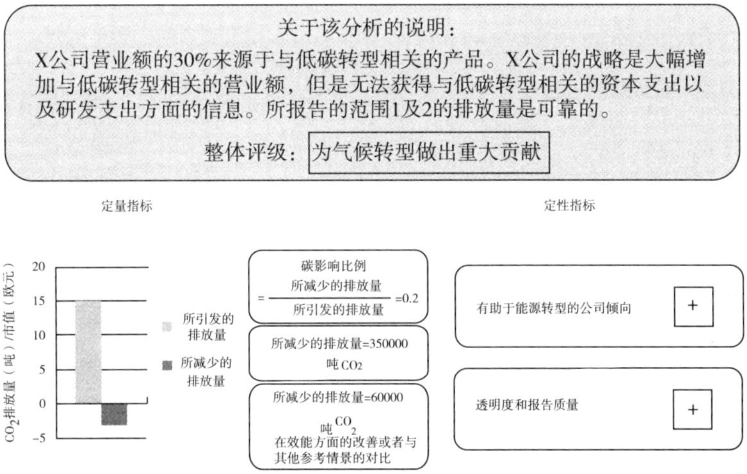

资料来源：Mirova 公司。

图 10c. 4　主要结果横板

第三部分

新 的 疆 界

第 11 章

全球主要商业领域和需求

Cary Krosinsky

如前文所述，化石燃料消耗主要有四个领域，会直接导致向大气持续进行碳排放，而我们无法避免这一情况。

这四大领域分别为：

- 交通运输
- 工业生产过程
- 建筑物
- 发电

此外，还有第五个领域，这个领域被加进来的主要原因（但非唯一原因）是甲烷排放，即：

- 农业、森林砍伐和土地利用（或称 AFOLU）

因此，全球五大商业活动领域均带来了持续的温室气体挑战。

确保我们安全的唯一途径是减少上述领域的温室气体排放量。对于这个问题的产生，上述五个领域并不是分别负 20% 的责任，但每个领域的责任都相当大，都存在减排的机会。需要对这些机会开展进一步分析，确定在何种程度上和如何才能够快速地将这些机会付诸实施，以及投资者应当考虑哪些新出现的风险和机遇。

我们列举了在每个领域内可以采取的一些措施，包括低碳交通方案、能源存储、工业生态学、扩大低成本可再生能源的规模、分布式能源、绿色基础设施、能源效率，以及森林砍伐和土地利用的新融资方案和标准等。

在这个节骨眼上，金融业可以为我们所需的低碳转型真正发挥“超级增压器”作用。

在耶鲁大学和布朗大学这样的高等学府执教时，一大乐趣是可以有机会与一些真正出色的本科生在一起学习。以下各章汇集了来自于挪威银行、Low Carbon 公司和法通投资管理公司等领先投资机构，及耶鲁大学（分别为 Reichenbach 和 Childress）、布朗大学（分别为 Kortenhorst、Kortenhorst Jr. 和 Bracy）和塔夫斯大学（Edelstein）的优秀学生作出的贡献。这些学生曾与落基山研究所、Vision Ridge、Trillium Investment Management 和 Breckenridge 等一些领先公司和专家合作过。以下各章描述了来自于各行业及贯穿于每一资产类别的快速变化。

接下来一节的内容也得益于融合了伦敦对冲基金 GLG Partners 公司的 Mitchell 等金融专家及耶鲁大学学生（分别为 Rutland 和 Smiley）的观点，以及我的临时同事 Gabriel Thoumi 及其一些合作伙伴的部分工作成果。我们希望大家喜欢这一混合型全球视角。

第 11a 章

可再生能源革命融资

Winston Kortenhorst* 和 *Jules Kortenhorst

一场能源革命正在酝酿之中。我们居家用电、汽车加油及城市照明的方式都在快速向前发展。可再生能源已使得低碳经济触手可及。可再生能源发电、能源存储、电网管理服务方面的技术发展，已解决了复杂、智能电力系统的技术可行性问题，同时，商业模式和监管进步也创造了必要的经济环境。因此，在整个电网中，可再生能源的发电量激增。随着发电量的增加，成本持续呈稳定下降趋势。太阳能、电池和风能发电量的经验曲线即反映了这一趋势（见图 11a. 1）。随着累计发电量的增加，价格相应下降。因此，成本的下降刺激了用电量的增加，用电量增加反过来又导致成本下降，由此循环往复，永无休止。

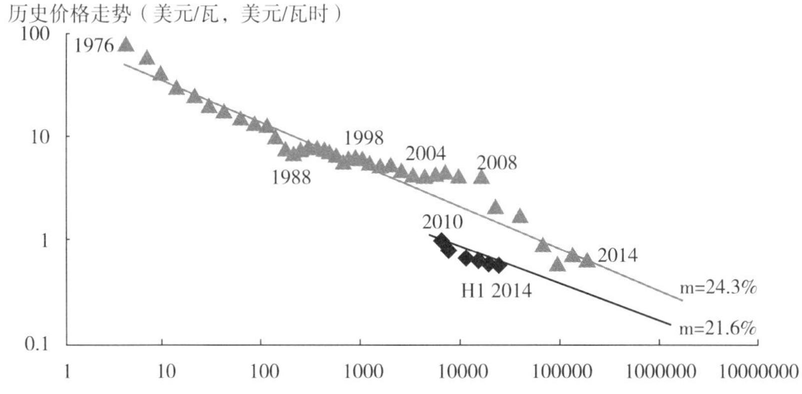

资料来源：彭博新能源财经。

图 11a. 1　经验曲线

与经验曲线相匹配的资本

可再生能源发电技术发展的关键在于资本配置与技术的开发部署相匹配。经验曲线的每一阶段所需要的资本形式各不相同。在初期阶段，可再生能源技术面临相当大的技术和商业风险。技术是否有效，以及即使有效，是否具有商业可行性，都没有任何保证。在这一阶段，需要股本资本的高回报，来与相对高的风险相匹配。考虑到大多数企业会失败，投资者需要从成功投资项目获得超额回报，以抵消不可避免的损失。随着可再生能源技术，尤其是风能和太阳能的技术，证明自身具有技术和商业可行性，融资类型会随之发生改变。之后，我们进入另一个阶段，在这个阶段，技术部署取代技术开发，成为主要挑战。为了应对这一挑战，需要大量的低风险、低回报的债务融资。由于技术和商业风险已经大幅降低，投资者会愿意接受开发资本回报的降低。

六个阶段的六种资本形式

整体而言，在大规模发展可再生能源技术过程中，有六个融资和开发阶段起到重要作用。这六个阶段的风险偏好、预期回报和规模存在较大的差异。

1. 政府资助的初期研发

在最初阶段，需要政府为新技术研究提供资助。基础研究和初期技术革新面临着巨大的风险和不确定结果；所尝试的许多途径和假设，只有很少一部分会获取成功。政府之所以愿意资助可再生能源技术研究，是因为可再生能源技术具有产生巨大社会利益的潜力。此时，不存在任何正式的财务回报期望。

美国能源部先进研究计划署（ARPA - E）和国家可再生能源实验室（NREL）等组织在初期研发阶段发挥主要作用。不同于私营部门（甚至某些公共部门）同行，这些组织并不向其“投资者”作出盈利承诺，因此能够实施某些“对于私营领域投资而言为时过早”的项目。[1]这些组织的职能是推动整个社会的进步，而不是为投资资本带来立竿见影的回报，因此，它们经常广泛共享研究成果，使后期参与者可以捕获所生成的知识的经济价值。

在能源行业内，政府研发机构通过在介于最初实验室研究和全面现场试验之间的“死亡之谷”上搭建桥梁，发挥最重要作用。这一阶段的主要特征表现是缺乏资金，因为这一阶段研究的“基础程度”不足以吸引学院式研究所需的资金，“应用程度”又不足以吸引私营资金。政府机构以试点项目的方式，对此作出重要贡献。试点项目是实验室研究成果向现实应用转化的第一步。

2. 风险投资

一旦技术被证明具有一定程度的可行性后，投资来源即会转向私营部门。对于突破性技术的商业化而言，风险投资是惯用的融资方式，尤其是在高科技行业。当前的许多技术初期都是在高科技行业进行培育。

但是，在能源行业，风险投融资面临罕见的挑战。与以使用寿命较短的小型消费品（例如，电话、个人电脑等）为中心的一大部分技术创新不同，能源创新往往针对的是大型机构性产品，例如发电资产。此外，能源创新并非处于一个不受限制的环境中，而是必须在受到高度监管的电力行业谋寻出路。这为能源行业的初创企业增添了额外的财务和战略负担，而其他市场的初创企业不会面临这些负担。

由于上述挑战，风险投资在可再生能源领域的表现不佳。风险程度高，再加上许多高知名度企业（Solyndra、Fisker Automotive）的破产加重了大家在心理上对风险的担忧，这意味着有限合伙人所要求的回报会更高。尽管如此，仍有一些企业获得了巨大的成功，并为其所在的市场带来了彻底的变革。特斯拉、Nest 和 Solar City 等公司实现了与相关风险相称的高回报。有趣的是，许多成功企业缩减了清洁能源资产的规模，而且把它们当做传统的技术设备一样，送入消费者手中。

3. 私募股权

在可再生能源技术经历了商业化的最初阶段后，私募股权即成为下一阶段的融资方式。在这一阶段，根据一般预期，能源公司要证实其有能力产生稳定的收入，甚至盈利。私募股权投资者需要对税息折旧及摊销前利润

（EBITDA）有信心，因为（在私募股权杠杆收购模式下）这些现金流首先将用于偿付收购企业时承担的债务。

从历史上看，私募股权在可再生能源领域一直都没有扮演重要角色。尽管私募股权与风险投资融资相比风险较小，但可再生能源项目尚未显示出其已具备私募股权投资者要求的收入水平和 EBITDA 稳定性。此外，电力资产运营（即使在大规模运营时）所处的监管和电网环境相对复杂，这增加了一项相当大的风险成分。考虑到以上情况，私募股权投资者在投资可再生能源发电项目时，仍希望获得相对高的回报。

4. 上市股权

可再生能源技术一旦具有可靠的盈利历史记录，则可转向公开市场寻求融资。这需要公司进行首次公开募股（IPO），通过此举，公司股票在纽约证券交易所或纳斯达克证券市场等交易所公开上市交易，“普通”投资者可在这些交易所购买公司的股票。在 2008 年国际金融危机后，美国开展了萨班斯—奥克斯利（Sarbanes - Oxley）改革，导致寻求上市的公司一般都是更加成熟、风险不太大的公司。在这一后期投资阶段，购买上市股权的回报率要低得多，大约在 5% ~10%。

虽然与风险投资或私募股权相比，公开市场的融资成本较低，但是公开市场融资本身也存在弊端。公司一旦公开上市，其价值就与市场情绪息息相关，而市场情绪并不会始终准确追踪经济基本面。例如，YieldCos 是上市公司，拥有运营电力资产。由于这些资产按照电力购买协议进行运营，因此可以产生持续和可预测的收入，所以 YieldCos 的股价应具有相当的稳定性。但是，2015 年夏末，YieldCos 的股价出现无任何明显理由的骤然下跌，损害了获取所需的低成本公开市场融资的能力，使其无法购置新资产和执行其业务模式。这一类的风险对可再生能源发电公司而言尤为突出，公众对可再生能源发电公司生存能力的看法，可能会由于严厉的政治审查和激烈的政治辩论而快速改变。

5. 项目融资

一旦一项技术被充分证明具有商业和财务可行性，项目融资就成为风险最低且最具有吸引力的融资方式。顾名思义，在这一阶段，投资者可针对特定项目（例如单个风力发电厂或者一组太阳能电池板）配置资金。这一阶段在经验曲线上相当靠后，此时，投资风险大大减少，通常采用的融资方式为债务融资。由于风险状况低，债务收益率及之后的投资回报率都偏低，徘徊在3% ~7% 。

尽管如此，项目融资也确有一些弊端。项目融资的结构安排需要高度的复杂性。关键问题是以交易对方风险和政策风险问题为中心。例如，投资税收减免政策的变化可能会对太阳能项目的自由现金流量产生严重不利影响。此外，境外项目融资投资可能产生额外的风险。例如，尽管印度对太阳能发电装机容量做出了重大承诺，但对于外国投资者而言，投资印度太阳能项目还需要承担外汇风险以及该国特有的其他风险。

6. 替代性项目债务融资结构

最近几年，围绕着如何降低可再生能源项目融资的资本成本，已出现许多创新。这具有重要意义，因为降低资本成本，对平准化电力成本（LCOE）的降低具有巨大影响，平准电力成本是对截然不同的电源的发电成本进行比较的一项指标，目前已取得许多进展。房地产投资信托基金（REIT）和收益性公司所属的资产类别，在向投资者提供稳定、不断增长的股息流时，产生的风险相对不高。税收权益投资结构使得无重大税务负担的可再生能源公司能够捕获税收抵免的部分价值，从而加强其业务整体吸引力。金融工程必定会继续在这一领域进行创新，并继续为投资者带来范围不断扩大的资产类别，供其使用。

结论

可再生能源发电量在电网中的比例要从 10% 向 80% 的目标攀升，需要巨额的新增资本来资助这一转型。目前，风能发电、太阳能发电和电池储存等可再生能源技术已经被证明不仅具备技术可行性，同时也具有商业可行性。因此，大部分新增资本需要用于上述后三个阶段。同时，需要继续开展金融创新，以持续降低资本成本，使可再生能源项目充分实现其商业潜力。尽管如此，但是，在可再生能源发展的初期阶段，开展进一步的研究并提供资金支持也一直是受欢迎的举措：也许下一个重大的突破正在实验室中酝酿。

注释

1. http：//arpa－e. energy. gov/？ q＝arpa－e－Site－page/about。查阅日期：2016 年 9 月 8 日。

第 11b 章

无人驾驶汽车

Mimi Reichenbach

交通运输是造成人为温室气体（GHG）产生的主要原因。2010 年，客运和货运车辆占全球温室气体排放总量的 23%。[1]2010 年，全球交通运输排放了 7 吉吨二氧化碳，其中，公路运输的排放量占到 72%。铁路、船舶和航空运输等非公路运输的二氧化碳排放量的占比不足 30%。[2]未来，无人驾驶汽车和电动车的启用，以及向交通共享经济的系统转型，应该有助于减少未来与交通运输相关的温室气体排放量。

2015 年，落基山研究所指出，如果美国将公路运输系统改变成共享、电动、自治的交通运输系统，每年会节省 1 万亿美元，减少二氧化碳排放量 1 吉吨。[3]与传统的燃气和柴油发动机驱动的车辆不同，电动车不会产生任何直接排放，但是，仍会间接产生大量的温室气体排放。电动车的碳强度应追溯至为电动车充电站供电的电网发电源。如果电动车的供电来源于天然气发电电网或水利、风能或太阳能发电比例高的电网，则与以化石燃料为动力的车辆相比，这些车辆属于更清洁的交通运输工具。[4]反之，如果电网使用煤炭作为其主要发电能源，电动车的碳强度反而高于传统的内燃机车辆。

共享、自治交通运输系统通过改变运输系统，而非能源渠道，可以减少二氧化碳排放量。正如目前看到的 Uber 和 Lyft 等合乘平台的情况，合乘提高了车辆的使用率，减少了拥有私人汽车的需求。自治或无人驾驶车辆将通过精确的车对车沟通，改善交通流量，进而提高车辆运输效率，并减少驾驶员的输入错误，这一点目前人工驾驶无法做到。这将有助于减少由于人为错误、频繁停车操作和空转造成的车辆事故。[5]另外，交通流量实现自动化，车速保持最佳，预计未来可实现的燃料节省比例将会超过30%。[6]麻省理工学院的一份研究报告预测，无人驾驶汽车将使用不带交通指示灯的狭槽式十字路口，不仅可以缩减延误时间，还可以使道路容量翻一番。[7]此外，无人驾驶车辆将自动计算绕过交通拥堵的路线，节省5%的燃料消耗，同时具备“虚拟管家”和自行泊车的功能。[8]如果无人驾驶车辆成功提高安全性，车辆自身的重量很可能也会降低，使单位能源的行驶里程数增加。在美国，货运交通运输占交通运输温室气体排放量的25%，无人驾驶汽车可以使车辆以车队的形式安全行驶。[9]就好像自行车赛的团群，车队可使半挂卡车有秩序地行驶，保持一致的间距和速度，减少阻力。行驶在最前列的卡车可节省4.5%的燃料，尾随的卡车可节省10%或更多的燃料。由于在货运卡车运营成本中，燃料费用占到40%，所以，很可能出现的情况是，为了实现效率最大化，自动货运卡车在高速公路行驶时，将排成类似于货运火车的队列。[10]

在驾驶实现自动化的未来，汽车操控、加速以及目前影响汽车购买人的其他因素都将不再具有任何意义，因为所有汽车都会以最有效的方式从A点行驶到B点。这一转型将产生两种可能的情景：人们将完全放弃私家车，而使用自治合乘车队，或者人们将定制自己的无人驾驶车辆，扩大其功能，使其具有住宅或办公室的功能。鉴于上述两种可能性，以及与无人驾驶车辆相关的机会成本的降低，未来每年人均行驶里程数究竟会增加还是减少，目前不得而知。

投资实例

在实现自治合乘车队这一目标的竞争中，有三大参与者，分别为：传统的汽车制造商、无人驾驶汽车技术开发商和合乘平台。2016年，这三类参与者之间的合作激增。

谷歌公司通过谷歌无人驾驶汽车项目，首次将无人驾驶车辆从幻想变成现实。自2009年起，谷歌公司［现为字母表（Alphabet）公司］的无人驾驶车辆就一直穿梭于加利福尼亚州的道路上；2015年，该公司宣布其无人驾驶汽车到2020年将投入市场。[11]2016年5月，谷歌公司披露其准备在位于底特律附近的密歇根州诺维市，创建一个53000平方英尺的无人驾驶技术开发中心。

由于底特律一直都是福特、通用汽车等众多汽车制造商的所在地，谷歌公司决定将上述中心搬至诺维，很有可能表明谷歌预备未来与老牌的汽车制造商进行合作。同月，谷歌公司还宣布与菲亚特克莱斯勒汽车公司进行合作，联合开发 100 辆无人驾驶的 Chrysler Pacifica 混合动力小型货车。[12]菲亚特克莱斯勒汽车公司是克莱斯勒、菲亚特、玛莎拉蒂和阿尔法·罗密欧公司的母公司。如果谷歌公司和亚特克莱斯勒汽车公司之间的长期合作进一步深入，谷歌公司将随时准备进入汽车制造和经销市场领域，使无人驾驶汽车技术迅速可以应用到小型汽车、家用汽车、豪华汽车和跑车上。

特斯拉公司进军无人驾驶汽车市场的方式与众不同。特斯拉公司的做法并不是先开发一种完全无人驾驶的汽车，然后向消费者出售，而是设计出具有远程软件下载功能的汽车，使汽车软件可以随着特斯拉公司对车辆控制软件的完善而不断更新。2015 年 10 月，特斯拉公司为此前销售的 Model S 型汽车（2014 年型号及其后型号）新增了一项“自动驾驶”功能。特斯拉公司的自动驾驶并没有实现完全自治，而是使 Model S 型汽车可在无人辅助的情况下自主驾驶、换道和泊车。[13]自 2014 年起，特斯拉公司的 Model S 型汽车的标准配置就包括前置雷达、正面摄像头、超声波传感器和由高清数码地图支持的 GPS 导航仪，所有这些配置对于自动驾驶功能均至关重要。

戴姆勒（梅赛德斯）、奥迪和沃尔沃汽车公司也都积极开展无人驾驶车辆开发工作。2016 年 3 月，戴姆勒公司成功演示了三辆梅赛德斯大型卡车在高速公路上列队行驶；这三辆卡车通过无线局域网进行沟通，保持 50 英尺的间距，以减少气动阻力。鉴于自动驾驶汽车可能带来的货运效率提升和成本节余，戴姆勒公司宣布在 2020 年前，投入 5.63 亿美元，开展无人驾驶车辆的研发。[14]此外，戴姆勒公司的概念车，即梅赛德斯 - 奔驰 F 015 汽车，造型优美，且无驾驶盘或踏板。这款车可能会在未来的车辆共享经济有用武之地，因为戴姆勒拥有 car2go 公司（汽车共乘和租赁应用平台）和 MyTaxi 公司（Uber 的竞争对手），此外还拥有 HERE 公司（一家地图服务公司）的部分所有权。[15]奥迪公司目前正在中国对一种全自治车辆进行测试，预计在 2017 年将推出 A8 轿车。[16,17]2016 年，沃尔沃公司开始实施 DriveMe 自治车辆项目，目前也准备在 2017 年前，将自治汽车投入市场。[18]

通用汽车、福特、大众和丰田公司也都纷纷跟风，2016 年，分别对各种合乘项目进行投资。2016 年 3 月，通用汽车公司以十亿美元收购了 Cruise 公司，这是一家自治驾驶技术创业公司，总部位于旧金山。[19]此外，2016 年 1 月，通用汽车公司向 Lyft 公司注资 5 亿美元，Lyft 是一家合乘公司，也是 Uber 的竞争对手。[20]通用汽车公司的总裁 Dan Ammann 表示，其预想的未来私人交通工具是“连接、无缝和自治的”。通用汽车公司制造的，配备 Cruise 操作系统的 Lyft 自治车队，未来可能会成为合乘领域的强者。而福特公司一直都在自主开发自治技术，并且成立了一家名为 Ford Smart Mobility 的子公司，专门从事移动服务，这家子公司于 2016 年 4 月推出了 FordPass 移动应用，此项应用未来可用于合乘领域。[21]2015 年秋的柴油欺诈丑闻发生之后，大众公司希望重塑其品牌，为此，其不仅对电动车项目进行投资，而且还对合乘项目进行投资。2016 年 5 月，大众公司向合乘应用平台 Gett 公司注资 3 亿美元。[22]为了努力研发出完全自治的汽车和合乘车队，丰田公司与 MIT、斯坦福成立了研发团队，并于 2016 年 5 月对合乘应用平台 Uber 公司进行了投资；Uber 公司自身也在努力开展无人驾驶技术的开发工作。[23]

为了不落伍，苹果公司也开始在合乘和自治车领域频频出招。目前，苹果公司正在努力自主开发无人驾驶车辆。2016 年 5 月，苹果公司这一技术巨头为滴滴出行注资十亿美元，滴滴出行的前身为滴滴快的，是 Uber 公司在中国的一个强大竞争对手。[24]

挑战、展望和不确定性

关于无人驾驶汽车技术，要将车辆从人控转变为完全自治需要多少时间，目前基本上无法确定。例如，人类驾驶员需要十字路口的交通指示灯提供明确指引，而自治车辆则不需要。随着人类驾驶员的比例不断降低，因无人驾驶车辆之间的协调而产生的效率增长会更容易实现。美国国家公路交通安全管理局将汽车的自动化分成五个等级，第 0 等级为完全人工操作的车辆，第 4 等级为完全无人驾驶的车辆。[25]目前，部分车辆，例如，谷歌汽车，达到了第 3 等级，这些车辆基本上可自动驾驶，但仍需要一个保持警觉的人类驾驶员。[26]如果道路上行驶的全部都是第 4 等级的车辆，将不会出现人为操作错误，交通事故发生率预计将减少 82%，同时由于电脑化的车对车沟通，效率也会得到提升。[27]在这种情况下，道路系统可能会发生改变，例如，改用狭槽式十字路口，如果道路上仍存在人类驾驶员驾驶的车辆，这些改变不可能发生。[28]在某些情况下，需要禁止人类驾驶的车辆在部分道路上行驶，从社会阻力和监控批准的角度而言，这一情景将导致不确定性进一步加强。

这一转型的时间还与自治车辆成本的下降速度相关。维多利亚交通政策研究所预测，在 2020 至 2030 年之间的某一时间点，不驾车的富人可购买无人驾驶汽车。而节能和减污的目标实现时间将更晚，大约在 2040 年或 2060 年，通过个人购车或合乘平台，无人驾驶汽车将成为“普通、负担得起的”交通工具。[29]

减污和节能的目标实现与否，还取决于向电动车辆转型的程度，以及确保驾驶需求保持平稳且不增长的计划是否制定。无人驾驶汽车并非与生俱来就是电动车，但这两种技术未来很可能会带来协同效应，这一点通过电动汽车制造商特斯拉公司及其推出的自动驾驶功能可初见端倪。电动车辆还面对众多的不确定性，包括电池电力密度率的提高、碳税、汽油价格的波动，以及充电基础设施的可用性。此外，无人驾驶车辆并不一定会减少能源消耗；无人驾驶汽车将减少驾车的机会成本，并可能导致城市扩张和人均行驶里程的增加。[30]无人驾驶技术也将为儿童、残疾人和老人等不驾车的人及无驾照之人，提供更大的出行便利。

另一个未知的变数是，无人驾驶车辆将对其他道路使用者（行人和骑车人）产生何种影响。道路依旧属于一种共享（但更加安全的）资源，出于实现安全和效率最大化目的，成为单独的基础设施，是否与骑行人和违规行人相隔绝，还有待确定。[31]

注释

1. Sims 和 Schaeffer，2014（https：//www. ipcc. ch/pdf/assessment - report/ar5/wg3/ipcc_ wg3_ ar5_ chapter8. pdf）。查阅日期：2016 年 5 月 30 日。

2. Sims 和 Schaeffer，2014（https：//www. ipcc. ch/pdf/assessment - report/ar5/wg3/ipcc_ wg3_ ar5_ chapter8. pdf）。查阅日期：2016 年 5 月 30 日。

3. Walker，Rucks 和 Weiland，2015（http：//blog. rmi. org/blog_ 2015_ 03_ 12_ how_

the_ us_ transportation_ system_ can_ save_ big）。查阅日期：2016 年 5 月 30 日。

4. Holland，Mansur，Muller 和 Yates，2015（www. nber. org/papers/w21291. pdf）。查阅日期：2016 年 5 月 30 日。

5. Brown，Gonder 和 Repac，2014（http：//link. springer. com/chapter/10. 1007percent2F978 – 3 – 319 – 05990 – 7_ 13）。查阅日期：2016 年 5 月 30 日。

6. Gonder，Earleywine 和 Sparks，2012（http：//papers. sae. org/2012 – 01 – 0494/）。查阅日期：2016 年 5 月 30 日。

7. Tachet，Santi，Sobolevsky，Reyes – Castro，Frazzoli，Helbing，和 Ratti，2016（http：//journals. plos. org/plosone/article？ id = 10. 1371/journal. pone. 0149607）。查阅日期：2016 年 5 月 30 日。

8. Wang，2015（http：//ensia. com/features/are – self – driving – vehicles – good – for – the – environment/）。查阅日期：2016 年 5 月 30 日。

9. 白宫新闻秘书办公室，2014（https：//www. whitehouse. gov/the – press – office/2014/02/18/fact – sheet – opportunity – all – improving – fuel – efficiency – american – trucks – bol）。查阅日期：2016 年 5 月 30 日。

10. Wang，2015（http：//ensia. com/features/are – self – driving – vehicles – good – for – the – environment/）。查阅日期：2016 年 5 月 30 日。

11. 谷歌无人驾驶汽车项目（https：//www. google. com/selfdrivingcar/where/）。查阅日期：2016 年 5 月 30 日。

12. Kelly，2016（http：//money. cnn. com/2016/05/25/technology/google – self – driving – cars – detroit/）。查阅日期：2016 年 5 月 30 日。

13. Truong，2015（http：//qz. com/524400/tesla – just – transformed – the – model – s – into – a – nearly – driverless – car/）。查阅日期：2016 年 5 月 30 日。

14. Sorokanich，2016（www. roadandtrack. com/new – cars/car – technology/news/a28548/daimler – tests – autonomous – big – rig – convoy – on/）。查阅日期：2016 年 5 月 30 日。

15. Parkinson，2015（https：//www. theguardian. com/technology/2015/sep/15/mercedes – benz – eyes – luxury – driverless – cars – uber – self – driving – autonomous – vehicles）。查阅日期：2016 年 5 月 30 日。

16. Dowling，2015（www. carsguide. com. au/car – news/first – self – driving – audi – due – in – two – years – 32886）。查阅日期：2016 年 5 月 30 日。

17. Lingeman，2015（http：//autoweek. com/article/technology/driverless – audi – rs7 – logs – 2 – minute – 1 – second – lap – sonoma – raceway）。查阅日期：2016 年 5 月 30 日。

18. Muoio, 2015（www. techinsider. io/these – 5 – companies – will – dominate – driverless – cars – 2015 – 12）。查阅日期：2016 年 5 月 30 日。

19. Wright, 2016（www. ft. com/intl/cms/s/0/16b55fe8 – e79f – 11e5 – bc31 – 138df2ae9ee6. html#axzz49nkkyRt8）。查阅日期：2016 年 5 月 30 日。

20. Iyer 和 Bryson, 2016（http://media. gm. com/media/us/en/gm/home. detail. html/content/Pages/news/us/en/2016/Jan/0104 – lyft. html）。查阅日期：2016 年 5 月 30 日。

21. Thompson, 2016（www. techinsider. io/ford – ceo – our – first – driverless – car – will – be – for – everyone – 2016 – 3）。查阅日期：2016 年 5 月 30 日。

22. Miller 和 Rauwald, 2016（www. bloomberg. com/news/articles/2016 – 06 – 01/vw – ceo – looks – toward – taxi – apps – to – move – past – diesel – scandal）。查阅日期：2016 年 5 月 30 日。

23. Bhuiyan, 2016（www. recode. net/2016/5/24/11762436/toyota – uber – investment）。查阅日期：2016 年 5 月 30 日。

24. Love, 2016（www. reuters. com/article/us – apple – china – idUSKCN0Y404W）。查阅日期：2016 年 5 月 30 日。

25. Silberg（KPMG）, 2013（https://www. kpmg. com/US/en/IssuesAndInsights/Articles-Publications/Documents/self – driving – Cars – are – we – ready. pdf）。查阅日期：2016 年 5 月 30 日。

26. Aldana, 2013（www. nhtsa. gov/About + NHTSA/Press + Releases/U. S. + Department + of + Transportation + Releases + Policy + on + Automated + Vehicle + Development）。查阅日期：2016 年 5 月 30 日。

27. McMahon, 2015（www. forbes. com/sites/jeffmcmahon/2015/09/28/autonomous – vehicles – arrive – in – 3 – years – in – 3 – stages/3/#6a0b98ca240f）。查阅日期：2016 年 5 月 30 日。

28. Ackerman, 2016（http://spectrum. ieee. org/cars – that – think/transportation/self – driving/the – scary – efficiency – of – autonomous – intersections）。查阅日期：2016 年 5 月 30 日。

29. Litman, 2015（www. vtpi. org/avip. pdf）。查阅日期：2016 年 5 月 30 日。

30. McDonald, 2016（http://blog. nature. org/science/2016/04/20/why – driverless – cars – cities – sprawl – urban – suburban – development/）。查阅日期：2016 年 5 月 30 日。

31. Reid, 2013（www. theguardian. com/environment/bike – blog/2013/oct/ll/driver – less – cars – coming – bike – blog）。查阅日期：2016 年 5 月 30 日。

参考文献

Ackerman, E. , 2016 (http://spectrum. ieee. org/cars - that - think/transportation/self - driving/the - scary - efficiency - of - autonomous - intersections)。查阅日期：2016 年 5 月 30 日。

Aldana, K. , 2013 (www. nhtsa. gov/About + NHTSA/Press + Releases/U. S. + Department + of + Transportation + Releases + Policy + on + Automated + Vehicle + Development)。查阅日期：2016 年 5 月 30 日。

Bhuiyan, J. , 2016 (www. recode. net/2016/5/24/11762436/toyota - uber - investment)。查阅日期：2016 年 5 月 30 日。

Brown, A. , Gonder, J. 和 Repac, B. , 2014 (http://link. springer. com/chapter/10. 1007%2F978 - 3 - 319 - 05990 - 7_ 13)。查阅日期：2016 年 5 月 30 日。

Dowling, J. , 2015 (www. carsguide. com. au/car - news/first - self - driving - audi - due - in - two - years - 32886)。查阅日期：2016 年 5 月 30 日。

Gonder, J. , - Earley wine, M. and Sparks, W. , 2012 (http://papers. sae. org/2012 - 01 - 0494/)。查阅日期：2016 年 5 月 30 日。

谷歌自动驾驶汽车项目（www. google. com/selfdrivingcar/where/）。查阅日期：2016 年 5 月 30 日。

Holland, S. P. , Mansur, E. T. , Muller, N. Z. 和 Yates, A. J. , 2015 (www. nber. org/papers/w21291. pdf)。查阅日期：2016 年 5 月 30 日。

Iyer, V. 和 Bryson, S. , 2016 (http://media. gm. com/media/us/en/gm/home. detail. html/content/Pages/news/us/en/2016/Jan/0104 - lyft. html)。查阅日期：2016 年 5 月 30 日。

Kelly, H. , 2016 (http://money. cnn. com/2016/05/25/technology/google - self - driving - cars - detroit/)。查阅日期：2016 年 5 月 30 日。

Lingeman, J. , 2015 (http://autoweek. com/article/technology/driverless - audi - rs7 - logs - 2 - minute - 1 - second - lap - sonoma - raceway)。查阅日期：2016 年 5 月 30 日。

Litman, T. , 2015 (www. vtpi. org/avip. pdf)。查阅日期：2016 年 5 月 30 日。

Love, J. , 2016 (www. reuters. com/article/us - apple - china - idUSKCN0Y404W)。查阅日期：2016 年 5 月 30 日。

McDonald, R. , 2016 (http://blog. nature. org/science/2016/04/20/why - driverless - cars - cities - sprawl - urban - suburban - development/)。查阅日期：2016 年 5 月 30 日。

McMahon, J. , 2015 (www. forbes. com/sites/jeffmcmahon/2015/09/28/autonomous - vehicles - arrive - in - 3 - years - in - 3 - stages/3/#6a0b98ca240f)。查阅日期：2016 年 5 月 30 日。

Miller, M. 和 Rauwald, C. , 2016 (www. bloomberg. com/news/artides/2016 - 06 - 01/vw - ceo - looks - toward - taxi - apps - to - move - past - diesel - scandal)。查阅日期：2016 年 5 月 30 日。

Muoio, D. , 2015 (www. techinsider. io/these - 5 - companies - will - dominate - driverless - cars - 2015 - 12)。查阅日期：2016 年 5 月 30 日。

Parkinson, H. J. , 2015 (www. theguardian. com/technology/2015/sep/15/mercedes - benz - eyes - luxury - driverless - cars - uber - self - driving - autonomous - vehicles)。查阅日期：2016 年 5 月 30 日。

Reid, C. , 2013 (www. theguardian. com/environment/bike - blog/2013/oct/ll/driver - less - cars - coming - bike - blog)。查阅日期：2016 年 5 月 30 日。

Silberg, G. (KPMG), 2013 (www. kpmg. com/US/en/IssuesAndInsights/ArticlesPublications/Documents/self - driving - cars - are - we - ready. pdf)。查阅日期：2016 年 5 月 30 日。

Sims, R. 和 Schaeffer, R. , 2014 (www. ipcc. ch/pdf/assessment - report/ar5/wg3/ipcc_ wg3_ ar5_ chapter8. pdf)。查阅日期：2016 年 5 月 30 日。

Sorokanich, B. , 2016 (www. roadandtrack. com/new - cars/car - technology/news/a28548/daimler - tests - autonomous - big - rig - convoy - on/)。查阅日期：2016 年 5 月 30 日。

Tachet, R. , Santi, P. , Sobolevsky, S. , Reyes - Castro, L. I. , Frazzoli, E. , Helbing, D. 和 Ratti, C. , 2016 (http://journals. plos. org/plosone/article? id = 10. 1371/journal. pone. 0149607)。查阅日期：2016 年 5 月 30 日。

Thompson, C. , 2016 (www. techinsider. io/ford - ceo - our - first - driverless - car - will - be - for - everyone - 2016 - 3)。查阅日期：2016 年 5 月 30 日。

Truong, A. , 2015 (http://qz. com/524400/tesla - just - transformed - the - model - s - into - a - nearly - driverless - car/)。查阅日期：2016 年 5 月 30 日。

Walker, J. , Rucks, G. and Weiland, J. , 2015 (http://blog. rmi. org/blog_ 2015_ 03_ 12_ how_ the_ us_ transportation_ system_ can_ save_ big)。查阅日期：2016 年 5 月 30 日。

Wang, U. , 2015 (http://ensia. com/features/are - self - driving - vehicles - good - for - the - environment/)。查阅日期：2016 年 5 月 30 日。

白宫新闻秘书办公室，2014 (https://www. whitehouse. gov/the - press - office/2014/

02/18/fact - sheet - opportunity - all - improving - fuel - efificiency - american - trucks - bol)。查阅日期：2016 年 5 月 30 日。

Wright，R.，2016（www.ft.com/intl/cms/s/0/16b55fe8 - e79f - 11e5 - bc31 - 138df2ae9ee6.html#axzz49nkkyRt8）。查阅日期：2016 年 5 月 30 日。

第 11c 章

工业生态学

Lillian Childress

1989 年，丹麦卡伦堡（Kalundborg）一批工厂，以史无前例的方式组成了一个全新的网络，引起了国际社会的注意（Chertow，2007）。传统工厂开展生产，并排放废物，而这些工厂却利用一家工厂的废物，作为另一家工厂的生产原料，并彼此共享蒸汽发电等基础设施。炼油厂的冷却水被用作脱硫工艺的注入水，而脱硫工艺产生的工业石膏，又替代天然石膏，被一家石膏板厂用作原料（Jacobson，2008）。各家工厂在这个能源、固体废物和材料流组成的复杂网络中相依共存。

过去三十年，出现了把多家工厂安排在同一个工业园的新模式。这种组织类型被称为工业共生。这种安排仿照自然界一种常见的生态现象，并以之作为指导：共生，即两种密切关联的生物或群体之间的互利关系。在这种理想的安排中，一家工厂的排放物被另一家工厂用作生产原料，整个工业园生产的废物被控制在最小范围内，甚至被完全消除。能源消耗也降到最低水平，工厂对周边社区和环境的发展起到支持作用，而非损害它们的发展。

工业共生源自工业生态学，研究工业生态学有助于更好地了解工业共生。

工业生态学

传统上，我们认为生态和工业是对立的。然而，过去数十年，出现了一个全新的研究领域："工业生态学"。这是一个涵盖了工业、环境、经济、政策以及工程的交叉领域。工业生态学的目的是同时实现促进经济增长和优先保护环境的双重目标，以生态系统为借鉴，旨在更好地理解物质与能量的流动并实现流动的最优化，最终在工业活动设计和公共政策起草中起到指引作用（Ehrenfeld 和 Gertler，1997；Daly，1991）。

“工业生态学”这个理念最早是在 1989 年，由通用汽车研究实验室（General Motors Research Laboratory）的两名研究员 Robert Frosch 和 Nicholas Gallopoulos 在其开创性的论文《制造业策略》（Strategies for Manufacturing）中提出来的。为了应对日益严重的资源枯竭和废物堆积，Frosch 和 Gallopoulous 建议，工业活动应转向综合程度更高的“工业生态系统”模式。他们写道：“在这样一个系统中，能源与物质消费得到最大程度的优化，废物生成被控制在最小范围内，而一种工艺的排放物……被用作另一种工艺的原材料。”

20 世纪 90 年代，工业生态学的领域迅速扩张。1995 年，Thomas Graedel 和 Braden Allenby 发表了关于这一主题的第一本教科书：《工业生态学》（Industrial Ecology）。1997 年，该领域第一本专门的学术期刊《工业生态学期刊》（Journal of Industrial Ecology）在耶鲁大学创立。2001 年，国际工业生态学学会（International Society for Industrial Ecology）成立。在此期间，出现了大量对“工业生态学”的正式定义，其中影响最深远的定义来自 Graedel 和 Allenby 的 1995 年版教科书：

“工业生态学是一种工具。在经济、文化以及技术不断发展的背景下，人们可以利用这种工具，深思熟虑、理性地趋近和维持可持续发展。这一理念要求把工业系统与其周围的环境协调起来，而不是将它看作孤立于环境之外的独立系统。这种系统观，以优化从原材料到成品材料、组件、产品到最终废弃物的整个物质循环为宗旨。需要优化的因素包括资源、能源和资本。”

随着工业生态学发展成为正式的研究领域，许许多多的子领域也随之涌现。主要的子领域有生命周期评估（Chief among these are life cycle assessment，简称“LCA”）方法论、物质流分析（material flow analysis，简称“MFA”）、社会经济代谢（socioeconomic metabolism）、投入产出分析（input - output analysis，简称“IOA”）、环境设计以及工业共生（Graedel 和 Lifset，2016）。尽管以上研究领域可相互启发，但随着时间的推移，它们已经发展出自己独特的研究对象和方法论。

工业生态学可以运用于工厂/企业、企业间或地区/全球层面（Chyrtow，

2000；Lifset 和 Graedel，2002）。企业层面的活动包括污染预防、环境设计以及关注生态的效率提升。我们通常认为属于工业生态学范畴的大部分活动，主要发生在企业间层面，包括工业共生和生命周期评估。最后，地区/全球层面则涵盖物质流分析、投入产出分析以及社会经济代谢。这几个不同的层面组成了一个重要结构，从中发展出了关于工业生态学的各种不同的方法论和思考方式。

表 11c.1　工业生态学的子领域以及相关领域

相关领域/子领域	描述/定义	来源
生命周期评估（LCA）	一个生命周期包括生产、使用及废物处理系统，描述了可交易商品的创造、存续和消失的过程，即其从“摇篮到坟墓”的一生。生命周期评估可用于支持关于购买、生产工艺创新或产品审批的各种决定。上述决定可根据环境、社会、经济或其他方面的考量因数作出。	Heijungs 等，1992
物质流分析（MFA）	物质流分析是对整个工艺链的分析，包括原材料采掘或收获、化学转化、制造、消费、回收和处理等。它的基础是以物理单位（通常为“吨”）表示的，量化该等工艺投入和产出的账目。会计科目包括两类，一类是通过化学成分界定的物质（如碳或二氧化碳），另一类是天然或技术化合物或“大批量”材料（如煤炭、木材）。	Bringezu 和 Moriguchi，2002
工业共生	工业共生是让传统上相互独立的不同行业集中起来，通过材料、能量、水及/或副产品的物理交换来提高竞争优势。工业共生的关键是相互协作以及借由地理位置相邻带来的协同增效。	Chertow，2000
环境设计	企业明确地把环境问题纳入其产品设计及生产制造的决策之内，即是在进行环境设计。	Fiksel，2009
社会经济代谢	社会经济代谢构成了人类社会生物物理结构的自我繁殖和演变。它包括生物物理转化过程、分配过程以及人类为实现其目的而控制的流动。社会的生物物理结构（“在使用库存”）以及社会经济代谢共同组成了社会的生物物理基础。	Pauliuk 和 Hertwich，2015
投入产出分析（IOA）	经济学上的投入产出表（IOT）对同一个经济体不同行业部门之间发生的交易进行量化。它们表现为从一个部门向另一个部门的流动，采用货币或混合单位计量。	Graedel 和 Lifset，2016

资料来源：本章作者根据相关资料整理。

最后，工业生态学的研究为循环经济打下了基础。循环经济的特点包括：各个阶段均具备较高的能源和资源效率（Yuan 等，2008；Tukker，2015）；未定价或估值过低的服务被内化到经济中（Andersen，2006）；以及通过将价值链上某个环节的废物转化为另一环节的投入物，从而实现工业循环回路的闭合（Mathews 和 Tan，2011）。这种模式有别于 Mathews 和 Tan（2011）所谓的"以'投入原材料'为直线的一端，以'产出废物'为直线另一端的主流"经济模式——"这种模式仍然在暗中主导主流经济，仿佛自然极限根本不存在一样"。尽管"循环经济"一词在文献中被广泛使用，但至今没有准确的定义和标准。2010 年，致力于推进循环经济研究的艾伦·麦克阿瑟基金会（Ellen MacArthur Foundation）成立，紧接着在 2012 年，全球咨询公司麦肯锡公司（McKinsey & Company）围绕这个主题发布了一份报告，对这一概念的关注也随之迅速升温。循环经济承认经济增长和资源消耗存在自然极限，有可能给传统的、无管制的资本主义带来革命性的改变。

工业共生

工业共生是在现实世界中成功运用自然生态学的一个实例。工业共生研究借鉴了许多经典的生态学行为模式，例如回路闭合和能量级联（Ehrenfeld 和 Gertler，1997）。此外，工业共生研究也对大多数工业共生案例中的地理邻接性——环境共生交换的前提条件——进行了观察（Chertow，2000）。许多共生交换发生在生态工业园（EIP）内，即为了通过共同管理环境和资源问题，提高环境和经济绩效而走到一起的多家工厂或企业组成的社区（Lowe 等，1995）。

一般而言，工业共生可能发生的交换有三类（Chertow 等，2008）。第一类是副产品的再利用，即一家企业排放的物质，被另一家企业用作原材料或商品的替代。第二类是公用事业或基础设施的共享，共同使用和管理能源和水等公共资源。第三类是服务的联合提供，以满足企业集群的食品供应或运输等共同需求。一般认为，任何至少由三个实体组成的集群（前提是该等实体均不以回收利用作为主要业务），进行不少于两种不同资源的交换的，即构成一例工业共生（Chertow，2007）。

尽管部分工业园是遵照学术研究确定的原则创建和改造的，但大多数杰出的工业共生实例（如卡伦堡）都是自发出现的。工业共生有特定的先兆（或“种子”），只要加以培养，就可以发展成为复杂的互换网络。共生交换常见的先兆是企业间以热电联产、垃圾填埋气开采以及废水再利用为基础的协同增效（Chertow，2007）。此外，许多EIP（不论是规划建成还是自发出现的），其关键发展驱动力均在于一个主力租户：一家鼓励发展共生交换的核心、稳定的企业（Gingrich，2012）。主力租户往往是大型公用设施提供商（Martin和Eklund，2011）。

尽管现有的工业共生成功案例中，许多都是（或者至少最初是）自我组织的，但是政府政策同样可以影响EIP的发展（Costa等，2010）。然而，通过政策来促进EIP的形成，难度却很高，原因正如很多研究人员所指出的，很难强制企业之间进行合作。交换次要材料这一诱因，往往不足以促使企业搬迁（Gibbs和Deutz，2007）。一般而言，即便所交换的物质恰恰是对于某个企业而言最为重要的材料，交换副产品的机会也构成一项重大考量因素（Gibbs和Deutz，2007）。部分类型的政策已被确认有助于鼓励初期的共生（Chertow，2007）：识别和勘查有发展前景的工业区域；向出现了工业共生先兆的已有工厂及工业园提供技术或资金援助；以及鼓励企业落户已出现常见共生先兆的地点。尽管创建成功的EIP并没有任何固定的政策程式可循，但是政府在为促进工业共生而制定政策时，对优势和潜在的隐患都应有所了解。

研究人员近几年才开始对工业共生的经济效益进行量化。工业共生的经济效益来源包括副产品的高效处理（可产生收入流并降低处理成本）以及副产品的接收（可避免运输费和减低原材料成本）（Chertow和Lombardi，2005）。此外，还存在一些较难量化的效益，可能包括相邻企业之间的合作、审批程序的便利以及对政府补贴和激励计划的利用（Chertow和Lombardi，2005）。然而，我们很难评价共生交换带来的经济收益，原因在于：（1）很难确定一个没有发生任何共生交换的基础情景，作为与现有EIP进行比较的基准；（2）EIP结构复杂、成本较高，需要大量数据；而且（3）难以判断哪些成本节约和清洁生产措施是企业不管是否进入工业共生都会采用的（Karlsson和Wolf，2008）。

EIP的经济学分析往往最适合采用计算机建模。过程分析和化学过程模拟

（CPS）已为众多研究人员所用，而混合整数线性规划（MILP）也因为能够同时检查各种不同因素而被广泛使用（Karlsson 和 Wolf，2008）。对工业共生经济效应进行严格分析，可能能够解释以往 EIP 项目所取得的成功，并为未来项目将取得的经济收益提供证据。

工业共生有可能会改变全球制造商品的方式。随着 EIP 内企业间的关联越来越密切，EIP 内以及更大经济体内的流动循环也会随之增强。目前，全球经济加工的所有材料中，只有约 6% 以有利于闭合全球资源回路的方式被回收（Haas 等，2015）。工业共生还有很大的改善空间。在政府政策鼓励以及私营部门意识和意愿的双重作用下，可以指引我们的经济走向真正的循环经济，将废物排放控制在最小范围，实现对自然资源的保护。

卡伦堡案例研究

卡伦堡最显著的特征之一在于其曲折的历史：卡伦堡并非规划的产物，只是引起了全球媒体的注意，而后者又吸引了国际学者的关注以后，卡伦堡才被追认为工业共生的典范。只要我们交叉观察一下，就可以发现，卡伦堡的发展与伦敦或纽约一类的城市几乎一模一样——从一片开阔的土地，到几个“移民”（各家企业）组成的小型集群，再发展为相互关联的大型企业群，这个网络里每家企业之间都存在着千丝万缕的关系。

卡伦堡萌芽于 1959 年的丹麦卡伦堡市，当时这里只有 Asneaes 发电站的炼油厂，由于地下水供应有限，该厂从邻近的梯索（Tisso）湖引淡水使用（联合国环境规划署，2002）。1972 年，石膏板制造商 Gyproc 建立了一家石膏板厂。在炼油厂和 Gyproc 工厂之间建起了一条管道，向石膏板厂供应炼油厂的多余气体。一年后，即 1973 年，Asneas 发电站扩张，修建了一条管道，与梯索湖—挪威国家石油公司（Statoil）的管道相连通。20 世纪 80 年代，该园区开始迅速扩张。全球知名的胰岛素和工业酶生产商、跨国生物技术公司诺和诺德（Novo Nordisk）以及从事土地修复和肥料生产的 BioteknikskJordrens 公司加盟其中。此外，卡伦堡市接收 Asnaes 的多余热能，用于住宅区供暖。多年来，许多其他工厂和企业陆续进驻该园区，使之成为全球规模最大、连结最为复杂的工业共生实例。

该等企业完全以经济上利己的方式行事，却实现了高度复杂的合作。卡伦堡虽然并非规划产物，但这并不意味着它天生比政府或私人规划的生态—工业园更加完善，或更容易实现。在国际社会上，卡伦堡是成功开发生态—工业园的一个模型。

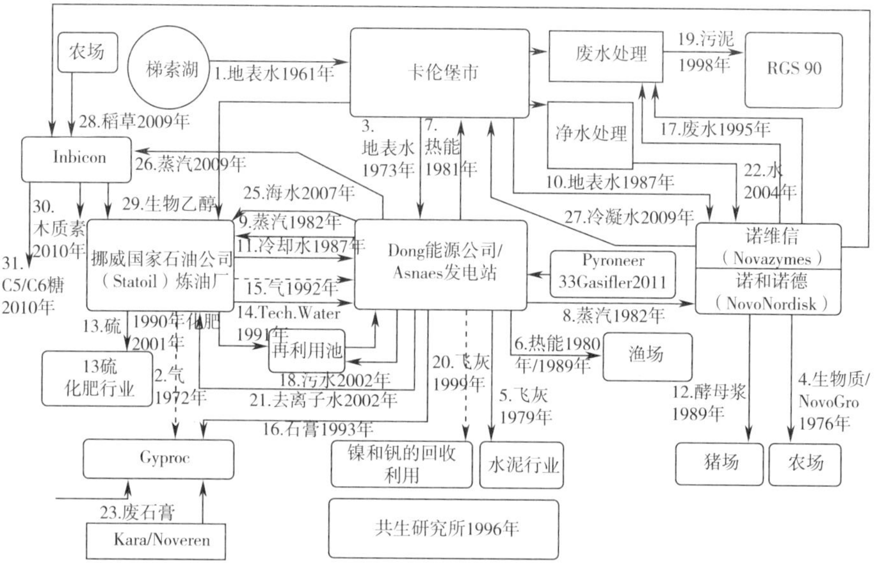

资料来源：www. kalundborg. dk。

图 11c. 1　卡伦堡的共生关系

参考文献

Andersen, M.（2006）. An introductory note on the environmental economics of the circular economy. *Sustainability Science*, 2（1）, pp. 133 – 140.

Bringezu, S. , and Moriguchi, Y.（2002）. Material flow analysis. In Ayres, R. and Ayres, L.（eds.）*Handbook of Industrial Ecology*. Cheltenham：Edward Elgar, pp. 3 – 15.

Chertow, M.（2000）. Industrial symbiosis：literature and taxonomy. *Annual Review of Energy and the Environment*, 25, pp. 313 – 337.

Chertow, M.（2007）. ‘Uncovering’ industrial symbiosis. *Journal of Industrial Ecology*, 11（1）, pp. 11 – 30.

Chertow, M. and Lombardi, D.（2005）. Quantifying economic and environmental benefits of co – located firms. *Environmental Science and Technology*, 39 (17), pp. 6535 –6541.

Chertow, M., Ashton, W. and Espinosa, J. (2008). Industrial symbiosis in Puerto Rico: environmentally related agglomeration economies. *Regional Studies*, 42 (10), pp. 1299 –1312.

Costa, I., Massard, G. and Agarwal, A. (2010). Waste management policies for industrial symbiosis development: case studies in European countries. *Journal of Cleaner Production*, 18 (8), pp. 815 –822.

Daly, H. (1991). *Steady – state Economics*. 2nd ed. Washington, DC: Island Press.

Ehrenfeld, J. and Gertler, N. (1997). Industrial ecology in practice: the evolution of interdependence at Kalundborg. *Journal of Industrial Ecology*, 1 (1), pp. 67 –79.

Fiksel, J. (2009). *Design for Environment*. New York: McGraw – Hill.

Frosch, R. A. and Gallopoulos, N. (1989). Strategies for manufacturing. *Scientific American*, 261 (3), pp. 144 –152.

Gibbs, D. and Deutz, P. (2007). Reflections on implementing industrial ecology through eco – industrial park development. *Journal of Cleaner Production*, 15 (17), pp. 1683 –1695.

Gingrich, C. (2012). Industrial symbiosis: current understandings and needed ecology and economics influences. Ontario Center for Engineering and Publication, pp. 44 –46.

Graedel, T. and Allenby, B. (1995). *Industrial Ecology*. Englewood Cliffs, NJ: Prentice – Hall.

Graedel, T. E. and Lifset, R. J. (2016). Industrial ecology's first decade. In Clift, R. and Druckman, A., eds., *Taking Stock of Industrial Ecology*. New York: Springer, pp. 3 –20.

Haas, W., Krausmann, F., Wiedenhofer, D. and Heinz, M. (2015). How circular is the global economy? An assessment of material flows, waste production, and recycling in the European Union and the world in 2005. *Journal of Industrial Ecology*, 19 (5), pp. 765 –777.

Heijungs, R., Guinée, J. B., Huppes, G., Lankreijer, R. R., Haes, H. A. U. and de Sleeswijk, A. W. (1992). *Environmental Life Cycle Assessment of Products*. Report. Leiden, The Netherlands: CML.

Jacobsen, N. (2008). Industrial symbiosis in Kalundborg, Denmark: a quantitative assessment of economic and environmental aspects. *Journal of Industrial Ecology*, 10 (1 –2), pp. 239 –255.

Karlsson, M. and Wolf, A. (2008). Using an optimization model to evaluate the economic benefits of industrial symbiosis in the forest industry. *Journal of Cleaner Production*, 16 (14), pp. 1536 –1544.

Lifset, R. J. and Graedel, T. E. (2002). Industrial ecology: goals and definitions. In Ayres, R. and Ayres. L., eds., *Handbook of Industrial Ecology*. Cheltenham: Edward Elgar, pp. 3 - 15.

Lowe, E., Moran, S. R. and Holmes, D. (1995). A *Fieldbook for the Development of* Eco - Industrial Parks. Prepared for the U. S. Environmental Protection Agency. Oakland, CA: Indigo Development.

Martin, M. and Eklund, M. (2011). Improving the environmental performance of biofuels with industrial symbiosis. *Biomass and Bioenergy*, 35 (5), pp. 1747 - 1755.

Mathews, J. and Tan, H. (2011). Progress toward a circular economy in China. *Journal of Industrial Ecology*, 15 (3), pp. 435 - 457.

Pauliuk, S. and Hertwich, E. (2015). Socioeconomic metabolism as paradigm for studying the biophysical basis of human societies. *Ecological Economics*, 119, pp. 83 - 93.

UNEP (2002). *The Industrial Symbiosis in Kalundborg, Denmark*. Report prepared for UNEP Environmental Management for Industrial Estates: Information and Training Resources (www. unep. org/publications/search/pub_ details_ s. asp? ID = 132). At www. iisbe. org/iisbe/gbpn/documents/policies/instruments/UNEP - green - ind - zones/UNEP - GIZ - ppt - kalundborg%20case. pdf. Accessed September 8, 2016.

Tukker, A. (2015). Product services for a resource - efficient and circular economy: a review. *Journal of Cleaner Production*, 97, pp. 76 - 91.

Yuan, Z., Bi, J. and Moriguichi, Y. (2008). The circular economy: a new development strategy in China. *Journal of Industrial Ecology*, 10 (1 - 2), pp. 4 - 8.

第 11d1 章

房地产的可持续投资

Christopher Wright

引言

2015 年 12 月 3 日，作为巴黎气候峰会（Paris Climate Summit）正式议程的一部分，在巴黎组织举办了“绿色建筑日”（Green Building Day）活动。这是联合国气候变化框架公约（UNFCCC）缔约方会议（COP）首次将建成环境摆在如此显著的地位。该项活动表明，各国政府和其他利益相关方在实现减缓气候变化目标的过程中，越来越重视建成环境。

建筑物占全球最终能源消费的三分之一以上，是全球二氧化碳（CO_2）排放的重要驱动因素。据国际能源署（IEA）估计，要将全球温度上升限制在 2℃以内（在巴黎达成一致的目标），需要在现在的基础上，在 2050 年之前，将建筑部门的总二氧化碳排放量减少 77%。这相当于目前南美洲、非洲以及中东的合并总用电量（国际能源署，2013）。这项艰巨的挑战，对于房地产投资者而言，既是机遇，也是风险。

本章内容分为两部分。第一部分以发达经济体的写字楼市场为焦点，概述了绿色建筑行业的发展。第二部分介绍了一家大型房地产投资商——Norges Bank Real Estate Management（NBREM），挪威中央银行（又称“挪威银行”）资产管理业务范畴内的房地产部，管理挪威政府全球养老基金（Norwegian Government Pension Fund - Global）的可持续投资做法。

绿色建筑行业的发展

极少数行业能像全球房地产行业那样，发展出如此强大和繁荣的绿色业务圈（Fedrizzi，2015）。绿色建筑行业聚集了绿色材料和技术的制造商、推广可持续设计的建筑师和开发商、寻求购买和租赁绿色空间的业主和使用者，以及寻求房地产投资“绿色溢价”的投资者。行业标准和法规共同为房地产行业设定最低标准、提供财政激励措施并鼓励增加透明度，两者的结合大大规范了建筑物的设计、建造、交易和运营。

鼓励绿色建筑设计与运营发展的五个主要驱动因素是：租户需求、绿色建筑认证、绿色建筑法规、极端天气风险以及绿色建筑技术（挪威央行投资管理公司，2015）。

租户对绿色办公楼的需求

越来越多的商业租户寻求带有各种各样“绿色”特征的办公空间。对于业主而言，这可能会对建筑物的经济价值和绩效产生积极影响。对“绿色”特征与财务绩效通用指标之间的关系进行分析的研究表明，能源效率或可持续程度较高的商业写字楼，的确能实现更高的租金、占用率和销售价格（Lyons 等，2013；Jackson，2009；Pivo 和 Fisher，2010；Fuerst 和 McAllister，2011；Eichholtz 等，2010 以及 2013；Devine 和 Kok，2015）。

“可持续性溢价”有各种解释。首先，效率和可持续程度更高的建筑物，运营成本一般更低。对于业主而言，这就减少了与公共区域建筑管理服务有关的运营开支，以及转嫁给租户的相关服务费。对于租户而言，这能够降低其占用总成本（如租户负责支付公用事业费用，可直接减少其成本；在其他情况下，也能够通过较低的服务费而间接减少其成本）。例如，2006 年至 2009 年，欧洲委员会开展的一项调查发现，已有建筑物在完成可持续性方面的改进后，平均每年节约的能源高达 41%；美国一项类似的研究发现，建筑物整体平均节约了 15% 的能源（Mills 等，2004）。能源密集型服务行业的租户对绿色办公空间的需求更高。例如，对于有数据中心的金融服务公司，租用节能空间可能会带来更高的收益（Eichholtz 等，2013 和 2015；Wiencke，

2013）。

第二，许多租户之所以租赁绿色建筑物内的办公空间，是为了兑现负责任运营的承诺，而非仅仅为了节约成本（Bansal 和 Roth，2000；Malkani 和 Starik，2013；Mehdizadeh 等，2013）。企业（尤其公司总部）的办公室常被用于公共关系和品牌活动。许多租户会仔细地挑选办公场地，希望能够反映出他们想向雇员、客户以及其他利益相关方传递的公共形象。有很多租户还会公开报道其业务运作对环境的影响，其中就包括办公室的碳足迹（Devine 和 Kok，2015；Eichholtz 等，2015）。在上述情形下，绿色建筑能够帮助租户达到其自身的可持续性目标。

第三，许多企业租户之所以偏爱绿色建筑，是因为研究表明，绿色建筑能够为雇员提供更好的室内空气质量［世界绿色建筑委员会（WGBC），2014］。一份关于大型企业办公场所战略计划背后动机的欧洲调查发现，吸引和留住有才华的员工是最普遍的动机，其次则是提高员工的工作效率和节约成本（CBRE，2014/15）。以员工为重乃明智之举，因为员工成本——包括薪金和福利——往往占业务运营成本 90% 之多。因此，只要适度改善员工的健康和工作效率，就能为雇主带来显著的经济效益。研究发现，人力成本占总支出比例很大的金融服务部门，对可持续发展办公空间的需求特别高（Wiencke，2013）。

绿色建筑认证与基准比较

缺乏透明度是可持续投资的重要障碍。如果个人投资者无法区分“可持续发展”和“不可持续发展”的房地产公司、项目或金融产品，市场就不可能有效地进行资本分配。同样，如果关于建筑物“绿色”程度的信息可以查阅并且可信，那么租户就只会对“绿色”建筑物支付租金溢价。对于新建和已有建筑物，存在多种绿色建筑认证机制，在提升房地产透明度方面发挥了重要作用。认证机制通常会同时制定规范性标准（说明需要遵循的绿色建筑实践）和绩效标准（说明需要实现的目标）。该等标准完全以自愿为原则，但明确了绿色建筑设计与运营的定义，并规定了业主要将物业作为“绿色”建筑物来营销必须遵循的程序。

不同国家有不同的认证机制。其中，获得最广泛认可的是美国绿色建筑委员会（US Green Building Council）创建的 LEED 与英国建筑研究院集团（BRE Group）创建的 BREEAM 认证机制。LEED 将建筑物分为认证级、白银级、黄金级和铂金级，而 BREEAM 则根据九大类别——管理、健康与幸福；能源；运输；水；材料；废物；土地利用和生态；污染——记录下来的环境绩效，将建筑划分为五个级别——合格、良好、优秀、优异以及杰出。其他认证机制有绿色建筑标志（Green Mark）（新加坡）、CASBEE（日本）、Green Star（澳大利亚）、DGNB（德国）以及 HQE（法国）。此外，还有更多覆盖面较窄的建筑物评级机制，例如美国环境保护署（EPA）针对能源和水绩效制定的能源之星（Energy Star）计划，以及澳大利亚针对能源、水以及废物建立的澳大利亚国家建筑环境评估系统（National Australian Built Environment Rating System，简称“NABERS”）。

可以说，在投资者对可持续房地产的兴趣显著提高之前，绿色建筑行业便已发展壮大。以往，房地产投资者难以识别房地产投资组合中哪部分建筑物具备绿色建筑认证，更不用说建筑物的运营是否高效。自从 2009 年全球房地产可持续发展基准（Global Real Estate Sustainability Benchmark，简称“GRESB”）成立以来，这种情况有所改善。GRESB 是一家投资者驱动型组织，它开发了一种分析工具，用以提高可持续房地产管理中的透明度，并推广相关最佳实践。对于向其报告的每一份投资组合，GRESB 会按两个范畴进行评分：“管理与政策”主要考察管理者在可持续性方面的政策与流程；而“实施与衡量”则侧重于与具体投资组合相关的可持续行动与结果。GRESB 通过年度调查，对参与的投资组合、管理人员及企业进行排名。尽管读者无法基于 GRESB 的调查，对不同的建筑物进行基准比较，但是它所提供的投资组合层面的调查结果，已反映了建筑物的基本楼龄、建设与状况等问题，以及全球房地产市场的各种做法与期望。2015 年，参与该项调查的房地产企业和基金共 707 家，代表了 61 亿美元的机构资本，涉及来自不同房地产部门超过 61000 栋的建筑物（GRESB 网站，www. gresb. com）。

绿色建筑法规

许多国家级政府和市政当局都制定了法规，要求或鼓励业主在建筑物设计、运营、翻新和营销过程中，将可持续性作为其中一项考虑因素。建筑行业被认为是国际上应对气候变化工作的重中之重。关于可持续性的法规变化极快，人们经常呼吁制定更严格的法律，以提高现有建筑物的效率升级速度（国际能源署，2013）。鉴于大多数发达经济体将在未来3~5年内修订建筑法规，并有可能提高可持续性标准，这就为可持续性较差的物业带来了合规成本提高的重大风险。

针对建筑物环境绩效的现行法律有多种形式。第一，政府越来越多地要求业主收集并报告能源绩效信息。例如，美国数个市政府均要求业主向公共登记处提交能源数据，以便用于基准调查（Kontoosta，2013）。在欧洲，《建筑物能源绩效指令》（EPBD）带头提出要求，规定业主在大多数欧盟成员国销售或出租建筑物时，应获取并披露《能源绩效证书》（EPC）。这些披露的能源数据又通常可以在登记处网站公开查阅，因此市场能够将具体建筑物与对等建筑物进行基准对比。这种信息导向的法规能够大力推进可持续性绩效的提高，并促进将更多的资本分配给绿色建筑物。

第二，部分政府正在为建筑物设计与运营制定规范性要求（国际能源署，2013）。例如，新加坡要求业主定期进行能源审计，并满足与热封性能、采暖、通风与空调（HVAC）效率、照明、气密性以及分表等有关的要求。同样，纽约市要求商业楼宇业主进行能源审计，并在各个租户空间内安装分表。《2011年英国能源法》（UK Energy Act 2011）中制定了一项条文，规定在2018年以后出租未能达到规定最低能源绩效标准的物业，属于非法行为，这或许提示了未来的建筑物监管做法。这意味着，在能源效率方面表现不佳的建筑物，面临着被淘汰风险。

第三，一个相对较新的监管趋势，是鼓励业主和租户将可持续性考量因素纳入租赁合同之中。尽管许多国家都有该等条款，但是目前只有在法国的部分租赁中，该等条款具有强制性（CMS德和信律师事务所，2013）。绿色条款可包括对租户的以下要求：共享能源消耗数据等信息；按照绿色标准装备办公空间；或者分担能源效率提升的前期费用。后者解决了经常阻碍建筑物能源效率升级投资的动机分裂问题。许多采暖、制冷、通风以及采光方面的升级，均能够带来积极的投资回报，并且投资回报期相对较短。然而，根据大多数租赁协议，能源成本降低带来的好处并非由业主自己享有，而是以降低服务费的形式惠及租户。当业主无法直接收回能效升级方面的资本开支时，他们通常不会去追求能效升级。总体来说，这就导致了建筑物能效升级方面的投资不足。

极端天气风险

对于绿色建筑设计的推广而言，气候变化给建成环境造成的物理风险是一项越来越重要的驱动因素。单个建筑物在多大程度上面临气候变化风险——特别是极端天气事件——取决于其确切位置、物理抗风险能力以及应急方案。近期的极端天气事件对建筑物造成的损害相当高昂，这意味着许多建筑物当初建造时，并没有考虑到要抵挡我们今日所见的如此强劲和频繁的风暴和洪水。业主可以开展风险评估，对建筑物进行升级，提高建筑物的抗风险能力，并且购买相关损害险。天气波动性加剧，使得特别易受影响地区的投资者无法以合理的费用为其资产投保（Bienert，2014）。尽管建筑物物理损坏对业主造成的财务后果冲击最为显著，但其对占用者的影响也不相上下——他们可能会因此而面临业务中断或者保险费的意外上涨。此外，从租户的角度来看，极端天气还可能会损坏建筑物及其占用者所依靠的能源、水以及运输等基础设施，从而间接地产生额外费用。建筑物升级虽然能够消除和降低部分直接成本，但间接影响的预防难度更大，它们往往是通过应急计划来解决的。

绿色建筑技术

技术在绿色建筑行业里面发挥着重要的乘数效应（multiplier effect），它能够以更低的成本，实现更大的效率提升，从而加强了“绿色”功能的供应和需求。最重大的技术创新发生在三个相互关联的领域。

第一，建筑材料和设备的创新，让业主能够以更低的成本提供同等或更高质量的建筑物服务。比如，以效率最高、普及最快的照明技术发光二极管（LED）替代传统照明系统，结合自动传感器技术，能够在降低成本（节能、修理和维护方面的成本）的同时提高照明质量。建筑物热封、采暖与制冷以及设备与电器等方面也有类似的技术突破。

第二，建筑物管理技术方面的创新，让业主和租户有机会更好地管理公用事业开支。建筑行业一个显著的总体趋势是自动化程度的提高。新一代建筑管理系统（BMS）让业主能够通过数据终端，对采暖、制冷、通风、热水、照明及其他能源负载等技术服务进行实时集中监控和管理。在某些情况下，建筑物资产组合及相关设备可在集中监控和管理系统内联网。建筑管理系统能够让业主根据能源价格变动来调整能源使用情况，并利用公用事业财政激励措施，在供应短缺期间减少能源消耗。这一系统认为，基于天气、占用率及能源价格的波动所界定的动态系统对建筑物进行管理，是最好的办法。

第三，新一代公用事业仪表——即“智能仪表”——为能源使用提供了更透明、更准确的读数。由于智能仪表能够在很短的时间间隔，提供每个租户空间的详细账单，因此，业主可利用它们来帮助租户减少与能源或水消耗以及废物生成相关的费用。由于租户按实际使用的能源使用付费，而不是按建筑物总能源使用的固定份额结账，因此，他们控制自身能源消耗的财务动力会大增，控制成本的能力也会大幅提升。智能仪表正在逐步取代需要人工读取的常规仪表；后者的读取时间通常跨度更大，出错率也更高。

案例研究：Norges Bank Real Estate Management（NBREM）

挪威政府全球养老基金的使命是将石油收入转化为金融财富。该基金于1990年成立时，挪威财政部向挪威银行（挪威中央银行）下达任务，要求其代表挪威人民对基金进行管理。挪威银行的角色，是通过其资产管理部门挪威央行投资管理公司（NBIM）提供长期和专业的基金管理服务，让挪威人民世世代代受惠于挪威的石油财富。其最高目标是逐步实现尽可能最高的国际购买力，同时将风险控制在可接受的范围内。

2010年，挪威财政部下达了一项命令，要求在完成原有的上市股票与债券投资任务以外，再将该基金最高5%的资金投资于非上市房地产。2014年，房地产业务部被重组为Norges Bank Real Estate Management（NBREM），成为NBIM内部一个独立的组织，有自己的领导小组（NBIM，2016）。截至2015年年底，NBREM有超过100名员工，在5个不同时区设有6个办事处。NBREM已经建立了包含837套物业、总面积1700万平方米的全球非上市房地产投资组合，截至2015年年底，其价值为1800亿挪威克朗。NBREM主要通过合资方式对非上市房地产进行投资，双方投资类似的金额，有类似的投资眼界和理念，但 NBREM 直接拥有 100% 的所有权。

可持续性策略

非上市房地产投资在投资决策执行、管理框架、监督以及控制方面有别于上市股份和债券。这同样也反映在房地产投资者对负责任投资原则的应用方式上。房地产的可持续投资——通常被称为“负责任的物业投资”——是全球房地产市场的一种新兴做法。广义而言，它所采取的做法以“采用与投资者目标和信托责任一致的方式，将物业所有权、管理及开发对社会及自然环境造成的正面影响最大化，而将负面影响最小化”为宗旨（Pivo 和 McNamara，2008）。NBREM 的策略是，一方面致力于实现财政部设定的非上市房地产可持续性任务（要求关注能源效率、水消耗以及废物管理），在可接受的风险范围内实现良好、长期财务回报的总体目标，以两者之间的交集为重点。这个策略的背后是经验主义研究所支持的一种信念，即从长远来看，获得可持续管理的建筑物更可能产生财务价值。（Eichholtz 等，2015；Fuerst 和 van den Wetering，2015）

NBREM 的可持续性策略覆盖四个主要领域：尽职调查、基准测试、可持续性升级以及认证。

开展环境尽职调查

NBREM 在开展房地产投资之前，会对考虑购买的建筑物进行全面的相关环境风险审查。它聘请外部专家识别可能对环境有害或对健康不利的材料。主要考察对象是土地，以评估是否存在由于目前或过去对场地的使用而造成的、可能会引发环保法律责任的污染。尽职调查的内容通常包括检查建筑物，审查尚未了结的建筑法律法规违法行为，以及评估建筑系统和材料的物理状况及相关维修与置换成本。重大调查结果可能会影响建筑物的财务价值。

可持续发展绩效的基准测试

NBREM 使用 GRESB 的调查对其房地产投资组合进行可持续性基准测试（NBIM，2016）。2011 年，NBREM 成为 GRESB 的会员，并在近期加入了

GRESB 董事会，以推动提高资本市场可持续性方面的透明度。它利用该框架收集关于不同合资伙伴关系和直接投资的可持续发展绩效信息，并将其房地产的可持续管理工作与其他基金进行对比。每年，NBREM 都会与相应的合资伙伴和资产管理人讨论各个投资组合的优缺点。目的是识别能够纳入年度运营计划与预算的可持续性措施。NBREM 还公开披露 GRESB 对非上市房地产投资组合的总体评分，作为对其自身总体可持续发展绩效的衡量（NBIM，2016）。

NBREM 力求在 GRESB 提供的投资组合层面基准测试服务的基础上，增加建筑物层面的基准测试服务。虽然 GRESB 提高了投资组合层面的市场透明度，但是每栋建筑物在可持续性指标上的绩效透明度依然各不相同。目前产生的四种趋势，可能会让投资者更容易且更有必要去评估建筑物层面的可持续性数据。首先，智能仪表的普及让人们能够通过集中数据库更容易地查阅和共享公用事业数据。其次，能源披露法律向业主施加压力，要求他们公开信息并确保其建筑物的性能优于对等建筑物。再次，许多新成立的初创公司采用大数据策略，使用公开信息来对建筑物的能源绩效进行估计，迫使业主披露实际数据。最后，一批初创公司正在寻求将能源管理服务与各种各样咨询与报告服务整合起来，预计这种商业模型会降低收集和报告建筑物层面基准测试的成本，同时增加其效益。

可持续性升级

对建筑物进行升级，以使用可用的最佳技术，是良好资产管理的核心，也是提高运营效率和节约成本的重要内容。作为其资产管理工作的一部分，NBREM 已与其合作伙伴合作，将环保方案纳入所有运营计划和预算之中（NBIM，2016）。除了环保认证和报告外，2015 年，NBREM 与合作伙伴的合作还包括建立建筑物管理系统（BMS），用于监控整个投资组合内各建筑物的能源、水以及废物绩效，以及安装自动电表，以实现对能源消耗的连续分析以及识别可能需要改善的地方。NBREM 与其合作伙伴共同投资能源管理系统，以便逐步完善对各建筑物的公用事业成本跟踪。减少水消耗和改善废物管理的措施通常也是运营计划的一部分。

建筑物设计与运营认证

NBREM 的长期目标是为其所有办公零售大楼取得认证。获取绿色建筑认证是其 2015 年可持续性策略的一个重要方面。2015 年，在其超过 2000 平方米的办公零售大楼中，获得认证的比例从 42% 上升至 55%（NBIM，2016）。投资组合中获得认证的建筑物增加了 12 栋，其中有 8 栋是在 NBREM 持有所有权期间获得认证的，4 栋是在当年收购的已经获得认证的建筑物。此外，NBREM 购买了 12 栋未经认证的建筑物。NBREM 预期随着时间的推移，认证率会越来越高，以提高其投资组合的质量，减少总体运营成本，并提升其建筑物对租户的吸引力。

认证能为建筑物增加财务价值的观念，既得到了研究的支持，也为越来越多的业主所接受，尤其是其名下写字楼主要位于发达国家市场的业主。根据美国对已获得 LEED 认证的建筑物业主开展的一项调查，业主中有 80% 期望会吸引更多租户。一项研究发现，LEED 认证带来的租金溢价为 4% ~27% 不等，而“能源之星”认证带来的租金溢价则为 2% ~13%（Eichholtz 等，2013）。通过认证的建筑物之所有具有吸引力，还有一个原因是它们有利于提升业主和租户的声誉。全球部分国际公司以及美国众多政府部门，均已通过可持续发展政策，保证仅租赁认证建筑物的办公空间。最后，有证据表明，租户青睐通过认证的建筑物，是因为它们提供的建筑物服务更为优质（Devine 和 Kok，2015）。

参考文献

Bansal, P. and Roth, K.（2000）. Why companies go green: A model of ecological responsiveness. *Academy of Management Journal*, 43（4）, 717 –737.

Bienert, S.（2014）. *Extreme weather events and property values: Assessing new investment frameworks for the decades ahead*. London: Urban Land Institute.

CBRE（2014/15）. *European occupier survey* 2014/15: *Creating interconnected value: People, place and property*. Available at https: //researchgateway. cbre. com。查阅日期：2016 年 9 月 9 日。

CMS（2013）. *Green lease clauses in Europe*. Available at www. cmslegal. com。查阅日期：

2016年9月9日。

Devine, A. and Kok, N. (2015). Green certification and building performance: Implications for tangibles and intangibles. *Journal of Portfolio Management*, 41 (5), 151-163.

Eichholtz, P. M., Kok, N., and Quigley, J. M. (2010). Doing well by doing good? Green office buildings. *American Economic Review*, 100 (5), 2492-2509.

Eichholtz, P. M., Kok, N. and Quigley, J. M. (2013). The economics of green building. *Review of Economics and Statistics*, 95 (1), 50-63.

Eichholtz, P. M., Kok, N., and Quigley, J. M. (2015). Ecological responsiveness and corporate real estate. *Business and Society*, March.

Fedrizzi, R. (2015). *Green think: How profits can save the planet.* New York City: Disruption Books.

Fuerst, F. and McAllister, P. (2011). Green noise or green value? Measuring the effects of environmental certification on office values. *Real Estate Economics*, 39 (1), 45-69.

Fuerst, F. and van de Wetering, J. (2015). How does environmental efficiency impact on the rents of commercial offices in the UK? *Journal of Property Research*, June, doi: / 10.1080/09599916.2015.1047399.

IEA (2013). *Policy Pathways: Modernising building energy codes.* International Energy Agency. www.iea.org/publications/freepublications/publication/policy-pathways-modernising-building-energy-codes.html。查阅日期：2016年9月14日。

Jackson, J. (2009). How risky are sustainable real estate projects? An evaluation of LEED and Energy Star development options. *Journal of Sustainable Real Estate*, 1 (1), 91-106.

Kontokosta, C. E. (2013). Energy disclosure, market behavior, and the building data ecosystem. *Annals of the New York Academy of Sciences*, 1295 (1), 34-43.

Lyons, R., Bio Intelligence Service and IEEP (2013). *Energy performance certificates in buildings and their impact on transaction prices and rents in selected EU countries.* Final report prepared for European Commission (DG Energy).

https://ec.europa.eu/energy/sites/ener/files/documents/20130619-energy_performance_certificates_in_buildings.pdf。查阅日期：2016年9月9日。

Malkani, A. and Starik, M. (2013). The green building technology model: An approach to understanding the adoption of green office buildings. *Journal of Sustainable Real Estate*, 5 (1), 131-148.

Mehdizadeh, R., Fischer, M. and Celoza, A. (2013) LEED and energy efficiency: Do owners game the system? *Journal of Sustainable Real Estate*, 5 (1), 23 – 34.

Mills, E., Friedman, H., Powell, T., Bourassa, N., Claridge, D., Haasl, T. and Piette, M. A. (2004) *The cost – effectiveness of commercial – buildings commissioning: A meta – analysis of energy and non – energy impacts in existing buildings and new construction in the United States.*

Lawrence Berkeley National Laboratory Report no. 56637. Available at http: //evan-mills. lbl. gov/pubs/pdf/cx – costs – benefits. pdf。查阅日期：2016 年 10 月 18 日。

NBIM (2015) Global trends in real estate. NBIM Discussion note 02/15. Available at www. nbim. no/contentassets/cl99863ae8374916acl5e780662db960/nbim_ discussion notes_ 2 – 15. pdf。查阅日期：2016 年 9 月 9 日。

NBIM (2016), *Real Estate Investments*, Norges Bank Investment Management, April 2016. Available at www. e – pages. dk/nbim/145/。查阅日期：2016 年 9 月 14 日。

Pivo, G. and Fisher, J. (2010) Income, value, and returns in socially responsible office properties. *Journal of Real Estate Research*, 32 (3), 243 – 270.

Pivo, G. and McNamara, P. (2008) Sustainable and responsible property investing. In Sustainable investing: *The art of long – term performance*, ed. C. Krosinsky and N. Robins. London: Earthscan.

WGBC (2014) . *Health, wellbeing and productivity in offices: The next chapter for green building.*

World Green Building Council. Available at www. worldgbc. org/activities/health – wellbeing – productivity – offices/。查阅日期：2016 年 9 月 9 日。

Wiencke, A. (2013) Willingness to pay for green buildings: Empirical evidence from Switzerland. *Journal of Sustainable Real Estate*, 5 (1), 111 – 130.

第 11d2 章

LGP 公司

可持续房地产案例研究

Harold Bracy

Legal and General Property（LGP）在英国拥有的 760 多家物业，均以可持续发展为目标（2016 年）。可持续发展物业开发保护了各种利益相关方的长期利益（租户和社区以及投资者）。

皇家学会（Royal Society）近期发表的研究表明，适度的物业翻新能够大大减少能源消耗（Qomi 等，2016）。该项研究发现，对马萨诸塞州剑桥市性能最差的建筑物（仅占 16%）进行翻新后，能够将整个城市的天然气用量削减 40%。LGP 已经认识到此类有针对性的改进的价值，成为可持续发展房地产的领导者，致力于在与宏伟的可持续发展目标保持一致的同时，为其投资增值。

成效

LGP 计划到 2020 年，在 2010 年的基础上，将其所有物业的二氧化碳、水以及能源消耗削减 20%。迄今为止成效显著：

- 电力使用和二氧化碳排放削减了 17%。
- 燃料使用削减了 23%。
- 水使用削减了 7%。

此外，总废物的 87% 得到回收利用，且 LGP 对 95% 的供应商碳排放进行了测量。LGP 的建筑物中有 96% 持有 F 和 G 以上级别的《能源绩效证书》

（EPC）。

除此以外，最重要的是，LGP 最大的物业基金——英国物业基金（UK Property Fund）的业绩一直优于指数。在其对所有资产进行完善，使之获得 C 以上级别的同时，其价值在 2015 年的 9 个月内增加了 22%。

策略

LGP 的成功似乎在于两个方面：一是利益相关方的参与，一是高效的设计；同时，其制定了明确的基准来同时催动这二者。LGP 约有 95% 的排放由租户直接控制，这意味着 LGP 把租户的参与放在首位。尽管 LGP 保证有至少 80% 的租户接受过其管理代理人的调查，但是它所采取的形式逐渐从调查问卷变为与租户开展一对一谈话，不断学习如何更好地提供可持续发展的居住空间。同样，LGP 将可持续性标准纳入管理代理合同，确保对所有物业实施资产可持续性计划（Asset Sustainability Plan，ASP）。此外，LGP 对几乎所有供应商的碳排放进行测量，以便能够对其建筑物的嵌入式与可操控的碳排放进行评估。在设计方面，LGP 以最容易取得的成果为目标，计划对绩效最差的资产进行翻新，同时确保所有新物业均能在 EPC 评级中获得至少 B 级的成绩。LGP 有三套物业带有太阳能电池板，一套物业对 99% 的废物进行回收利用，其余物业则从水力发电获得 80% 的能源，经过改良的 HVAC 系统节省了高达 22% 的能源。

LGP 与英国国家能源基金会（National Energy Foundation）合作创立了"VolDecs"，以对其可持续发展进程进行指导和衡量。VolDecs 是一项创新的可持续性基准，与理论性更强、以调查为依据的 EPC 相反，VolDecs 考察的是运营数据。显然，LGP 采用明确的基准让租户、供应商以及设计师参与进来的小举措，为所有当事方增加了该等物业的长期价值。作为潮流的引领者，LGP 通过降低潜在监管和环境成本，吸引了有环保意识的租户和投资者。

参考文献

Legal and General Investment Management（2016）. *Legal and General Property Sustainability Review* 2015. Available at www. lgim. com/library/property/lgp_ sustainability_ review. pdf。查阅

日期：2016 年 9 月 9 日。

Qomi, M. J. A. , Noshadravan A. , Sobstyl, J. M. , Toole, J. , Ferreira, J. , Pellenq, R. J. – M. , Ulm, F – J. and Gonzalez, M. C. (2016) . Data analytics for simplifying thermal efficiency planning in cities . *Journal of the Royal Society Interface* (online), vol. 13 (117) . Available at http://rsif. royalsocietypublishing. org/content/13/117/20150971。查阅日期：2016 年 9 月 9 日。

第 11e 章

基 础 设 施

Helene Winch

可再生能源基础设施的定义

作为一种资产类别，基础设施通常需要具备以下几种突出投资特点：

1. 直接取得实物资产，如有形资产；
2. 有稳定的、通胀连动的现金流，通常有政府支持；
3. 资产寿命可达 20 年或以上；
4. 与股本市场和 GDP 脱钩，不受金融系统风险影响；
5. 维护成本低，直接投资以后费用很低。

可再生能源更难定义，其中，太阳能光伏（PV）和风能吸引了当前大部分投资，其原因是这些技术已臻成熟，且具备可大规模应用的特点。此外，可再生能源还包括生物能（包括厌氧消化）、水力发电、地热能和海洋能（海浪/潮汐）等。低碳能源资产“分类”的一个渊源是全球投资者联盟低碳投资登记簿[1]。

2015 年的经济合作与发展组织[2]（OECD）国家装机容量显示，在可再生能源结构中，风能和太阳能光伏占据主导地位。由于历史原因，作为成熟技术的水力发电也继续占有较大份额（图 11e.1）。两者占比分别为 9.0% 和 6.3%。

根据上述定义可以看出，直接拥有的未上市风能或太阳能光伏资产，只要可以发电，并以通胀连动价格通过 PPA（《电力购买协议》[3]）进行售电，就符合基础设施定义的所有特点。值得注意的是，使用化石燃料的发电资产，由于原料成本中存在巨大的石油价格风险，因此可能不具备通胀连动的、稳定的现金流，从而不满足基础设施的核心标准。

可再生能源发电仅受太阳能光强和风速影响，因此，其收入与金融市场或GDP无关。根据以往经验，短期天气模式存在均值回归现象，而对于中期（数年时间）来说，收入非常稳定。

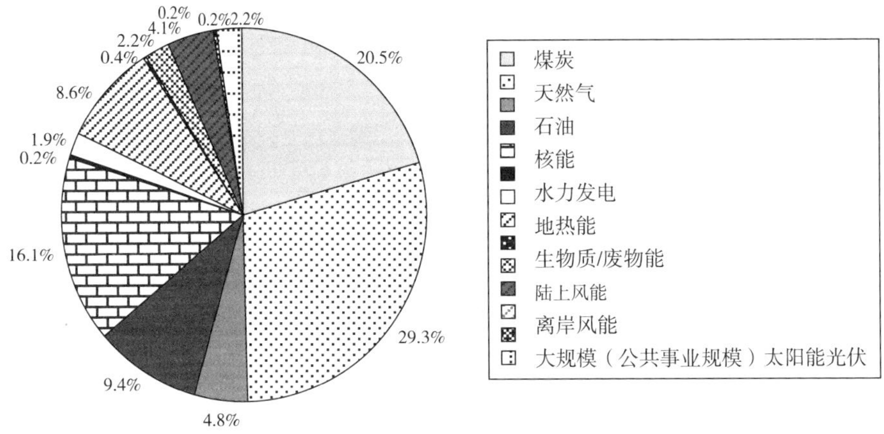

资料来源：《彭博新能源财经》，www. bnef. com/core/new - energy - outlook。

图 11e.1　OECD国家不同技术的累积装机容量，2015

在一些项目中，投资人可能会暴露于电价风险敞口。然而，在大多数国家，国内电价属于通胀因素的一部分。能源价格上涨，作为突然通胀的主因之一，会对投资组合造成负面影响。在能源价格上涨时，能源价格风险可以与通胀对冲，达到分散风险的效果。可再生能源基础设施也可以与碳价风险对冲（通过电价，因为电价包括碳成本），而碳价风险可能存在于投资组合的其他地方（如存在于上市股权分配中）。

近年来，很多国家通过提供通胀连动的政府补贴来提高未来现金流的"保值性"，进而鼓励可再生能源装机容量的开发与建设。不论是否有意为之，在这一举措的刺激下，产生了大量的极具投资吸引力的基础设施资产。

需要指出的是，具有通胀连动的现金流，对于资产而言意义重大：在世界范围内，很多财富的管理或投资都明确或隐含地考虑了国内通胀因素，不论是主权基金（如新西兰超级基金），还是企业养老金计划（如英国电信养老金计划），或是大学基金（如哈佛大学基金）。

市场收益率与联动关系

对于可再生能源基础设施来说，历史风险调整收益率很难计算，原因有二：第一，这些信息在市场上不公开透明；第二，可再生能源是一种新兴的、迅速发展的资产类型。

人们常常使用更透明的、上市基础设施指标，来代表未上市基础设施市场的情况。道·琼斯布鲁克菲尔德全球基础设施指数等数据序列常常会被引用。过去十年间，该指数每年回归8.93%，波动幅度13.81%，与通胀呈正相关关系[4]。

英国 Yieldcos 公司（上市工具，包括多元化经营资产，涉及风能和太阳能）当前的目标是实现6%的通胀连动投资收益。然而，对投资人来说，税收假设、电价假设和杠杆水平不透明都是潜在风险。

英国不同运营技术的指示性长期无杠杆税前收益率如下（经合组织国家的收益率与此类似，但会根据当地关税结构而有所差异）：

- 英国离岸风能，收益率约为 9% ~11%。离岸风能一般强劲稳定，物理障碍很少，与陆上风能相比，波动较低。运营成本高于陆上风能。
- 英国陆上风能，收益率约 8%。陆上风能波动更大。
- 英国太阳能光伏，收益率约 7%。太阳能光伏波动低，因为太阳辐射强度通常可预见且具有季节性。由于设施静止，运营成本很低。

在英国，一旦时间尺度超过 12 个月，风能和太阳能光伏是互不相关的两种自然资源。但是放在更短的时间段内，两者之间偶尔可能会出现相关性[5]。

由于在气候变化的环境下，无法根据历史收益率预测未来，因此，默瑟在 2015 年[6]的研究中使用了前瞻性情景分析，该研究题为“气候变化时代的投资”。下文的摘要图表明，可再生能源作为一个行业，基础设施作为一种资产类型，收益率比其他投资（每年 3.5%）要分别高出 0.73% 和 0.5%（图 11e.2 和图 11e.3）。

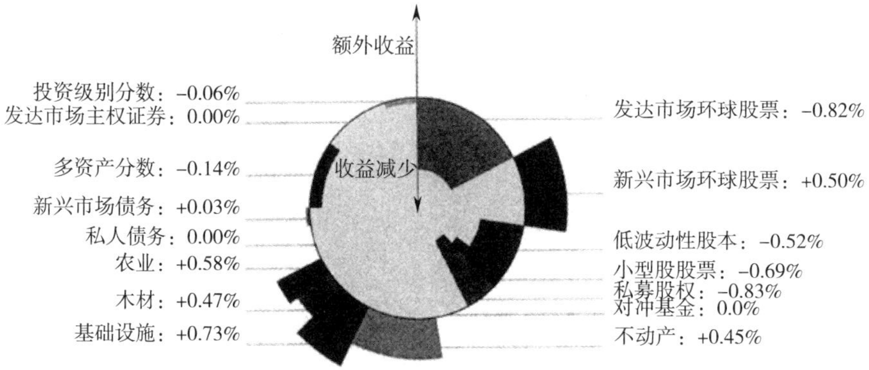

资料来源：Mercer，www. mercer. com/our - thinking/investing - in - a - time - of - climate - change. html.

图 11e. 2　对未来收益率的影响（根据资产类型划分）

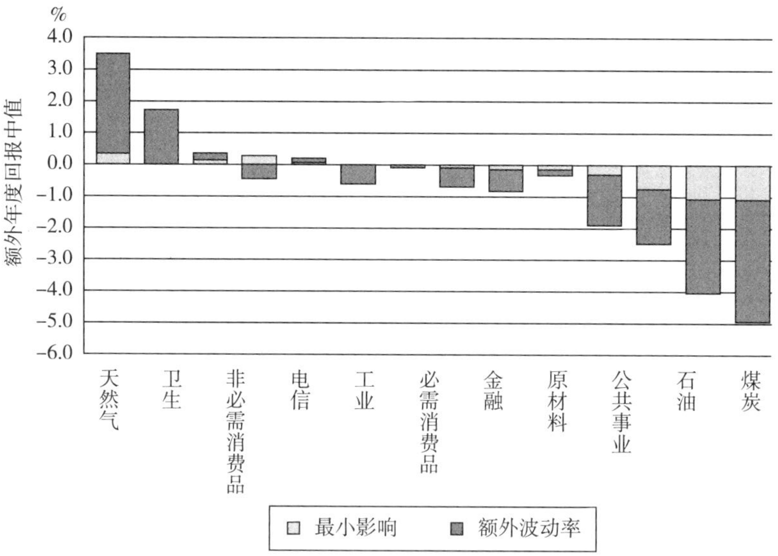

资料来源：Mercer，www. mercer. com/our - thinking/investing - in - a - time - of - climate - change. html.

图 11e. 3　对未来收益率的影响（根据行业划分）

政策风险

与那些政府补贴在现金流中占比较大的项目相比，投资人通常更倾向于选择的补贴收入较少，但用电成本接近电网平价的项目[7]，这样补贴政策变动时风险较小。

与化石燃料竞争

由于很多可再生能源发电技术的投入成本很小甚至为零，能够提供长期的低成本用电，因此，无论全球石油和天然气价格如何，可再生能源发电技术都可以与化石燃料发电进行竞争。

运营管理

资产的日常运营管理可以外包给能够实现运营、设备效率及售电管理最优化的第三方。运营成本通常较低，包括租金成本、税金、保险、网费和设备维护成本等。设计寿命结束时，通常可以通过协商来延展土地租赁及规划许可；资产可以继续发电，尽管一些资产如风能发电设备需要更新改造。一般来说，考虑到零部件更换或退役成本，运营管理成本一般会按照一个年自然增长率进行计算。

金融结构

权利的特性由资产决定，但也会受到金融结构影响。杠杆作用过大，会大大增加风险，如季节性的收入波动敏感，也会降低通胀敏感度，并引入新的风险（如管理贷款契约条款）。对可再生能源资产债务进行投资，无法像直接投资那样取得实物资产，却承担同样的风险。直接投资资产股权的配置可以非常集中，仅仅针对一种技术或一种补贴制度；这种情况与投资整个资产组合相比，投资的风险会增加。

需要对可再生能源进行多少投资？

人们通常认为，发达国家需要投资以更换老旧、效率低下的基础设施，同时完成从化石燃料发电向零碳排放发电转型。由于能源效率提升，过去GDP与电力需求挂钩的历史已经终结，这就意味着，在经合组织国家，GDP增长未必意味着能源需求的增加。然而，在发展中国家，需要投资兴建电厂，使更多人能够用上电［据彭博新能源财经（BNEF）估计，截至2040年，非经合组织国家的电能装机容量将从今天的3000兆瓦增加到10000兆瓦］。

《巴黎协定》[8]承诺，温室气体排放将于2030年达到峰值（约40GT CO_2）；并且将在2050年之前实现温室气体零排放。由于基础设施寿命至少为25年（很多太阳能发电资产保证25年寿命，可以使用超过40年，却无需再追加大额投资）。目前我们只考虑建设可再生能源资产，而非碳排放资产，因为后者在20~30年后会退出历史舞台。

彭博新能源财经（BNEF）《新能源展望（2015）》的预测[9]

根据彭博新能源财经预测，基于低需求增长情景分析，在未来25年内，经合组织国家的可再生能源装机容量每年将新增60兆瓦。估计到2040年，全球将有12.2万亿美元投资用于发电领域，其中超过60%的投资用于可再生能源发电，主要是太阳能。彭博新能源财经还预测，可再生能源在发电中的比例将从2015年的35%增加到2040年的64%。这种转型已经发生：丹麦可再生能源发电已占到全国电力的60%，英国在2015年达到了25%；在《可再生能源指令II》的框架下，欧盟的目标是在2030年之前，使可再生能源发电占比达到30%。

国际能源署（IEA）《世界能源展望（2015）》的预测[10]

国际能源署（IEA）预测，在2030年之前，为使全球气温上升控制在2℃以内，我们需要每年投资4000亿美元［国际能源署《世界能源展望（2015）》］。国际能源署强调，需要投资的领域还包括电力输送和传输，例如，国家之间的互联线路，升级实现智能电网，以应对小型、地方性的发电增长。国际能源署预测，2015 年至 2040 年期间，经合组织欧洲国家各种发电技术的新增投资需求如下：风能发电，8520 亿美元；太阳能发电，3570 亿美元；水力发电，1430 亿美元；生物能发电，1260 亿美元；其他发电，980 亿美元。

如何做到大规模地提供经济适用且可再生的能源？

不同机构所做的预测不尽相同，但是所有人都同意：为实现能源转型，我们需要进行大量投资。一些投资可以从现有的化石燃料中转移过来，这也是投资人在撤资争论中探讨的一个主题。气候变化机构投资者集团（IIGCC）发布的《气候变化投资解决方案》报告[11]指出，为使未来全球气温上升控制在 2℃之内，投资人需要将其资产的 25% 投资于气候变化相关领域。通过观察机构投资者对基础设施的投资配置可以发现，当前，这些配置在总体投资组合中占比为 0% 到 10%，在大型养老金计划中平均占比为 3%。据经合组织估计，全球投资市场总值为 100 万亿美元，我们假定在气候变化投资领域，未来所有的基础设施全部为可再生能源，那么，长期可再生能源基础设施投资可能达到约 3 万亿美元。然而，政策制定者和监管者需要对该领域投资进行鼓励，促进其流入“投资级别”的基础设施，并通过金融创新手段，帮助投资者履行承诺，减少投资组合的碳足迹，将资本重新配置给气候变化领域。

在英国，《气候变化法案》（由气候变化委员会（CCC）协助制定）提供了一个脱碳框架，并制定了五年的碳预算。该框架的实施需要政府政策及相关法规的支持。此外，英国最新的可再生能源战略表明，政府补贴确实成功地鼓励了投资，其直接表现是，2014 年到 2016 年期间，太阳能光伏装机从 3 千兆瓦迅速增加到近 10 千兆瓦（见图 11e. 4）。

机构投资者参与可再生能源的案例

在 2010—2015 年，很多顶级投资人投资于“清洁技术”公司，包括新技

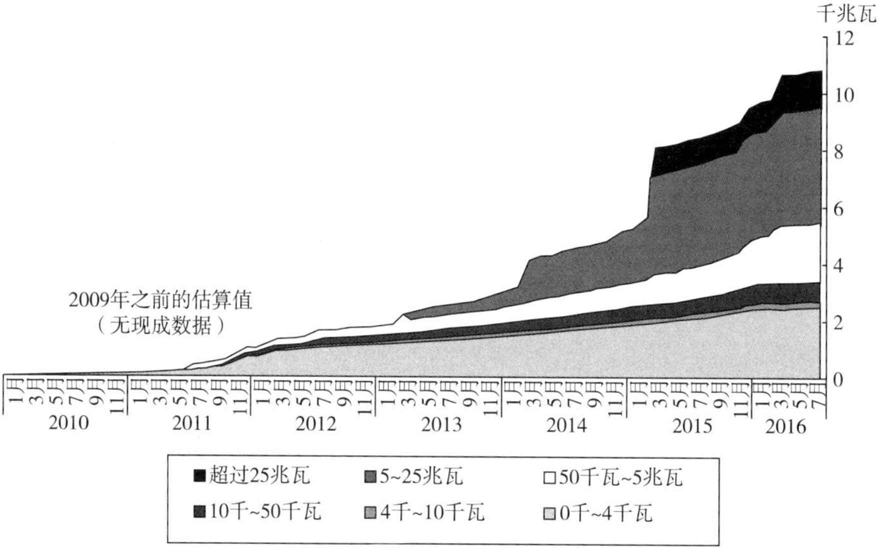

资料来源：英国能源与气候变化部，网址：www. gov. uk/government/organisations/department - of - - energy - climate - change。

图 11e. 4　英国太阳能部署容量（截至 2016 年 10 月）

术开发公司及太阳能和风能生产商。不幸的是，尽管很多投资主题已成功落地，中国政府对该主题和技术的统筹与支持却带来了规模化生产，导致单价下降，从而影响了商业和投资收益率。

最近，一些投资机构［包括英国电信养老金计划、太平洋温室气体观测计划和丹麦养老金计划（通过哥本哈根基础设施合作伙伴实施）］开始把对可再生能源资产进行直接投资作为其基础设施投资组合的一部分。这些投资均包括长期的、通胀连动的现金流，可以很理想地与负债相匹配。大多数投资者已在国内市场开始运作，他们希望对技术熟悉后，考虑进军国际市场。很多投资者与行业合作伙伴紧密合作，共同承担建造、运营风险、电价管理等事宜。例如，英国电信养老金计划与法国电力公司合作开展的陆上风能项目，太平洋温室气体观测计划与特里多斯银行的合作，以及哥本哈根基础设施合作伙伴公司与丹麦石油天然气公司的合作等[12]。

已知的不确定性因素

如前所述，我们需要鼓励能源转型，手段可以是补贴（如西班牙、德国和英国）、税收（如美国）、政府直接投资（丹麦、中国），抑或设定高额碳税（欧洲、中国）。

最佳实践优先考虑对能源补贴进行拍卖，以促进新可再生能源开发的效率提升和价格继续下调，与迅速降低的单价成本保持步调一致。专注于开发相关技术，利用当地资源取得最好结果，也是一种最佳实践（如英国和离岸风能和潮汐能）。

在需求模式已知并考虑了储能的潜在影响的情况下，供给变动的不确定性依然存在。分散式能源发电（包括离网和微型电网发电）如何运作？资金来源于哪里，政府有钱吗？如何鼓励投资人在得到其所需的确定性政策之前进行投资？我们需要设定更高的碳价来鼓励投资吗？如何处理用电、供热、运输之间及发电、传输、消费者之间相互联系的不断加强和复杂性的不断升级？

在欧洲，供热和能源效率仍是一个巨大的挑战。在英国，供热占到所有能源消耗的40%。2010 年，当麦肯锡发布温室气体减排成本曲线[13]时，人们相信，能源效率项目带来的短期投资回报可以确保投资源源不断。但不幸的是，人类的行为特点和不愿改变的倾向成为了这些投资的绊脚石。

在 2050 年之前实现零碳排放经济的障碍

从太阳能和风能的曲线可以看到，技术成本和发电成本持续降低，效率和负载因子不断提升，平均站点容量不断增长。太阳能设备成本有望在2015—2030 年再降低一半。储能的技术创新比预期发展得更快。此外，可再生能源设施建设快速简单：风能发电场只需 9 个月，而太阳能发电场只需 3 ~ 6 个月，建设周期大大短于其他能源发电技术。尽管石油价格有所下降，但与可再生能源发电的成本相比，化石燃料的竞争力正在日益削弱，随着时间推移，这种趋势可能会由于高碳价和配套法规的出台而变得更为凸显。

然而，对投资人而言，还存在一个问题：私募市场和历史数据缺少透明度。如果能够分析这些数据，可能会显示出强劲的投资收益率，进而吸引大量投资。吸引投资的关键因素包括能带来现金流的优质风能或太阳能资源、配套的长期政策或补贴措施，以及长期的“可兑现”的能源市场。一个悬而未决的不确定因素是金融模型假设。对可再生能源资产来说，初期资金投资虽然高，但完成初期投资之后，即能以最小的运营或输入成本，收获类似于债券的长期现金流。那么，问题是：对于这些稳定、可预见的且常常由政府担保的现金流，投资收益率需要达到什么水平？

注释：

1. Global Investor Coalition on Climate Change（GIC）Low Carbon Investment（LCI）registry taxonomy published at http：//globalinvestorcoalition. org/wp – content/uploads/2015/10/LCI – Registry – Taxonomy_ 3rd – Release_ 211015. pdf。查阅日期：2016 年 6 月 6 日。

2. OECD（Organisation for Economic Cooperation and Development）.

3. Google is leading on market practice on developing the green PPAs market, see https：//static. googleusercontent. com/external_ content/untrusted_ dlcp/www. google. com/en/us/green/pdfs/renewable – energy. pdf。查阅日期：2016 年 6 月 6 日。

4. Cheng, T. and Srivastava, V. (2015) ‘Approaches to benchmarking listed infrastructure’, S&P Dow Jones Indices published October 2015.（https：//us. spindices. com/documents/research/research – approaches – to – benchmarking – listed – infrastructure. pdf。查阅日期：2016 年 6 月 6 日。

5. Bett, P. E. and Thornton, H. E. (2016) ‘The climatological relationships between wind and solar energy supply in Britain’. *Renewable Energy*, 87, 1 – 14.

6. www. mercer. com/our – thinking/investing – in – a – time – of – climate – change. html。查阅日期：2016 年 9 月 29 日。

7. Grid parity is when a renewable energy source electricity generation cost is the same as the cost of buying electricity from the market via the electricity grid.

8. The Paris Agreement was agreed on 12 December 2015 at the COP21 by 195 countries; see the – agreement at http：//unfccc. int/resource/docs/2015/cop21/eng/109r01. pdf。查阅日期：2016 年 9 月 8 日。

9. Source：Bloomberg New Energy Finance, www. bncf. com/core/new – energy – outlook。

查阅日期：2016 年 4 月。

10. International Energy Agency. (2015) ‘World energy outlook 2015’. www. worldenergyoutlook. org/weo2015/。查阅日期：2016 年 9 月 8 日。

11. Institutional Investors Group on Climate change (IIGCC), www. iigcc. org。查阅日期：2016 年 9 月 8 日。

12. Further reading is available in the following reports：IIGCC's *Climate Change Investment Solutions*, OECD's *Mapping Channels and* UNEP – FI's *From Disclosure to Action.*

13. Example of the costs curves at www. mckinsey. com/business – functions/sustainability – and – resource – productivity/our – insights/impact – of – the – financial – crisis – on – carbon – economics – version – 21。查阅日期：2016 年 9 月 8 日。

第 11f 章

可持续固定收益投资的发展情况

Ali Edelstein

在产业兴起时期，可持续、负责任和影响力（SRI）的投资对象通常是上市股票（Roy 和 Gitman，2012）。根据美世公司的报告，2012 年，SRI 策略中只有 20% 被用于投资固定收益产品（Ambachtsheer 和 Burstein，2012）；但是，这一比例一直在不断增长。以总部设在波士顿的 Breckinridge 资本顾问公司（BCA）为例，该公司管理资产规模约为 250 亿美元，是专注于 SRI 策略的最大的固定收益顾问公司之一。从 2011 年开始，它将环境、社会和公司治理（ESG）因素整合到传统的信用分析中，并要求行使股东参与权利。2015 年 12 月，该公司的可持续战略资产超过 10 亿美元，这充分表明市场对 SRI 固定收益顾问公司的兴趣越来越大，原因包括全球风险增加、客户需求、ESG 因素的重要性提升以及绿色债券的发展等。2015 年，绿色债券发行创下了 410 亿美元的纪录（Shankleman，2016）。本章将探讨 SRI 固定收益投资的发展状况，尤其是深入探索绿色债券，展示其业已取得的进步以及有待改善的空间。固定收益产品特指企业、市政、国家及超国家债券。

在这一资产类别中，在风险缓释的推动下，负面筛选或以价值观为基准的投资，开始向同类最佳和 ESG 整合投资转变，这正是当今市场的走向。持有 10 年期和 20 年期债券的投资者，希望了解在未来，气候变化等长期风险将对债券发行人的资产、收入及信用质量产生的影响，并将研究结果纳入信用分析中，以评估债券的相对价值。事实上，在比较标准普尔 500ESG 评级最高的 100 家公司的净收入波动时，BCA（2015）发现，ESG 评级较高的公司信贷，收益变化较小。因此，可持续发展问题的长期性，与固定收益市场较长的还款期和持有模式是互相吻合的。固定收益投资者越来越相信，ESG 因素会影响信贷质量，并且正在要求各评级机构与联合国负责任投资原则组织（UN PRI）合作，更有系统地将 ESG 考量因素纳入债券信贷评级。截至 2016 年 5 月，该组织已获得了标准普尔全球评级、穆迪、大公、Scope、大马评级和 Liberum 评级（UN PRI 2016）的合作承诺，这表明 ESG 将来可能会直接影响借款人的资本成本。这是一个根本性的发展变更，因为在过去，ESG 数据从未把重点放在固定收益市场上——而这一市场的规模要超过股票市场。由于客户在固定收益策略中对 ESG 数据的需求不断增加，需要更加全面的信用评级，供该领域新进投资者使用。

客户需求的增长有几个原因。首先，这是固定收益市场规模巨大的一个必然结果。2015 年，固定收益市场新发行量达到 6.4 万亿美元，每日平均交易额约为 7000 亿美元，相比之下，股票市场的每日平均交易额仅为 2000 亿美元（SIFMA，2016）。整体回报低迷也是客户需求增长的原因之一。在美国 SIF 2016 年会上，Grandfield&Dodd 有限责任公司负责人 Jeffrey MacDonagh 强调："在回报低迷的环境下，能够向投资者讲述固定收益投资背后的故事，确实是一个加分项。"事实上，与 ESG 相关的故事是一些客户在众多高等级、低回报的债券中作出选择的决定性因素。而对于其他人，ESG 因素更是投资过程中的核心部分，在投资顾问的信义义务中发挥着关键作用——可持续性会计准则委员会（SASB）、George Serafeim 教授和美国劳工部（DOL）近期的研究结果都支持这一观点。SASB 的研究强调，行业所特有的 ESG 因素会造成重要影响。Serafeim（Mozaffar 等，2015）在基于这些因素考查公司的发展情况时，发现在重要 ESG 问题上表现良好的公司，在绩效表现上也优于其他在相同重要因素上表现不佳的公司。最后，在 2015 年 10 月，美国劳工部针对《雇员退休收入保障法》下的退休计划，重新发布了有针对性的经济投资指导文件，承认受信人在对相互竞争的投资选择进行经济和金融价值分析时，可将 ESG 因素作为"决定性因素"和"适当组成部分"。目前，雇员退休计划可将 ESG 因素纳入信用分析，许多投资者客户也正在提出这一要求。

因此，风险缓释和客户需求导致了 SRI 固定收益的现状，而 ESG 的突出作用和影响力投资将推动其进一步发展。目前，投资者已将固定收益产品视为最具影响力的资产类别之一，因为固定收益允许投资者对可持续债券发行人更直接地进行投资；这与股票不同，后者的主要交易活动在于次级交易。此外，固定收益工具可以提供“资金用途”资料，使投资者更多了解资金去向，允许投资者选择绿色债券等影响力投资，将其资金用于交通和公用基础设施等有利于环境的投资项目。绿色债券的重要性将继续加强，因其结构和利润均有较明确的界定，而且公司、市政、国家和超国家实体发行人正在通力合作，为向更绿色的经济转型提供资金。例如，2015 年在巴黎召开的第 21 届联合国气候变化大会（COP21）即已达成协议，承诺将全球变暖控制在 2 摄氏度以下。

绿色债券

因此，绿色债券是 SRI 固定收益的一个子类，通常由公司、市政、国家和超国家实体发行，用以资助有利于环境的项目。2007 年，欧洲投资银行和世界银行首次发行了绿色债券。5 年后的 2013 年，马萨诸塞州和美国银行在美国发行了首个市政和企业绿色债券，分别为 1 亿美元和 5 亿美元。从那时到 2014 年，绿色债券市场规模翻了三番，从 110 亿美元增加到 366 亿美元（CBI，2014）——因此，市场对 2015 年的期望值很高，预计发行量将高达 1000 亿美元。但是，令人遗憾的是，2015 年绿色债券市场的发行量只有 410 亿美元，使投资者困惑不解。

不管怎样，COP21 的有力承诺和日益增长的基础设施建设，都需要绿色融资，而到目前为止，现有的绿色债券也都表现良好。2016 年，新兴市场已经发行了 100 亿美元的绿色债券——较去年翻了一番有余（Hughes 等，2016）。其中，上海浦东发展银行（中国）两次发行共 50 亿美元，兴业银行（中国）发行了 15 亿美元，青岛银行（中国）发行了 6 亿美元，以及最近一次 2016 年 5 月印度同心银行发行了 5 亿美元。市场对发行的绿色债券吸收良好，大部分绿色债券交易均被大量超额认购。虽然气候债券倡议组织建议，该市场的定价应以平价为基础——即绿色债券的定价应与同一发行人的普通债券或传统债券相同——但据巴克莱银行（2015）的一项主要研究显示，投资者目前在二级市场购买绿色债券需支付溢价，这表明一级市场的趋势可能会有所改变。巴克莱银行的研究（2015 年）指出，在二级市场中，在考虑到信贷风险、期限及其他特点之后，绿色债券交易比常规债券高17个基点。最后，巴克莱银行（2015年）证实，随着市场的增长，绿色债券投资者的溢价也稳定增长，并且敏锐地指出："如果这种差距继续扩大，投资者及其支持者将需要考虑他们到底愿意为绿色投资支付多少对价。"

对绿色债券的定义、利益和成本负担的顾虑，或许是抑制市场增长的最大原因之一，气候债券倡议（CBI）和绿色债券原则（GBP）等组织正在努力扭转这一局面。这些组织试图更清晰地定义什么是绿色债券，并清晰界定投资者和发行人的利益。根据ICMA（2015）的定义，绿色债券必须满足如下条件：（1）融资对象为已确定的环境可持续项目；（2）遵循发行人的项目评估和选择流程，并可能需要接受第三方研究机构如Sustainalytics或Vigeo的评估；（3）"资金用途"是确认绿色债券的关键因素，必须保证在发行人组织内部的可追踪性，通常采用专项分账；（4）需要发布年度报告，以促进资金的有效使用和信息披露。符合上述定义的绿色债券有助于投资者以最小的风险提高投资组合中ESG的比例，履行其作为UN PRI签字方的承诺，并向最终资产所有者提供影响力报告（CBI 2016），费用通常由发行人承担，因为第三方保险和影响报告等附加费用不会在一级发行中转移给投资者。因此，发行人目前缺乏发行绿色债券而不是传统债券的明确动力，阻碍了对气候变化进程的投资。然而，这些原则都是自愿性质的，缺乏合规标准，这意味着如果绿色债券资金没有被适当使用，投资者也往往没有追索权，这也给投资者带来了疑虑。

下一步的发展

对SRI固定收益投资创新形式的挑战仍然存在，但这并不能阻挡绿色债券和其他形式的影响力投资的增长。例如，2016年5月，星巴克发行了第一只"可持续性债券"，一种10年期、回报率为2.45%的5亿美元的优先债券，与绿色债券的结构非常接近，为ESG项目提供资金并发布年度报告。星巴克（2016）宣布，这笔资金将用于资助从符合道德采购规范的供应商处进行的采购、咖啡种植地区农民支持中心的开发和运营，以及通过星巴克全球农民基金会发放的短期和长期贷款。对星巴克而言这些并不是新项目——该公司承诺在债券有效期内自始至终报告资金使用情况——它向美国证券交易委员会提交的文件中也声明:“预期2026年债券销售所得净收益，大部分将在发行之日起一年内用于符合条件的可持续发展项目。”这些因素——再结合星巴克避免使用“绿色债券”这一术语的谨慎态度——导致一些投资者质疑这一举措只不过是星巴克可持续发展的市场营销计划，而不是对影响力投资的真正承诺。星巴克全球咖啡执行副总裁Craig Russell简短回应道:“这种新的可持续性债券提供了一种途径，能够让投资者更好地了解我们的工作，确保农民和我们的行业拥有美好的未来”，并特别强调了透明度和教育。公司首席财务官Scott Maw补充道:“发行针对可持续采购的债券，表明可持续发展不仅仅是一个锦上添花的附加值，更是星巴克——包括我们的战略和财务——不可或缺的一部分。”星巴克的可持续性债券与绿色债券的结构高度类似，但它是以“可持续性债券”命名的第一只债券，所以它的真实属性还有待观察。

今后，SRI固定收益市场将寻求规模化、标准化，以及更清晰地界定发行人与投资者之间的风险和回报。随着绿色债券市场的规模扩大，特别针对绿色债券的投资组合也将得到发展。标准化将有助于在SRI固定收益市场中更好地教育最终资产所有者，也有利于对债券进行比较，并降低风险；在这方面可以提供帮助的指数包括美国晨星可持续性基金评级以及绿色债券指数，如Solactive绿色债券指数、标准普尔绿色项目债券指数、美银美林绿色债券指数和巴克莱MSCI绿色债券指数。最后，更明确的机制也将得以建立，奖励发行人和投资者参与可持续金融市场。例如，一级发售的绿色债券溢价可以奖励给发行人，以降低其资本成本，并使其有可能开展原本无法实现的环境保护项目。另一方面，更多债券契约条款的创新使用——例如承诺实现具体环境或社会影响，以换取特定溢价——将为投资者提供更多的保障，降低投资者的风险，使他们作为债券持有人能够更明确地管理其影响力。

参考文献

Ambachtsheer, J. and Burstein, K. (2012) ‘Mercer's ESG Ratings Update: 5000 and Counting’. Mercer. com Insight, February 13, 2012.

Barclays (2015) ‘The Cost of Being Green’. US Credit Alpha, September 17, 2015.

BCA (Breckinridge Capital Advisors) (2015) ‘ESG Integration incorporate Fixed Income’.

www. breckinridge. com/insights/whitepapers/esg – integration – in – corporate – esg/。查阅日期：2016年9月9日。

CBI (Climate Bonds Initiative) (2014) ‘Explaining Green Bonds: Flistory’. Webpage. https: //www. climatebonds. net/market/history。查阅日期：2016年9月9日。

CBI (Climate Bonds Initiative) (2016) ‘Investor Appetite’. Webpage, www. climate-bonds. net/market/investor – appetite。查阅日期：2016年9月9日。

Hughes, J., Jackson, G., and Hale, T. (2016) ‘Chinese Banks Lead “Green” Bond Boom’. *Financial Times*, www. ft. eom/cms/s/0/9eela5f4 – 20d2 – 11e6 – aa98 – dble01fabc0c. html#axzz4AGUlPF36。查阅日期：2016年9月9日。

ICMA (International Capital Market Association) (2015) ‘Green Bond Principles’. www. icmagroup. org/Regulatory – Policy – and – Market – Practice/green – bonds/green – bond – principles/。查阅日期：2016年10月18日。

MacDonagh, J. (2016) ‘Fundamentals of Sustainable Investing Workshop’. Personal Presentation at the 2016 Annual US SIF Conference in Washington, D. C.

Mozaffar, K., Serafeim, G., and Yoon, A. (2015) ‘Corporate Sustainability: First Evidence on Materiality’. Harvard Business School Working Paper 15 – 073.

Roy, H. and Gitman, L. (2012) *Trends in ESG Integration in Investments*. BSR Report, www. bsr. org/reports/BSR_ Trends_ in_ ESG_ Integration. pdf。查阅日期：2016年9月9日。

Shankleman, J. (2016) ‘Green Bond Market Will Grow to $158 Billion in 2016, HSBC Says’. www. bloomberg. com/news/articles/2016 – 01 – 26/green – bond – market – will – grow – to – 158 – billion – in – 2016 – hsbc – says。查阅日期：2016年9月9日。

SIFMA (Securities Industry and Financial Markets Association) (2016) ‘Statistics’. Excel sheets, www. sifma. org/research/statistics. aspx。查阅日期：2016年9月9日。

Starbucks (2016) ‘Starbucks Issues the First U. S. Corporate Sustainability Bond’. Press release, https: //news. starbucks. eom/news/starbucks – issues – the – first – u. s. – corporate – sustainability – bond。查阅日期：2016年9月9日。

UN PRI (2016) ‘Credit Ratings Agencies Embrace More Systematic Consideration of ESG’. www. unpri. org/press – releases/credit – ratings – agencies – embrace – more – systematic – consideration – of – esg。查阅日期：2016年9月9日。

U. S. Department of Labor (2015) ‘New Guidance on Economically Targeted Investments in Retirement Plans from US Labor Department’. Press release 15 – 2045 – NAT, www. dol. gov/opa/media/press/ebsa/ebsa20152045. htm。查阅日期：2016年9月9日。

第 11g 章

气候智能型景观融资

Gabriel Thoumi, *Brian McFarland* 和 *Winnie Lau*

引言

为气候智能型陆地景观和海洋景观提供资金，需要资本市场参与者认识到陆地景观和海洋景观生态与资本市场之间的互锁关系对金融的影响。如果全球市场参与者想要表明他们对减缓和适应气候变化的承诺，投资者和分析师就需要清楚了解这些彼此独立和具体的互锁关系。除此之外，了解景观如何影响投资决策，这也是 21 世纪金融分析师的必备技能。

管理陆地景观和海洋景观，把地球变暖控制在 2 摄氏度以内——这一气温升幅是巴黎协定共识框架的基础——要求金融分析师将陆地景观和海洋景观标准纳入金融决策之中。例如，为了实现巴黎协定的目标，使全球气温升高控制在 2 摄氏度之内[1]，全球农业部门每年需要减少 1 亿吨的排放量，但最近一项研究发现，全球农业部门的排放量高出这一目标 3 ~4 倍。

金融分析师需要将原材料生产引起的与气候变化相关的波动——以及控制在 2 摄氏度内的碳固存目标——纳入金融模型之中。这些模型要做到切实有效，必须纳入长期和突发的风险及机遇。换言之，全球供应链正在迅速向“生产和保护”框架转型，其核心为在司法辖区层面进行碳固存和陆地景观/海洋景观保护，以及到 2050 年确保农业生产能够为 90 亿人提供粮食[2]。

为气候智能型景观提供资金，需要投资决策者对以下问题的理解保持一致：气候变化影响的风险和回报模型如何发挥金融模型离群组作用。在最基本的层面上，气候变化本身就是在研究地球人类生存时的一个统计离群值[3]。例如，上一次地球大气中二氧化碳浓度达到今天的水平，即 400 ppm，是在 360 万年前的上新世中期。

换言之，在我们的资本市场运作的历史上——自 1602 年世界上第一个证券交易所在阿姆斯特丹成立开始[4]——市场很少经历像现在这样由于气候变化而出现的系统性和特殊性的双重风险。系统性风险与金融体系崩溃有关，而特殊性风险与单一公司和/或金融资产的崩溃有关。事实上，现在一些数据表明，气候变化引发的系统性和特殊性风险有时会推动资产估值。

本质上，气候变化风险是一个统计离群值——无论是从 1602 年现代市场在阿姆斯特丹诞生起算，还是从上一次地球大气中二氧化碳浓度达到 400 ppm 的 360 万年前算，都只出现了一次——它是一个“尾部风险”或“黑天鹅风险”。但这些系统性和特殊性的尾部风险正在对当今市场产生重要影响。

例如，规模高达 180 亿美元的加州供水和污水处理部门市政债券市场正面临信贷息差扩大的情况，这是因为投资者意识到气候变化引起的干旱正导致现金流量受到限制，并增加了不能偿还本金的风险[5]。该金融债券的信用评级中位数为标准普尔 AA - 级和穆迪 Aa3 级。对加州债券市场这部分进行评估的信贷分析师现在还需要了解自然水文循环的基础科学知识——以及气候变化是如何影响这些水文循环的——这些都是加州供水和污水处理市场的“系统”基础。

为了落实公共和私人融资为气候智能型景观的融资，无论是通过资本市场和货币市场，还是通过政府和公共部门机制进行融资，都需要解决以下七个框架的问题。

责任

受托人需要将重要气候变化的影响纳入其职务和责任范围，以及所有金融机构提供的金融产品、货物和服务中。

风险管理

公共和私营部门的投资决策者需要将气候变化的系统性和特殊性风险纳入其金融模型。

增强回报

分析师必须调整其金融模型，以便获得推动金融业绩的机会。必须从商业角度说明，为什么为气候智能型景观提供融资是审慎的，也是一种减轻金融风险和提高金融回报的信义责任。

投资要求

一旦投资决策者了解到气候变化风险和回报框架会受到哪些因素影响，就需要处理相关投资要求问题。投资要求即对金融产品的限制。这些限制包括：法律/监管、税收、时限、流动性和特有限制。通常情况下，气候智能型景观的许多社会和环境因素、金融产品、货物和服务属于特有限制类别。这五类要求将进一步调整气候智能型景观金融产品的风险和回报。

资金重新分配

接下来，由各方制定的投资政策，需要解决相关框架问题，支持资本流向更为有效的风险和回报模型，试图以此应对气候变化的特殊性和系统性风险。在承担责任、应对风险和回报的问题及机遇后，有效投资的决策者需要重新分配投资组合，以解决这些风险、机遇和限制问题。实际上，重新分配是通过投资政策声明（IPS）的调整而推动的；IPS 阐述了在一整套独立的投资者限制条件下，投资者为降低风险，以及获得期望回报而采取的做法。[6]其他政策层面的工具则是以资本市场法规和政策的形式存在的。

结果报告

再接下来，至关重要的是，气候智能型景观融资的支持工具可以对结果进行持续报告，从而使资本市场和公共部门融资能够参与进来，并为之提供支持。只有通过持续报告，才能逐渐发展出最佳实践。

扩展路线图

最后，报告可以推动扩展全球路线图，进一步扩大气候智能型景观的融资，方式可以是使用相关战略，如扩大绿色债券发行以及无森林砍伐等农业产品独立认证，也可以是实施国家自主贡献和可持续发展目标的框架。

总之，气候风险既是一个系统性风险，也是一个特殊性风险，目前正在影响全球资本市场和公共部门融资。投资决策者如今可以使用“七大”工具——责任、风险管理、增强回报、投资要求、资金重新分配、结果报告和扩展路线图——为气候智能型景观提供资金。下面是案例分析。

案例分析：司法管辖区层面的计划

司法管辖区层面的计划是指国家或地方级别的计划，旨在减少森林和其他景观的排放量（即 REDD +，减少毁林和森林退化所致排放量）。其他景观包括依赖农业的景观、沿海景观、海洋景观以及其他相关生态。“生产和保护”景观的拟议标准包括：

- 在司法管辖区内用于测量温室气体排放和固存的功能系统；
- 承诺遵守金融、社会（如劳工）和环境保障措施；
- 有效的政策环境，其时限需超过投资和风险管理周期，并支持计划目标的达成；
- 制定和实施利益相关者的参与机制，利益相关者包括投资者、监管者、依赖森林的社区、原住民以及相关供应链的代表；
- 减少排放、增加粮食生产、为投资者提供金融稳定性以及改善工人生活的总体战略。

目前，司法管辖区层面的计划在全球范围内是由各国政府、非政府组织、基金会、供应链、社区和慈善组织来融资和赞助的。这些司法管辖区层面计划的全球融资人包括挪威联邦政府，它（通过挪威外交部）承诺向巴西亚马逊基金（由巴西开发银行管理）提供10亿美元；此外，巴西石油公司、德意志联邦共和国 KfW 开发银行、气候和土地使用联盟、世界银行森林碳伙伴关系融资机制（FCPF）的预备基金以及联合国 REDD 计划等也都作出了融资承诺。

案例分析：棕榈油供应链

正如2016年连锁反应研究所的分析所示，IOI公司是一家大型的马来西亚棕榈油生产商，由于未能解决违反RSPO政策的与森林砍伐和掠夺土地相关的问题，被暂停参加棕榈油可持续发展圆桌会议（RSPO）。从2010年开始，IOI本有多个机会来解决这两个与气候变化有关的问题——因为直接的森林砍伐和因掠夺土地引起的毁林会产生大量的碳排放——但它并没有选择改正的道路。

在被暂停参加RSPO之后，IOI起诉了RSPO。直接的结果就是包括联合利华、火星、雀巢、家乐氏和费列罗在内27家主要的全球企业停止从IOI购买棕榈油。同一时期，IOI的股价下跌了15%，而穆迪则对IOI进行“降级审查”，把它从Baa2降到Baa3。Baa3仅比“投机”高一级。Baa3是公司保持并仍被标注“投资级”的最低评级。如果IOI被评为“投机级”，那么许多全球机构投资者将被禁止投资IOI，因为这些投资者的投资政策声明可能会禁止对“投机级”公司的股份和债务进行投资。[7]

案例研究：美国土地信托[8]

美国估计有1700家土地信托，它们拥有400万金融支持者和12000名全职员工，自1950年以来，受其保护的土地面积超过4700万公顷，年运营预算估计为17亿美元。土地保护的主要金融手段，包括购买土地及/或房产证上的保护地役权（Conservation Easements）。土地信托联盟（Land Trust Alliance）是美国一家由1100多家美国土地信托组成的协会，它支持了慈善风险池Terrafirma的创建。如今，Terrafirma为来自476家土地信托的24000块面积达720万公顷的土地提供保险，使其会员免于承担为土地保护及其保护地役权进行抗辩产生的法律费用。最后，许多高净值人士都加入了该等本地土地信托的董事会。

美国土地信托行业内部可能存在离散的保护融资机会，金融机构可通过提供简单、可复制及可扩展的金融工具，来为这一行业提供服务。上述金融产品当中，可能有部分是包含保护融资成分的现有金融产品，例如本地信用卡，其开支中有一定的比例用以资助当地土地信托所管理的当地保护成果，又如向土地信托提供折扣现金管理和工资服务。

独立的金融工具可能包括发展中的保护地役权资产支持证券，其财务回报可能来自设立了保护地役权负担且生态系统服务有所改善的房产之销售，销售对象一般是高净值人士。总而言之，机构融资筒仓可能会导致美国土地信托部门无法享受充分的银行服务。通过为该等土地信托提供满足其所需的综合金融产品，金融机构能够学会为该等土地信托提供银行服务，为它们提供其业务扩张所需的筹资和金融工具。

其他需要关注的市场创新包括：碳市场（尽管弗朗西斯主教表示担忧，中国、加州以及其他地方的碳市场仍然实现了增长，并且沿海红树林和海草床等景观也被创建成新型碳市场）及/或通过税收制定碳价格；受信义务定义的不断演变，以及投资理念的建立；未来可能会出现更多就气候及其他形式的社会损害针对投资者提起的诉讼；通过环境智能测试（Environmental Smart Beta）形式进行指数建设的不断创新，使战略与环境结果保持一致的激励措施，以及关于所有资产类别之间资产分配情景和标准的认知变化。

金融市场创新参与率的提高，以及上述近期创新的进一步扩展，可以带来普华永道[9]等企业以及其他人所呼吁的社会绩效的逐步改善；据其估计，每年降低3%～5%的碳排放，即可有助于避免长期损失，否则该等损失将对未来财务回报产生负面影响。

观察美国每年所实现的减排与上述减排目标的差距，是衡量和观察的关键指标，可随时了解与目标的距离，并相应地对旨在实现该目标的战略进行必要的缩放调整。

要实现这种调整还需要华尔街文化的转变，以了解我们共同面对的问题，明白在个人、集体层面以及通过倡导正确的政策可以有何作为。

案例研究：巴西司法的 REDD +

巴西拥有世界上最完整的热带雨林和最大的淡水供应量，是全球第七大经济体，人口数量居全球第五位，在气候智能型景观融资方面举足轻重。在联邦层面，巴西成功提高了农业生产力（尤其是大豆和养牛部门的生产力），同时减少了热带森林的砍伐，并减缓了温室气体的排放。为完成上述行动，巴西采取了多种措施，包括完善森林监控，加大环境法律执法力度，持续打击森林砍伐活动［例如绿色和平组织的《被“屠宰”的亚马逊》（Slaughtering the Amazon）[10]］，以及针对商品生产商的激励措施（例如大豆停种协议）[11]。

在司法层面，巴西西北部与秘鲁和玻利维亚接壤的阿克里州，采取世界上最先进的司法途径来实现气候智能型景观。2007 年 6 月，阿克里州通过了第 1. 904/2007 号立法，即《国家生态经济区域划分（葡萄牙语简称“ZEE”）法》（State Ecological – Economic Zoning Law）。该法为整个阿克里州的空间土地使用规划及土地使用管理奠定了基础[12]。作为对 ZEE 法的补充，阿克里州于 2010 年 10 月颁布了第 2. 308/2010 号立法，即《阿克里州环境服务激励制度》（State System of Incentives for Environmental Services）（葡萄牙语简称“SISA”）[13]。除了采取众多与评价生态系统服务有关的措施之外，SISA 还成立了气候变化与环境服务监管研究所（Institute of Climate Change and Environmental Services Regulation，葡萄牙语简称“IMC”）。阿克里州通过 ZEE、SISA 及 IMC 积极推动可持续经济发展，包括完善的森林管理、牛牧场集约化经营以及可持续发展的鱼类养殖。此外，阿克里州通过举办大量的公共论坛，确保其行动的公开与透明，同时通过其根据《REDD + 社会与环境标准》（REDD + Social and Environmental Standards）进行的独立评估，促进社会与环境的协调增效[14]。有了上述斐然成果，阿克里州现已具备条件，有可能成为 2018 年 1 月加州总量管制与排放交易计划（California Cap – and – Trade Program）启动之后，世界上首个将热带森林保护活动所赚取的合规级别减排配额出售给该计划的司法辖区。

案例研究：可持续发展的渔业

全球渔业有一半产能饱和，有 30% 产能过剩，其长期可持续性值得怀疑，尤其是在气候变化对海洋造成冲击，而全球海产品需求日益增加的背景下，全球渔业的可持续发展面临着很大的压力。特别是，许多种类的金枪鱼（高价值鱼）存在严重的过度捕捞现象。金融市场正在应对全球渔业长期生存能力的问题。2014年，中国金枪鱼产业集团（2011年至2013年日本市场寿司级金枪鱼的最大供应商）未能在其首次公开发行中完成募集1亿美元以上的资金以扩张其日本业务的目标[15]。在其IPO文件的初稿中，中国金枪鱼产业集团并没有处理金枪鱼捕捞的长期可持续性问题，相反，它表示，由于国际监管机构（地区渔业管理机构）缺乏执行力，金枪鱼的供应将得到保证——“违反大目（金枪鱼）捕捞限制的行为，不会受到任何处罚”。因此，香港联合交易所（Hong Kong Stock Exchange）命令中国金枪鱼产业集团暂停上市。

另一方面，可持续发展的渔业以及捕捞做法会降低行业及其投资者的风险。认证［例如海洋管理委员会（Marine Stewardship Council，简称“MSC”）的认证］能够大大提高渔业的价值。2016年，《诺鲁协议》（Nauru Agreement）缔结方（由8个太平洋岛国组成）取得了黄鳍金枪鱼的MSC认证。得到MSC标准认证的做法，预计不仅会增加黄鳍金枪鱼的长期供应量，还会带来满足欧洲市场需求的优质产品。[16]

注释

1. http：//thinkprogress. org/climate/2016/05/19/3779777/agriculture – emission – mitigation – gap/。查阅日期：2016年6月2日。

2. https：//blogs. state. gov/stories/2015/12/02/produce – and – protect – sustainable – solutions – paris. 查阅日期：2016年6月2日。

3. www. scientificamerican. com/article/ice – free – arctic – in – pliocene – last – time – co2 – levels – above – 400ppm/. 查阅日期：2016年6月2日。

4. http：//dare. uva. n1/document/2/85961。查阅日期：2016年6月2日。

5. https：//blogs. wf. com/advantagevoice/2016/01/drought – proofing – your – municipal – bond – portfolio/. 查阅日期：2016年6月2日。

6. www. etfrn. org/publications/etfrn_ news_ 54_ – _ individual_ articles。查阅日期：2016年6月2日。

7. https：//chainreactionresearch. com/2016/05/18/the – chain – ioi – threatened – by – possible – moodys – downgrade/. 查阅日期：2016年6月2日。

8. www. unepinquiry. org。查阅日期：2016年6月2日。

9. www. pwc. co. uk/assets/pdf/low – carbon – economy – index – 2014. pdf。查阅日期：

2016 年 6 月 2 日。

10. www. greenpeace. org/international/en/publications/reports/slaughtering – the – amazon/。查阅日期：2016 年 6 月 2 日。

11. www. nature. com/news/stopping – deforestation – battle – for – the – amazon – l. 17223。查阅日期：2016 年 6 月 2 日；and http：//science. sciencemag. org/content/344/6188/1118. full。查阅日期：2016 年 6 月 2 日。

12. www. cifor. org/redd – case – book/case – reports/brazil/acres – state – system – incentives – environmental – services – sisa – brazil/。查阅日期：2016 年 6 月 2 日。

13. www. gcftaskforce. org/documents/Unofficial% 20English% 20Translation% 20of% 20Acre% 20State% 20Law% 20on% 20Environmental% 20Services. pdf。查阅日期：2016 年 6 月 2 日。

14. www. redd – standards. org/countries/latin – america/state – of – acre – brazil。查阅日期：2016 年 6 月 2 日。

15. www. theguardian. com/sustainable – business/2014/oct/27/toyo – reizo – shell – companies – fisheries – china – tuna – overfishing – oceans – ipo？CMP = share_ btn_ fb。查阅日期：2016 年 6 月 2 日。

16. http：//finance. yahoo. com/news/pacifical – pna – secure – msc – certification – 180000172. html。查阅日期：2016 年 6 月 2 日。

第 12 章

区域差异

高风险，大机遇

Cary Krosinsky

站在不同的立场，不同的社会角度，世界看起来将截然不同，对待气候变化问题尤其如此。

像英美这样的西方国家，由于历史上经济实力一直相对较强，对于气候变化已经形成了一套成熟的世界观。对它们而言，气候变化带来的机遇是如何在未来创新，以继续维持全球领导者的地位。即使有人担心在创新过程中会有所牺牲，但有多元化的经济作为支撑，它们仍然能够保证基本的实力。其他和英美在文化上相似的国家，比如加拿大和澳大利亚，以资源丰富为特征，已经开始受到未来的低碳发展趋势影响，因此，它们很明显需要实现经济的多元化。其他一些资源丰富的国家，比如俄罗斯和委内瑞拉，受到油价下降的影响，其经济也已受挫。2016 年 6 月，英国通过脱欧的决定后，欧盟面临着分裂的风险。低洼国家担心海平面上升。非洲国家的经济正在崛起，手机给了很多人创业的机会，可以说这是几个世纪以来，非洲大陆最积极的可持续发展成果。

全球大约有 200 个国家，每个国家在气候变化上的立场都不尽相同，这很大程度上取决于如下三方面的因素：资源、经济以及受恶劣气候变化影响的可能性。

毫无疑问，要让所有国家达成共识或者大多数国家达成一致的这一谈判过程是无比艰辛的。在联合国的主持下进行的谈判尤其如此，因为其中涉及太多议题，并且直接关乎每个国家经济发展的未来。

因此，巴黎协定的确是一个了不起的成就，虽然它现在的自愿承诺水平仍嫌不足。此外，协定的批准、实施和执行也将是一个持续的挑战。

最有可能成功达成共识的方法，是为每个国家设定相应目标，明确其需要达成目标的特定日期，目标的设定应尽可能高远，将所有需要同时进行的协同工作整合在一起，以期实现我们别无选择的低碳未来。

本文的论述主要针对三个区域，此外还涉及了一些需要重点关注、形势更严峻且十分关键的区域：中国（以及联合国环境规划署可持续金融体系设计研究项目开展的工作）、印度和国有企业的重要性以及可以就此开展的相关工作。

我们也研究了日本是如何通过专注于治理和质量，而在财务上取得优异表现的（这正是我们所追求的结果）。虽然在这些国家以及世界上其他区域，我们都面临着重大挑战，但是，我们必须关注这些挑战的解决方法，以找到适当的方法，在保证可持续发展的同时，实现更好的财务回报。

第 12a 章

气候融资及绿化中国金融

Gabriel Thoumi 与 *John Waugh*

退一步来讲，更深入地了解气候融资也是十分有用的。

气候融资是通过国家、区域和国际政府、非营利组织、私人机构以及个人渠道进行的公共部门和私人部门融资，其重点是降低财务风险、增强回报，并为缓解气候变化、适应以及弹性项目和计划等提供结构性支持。

何为气候变化缓解、适应以及弹性?

虽然通常气候变化缓解、适应以及弹性被划分为三类，但是其中的概念时有重合。气候变化缓解措施是指减少或防止温室气体排放的活动。缓解方式包括使用节能技术、增加对可再生能源的投资，以及改变管理方式和消费者行为。气候变化适应旨在减少因气候变化导致当前以及未来发生损失的风险。气候变化弹性是社会生态系统适应气候变化压力的能力，以及在面对持续的气候变化时，维持其运行、适应并形成更好的功能系统的能力。

金融风险、回报以及基础结构

金融既是对资金流以及相关运作的研究，也是向机构或个人的一系列活动提供资金的能力。在对融资机制进行分析时，通常采用风险和回报模式，或用相似的经济学术语表述——成本效益模型。如果每单位回报的风险符合投资者的目标，投资者将通过融资机制落实资金。鉴于此，气候融资机制的整体目标在于：（1）降低每单位回报的风险；（2）在风险类似的情况下，提高回报；以及（3）提供基础结构性支持，以增加特定气候融资工具的供求。

举例而言，降低每单位回报的风险可以通过以下方式实现：公共部门可以提供贷款担保、税收减免、激励，并修改相应的政策；私人部门可以扩大融资机制，以从规模经济中受益，加强分析，以明确气候变化对自然风险和财务风险的影响，推出并扩大产品集，以满足增长的需求。同样，在风险类似的情况下，公共部门的回报，可以通过收入保证、税收减免和收税优惠等手段提高；私人部门的回报，可以通过创新产品开发和其他途径提高。最后，公共部门机制和私人部门机制都能够提供基础结构性支持，并能从中受益。这可以通过直接及间接的政府政策以及私人部门的行动来实现，支持对气候融资领域进行更广泛的投资。

基本框架的金融风险、回报以及基础结构

不论是通过资本市场和货币市场，还是通过政府和公共部门机制，要实现对气候变化缓解、适应及弹性的融资，都需要搭建以下七个框架。这些框架按主题可以分为：

1. 责任：受托人需要将气候变化影响整合进所有金融机构提供的金融产品、商品及服务之中。

2. 风险管理：公共和私人部门的投资决策者需要将气候变化的系统和特殊风险纳入其金融模型。

3. 提示回报：分析员必须按照可能提升财务表现的机遇调整金融模型。

4. 投资要求：一旦投资决策者理解气候变化如何影响风险和回报框架，他们就需要通过相应的要求来实现这些成果。要求是对金融产品的限制。这些限制包括：

a. 法律/监管；

b. 流动性；

c. 税收；

d. 投资期；

e. 其他特有限制。

按照通常实践，许多气候智能型景观、金融产品、商品和服务的社会和环境组成部分，都属于特有限制。这五项要求将进一步调整气候智能型景观金融产品的风险及回报。

5. 资金重新配置：上述参与者的投资政策，需要搭建一个框架，让资本流向更高效的风险和回报模式，从而试图缓解气候变化的特殊和系统性风险。

6. 报告结果：需要以易于证明、审核、证实和验证的方式，长时间持续提供报告，这点至关重要。

7. 路线图扩展：扩展所有相关金融活动的路线图，对于推进行业进步是不可或缺的。

以上七个步骤在很多方面有所重合。表 12a. 1 列举了其中几个例子，但远非穷尽性列举。

表 12a. 1　　风险回报框架示例

	公共部门	私人部门
降低每单位回报的风险	责任：绿色采购项目，欧盟关于上市公司 ESG 上市标准的指令，英国法要求英国公司报告碳排放的规定，完善披露/报告 资金重新配置：公共养老基金和主权财富基金，强制考虑气候变化	责任：将对气候风险的考量加入所有资产管理活动的信义义务 资金重新配置：鉴于低碳排放科技能够降低每单位回报的风险，选择投资低碳排放科技 增强回报：资产证券化，绿色债券
增加每单位风险的回报	投资要求：将对气候风险的考量加入公共金融活动的信义义务	投资要求：将对气候风险的考量加入所有资产管理活动的信义义务 风险管理：准确建模供应链风险（如棕榈油、大豆、木材、牛等）
结构性支持	报告结果：政策结构：政府排放量核算 路线图扩展：碳市场、RIN、环保金融工具、融资弹性和适应活动	报告结果：交易所上市标准 路线图扩展：气候智能型景观激励

资料来源：本章作者根据相关资料整理。

气候融资现金流的计量

气候融资活动可以分为可再生能源、能效、运输、土地使用、适应以及灾害风险减轻。全球私人部门、公共部门直接外国投资及国际金融和国内公共预算每年用于这六大类别的投资总额并没有完整的记录。但是，确有数据显示，某些类别相比于其他类别获得了更多的资金支持。研究表明，2015 年气候融资总额约为 3910 亿美元,[1]这还不包括一些无法收集的数据。这意味着数据是存在选择偏差的，这种偏差可能导致某一子类数据的统计不全。

这 3910 亿美元的投资资金，大多数用于世界范围内的可再生能源工程和项目。约 50% 的资金被投资于东亚、太平洋及西欧地区。许多关键的地域和人口中心，包括众多拉丁美洲国家、部分北美国家、非洲、中东和亚洲大陆，几乎没有获得任何气候融资资本。

中国的绿色经济转型

中国已经明确将经济转向低污染模式作为关键战略。[2]重中之重包括清洁能源、工业节能、建筑节能、运输节能、改善能效以及环境污染控制。要实现这一目标，在 2015 年至 2020 年期间，中国每年需要投入 4600 亿美元资金。其中，70% 的资金将来自私人部门资本市场的金融工具。

同时，中国的金融体系也在不断发展，因此，需要通过中国经济的绿色化转型，来促进金融体系的发展，从这一角度来考虑金融体系改革与绿色经济需求和限制之间的协调。毋庸讳言，在中国存在价格信号混乱现象；对短期投资的侧重阻碍了长期的气候变化减缓；气候框架仍不确定；不同的机构利益使局面进一步复杂化等问题。

但是，在以下这些方面，也正在形成共识：信息报告要求；改善金融体系的责任；需要增强回报和降低风险，确保资产定价适当并且不会闲置；清楚理解投资要求，以便绿色债券和其他工具的市场能够顺利增长；线路图的扩展意图；以及整个经济体层面的问题和限制，如公共健康。

这一工作最终获得了联合国环境规划署可持续金融体系设计研究项目[3]的

支持，其出具的绿化中国金融报告，和其网站[4]上的许多报告一样，已经成为必读物。绿化中国金融报告中的建议摘要如专栏 12a. 1 所示。

专栏 12a. 1　绿化中国金融：行动框架

a. 建立并强化法律框架——包括环境法和执法立法——促进绿色金融需求的增长。

b. 改善环境、金融和工业监管机构与第三方机构之间的协调和信息共享。

c. 制定支持绿色金融的综合政策。

i. 协调货币政策和可持续发展目标。

ii. 继续加强银行业的绿色信贷政策。

iii. 提供激励措施，扩大绿色证券市场，包括绿色债券市场。

iv. 扩大绿色保险范围，加快环境责任保险条例制定。

v. 采取财政激励措施，加快绿色金融市场的发展。

d. 通过环境成本信息和绿色信用评级体系促进信息基础设施建设。

e. 率先实现政策性银行的绿化，引领商业银行建立市场和最佳实践方法。

联合国环境规划署调查在以下方面产生了较大影响：改变对话，确定了需要通过公共和私人手段填补的区域市场的缺口，以及直接与中央银行和其他方面合作，来实施可行的解决方案。在此，我们不详细介绍该调查工作，如需了解，可登录联合国环境规划署的网站查询。我们在此仅指出该调查提供了非常有用的信息，并分析了解决全球和区域性金融体系问题所需采取的措施和依然存在的差距。

气候融资差距

因为气候弹性、食品安全和灾害风险缓释互有重合，所以，在其他地区（或者说一般而言），很难将气候融资与发展融资明确区分开来。

这就可以解释部分统计不全的问题，比如在撒哈拉以南的非洲地区，温室气体排放非常低，在那里能源投资也相对较少。由于非洲居民有一部分是最为弱势的群体，而且非洲的恢复力也相对较低，因此在非洲，重点是利用公共资源来支持气候变化适应。在对待气候变化适应时，采用发展优先的方式，以非被动反应性的、更具战略性的方法来发展非洲气候融资。这一方式能够增加选择，增强社区、企业和政府的弹性。比如，电力非洲计划旨在使撒哈拉以南非洲地区的电网覆盖范围增加一倍，该地区现在有 2/3 的人无法用电。要实现电力的普遍覆盖，需要在未来 15 年投入将近 3000 亿美元，这有可能改变土地用途和人们的谋生方式，并通过可持续的土地使用，来大幅减少温室气体排放，同时提高抵御气候冲击的能力。

联合国国际减灾战略报告指出，过去十年，自然灾害造成了 1 万亿美元的损失，但这一数字可能至少被低估了 50%。根据海外发展研究院的数据，灾情响应投资大约是灾害预防投资的 10 倍。然而，随着气候相关的风险渐多，灾害风险减轻逐渐被视为气候智慧型投资，而非外部成本。

因此，在未来十年内，气候融资预计将成为新的增长领域，尤其是考虑到填补这一缺口的迫切需求已日趋明朗。

注释

1. http：//climatepolicyinitiative. org/publication/global – landscape – of – climate – finance – 2015/。查阅日期：2016 年 9 月 7 日。

2. www. unep. org/newscentre/default. aspx? DocumentID = 26802&ArticleID = 34981。查阅日期：2016 年 9 月 7 日。

3. http：//unepinquiry. org/。查阅日期：2016 年 9 月 7 日。

4. http：//unepinquiry. org/? s = &post_ type： = publication。查阅日期：2016 年 9 月 7 日。

第 12b 章

印度能源的未来

Emily Rutland

由于人口增长和工业发展，在未来 25 年，印度等增长型经济体的碳排放量预计将占全球碳排放增量的一半以上。印度拥有 13 亿人口，是世界第三大能源消费国。尽管如此，印度有 3 亿公民缺少能源获取渠道，这一数字令人震惊，而且预计将和发电量和消费量一道继续增长。

2014 年，Narendra Modi 总理上任，在他执政期间，印度次大陆出现了强劲的经济增长和发展。为了满足印度的经济和人口增长，印度的能源生产和消费量预计会大幅增加。国际能源机构预测，到 2040 年，印度的能源消耗量将超过经合组织欧洲国家能耗的总和，并接近美国。[1]

为了使印度成长为具有国际竞争力的经济和工业强国，获取低成本、可靠的电力至关重要。印度目前面临的挑战是，一方面需要满足人口和经济增长带来的能源需求，另一方面需要顺应和遵守减少碳排放的全球努力和承诺[2]。

巴黎会议

2015 年年底举行的巴黎会议史无前例地达成了应对气候变化的一项历史性协议。在 Narendra Modi 总理的领导下，印度签署了最终协议，维护“共同但有区别的责任”原则[3]——这一原则要求发达国家承担大力减少碳排放的责任，并通过经济和技术手段，减轻和适应气候变化。

Modi 在巴黎谈判的开幕致辞中呼吁，在达到平均温度阈值之前，各国可以进一步排放的碳量，必须以平等和公平的方式在各国间分配。[4]

印度正在采取更积极的态度来确保碳减排，推进融资和能力建设，以便满足向可再生能源转型的需求。发达国家承诺在2020年之前，每年筹集1000亿美元（并承诺在之后进一步融资），而印度要在2030年实现新气候计划，需要的资金约为2.5万亿美元。虽然巴黎协定没有法律约束力，但印度仍旧本着让步的精神签署了该协定。Modi在会议后发布推特表示，会议的结果是“气候正义的胜利”。[5]

温度升高对印度公民的生命和生活构成直接威胁。如果能实现将气温上升控制在1.5度的目标，可以避免沿海地区数百万人和其他农业生产依赖者遭受生命威胁。[6]

印度的低碳转型承诺不仅能够获得环境方面的回报，同时也能够取得经济效益。气候政策倡议（CPI）分析表明，通过适当的政策——鼓励创新和减少需求（如税收或终止矿石燃料补贴）的政策——在未来20年，印度的低碳转型将释放大量经济能力——估计能增加6000亿美元的投资能力——这又将反过来促进更好的经济和发展增长。虽然印度试图以有限的财政资源来实现宏大的能源和发展目标，但有证据表明，当该国向低碳经济转型时，其实际上能够最大限度地发挥其财务能力来实现这些目标。与煤炭相比，可再生能源降低了运营成本——煤和天然气的开采和运输成本高昂，并且波动性高——这些节省的成本可以转作财务资源，用于推动经济和发展进程。[7]

政策决定不仅对印度，对世界上其他国家也十分关键：

> 通过选择适当的政策，印度和世界其他地区在未来二十年内可以实现必要的减排，提高气候的安全性和稳定性，同时可以腾出数十亿美元用于投资发展和其他经济部门[8]。
>
> （David Nelson，高级总监，气候政策倡议）

碳

印度设定的可再生能源目标是雄心勃勃的：在2022年，将可再生能源技术的装机容量，从2015年年初的65吉瓦提高到175吉瓦（其构成是：太阳能发电100吉瓦，风力发电60吉瓦，小水力发电10吉瓦以及生物质电力项目

5 吉瓦）。最近，印度能源部长 Piyush Goyal 将这一时间表缩短了 2 年，提前到 2020 年实现可再生能源容量 175 吉瓦的总目标，这一目标容量比目前英国使用的可再生能源容量高出 7 倍多。[9]

虽然印度正在努力实现这些可再生能源目标，但它同时也在增强燃煤发电的能力。尽管许多经合组织国家已经承诺减少煤炭和石油的使用，但其努力已被印度、中国和东南亚等人口众多的新兴国家的高消耗量所抵消。印度热能煤的进口量一直在增加：20 世纪 90 年代其煤炭进口量几乎为零，但到 2013 年，其已超越日本一跃成为世界第二大煤炭进口国。2012 年，燃煤发电占印度装机容量的 60% 和发电量的 71%。[10]

虽然在短期内，煤炭仍将是不可或缺的能源来源，但 Goyal 认为，即使煤炭行业仍在扩张，印度仍然可以走一条污染较小的发展道路，并称印度将在煤炭业快速扩张的同时，成为"可再生能源超级大国"。[11]

在可预见的将来，为了促进国内生产和减少对外国进口的依赖，对煤炭的依赖仍将继续。印度煤炭有限公司（据称为世界上最大的煤炭生产商，占印度煤炭产量的 80% 以上）的产量一直在增加。Modi 估计，到 2020 年，印度煤炭的产量将上升到每年 10 亿吨。[12]

联合国气候变化框架公约气候谈判的前任负责人，现任韩国全球绿色增长研究所总干事 Yvo de Boer，对煤炭有一个颇有启发的看法。他呼吁印度继续使用煤炭，只要能够提高煤炭的使用效率。de Boer 拒绝支持不断壮大的矿石燃料整顿运动，他认为追踪气候变化的更好方式是"适当的碳价格"，而不是对特定技术或某类燃料"宣战"。然而，在碳价格制定前，在印度等新兴经济体，煤炭仍将是必需的。[13]

De Boer 认为，煤炭将成为新兴经济体"未来几十年能源组合的必要组成部分"："在排除煤炭之前，你必须能为这些国家提供其他在经济上可行的选择"。[14]

这种对待煤炭的态度在气候融资领域颇有争议。2014 年，经合组织财政清单表明，富裕国家已经筹集了 620 亿美元的投资，用于帮助贫穷国家缓解气候变化的影响；然而，虽然日本和澳大利亚都认为，为高能效煤电厂提高的资金应视为气候融资，但日本向煤炭行业提供的 32 亿美元却从这一总量中被扣除了。[15]

De Boer 认为，新型煤炭项目应视为气候融资。但是，这些新建造的煤矿工厂必须尽可能高效。[16]事实上，自 2017 年起，印度开发的所有新型燃煤项目都必须采用超临界技术或更好的技术（超临界技术比亚临界工厂更高效，它使用的煤和产生的排放都更少）。[17]

目前，印度已将高效煤炭计划纳入到最近的国家气候变化战略中，确认煤炭将继续在印度的能源结构中发挥重要作用：

这是一个意识观念的问题……如果看印度的国家计划，印度在可再生能源方面已经制定了非常明确的目标，但它也公开表示“我们仍将在很大程度上依赖煤炭，我们将尤其重视国内自产煤炭”，而这不是世界上最优质的煤炭。[18]

因此，忽视印度的计划带来的影响，实际上可能会对国际实体产生不利影响，结果就是印度可能不会选择超临界燃煤发电，而是采取一些污染更严重的方法。最终，de Boer 坚持认为，筹集多少钱来帮助发展中国家实施具体的气候行动计划是政治问题。[19]

然而，煤炭使用的扩张并不是没有限制的。虽然印度计划到 2020 年将煤炭产量几乎翻一番，达到 10 亿吨，但有限的土地准入，冗长的审批程序，运输系统不充足以及过时生产技术导致的生产力低下，都可能限制产量增长。先进燃煤发电技术的广泛使用，需要提供高质量的煤炭，但印度高质量煤炭的数量并不多，这将导致印度继续依赖进口。[20]

然而，为了加快向可再生能源的转型，印度政府必须解决其国家电力公司的巨额债务（累积价值达数十亿美元）。尽管设定了强制性的可再生能源采购目标，但这些债务已经阻碍其在电力结构中增加可再生能源中的份额。政府最近已经宣布了一项全面的财务方案来重组这些债务。[21]

除了印度国内管理债务的努力外，印度还正在接受价值超过 1000 亿美元的投资，这将推动印度向可再生能源作出前所未有的转变。截至 2015 年 10 月，在可再生能源行业已经成交了十几项重大交易。[22]

据报道，印度主要的私人发电公司之一，Reliance Power，正放弃其几乎全部的燃煤和燃气发电厂的扩张计划，转而将重心放在其他利润增长上，在印度，这种增长几乎完全围绕太阳能和水力发电扩张计划：[23]

货币自发的智慧流向，正在为可再生能源提供支持……印度正在经历迄今为止最激进的一次能源领域转型，从今年的趋势来看，资金的流动与这一转型是匹配的。[24]

印度如何加快向低碳的转型？

要实现雄心勃勃的可再生能源目标，执行和交付都至关重要。印度能源部门以体制结构复杂著称，这种复杂性使政策制定困难重重，从而导致能源政策持续不到位。在可再生能源可以用作矿石燃料的直接替代品之前，印度必须保证充足的电力储存和灵活的发电能力。[25]

注释

1. ‘World Energy Outlook 2015’. *Springer Reference* (n. d.): n. pag. International Energy Agency, 2015. Web.

2. ‘Coal in India 2015’. *Coal Information* (2015): n. pag. Industry. gov. Australian Government Department of Industry and Science, June 2015. Web.

3. Clark, Pilita. ‘COP21 Paris Climate Talks: Modi Tells Rich Nations to Do Their Duty – FT. com’. *Financial Times*, 29 November 2015. Web. 8 June 2016.

4. Shankleman, Jessica. ‘Former UN Climate Chief: Why Efficient New Coal Plants Should Qualify for “Climate Finance”’ www. businessgreen. com. *Business Green*, 13 October 2015. Web. 8 June 2016.

5. 见注释 4。

6. 见注释 4。

7. ‘A Low – Carbon Energy Transition in India Can Free Up More Than $600 billion in Investment Capacity to Support Economic Development – CPI’. Climate Policy Initiative, 29 October 2014. Web. 8 June 2016.

8. 见注释 7。

9. 见注释 2。

10. 见注释 2。

11. Carrington, Damian. ‘India Will Be Renewables Superpower, Says Energy Minister’. *Guardian*, 1 October 2014. Web. 8 June 2016.

12. Swarup, Anil. ‘Indonesia Investments’. *India Boosts Domestic Coal Production: Pres-*

sure on Coal Prices. Indonesia – Investments, 9 February 2016. Web. 8 June 2016.

13. Darby, Megan. 'Former UN Climate Chief Yvo De Boer Defends Coal Finance'. *Climate Home*, 11 April 2015. Web. 8 June 2016.

14. 见注释 13。

15. 见注释 4。

16. 见注释 4。

17. 见注释 2。

18. 见注释 4。

19. 见注释 4。

20. 见注释 2。

21. Mittal, Smiti. 'India Aims to Achieve Colossal Renewable Energy Targets 2 Years in Advance'. *Clean Technica*, 9 November 2015. Web. 8 June 2016.

22. 'US $100 Billion in New Renewable Investments Power Indian Energy Transition'. *Blue & Green Tomorrow*, 12 November 2015. Web. 8 June 2016.

23. 见注释 22。

24. 见注释 22。

25. 见注释 2。

第 12c 章

国有企业采取可持续行动的必要性

Morgan Smiley

简介

作为一个群体，国有企业（SOE）并没有成为应对全球气候变化的领导者。机构投资者、上市公司、投资银行、非政府组织、有关政府行动派和活动家团体，都在致力于缓解全球气候变化的努力中发挥了作用。但我们却看不到大多数国有企业的任何作为。本章认为，国有企业应当在这一工作中发挥重要的作用。国有企业具有独特的能力，能帮助解决困扰全球能源格局的两个重大问题：即资产闲置风险和绿色融资不足。本章将解释这两个问题的重要性，通过介绍其他组织已经采取的一些行动，说明国有企业应该立即采取行动的理由，并概述国有企业可以并能够采取哪些行动。

为什么需要行动？资产闲置风险和绿色融资不足两大问题

资产闲置

COP21 确立的目标是将温度上升控制在 2℃以内，要实现这一目标，意味着世界上大部分的矿石燃料储备都将无法使用，因此，国际石油公司（IOC）和国家石油公司（NOC）的大部分资本支出都属于无必要和被浪费的支出。在未来四十年内，即便仅仅使用世界股票市场上上市交易的储备，也将超出

2℃的升温限制。鉴于世界三分之二的矿石燃料由国有企业或私营企业持有，情形就显得更为紧迫。此外，公司的资本支出计划中，仍然会给预计发现的新储备预留资金（CTI 2011，8~9）。

根据联合国气候变化专门委员会的统计，在2℃的升温限制之下，预计到2050年，全球只能使用探明储量的三分之一（Dumaine，2015）。国际能源总署（IEA）还得出结论："如果全球要实现2℃的升温目标，那么在2050年之前，不能使用超过三分之一的探明化石燃料储量，除非碳捕集和封存技术（CCS）技术被广泛使用。"（Heede and Oreskes 2015，12）。石油公司50%的财务价值来自其燃料储量。因此，闲置资产和不可使用的碳，将可能给受影响的公司造成巨额贬值和巨额财务损失（CTI 2011，2，19）。

Kepler Cheuvreux 预计，相较于 IEA 的新政策情境（基准情境），在 IEA 的2℃升温兼容情境下，化石燃料行业在2013年至2035年期间的累计总收入将减少28万亿美元（Lewis 2014；Baron and Fischer 2015，9~10）。花旗集团预计，从现在至2050年，在升温控制在2℃的情境下，化石燃料行业的闲置资产将正好超过100万亿美元（Parkinson，2015年）。McGlade 和 Ekins 通过分析发现，为实现升温控制在2℃的目标，全球1/3的石油储量，一半的天然气储量以及大约82%~88%的煤炭储量，在2010年至2050年间将保持闲置（McGlade 和 Ekins 2015，187，189）。这些预测强调了闲置资产和随之而来的碳泡沫对金融市场造成的损害（Ideede and Oreskes 2015，13）。

绿色融资不足

据彭博新能源财经报道，2014年全球新增清洁能源投资达到3100亿美元。这个数字似乎很庞大，但目前绿色项目的融资大多是通过私募股权获得的，这尚不足以满足转型的需求。根据 IEA 的估计，如果我们要以足够快的速度减碳，缓解气候变化最严重的影响，每年需要投资的金额高达1万亿美元。这一投资要求被称为"清洁万亿"目标（Mills 2015；Dumaine 2015）。

为何国有企业必须行动?

第一，国有企业没有对资产闲置和绿色融资不足这两个问题作出回应。许多石油国有企业是上市公司，因此它们对全球公民负有道德责任。国有企业管理资产存在疏忽，全球公民的养老金和退休金很容易受到不利影响。第二，由于资产被闲置，国有企业存在着很大的账面价值被减记的风险敞口。因此，采取行动降低风险也有利于国有企业维护自身利益。在本章，我们将建议国有企业采取相应行动来降低风险。第三，石油国有企业需要采取一些措施，来跟上竞争对手始终重视可持续发展的步伐，特别是泰国石油和 PTT PCL（泰国国有的石油和天然气公司，也是泰国最大的能源公司）。第四，由于国有企业的范围很大，它们的行动很可能造成巨大冲击。国有企业握有全球石油、天然气、煤炭储量的主导控制权。世界上一些最大的私人公司和准公众公司都是国有企业，其控股股东，即国家政府，握有重权，能够发挥重大而独特的作用，本章将对此作进一步讨论。

显然并非“合众为一”

机构投资者已经根据“负责任投资原则”（PRI）采取了行动，投资银行也根据赤道原则、碳原则和绿色债券原则（Ceres 2014；赤道原则 2013；PRI 2015）采取了行动。我们承认，部分公开上市的大石油国有企业中，许多都是联合国全球契约的参与者，但参与并不足以应对本章提出的两个问题（2015 年联合国全球契约）。

国有企业的财务决定影响普通公民的生活

大型的石油国有企业许多都在证券交易所上市。为了能够保持国有企业的身份，其 50% 或以上的股份必须由本国国家政府或相关政府机构所有，这些股份中有一部分为普通公民投资的养老基金和共同基金持有，一些普通公民依靠这些养老基金和共同基金获得退休收入。表 12c. 1 显示了部分最大的石油国有企业在多大程度上由控股政府以外的实体所有。

这些企业不是小公司。在 2015 年全球财富 2000 强中，中国石油化工集团有限公司排名第 24 位，俄罗斯天然气工业股份公司排名第 27 位，俄罗斯石油公司排名第 59 位，中国海洋石油总公司和挪威国家石油公司排名第 103 位，PTT PCL 排名第 225 位（2015 年福布斯）。

表 12c. 1　　国有企业和政府所有权

国有企业	由非国有企业政府持有的股权的比例
俄罗斯天然气工业股份公司	49. 8
俄罗斯石油公司	30. 5
中国石油化工集团有限公司	24. 2
挪威国家石油公司	33
中国海洋石油总公司	35. 6
PTT PCL（泰国）	48. 9

数据来源：CNOOC Ltd 2015；Gazprom 2015；PTT PCL 2015；Rosneft 2015；Sinopec 2015；Statoil 2013.

对全球储备的主导控制

在涉及资产闲置的情况下，国有企业尤其面临风险。据 Wood Mackenzie 透露，截至 2009 年，国家石油公司拥有世界石油储量的 73% 和世界天然气储量的 68%（Thurber 2012）。Heede 和 Oreskes 发现，国有企业控制了全球石油和天然气储备的 75%；世界银行发现，90% 的全球储备都处于某种形式的政府控制之下（Heede and Oreskes 2015，15）。根据 Wood Mackenzie 的数据，截至 2009 年，储量最大的全球石油公司（包括非上市公司）的排名是：Saudi Aramco，Gazprom，PDVSA（委内瑞拉），NIOC（伊朗），Qatar Petroleum，Iraqi Oil Ministry，ADNOC（阿布扎比），ExxonMobil，Rosneft，Petrobras 和 PetroChina。值得注意的是，这份名单上唯一的非国有企业是 ExxonMobil（Thurber 2012）。Heede 和 Oreskes 表明，探明储量可能产生的潜在排放量大部分都源自国有企业和国家。根据他们的分析，报告的探明储量由 78 家最大的矿石燃料生产商所有，其中有 70 家为股份公司，70 家中有 42 家为投资者所有的企业，其余 28 家为国有企业。该分析发现，世界上最大的石油、天然气和煤炭生产商生产已报告的探明储量，将导致总排放量达 440GtC 的二氧化碳和甲烷。在 440GtC 中，投资者所有的石油、天然气和煤炭公司拥有的储量的潜在排放量为 44GtC，仅占政府间气候变化专门委员会（IPCC）剩余碳排放预算（RCB）的 16%，但国有企业拥有的储量的排放量为 210GtC，占 RCB 的 76%。在这 210 GtC 的排放量中，石油储备产生的排放量又占大多数，达到 131 GtC（Heede and Oreskes 2015，12，15 – 17）。

作为石油公司的国有企业虽然面临着资产闲置的极大风险，但是它们并非没有能力对抗这种风险。它们甚至可以在获得盈利的同时，在解决资产闲置问题和绿色融资赤字方面发挥重要作用。这一独特的地位是因为政府有能力将用于石油和燃料补贴的大量资金重新划归到绿色项目融资，将监管政策与国家财务目标保持一致，并发行大量债券（就此处所说的问题而言，可发行需求快速增长的绿色债券）。

例如，Thaioil 集团及其金融合作伙伴在 2014 年发行了 150 亿泰铢的国内公司债券，该债券被超额 4.29 倍认购，且被惠誉评级（泰国）为 AA 级（2014 年 TOP 年报，28）。Thaioil 集团在 2006 年发行的公司债券与上述发行有重要相似之处。在 2006 年，机构投资者的需求使得 Thaioil 集团证券的价值翻了一倍以上，证券评级为 AA – 级，主要是因为 Thaioil 集团对 PTT 具有重要性，而 PTT 是国有石油公司（Kate 2006）。如果 Thaioil 集团能够发行机构投资者大幅超额认购的无担保公司债券，那么它也大可以推出专门用于可再生能源项目融资的绿色债券。

国有企业同时解决两个问题的独特能力

除了发行绿色债券和利用杠杆撬动债务市场以外，我们还看到，国有企业会将不需要的资本支出重新配置给绿色项目。根据碳追踪计划（Carbon Tracker Initiative）最近发布的闲置资产调查研究，如果继续沿着将升温控制在 2℃以内的路径推进，那么将出现一个“危险区域”，可能造成 2 万亿美元损失的风险。此外，石油占金融风险的三分之二左右，但只占碳风险的五分之一。碳追踪计划认为，与其向股东回购或退还资本，不如发展其他替代商业模式，包括实现可再生能源或绿色融资的多样化（CTI 2015，4）。显然，闲置石油资产将导致巨额的无需使用的资本支出，但这笔资本可以作为新的资金来源，用于包括绿色项目融资在内的其他用途。

通常情况下，石油公司即使有这么做的机会，也会心怀犹豫，因为和生产或加工原油产品的项目相比，可再生能源项目在成本上缺乏竞争力。然而，国有企业在实现可再生能源多元化方面处于独特的有利地位。除了发行可能超额认购的绿色债券外，国有企业还可以确保其大股东，即政府，能够调整国家的监管框架和激励机制，使国有企业的绿色项目能够获利。这些监管框架举例来说包括税收激励政策、可再生能源生产者信用、可再生燃料标准以及可再生燃料和原料补贴。

国有企业可以发行企业绿色债券，利用债务资本市场，重新分配资本支出，在为绿色项目融资的同时，对冲闲置资产的风险。

国有企业需要采取何种措施?

首先，也是最重要的，国有企业需要立刻采取行动，保护自己和投资者免受因闲置资产即将引发的风险。在行动的过程中，它们可以而且应当在实现“清洁万亿”和解决绿色融资不足的问题上发挥作用。国有企业应面对资产风险管理和绿色融资的需求，制定报告和披露要求以及劳动、公司治理和安全标准。所有希望在证券交易所首次上市的公司，特别是国有企业，必须报告其矿石燃料储备和该储备可能产生的二氧化碳排放量。如果石油公司报告其矿石燃料储备所代表的碳储量，那么企业报告也就无法隐藏气候变化的重大风险。碳追踪计划指出，目前这种风险仍然被隐藏起来了。碳追踪计划解释道，我们需要的是综合性的，而不是独立的报告，应该强制要求石油公司进行前瞻性的分析和报告，以了解其储备在未来代表的排放量（CTI 2011，3，22，27）。

结论

国有企业由于其独特性，可以使用同样的方法来同时解决两个问题。无论是通过发行绿色债券还是转移资本支出，它们都可以对冲由于资产闲置带来的巨额资产损失，即资产贬值给公司价值造成的巨大损失。国有企业的这种独特能力——通过控制监管机制和发行很可能超额认购的绿色债券，最大限度地提高绿色项目的投资回报——有很大的潜力获取超额收益。重新配置不再需要的资本支出，将之用于投资绿色项目，至少可以在初始阶段解决国有企业的资产闲置问题，同时帮助绿化环境。国有企业行动的时间已经到来，它们能在多大程度上保护自己以及其最大股东所领导的国家，我们将拭目以待。

参考文献

Baron, R. and Fischer, D. (2015) ‘Divestment and Stranded Assets in the Low – carbon Transition’. Background paper, OECD 32nd Round Table on Sustainable Development, 1 – 25 (www. oecd. org/sd – roundtable/papersandpublications/Divestment% 20and% 20Stranded% 20Assets% 20in% 20the% 20Low – carbon% 20Economy% 2032nd% 20OECD % 20RTSD. pdf)。查阅日期：2016 年 9 月。

CTI (Carbon Tracker Initiative) (2011) *Unburnable Carbon: Are the World's Financial Markets Carrying A Carbon Bubble?* 1 – 33 (www. carbontracker. org/report/carbon – bubble/)。查阅日期：2016 年 9 月。

CTI (Carbon Tracker Initiative) (2015) *The $2 Trillion Stranded Assets Danger Zone: How Fossil Fuel Firms Risk Destroying Investor Returns*, 1 – 27 (www. carbontracker. org/report/stranded – assets – danger – zone/)。查阅日期：2016 年 9 月。

Ceres (2014) ‘Green Bond Principles Created to Help Issuers and Investors Deploy Capital for Green Projects’ (www. ceres. org/press/press – releases/green – bond – principles – created – to – help – issuers – and – investors – deploy – capital – for – green – projects)。查阅日期：2016 年 9 月。

CNOOC Limited (2015) 2016 Company Profile (www. cnoocltd. com/col/col7871/index. html)。查阅日期：2015 年 11 月。

Dumaine, B. (2015) ‘Billionaires Versus Big Oil’. *Fortune* (http://fortune. com/2015/04/25/billionaires – versus – big – oil/)。查阅日期：2016 年 9 月。

Equator principles (2013) ‘About the Equator Principles’ (www. equator – principles. com/index. php/about – ep)。查阅日期：2015 年 11 月。

Forbes (2015) ‘The World's Biggest Public Companies’ (www. forbes. com/global2000/list/#header: assets_ sortreverse: true)。查阅日期：2015 年 11 月。

Gazprom (2015) ‘Equity Capital Structure’ (www. gazprom. com/investors/structure/)。查阅日期：2015 年 11 月。

Heede, R. and Oreskes, N. (2015) ‘Potential Emissions of CO_2 and Methane from Proved Reserves of Fossil Fuels: An Alternative Analysis’. *Global Environmental Change*, 6, 12 – 20.

Kate, D. T. (2006) ‘Demand Soars for Thai Oil Debentures’. *ICIS News* (www. icis. com/

resources/news/2006/10/31/1102398/demand - soars - for - thai - oil - debentures/)。查阅日期：2016 年 9 月。

Lewis, M. (2014) 'Stranded Assets, Fossilized Revenues' . ESG sustainability report, Kepler Cheuvreux, 1 - 32 (www. keplercheuvreux. com/pdf/research/EG_ EG_ 253208. pdf)。查阅日期：2016 年 9 月。

McGlade, C. and Ekins, P. (2015) 'The Geographical Distribution of Fossil Fuels Unused When Limiting Global Warming to 2℃' . *Nature*, 517, 187 - 190.

Mills, L. (2015) 'Global Trends in Clean Energy Investment' . Bloomberg New Energy Finance (http: //about. bnef. com/presentations/clean - energy - investment - q4 - 2014 - fact - pack/content/uploads/sites/4/2015/01/Q4 - investment - fact - pack. pdf)。查阅日期：2016 年 9 月。

Parkinson, G. (2015) 'Citigroup Sees $100 trillion of Stranded Assets if Paris *Succeeds*'. *Renew Economy* (http: //reneweconomy. com. au/2015/citigroup - sees - 100 - trillion - of - stranded - assets - if - paris - succeeds - 13431)。查阅日期：2016 年 9 月。

PRI (Principles for Responsible Investment) (2015) 'About the PRF (www. unpri. org/about - pri/about - pri/)。查阅日期：2015 年 11 月。

PTT PCL (2015) 'Major Shareholders' (www. pttplc. com/EN/IR/index. aspx)。查阅日期：2015 年 11 月。

Rosneft (2015) 'Shareholder Structure' (www. rosneft. com/Investors/structure/share_ capital/)。查阅日期：2015 年 11 月。

Sinopec (2015) 'Our Company' (http: //engiish. sinopec. com/about_ sinopec/our_ company/20100328/8532. shtml)。查阅日期：2015 年 11 月。

Statoil (2013) 'The Norwegian State' (www. statoil. com/en/InvestorCentre/Share/Shareholders/Pages/StateOwnership. aspx)。查阅日期：2015 年 11 月。

Thurber, M. (2012) 'NOCs and the Global Oil Market: Should We Worry?' Program on Energy and Sustainable Development, Stanford University (https: //energy. stanford. edu/events/national - oil - companies - and - world - oil - market - should - we - be - worried)。查阅日期：2016 年 9 月。

TOP (Thai Oil Public Company Limited) (2014) *Thai Oil Public Company Limited Annual Report*, 1 - 157.

UN Global Compact (2015) 'What Is UN Global Compact?' (www. unglobalcompact. org/what - is - gc/mission)。查阅日期：2015 年 11 月。

第 12d 章

日本和治理

Jason Mitchell

距安倍晋三 2012 年底赢得连任已经过去数年，但对于安倍经济学的试验仍然众说纷纭。安倍连任后，Topix 的涨幅引人瞩目，但是考虑到日元日趋疲软，这种涨幅又似乎没有那么明显。美国和欧洲中央银行（宽松或紧缩）的措施很明显都支持了市场复苏，但相较之下，日本在纠正通货再膨胀并最终实现日本央行的通胀目标时，却显得困难重重。

结构性改革（安倍经济学的第三支箭）由于动力缺失，并没有为日本经济提供帮助。加入跨太平洋伙伴关系协议的努力也因为美国贸易优惠转向而陷入停滞。企业税制改革经历了利益的严酷考验但仍然悬而未决，对广泛重启核电的犹豫不决也延迟了电力市场的自由化。

进步迹象

在安倍经济学开始施行之时，劳工、税收和放松管制的改革备受期待，但对公司治理改革的期待则并没有那么强烈。早期的怀疑论者指出，日本民主党（DPJ）未能有力地执行涉及公司治理的政策议程，并且日本交易所集团也决定不予采纳金融服务机构提出的要求企业作出更多披露的建议。

自安倍当选以来，日本发生了重大变化，公司治理改革被视为他的主要工作之一。在过去几年新闻中，我们可以看到独立董事增多，西式股东激进主义的崛起，以及日本尽责管理守则、公司治理守则和规范性守则的采用。这些显然在重新调整公司治理规范方面发挥了不可或缺的作用，而政府养老金投资基金（GPIF）等大型资产所有者进一步强化了这种作用。大型资产所有者采用尽责管理守则提供了一个强有力的先例，促进了守则的广泛采用和股东更积极地行使所有权。

然而，经常被忽视的是，日本在公司治理和资本效率方面还做出了更多努力，而公司治理和资本效率是解决低股本回报率（ROE）等相关问题的要素。2014 年，因为一些原因股本回报率过低这一问题变得更加突出。日本交易所集团推出了日经 400 指数，这个股本回报率和盈利能力驱动指数将公司治理纳入了考量。在这一指数推出时，其中将近 2/3 的基准公司不合格，大家才开始意识到日本在这些方面系统性地表现不佳。公司对此的反应是针锋相对地退出这一指数。Amada 宣布通过股票回购和股息上涨来提升其股本回报率，计划在未来两年内实现 100% 的股息支付率。[1]市场对 Amada 的公告做了反应：股票价格在当天上涨了 16%。因此，市场猜测，在 8 月日经 400 指数校整之时，很快会有“下一个 Amada”加入这一指数。[2]

资产所有者也承认应当注重资本效率。GPIF 表示，其将把原来用于消极 Topix 投资的资金转投资于像日经 400 指数一样针对高收益公司的指数和策略。像机构投资者服务（ISS）这样的国际代理投票权咨询公司也已开始考虑如何将股本回报率纳入日本的投票表决政策标准。

与此同时，政府也正在把治理理念和资本成本合并为一个议题。4 月，日本经济产业省（METI）发布了可持续发展竞争力与激励措施评估报告（ITO 报告），将资本效率和治理作为一个互相关联的问题来解决。日本经济产业省总结道，管理层要么对股本回报率承担的责任过少，要么股本回报率被完全忽视，从而导致了市场习惯性的短视主义。因此，提升治理质量有助于改善长期资本配置。

解决资本成本

回头来看，日本再次强调股本回报率并不令人惊讶。企业盈利能力下降、产能过剩和再投资少的趋势，都形成了生产力差距，而安倍经济学正是致力于通过通货再膨胀来弥合这一差距。就这个措施而言，日本成为了发达国家中的异类。近五十年来，欧洲和美国在商业周期中都产出了持续回报，而日本的回报却明显滞后（图 12d. 1）。欧洲和美国已经生产了超过资本成本的跨周期回报，不像日本那样，有进行自我反思的紧迫性。对于日本来说，安倍经济学通货再膨胀只是提出了一种多管齐下的方法，用于应对股本回报率表现不佳的情况，其中包括治理改革。

虽然过去也曾关注回报率，但是，由于日本几乎一直存在通货紧缩情形，且名义 GDP 增长乏力，因此，这一问题始终没有得到解决。日本持续的通缩，使管理层没有压力让公司资产负债表运作起来，这就解释了为什么众多受尊敬的公司宁愿坐在现金堆上而无法赚回资本成本。2013 年安倍经济学开始推行时，几乎一半 Topix 公司都使用净现金头寸运营，相比 10 年前上涨了 35%。[4]相比之下，只有不到 30% 的美国和欧洲公司保持净现金头寸。[5]

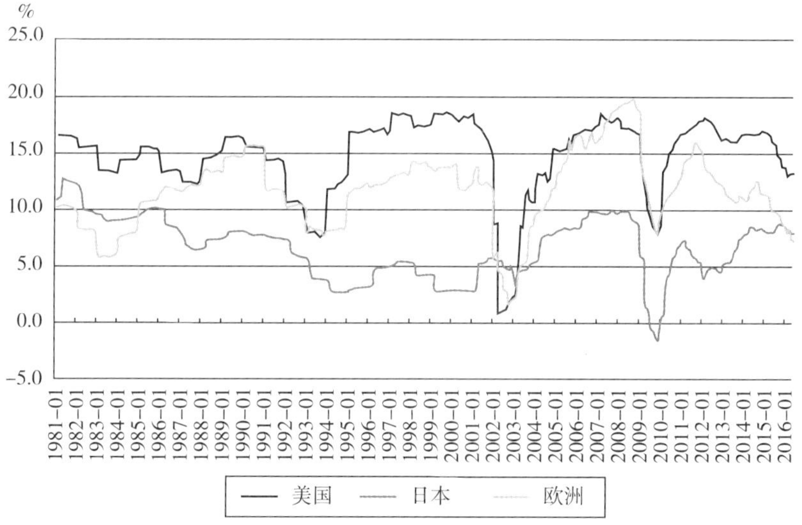

数据来源：瑞士信贷 2016。

图 12d. 1　美国、欧洲和日本的历史股本回报率

但是，对财务回报的单一关注，却忽视了公司治理改革其他更重要的方面，也就是说 ROE 本身并不是一个完美的测量指标。产生高回报的公司，可能只是因为公司业务盈利，且几乎没有再投资压力，而无须围绕更高效的资本配置作出努力。同样，低回报的公司也可能承受资本储备过剩或短期资本密集度过高的压力。ITO 报告指出，对资本效率缺乏普遍认识，如果这一判断是准确的，则安倍经济改革是一个理想机会，可以借此完善公司治理，提高对日本低回报率的认识。

突然关注财务回报，说明管理层开始应对不断变化的股东偏好。由于货币政策和财政刺激措施设定了通货膨胀率2%的目标，投资者，尤其是正在努力消除债务增长的国内养老基金（如GPIF），开始要求更高的股息支付率，并且期望管理层能更明确地说明公司的资本结构。在通货膨胀的经济背景下，回报率更高的公司，重要性也显然更高。对于这类投资者，由于回报可以作为社会福利，因此，重新调整股东分配的需求可以减轻日本的社会压力。[6]

将资本效率目标作为承诺机制

如果日经400指数标志着向资本效率的被动转型和公司治理意识的提高，那么，ITO报告代表了更积极的措施，其中许多措施专注于通过更好的长期披露来提升企业对资本成本的理解。

围绕这个主题，投资者该如何明确自身定位呢？将定义宽泛的治理标准与股票表现挂钩，所得出的结果莫衷一是。[7]此外，日本的研究甚至显示，相对于治理更好的公司，治理评级低的公司的业绩明显更为出色。[8]这也同样适用于ROE等回报，其中回归测试表明，ROE高的公司的历史表现逊于Topix公司。[9]ROE上涨的公司的经营状况略好，但是这种相对业绩出色的情况似乎只适用于前20%的公司。[10]

在测试ITO报告建议的过程中，我们将公司的资本效率目标视为承诺信号，其将产生观众成本或公司信誉风险。作为确定国际危机期间政治威胁可信度的一种博弈论，国内观众成本理论提出，如果政客在下一届选举周期面临受到惩罚的风险，那么他将更有可能履行他的承诺。[11]换言之，这种情况下，政客一般不开空头支票。像政客所作出的选举承诺一样，对公司而言，在投资者之中，公司也应受到其对国内观众所作承诺的限制，并且应被激励去实现其对投资者所作的承诺。如同政客一样，企业应被激励去实现对市场的ROE承诺，否则企业将失去信誉。

尽管日本企业的ROE表现糟糕，但我们发现很少有公司向投资者发布中长期的ROE和资产回报率（ROA）目标。大多数投资者仅仅按照日经指数确立的预期基准，要求发布销售额、营业利润和净收益指导。毕竟，公司没有义务公布这些预测，更不用说提供关于财务回报的额外指导。事实上，管理层是冒着丧失信誉的风险来提供他们有可能无法达成的额外目标。我们视这些指导目标为向市场提供的一个重要区分——一个信号，可用来区分正式向投资者提供指导的公司，和不向投资者分享或只是非正式地分享其内部目标的公司。

公开承诺资本效率目标的公司能告诉我们什么？对正式明确的回报目标承担更大的责任，对经济周期中的股票表现有何影响？我们在安倍经济学开始施行之时，于 2013 年首次提出这些问题，当时，我们找到 86 家已经承诺达成 ROE 或 ROA 目标的公司（“承诺集团”）。[12,13]几年后，像日本人寿保险协会这样的集团会定期编制调查数据。据最新数据，目前估计有 240 多家公司正式发布 ROE 目标。[14]

对比过去超过 12 年的 Topix（图 12d. 2 和图 12d. 3），这 86 家公司不间断、同样的出色业绩透露了几个消息。第一，如果市场公开承诺回报目标，市场似乎会奖励公司，对公司的估值相对较高。虽然这 86 家公司 5 年和 10 年盈利增长的中位数落后于 Topix，但它们以市盈率和账面值比率为基础，实现

数据来源：GLG Partners，Bloomberg，2016。

图 12d. 2　ROE/ROA 承诺集团与 Topix 对比

了评级的重大调整，而这两个比率是推动了大部分股票出色表现的主要动力。[15]作出承诺的公司初始的交易价格低于 Topix 15% 至 20%，最后两项指标却均优于 Topix，它们的估值也达到了原始估值的数倍（图 12d. 4）。

数据来源：GLG Partners，Bloomberg，2016。

备注：我们将高目标公司定义为相对于其长期平均水平而言，其目标回报率提高 100 个基点的公司，而低目标公司的回报率增幅低于 100 个基点。56 家公司为高目标公司，30 家公司为低目标公司。

图 12d. 3　设定高目标和低目标的公司与 Topix 对比

第二，治理信号——由承诺 ROE 或 ROA 目标的公司定义——会随着时间的推移和应不同的市场制度进行调整。也就是说，这些公司的业绩在经济再膨胀期间表现落后，比如小泉 2006 年改革期，2009 年全球经济复苏期以及 2013 年安倍晋三的任期。这与以下观点是一致的：治理更好的公司在复苏期间会丧失其溢价，并且会由于市场不那么重视质量差异而表现不佳。

第三，正式承诺财务回报目标的这一行为比目标本身更重要。设定低目标（相对于其长期平均水平而言，回报率增幅低于或等于 100 个基点）的 35% 的公司，业绩表现比 Topix 和设定高目标的公司出色，特别是在通货再膨胀期间。总体来说，股票表现优异表明，投资者倾向于优先考虑资本效率目标的透明度，而不是具体期望目标。

第四，领导层似乎在推动某些行业更广泛地作出承诺。在食品、重工业和机械集团中，都有一家领军公司，建立了后来被同行采用的设立回报目标的方法。[16]这些举措往往会概括地描绘资本结构的转型改变。如同 Amada 的公告一样，Ajinomoto 在 2009 年承诺 ROE 的决定，更多是关于更好的资产配置，以及通过更高的股东回报来解决其资本储备的问题，而不是对其销售或利润率产生任何根本性影响。

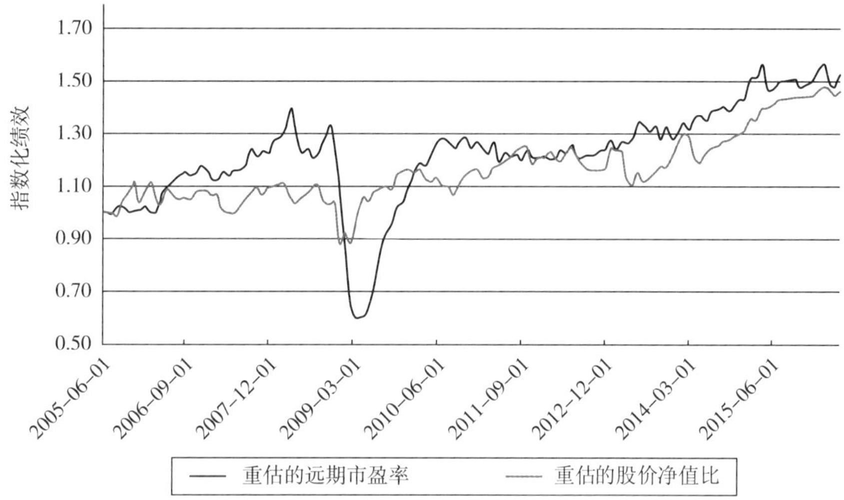

数据来源：GLG partners；Bloomberg，2016。

图 12d. 4　承诺集团评级指数 vs. Topix

挑战之中的机遇

日本的问题不外乎如下几个方面：人口老龄化、对能源进口的依赖、中国的地缘政治压力、公司治理薄弱、改革内嵌的利益放缓、通货紧缩的国家心理和前所未有的货币扩张计划。但是，安倍改革的细节处，已经显示出企业行为转变的重要迹象。

将资本效率与治理结合起来的努力，是（而且仍然是）改革和重塑公司和投资者规范的独特机会。在此过程中，由于正式承诺回报目标的公司，其股票通常具有持续性优异表现，我们预期这两者之间的关联性，将继续推动日本资本成本的透明度和相关讨论。

自2013年以来，我们就认为出色的业绩与日本公司治理改革之间的相关性，是一个足够强有力的因素，应当专门围绕此类筛选制定投资策略。而我们作为资产管理人和联合国责任投资原则签署国，也有机会就此向日本管理层提供实证数据，参与资本配置和股东回报，并进而解决长期预测和治理问题。该策略针对的是一篮子低波动性、因素中性的公司，围绕着正式承诺ROE目标的公司，或将ROE作为重要的业务指标并将重点放在ROE但尚未披露目标的公司而建立。在平等加权的基础上，这一策略（图12d.5）已经取得了每年高出Topix约700个基点的出色业绩。

整体而言，结合财务盈利能力和加强治理的方式，为日本带来了重要的优势。它有助于强化安倍改革的完整性，也可以说是帮助了对日本的重新评价。我们研究发现，在安倍经济开始施行时，日本的低股本回报率导致了7.5%的股权风险溢价，远高于美国和欧洲的4%～5%。随着日本的ROE回升至欧洲水平，风险溢价在过去几年逐渐收窄。这为采取ITO报告的建议提供了令人信服的理由；该报告建议促使企业承诺正式的目标，并明确如何实现这些目标。

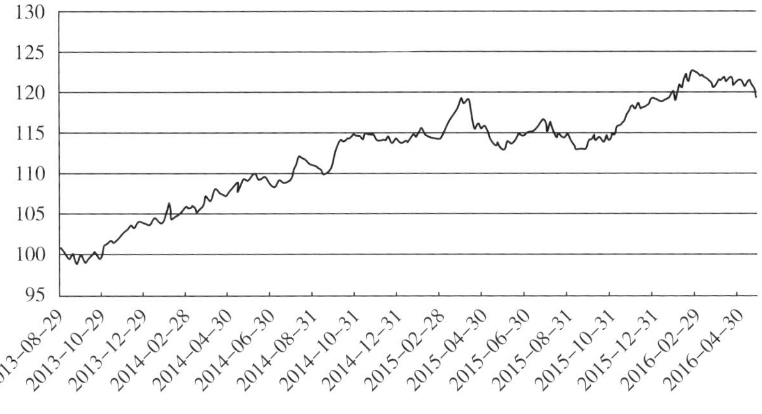

图12d.5 “质量”策略 vs. Topix

注释

1. Santazono, Tetsuji. ‘Looking for the next Amada’. *Nikkei Asian Review* (28 May 2014).

http：//asia. nikkei. com/Markets/Equities/Looking – for – next – Amada。查阅日期：2016 年 9 月 7 日。

2. Tamura, Hiromichi. ‘JPX – Nikkei Index 400：Our views on the next Amada’. *Nomura*（9 June 2014）.

3. Japan Ministry of Economy, Trade and Industry. ITO *Review of Competitiveness and Incentives for Sustainable Growth*. 25 April 2014. www. meti. go. jp/english/press/2014/0425 _ 02. html。查阅日期：2016 年 9 月 7 日。

4. Rial, Patrick. ‘Japan dividend trade ideas’. J. P. Morgan（20 March 2014）; Bloomberg, 2014.

5. *Morgan Stanley Research*（20 May 2014）.

6. Kamiyama, Naoki. ‘Japan investment strategy：new dawn for growth’. BofA Merrill Lynch（8 April 2014）.

7. 有很多研究支持这一点。最近的研究见 Vintila, Georgeta and Stefan Christian Gherghina（2013）‘An empirical investigation of the relationship between corporate governance mechanisms, CEO characteristics and listed companies' performance’. *International Business Research*, 5（10）, 175 – 191.

8. Aman, Hiroyuki and Pascal Nguyen.（2008）. ‘Do stock prices reflect the corporate governance quality of Japanese firms?’ *Journal of the Japanese and International Economies*, 22（4）, 647 – 662.

9. Naito, Michiro. ‘Equity derivatives review：what works in Japan – factors backtested’. J. P. Morgan（2 June 2014）. Abe, Kenji. ‘Japan equity strategist：investment strategy for high ROE stocks’. *Citigroup Research*（15 October 2013）.

10. Bennett, Jason and Kenji Abe. *Citigroup Research*（16 June 2014）.

11. Fearon, James D.（1994）. ‘Domestic political audiences and the escalation of international disputes’. *American Political Science Review*, 88（3）, 577 – 592.

12. 截至 2014 年 4 月 30 日，公司使用 Barclays, BofA Merrill Lynch, Citigroup Global Markets, CLSA Japan, Credit Suisse, Goldman Sachs, J. P. Morgan, Macquarie Securities, Mizuho Securities and Morgan Stanley MUFG Securities 的投资研究。

13. 在确定我们的范围时，我们专注于正式发布 ROE 和/或 ROA 目标的公司，排除那些发布 ROIC、ROI 和其他回报变量的公司。野村证券的因子暴露分析（2014 年 4 月 22 日）显示质量暴露为零。其中，财务负担暴露高于平均水平，价值（通过股息收益率）最低限度地暴露于深值、动力和增长。该集团价值的平均数和中位数分别为 1. 12 万亿和

8000亿日元。

14. Life Insurance Association of Japan. 23 March 2016. www. seiho. or. jp/info/news/2015/pdf/20160323_ 3. pdf。查阅日期：2016 年 10 月 18 日。

15. GLG Partners, Bloomberg. 2016.

16. 小松于 2000 年首次在工业机械和设备行业建立了回报目标；三菱重机于 2007 年在重型机械行业建立回报目标；而味之素在 2009 年率先在食品行业推出目标。

第 13 章

信义义务[1]

Rory Sullivan*, *Will Martindale* 和 *Elodie Feller

引言

“信义义务”可能是金融语言中最重要的短语。但是，它经常被误解和曲解，在涉及环境、社会和公司治理（ESG）或投资实践中的可持续性问题时，误解和曲解的情况尤其严重。

为什么信义义务这么重要？这是因为它处在投资链的最顶端，能够确保资金管理人按符合受益人利益的原则实施投资行为。如何定义和解释信义义务将影响整个投资链，从资产所有者一直到公司（Martindale 等，2016）。它会告诉资产所有者如何选择、任命和监督投资经理。它影响投资决策过程和所有权实践。最终，它会影响公司的管理方式。

本章重点介绍信义义务如何塑造和影响投资实践，以及投资实践的变化如何改变我们对信义义务的理解。本章还从更广泛的角度介绍了投资与社会之间的关系，并讨论如何发展信义义务的概念，以反映投资者如今面临的社会和环境挑战。

信义义务和责任投资：历史摘要

2005 年，联合国环境规划署可持续金融倡议（UNEPFI）联合 Freshfields Bruckhaus Deringer 律师事务所发表了一份开创性的报告，题为“将环境、社会和治理问题纳入机构投资的法律框架”（通常称为“Freshfields 报告”）。报告认为“将 ESG 考量因素纳入投资分析，以更可靠地预测财务业绩显然并无不当，并且很有理由在所有国家地区强制推行”，这在当时被认为是一个激进的结论（Freshfields Bruckhaus Deringer 2005）。

过去十年，投资者和政策制定者对这些问题的关注大幅增加。全球金融危机已经表明，金融体系的失败可能对投资者、社会和全球经济造成重大的负面影响。Deepwater Horizon 石油泄漏事件表明，公司管理系统和控制措施的薄弱，可能导致公司市值蒸发数十亿美元。

自 2005 年 Freshfields 报告发布以来，投资环境发生了巨大变化。许多投资机构已经承诺在其投资过程中将考虑到 ESG 问题，并鼓励他们所投资的公司采取更高的公司治理和企业责任标准（例如，300 多名资产所有者和近 1000 名投资经理签署了“责任投资原则”[2]）。政策格局也发生了变化。在英国、日本和南非已经确立了自愿性的守则，鼓励资产管理者和资产所有者积极与其参与投资的公司联系，其他国家可能会跟随这一做法。目前，许多监管机构均要求资产所有者和其他机构投资者披露其责任投资政策，并报告这些政策的实施情况。

专栏 13.1　21 世纪项目中的信义义务

2015 年 9 月，UNEPFI 的责任投资原则（PRI）、联合国环境规划署的可持续金融体系设计研究项目以及联合国全球契约发布了关于信义义务的重大报告。报告——21 世纪的信托责任——分析了澳大利亚、巴西、加拿大、德国、日本、南非、英国和美国等 8 个国家的投资实践和信义义务。为出具此份报告，相关人员访谈了 8 个国家 50 多名资产所有者、资产管理人、律师和监管机构，对这 8 个国家的信义义务法律和政策进行了全面审查，并举行了一系列圆桌会议、会议和网络研讨会，与机构投资者和全球专家就信义义务和责任投资进行了讨论。

何为信义义务？

在现代投资体系中，组织或个人（受托人）通常代表受益人和储户来管理资金或其他资产。这些关系中有许多都是基于信任和信心。也就是说，受益人和储户信赖受托人能按使他们获得最大利益的方式行事，而他们的最大利益通常是从财务的角度来定义的。

在实践中，投资决策者对于如何使用他们控制的资金进行投资有不同程度的酌情权。这种酌情权的范围各不相同。例如，在定制共同基金的情况下，受益人指定资产类型，只有日常的股票选择和其他管理工作留给投资决策者，这时其酌情权的范围就会很窄。而对于许多职业养老基金而言，酌情权的范围就可能很广。此外，一些公共资金在很大程度上受到国家控制，而这种情况下决策者酌情权的范围就可能会被政府制定的参数进一步缩小。

之所以要在向投资决策者授予的酌情权的范围内设立信义义务——以及大陆法系的对等概念，是为了确保管理他人资金的人，能按照储户（客户或受益人）的利益而非自身利益，负责任地行事。在不对称的关系中，这种责任尤其重要，即在专业知识上存在不平衡的情况，以及受益人对代表其利益行事的个人或实体进行监督的能力受到限制的情况。

在不同国家之间，以及普通法系国家（通常在法条和法院的判决中阐明）和大陆法系国家（倾向于表现为法典或法条的形式）之间，这种责任的制定方式有所不同。在普通法系国家，最重要的信义义务是谨慎行事义务，以及按照授予投资权的目的行事的义务（也称为忠诚义务）。

专栏 13.2　信义义务

信义义务（或对等义务）的存在，是为了确保管理他人资金的人，能按照储户（客户或受益人）的利益而非自身利益，负责任地行事。这些责任中最重要的是：

- 忠诚：受托人应当为了受益人的利益本着善意行事，应公平地平衡不同受益人之间的利益冲突，应当避免利益冲突，并不得为自己或第三方利益行事。
- 谨慎：受托人应以适当的谨慎、技巧和勤勉行事，以“普通谨慎的人”的方式进行投资。

在大陆法系国家，虽然可能没有使用“信义义务”这一术语，但投资者也负有类似的义务。这些义务通常包括为了受益人的利益而认真行事的义务——这一义务用不同的术语表达，有些国家使用“良好和认真的管理人”（日本）或“专业”（德国）等词语——以及寻求能够盈利的投资的义务。

信义义务与 ESG 问题的关系如何？

从法律角度来看，信义义务一般认为属于程序性和目标性要求，并非实现特定有益成果的义务。也就是说，在评估机构投资者是否履行其信义义务时，法院将区分决策过程和最终决策（即决策过程的结果）。一般来说，只要受托人能够表明他们以适当程度的勤勉并善意的方式追求受益人的利益，法律不会在事后质疑涉及固有商业风险的决定。

迄今为止，没有任何国家或监管者巨细靡遗地规定决策者应如何将 ESG 考量纳入其决策程序。在大多数情况下，在特定情况下使用何种方式履行法定义务，都是由决策者自行决定。在实践中，行为必须符合受益人的最大利益，在决策中必须适用适当的程序，并具备适当的能力。

在编制 21 世纪信义义务报告过程中，与监管机构的讨论显示，在承认金融体系结构、监管规定、法律环境和文化中不可避免的差异的前提下，监管机构通常会给予资产所有者广泛的自由，由他们自行决定在投资实践和流程中希望如何衡量 ESG 的机遇和风险，以及实现投资目标的时间表。虽然监管机构一般不会就资产所有者是否应投资于特定行业或活动发表意见，但它们确实希望资产所有者意识到并管理与 ESG 相关的风险，并且密切关注会导致投资组合结构倾斜的决定。然而，监管机构会倾向于密切关注使资金面临特定风险的投资决策（例如高碳投资组合，具有可再生能源权重的投资组合），并一般会要求明确评估对基金整体风险状况的影响。

至少在概念上，这表明只要资产所有者明确关注受益人的利益，资产所有者便可以考虑更广泛的 ESG 问题。在这种情况下，例如，决定不对煤矿投资（比如由于担心这些资产因气候变化而陷入困境）可能被视为符合信义义务，只要这一决定基于可靠的投资假设，且投资决策过程健全。这要求受托人规定投资理念，做好对取得的投资成果进行审查的准备，并且在数据发生变化，或者决定将明显对受益人财务利益造成重大损害的情况下，具备作出改变的意愿。

责任投资的环境变化

21 世纪信义义务报告得出的结论是，考虑 ESG 问题应视为投资者信义义务不可分割的一个组成部分。报告列举了许多 ESG 问题影响投资价值和投资业绩的例子，并指出关于 ESG 问题对投资的影响的卖方研究在质量和数量上都出现增长，这些都证明投资行业已经认可 ESG 问题与投资的相关性。报告还指出了投资实践规范的变化，指出越来越多的机构投资者已经致力于将 ESG 问题纳入投资过程，并与公司就 ESG 问题进行接触［例如，参见最近的 PRI 签署国调查结果（PRI 2015a；2015b）］。

在许多国家和地区，法律和政策的变化加剧了这些改变。虽然过去十年间信义义务的正式定义几乎没有改变，但与 ESG 相关的政策文件却大幅度增加。例如，在英国、日本和南非，投资行业已经制定或参与制定自愿管理守则（守则的签署人承诺与其投资的公司进行接触）。越来越多的国家已经通过了披露要求，要求投资者发布其责任投资政策和方法的细节。举例而言，安大略省的养老金标准立法（PBA909）即要求养老基金披露信息，说明 ESG 因素是否纳入了其投资政策和程序。

尽管发生了这些改变，但还有许多投资者尚未将 ESG 问题纳入其投资流程或与其投资的公司进行沟通。在某些情况下，这是一个能力问题，因小规模的基金通常缺乏资源、专业知识或意识，因此不能将重点放在 ESG 问题上。但是，这对于大型组织来说也是一个问题，即使他们已经对责任投资或 ESG 作出明确承诺。许多投资者尚未将承诺扩大到所有资产类别，即使已经开始执行承诺，执行中也经常存在问题（参见，例如，Martindale 等，2016；PRI 2015a）。例如，虽然现在大型资产所有者在投标请求中提出责任投资的问题是相当普遍的，但是在考虑任命、重新任命或监督投资管理人时，是否会向责任投资分配任何权重往往并不明确。

信义义务：修辞还是真正的障碍？

从为编制21世纪信义义务报告而开展的访谈来看，对信义义务的认知有两种截然不同的观点。第一种观点认为，对于那些以积极主动的方式进行责任投资的资产所有者来说，信义义务并不构成行动的具体障碍。这在对所有8个国家的研究中都是一致的。许多受访的资产所有者都将信义义务描述为实际并务实的要求，类似于成本、投资回报等，会对投资和管理实践进行指导。有些人进一步认为，信义义务为他们创设了积极的责任，要求在其投资实践中考虑到ESG问题，并表示未能考虑ESG问题可能违反信义义务。

然而，那些尚未积极进行责任投资的人常常认为，信义义务正是他们不能将ESG问题纳入其投资过程或在这些问题上与公司沟通的原因。进一步挖掘背后的论据后，我们将其总结为如下三个方面：对投资回报的担忧、对法律影响的担忧以及投资顾问提供的建议。

关于投资回报，许多受访者认为，对ESG问题的关注将牺牲投资业绩和/或难以增加投资价值。受访者认为，由于缺乏证明环境和社会问题与投资业绩关系的有力证据，使得这些担忧更加复杂。其中一些受访者表示，这与公司治理形成对比，在公司治理与投资的相关性问题上已经有学术研究证明（例如，不良的治理和激进会计法等问题被广泛认为对投资业绩有负面影响），已经有法律明确规定了治理规则，并且对于良好治理的特点，也已经有了被广泛接受的原则。

受访者还指出，所有国家都未在法律上明确ESG与信义义务的关系。受访者提出了不同的问题：将受益人利益最大化的义务，在多大程度上可以视为与分析考量ESG问题相符，缺乏明确性；监管机构对如何在实践中应用责任投资的指导有限（以及相关的担忧：长期责任投资可能违背受托人的信义义务）；以及投资者在投资过程中缺乏考虑到ESG问题或与公司沟通的正式义务。

受访者提出的重要政策的问题，是实施和监督现有政策（例如管理守则、ESG和责任投资相关披露要求）的薄弱环节。受访者说，许多管理守则和资产所有者披露要求没有得到有效实施。这部分是因为其中许多要求相对较新，有关政策制定者的力量主要集中在这些政策的制定和实施上。但这也反映出对这些承诺执行质量的评估仍未充分到位。虽然大部分守则和披露要求都要求对签署或遵守守则的主体的数量进行公开报告，但对已采取的行动或行动如何影响投资者或公司实践的分析却十分有限。

最后，投资顾问（精算师）的意见尤为重要。原因是在许多（但不是全部）国家，法律规定必须获得投资顾问的咨询意见。许多国家允许资产所有者在法庭辩护时，可以以遵循投资顾问建议之事实作为抗辩。因此，在实践中产生的后果是，投资顾问的意见往往会对资产所有者采取的行动产生关键影响。访问中反复出现的主题是，这些顾问给出的建议——特别是在美国，但也包括其他国家——通常是基于对信义义务的狭义理解。顾问的建议通常强调，短期的财务业绩是对受托人的关键期望，受托人应该专注于财务回报。这种狭隘的建议认为考量 ESG 问题将对投资回报产生负面影响，并制约了资产所有者进行长期责任投资的意愿。

我们如何取得进步？

21 世纪信义义务报告的结论认为，上述许多障碍并非不可逾越。它向机构投资者、中间人、顾问以及政策制定者提出了一系列可以采纳的切实可行的行动建议，以解决这些障碍。

对于机构投资者（特别是资产所有者），主要建议是他们需要承诺纳入 ESG 考量因素，并进行长期的责任投资，包括解释其承诺与其信义义务的一致性，然后确保执行承诺。执行机制包括将承诺纳入投资任务范围，监督投资经理（内部和外部）对承诺的执行方式，向受益人报告承诺对执行情况以及所产生的结果，并确保受托人、董事会和高管具备相应的资源和知识，使投资经理和顾问对纳入 ESG 因素负责（另见 Martindale 等，2016）。还有人认为，这些机构应鼓励公司更好地对 ESG 问题进行披露，并支持关于责任投资的政策讨论，以此来影响和支持更大的市场上的变化。

中间人，特别是投资顾问，是一个明确重点。报告建议他们公布对纳入 ESG 考量因素和长期责任投资的承诺，并确保在向受托人客户提供的研究和咨询中，有效执行这些承诺。报告还建议他们向受托人客户报告这些承诺的实施情况，以及这些承诺对向客户提供的研究和咨询的影响。与资产所有者类似，报告还建议中间人支持对 ESG 问题与投资业绩之间的关系，以及参与度与企业业绩之间的关系开展研究，以促进在更大的市场上发生变化。报告还鼓励中间人确保将 ESG 问题作为职业培训的一个组成部分，促进市场对 ESG 问题的观点发生变化。

最后，报告建议每个国家的政策制定者都应该明确，受托人必须在其投资过程中、在积极行使所有权和表决活动中以及参与公共政策的过程中，分析和考虑 ESG 问题。为此，他们应该制定关于实施程序的指导方案，特别是关于投资理念、投资任务、监督和报告的架构程序的指导方案，以此鼓励更多人关注 ESG 问题。透明度是另一个重点领域，报告鼓励政策制定者在 ESG 整合和投资实践的各个方面提高透明度要求。报告还鼓励监管机构加强执行关于长期责任投资的现行立法和政策文件（例如管理守则、资产所有者披露要求）。

未来的挑战

如果 21 世纪信义义务报告的核心建议得到充分执行，将对现行投资实践产生变革性影响。投资者将会在投资过程和参与过程中更加重视 ESG 问题。反过来，这也将使得更多的资本投入到对社会和环境起积极作用的活动，并将大大增加公司和发行人的压力，要求其对公司治理、社会和环境问题管理制定更高的标准，并确保这些问题正确地纳入企业战略和资本投资决策。事实上，在报告发布后，PRI、UNEPFI 和世代基金会宣布将推出一项为期 3 年的工作计划、执行报告的建议，并将工作扩大至其他 6 个国家和地区（中国香港、印度、马来西亚、新加坡和韩国）（PRI 等，2016）。

不过，报告警告说，执行报告中的所有建议并不能解决金融体系造成的所有可持续性和其他挑战。其中有两个问题尤其值得关切。第一个是许多国家从固定福利（DB）计划转向固定缴款（DC）计划。这就引发了信义义务的概念是否也适用于这些类型的计划的问题。在某些国家，已经明确规定信义义务将继续适用；例如，在南非，基金依旧对外包活动负责，并且需要保证签署适当的外包合同，并且基金对服务提供者享有追索权。在其他市场上，保险公司、资产管理人和赞助组织在基于合同的计划（即不同于基于信托的计划中受托人承担的义务，养老金提供者对受益人不负有受托或等同义务）中所承担的义务的性质尚未完全界定。许多受访者担心，依赖《合同法》可能会削弱对这些计划的受益人承担的责任，并指出由于缺乏受托人而可能产生责任差别，以及根据养老金的安排方式不同，养老金储户可能存在获得不同程度保护的风险。

第二个问题涉及更广泛的社会和环境影响，如气候变化。通过将这些问题的风险和机遇纳入投资过程，长期分析这些风险和机遇，鼓励企业对这些问题采取更高标准和更好的做法，投资者可以作出重大贡献。这些行为都可能与其信义义务相一致。然而，所采取的具体行动最终取决于所提供的激励措施。也就是说，更广泛的公共政策措施，如交易计划、税收等其他法规，将是投资者采取行动的关键因素（例如减少投资组合相关的排放、投资清洁技术）。受访者认为，作为信义义务的重要组成部分，投资者需要与政府沟通，鼓励政府采取政策措施纠正市场失灵。

显然，这两个问题都对信义义务的普遍观念构成重大挑战。即使完全履行 21 世纪信义义务报告中提出的建议，也不会完全建立起社会、环境和经济可持续的金融体系。我们认为，21 世纪信义义务报告中描述的关于实施信义义务的开创性做法，是实现这一更高层次目标的必要但不充分条件。

因此，该报告代表了一个补给站，而不是最终目的地。我们认为信义义务是一个动态而非静态的概念。正如 2005 年 Freshfields 报告的主要作者 Paul Watchman 所说：信义义务的概念将随着社会的变化而不断发展，当我们迫切需要转型到在环保、经济和社会上可持续的金融体系时，这种发展更是无须多言（如 Sullivan 等人，2015）。

注释

1. 本章是如下报告的精简版：Rory Sullivan, Will Martindale, Elodie Feller and Anna Bordon（2015）Fiduciary Duty in the 21st Century（London：UN Global Compact，UNEPFI，Principles for Responsible Investment and UNEP Inquiry into the Design of a Sustainable Financial System）。

2. www. unpri. org/directory/，查阅日期：2016 年 5 月 17 日。

参考文献

Freshfields Bruckhaus Deringer (2005) *ALegal Framework for the Integration of Environmental, Social and Governance Issues into Institutional Investment. Geneva*: UNEP.

Martindale, W. , Sullivan, R. and Fabian, N. (2016) How; Asset*Owners Can Drive Responsible Investment: Beliefs, Strategies and Mandates.* London: Principles for Responsible Investment.

PRI (2015a) *Report on Progress* 2015. *London*: PRI.

PRI (2015b) *Annual Report* 2015: *From Awareness to Impact.* London: PRI.

PRI, UNEPFI and Generation Foundation (2016) 'Fiduciary Duty in the 21st Century: Scoping Paper 2016 - 2018' . London and Geneva: PRI, UNEPFI and Generation Foundation.

Sullivan, R. , Martindale, W. , Feller, E. and Bordon, A. (2015) *Fiduciary Duty in the* 21*st Century.* London: UN Global Compact, UNEPFI, Principles for Responsible Investment and UNEP Inquiry into the Design of a Sustainable Financial System.

第 14 章

风险管理机遇

Cary Krosinsky

科学研究发现，未来几十年内，可能会出现一系列全新的、充分预料到的结果，由此引发的风险类别和“新常态”，会对财务价值产生显著影响，例如预期之内的全球平均气温加速升高，会越来越多地影响到所有大陆和整个海洋的人类和自然系统。[1]

美国和其他国家及其军队也注意到这些正在具体发生的风险，并正在部署战略规划。美国的部分战略规划可以在最新的《四年防务评估报告》（QDR）中看到。[2]

与传统的财务定义一样，科学的风险分类也已经成熟化，但是，将这些不同类别的风险统合在一起的工作却并不完善。因此，我们在这里试图开展的工作，便是通过一个单一框架统筹不同类别的风险，填补风险管理系统目前的空白。

科学和军事分析揭示的风险类别，会扩大和影响传统领域的财务风险。这些风险包括：

- 紧急风险——例如气候变化或海平面上升：这些是目前投资决策中最常使用的金融模型中并不存在的新风险。

- 持续风险——在投资者已经掌握的传统持续风险上，还存在一些其他因素。例如，对未来价格/收益率期望以及任何其他财务指标的持续和仔细的考量，以及对业务质量持续预期的定性考量。对在险潜在未来价值的薄弱环节（最可能遭遇风险的环节）进行管理，可以作为一种避免持续风险的方式；在 BARRA 历史进程和最新的发展中，如“智能测试”和基于因素的投资，这种避险方式也在不断发展。

• 单一事件风险——如发生在洛杉矶的灾难性和不可预料的地震。

• 连锁或触发风险——例如因为淡水短缺而流离失所的人群，有人认为叙利亚难民危机即属于此类风险。

• 时间特定风险——例如不太可能影响短期投资者（如日间交易者）的风险，但可以充分预计将影响长期买入和持有投资者的风险。

• 系统性风险——最常见的说法是“公共悲剧”。例如，假设有一片牧场和一群农民，所有农民增加一头牛的额外价值是+1。最终，牧场必然会过度拥挤，除非建立平衡机制，否则系统注定不可能维持持续成功。在这种情况下的危险，属于经观察得出的关于系统的结论，以及那些没有做好准备的人可能遭受的财务后果。

• 重大风险——对于投资者可能在财务上具有重大影响的风险。

• 可避免的风险——例如可能被对冲的风险。

目前观察到的风险影响，以及相应归类包括：

• 降水变化或冰雪融化，这会改变水文系统，影响水量和水质。地球研究所，特别是哥伦比亚水中心的学者，对水质和可用性的关联以及他们分析预测的近期结果感到非常震惊。这是一个紧急风险的新例。

• 藻类、浮游生物和鱼类丰度的变化，以及冰盖、盐度、氧含量和循环的变化，都与海洋和淡水系统的水温上升有关。[3]这属于连锁和紧急风险类别。

• 最高气温升高和最低气温降低。在未来所有可能的情境下，地表温度预计都会进一步升高；如果不是海洋，特别是南大洋吸收了大部分的热量，温度还会进一步上升。无论采用哪种排放评估结果，在整个21世纪，地表温度预计都将以十年为单位加速上升。热浪很可能会更频繁地发生，持续时间也更长，而在一些地区，更极端的降水事件也将变得更为激烈和频繁。海洋将继续升温和酸化，全球平均海平面预计会上升，在初期，一些地区会比其他地区受到更大的影响。这是紧急风险和单一事件风险。[4]同时也是时间特定风险以及系统性风险。[5]

• 系统性风险的其他例子包括未来的变化，如果这些变化导致人、社会、经济部门和生态系统暴露于风险中，有可能引发潜在的财务问题。举一个简单的例子，确定需要保护的老年森林，即可能属于濒危生态系统。

财务风险传统评估方法，可追溯到 Barr Rosenberg 和他的同事在伯克利期间的研究及类似研究，该研究产生了我们今天所知道的风险管理行业。

一些非常完善的概念，如“在险价值”，已经被公认为标准做法，但这些评估并没有考虑到上述可持续发展风险，更不用说其他概念，比如：

- 在资源不断减少的世界中照常营业的风险；
- 地缘政治和其他供应链风险；
- 声誉风险；
- 员工素质/流动率风险；
- 客户忠诚度风险；
- 其他监管风险；
- 未抓住创新机会，而导致机会被行业破坏者夺取的风险，如 Airbnb（酒店）、特斯拉（能源技术）、Uber（出租车）、Warby Parker（眼镜）、Zipcar（租车）。

如将上述风险类别纳入考量，在险价值的计算和风险管理的整个领域均将因此得到改善。这些领域发展起来的时间和年代各不相同，由于评估方法的陈旧和不完整，投资者越来越多地采用 ESG 数据来补充缺失的内容。然而，正如我们以前看到的，ESG 数据也并不充分。

信贷机构已经注意到，最近许多传统公司均承诺纳入 ESG 因素考量。[6]

最近的一项估计显示，风险管理行业在 2016 年实现年收入超过 130 亿美元，预计到 2020 年将实现 100% 的增长。[7]这将是 ESG 数据提供商收入的近一百倍。

这项工作很明显还处在初期，但对之进行统合也是至关重要的。风险的概念明显在不断变化，或至少应该将之看作一个不断变化的概念。

注释

1. www. ipcc. ch/pdf/assessment - report/ar5/syr/AR5_ SYR_ FINAL_ SPM. pdf。查阅日期：2016 年 9 月 7 日。

2. www. defense. gov/News/Special - Reports/QDR。查阅日期：2016 年 9 月 7 日。

3. http：//ar5 - syr. ipcc. ch/resources/htmlpdf/WGIIAR5 - Chapl8_ FINAL/#pf22。查阅日期：2016 年 9 月 7 日。

4. http：//ar5 - syr. ipcc. ch/topic_ summary. php#node149。查阅日期：2016 年 9 月 7 日。

5. www. ipcc. ch/pdf/assessment - report/ar5/syr/AR5_ SYR_ FINAL_ SPM. pdf。查阅日期：2016 年 9 月 7 日。

6. www. unpri. org/press - releases/credit - ratings - agencies - embrace - more - systematic - consideration - of - esg。查阅日期：2016 年 9 月 7 日。

7. www. pmewswire. com/news - releases/risk - analytics - market - worth - usd - 2632 - billion - by - 2020 - 520607292. html。查阅日期：2016 年 9 月 7 日。

第 15 章

股东参与和倡导

Cary Krosinsky

如前所述，可持续投资最受欢迎的主题之一是股东参与和倡导，经过数十年，这种活动已经达到了某种程度的狂热级别，在气候变化领域尤其如此。[1]根据 As You Sow，美国公司关于气候的股东决议数量在 2015 年创纪录之后，2016 年再创历史新高，已经达到 94 个。

已经备案的举措许多都可以在 Ceres 的股东决议页面上看到[2]，其中许多决议，如果与该公司进行直接投资者对话，本可以在表决之前撤回，例如与 AES Energy（美国主要公用事业公司）就所谓代理参与开展对话，以及与 Akamai Technologies 就制定增加使用可再生能源的目标开展对话之后，相关决议都已撤回。

许多提案在股东投票之前被撤回。我们较少听到股东请愿和参与的一个原因是，它经常是闭门进行的，这一传统出自英国的 Hermes 和美国长达四十年的宗教投资者的实践。

代理参与这一问题越来越重要，它向少数股东赋予了任命某人担任董事会成员的机会。2016 年 5 月，埃克森美孚在就这一问题表决时，收到了超过 60% 的支持票，这是公司过去十年中，股东提案第一次获得批准。[3]许多组织，包括美国大学在内的文化是，由少数几个人轮流担任董事，但这些人的观点可能很快就变得过时；因此，新鲜的声音本身就会有所帮助，更不用说多样化的观点（多样性和财务价值的其他例子，见下一章）。

埃克森美孚的投票标志着一个分水岭，这说明在不断关注气候变化的时代，大多数投资者（实际投票人中这一比例更高）在表达对公司治理的不满。

公司有时会面对多项决议，例如AES与投资者就代理参与问题达成了和解；但是，投资者还要求公司从将气温升高控制在2摄氏度的角度评估其业务模式，这一要求未通过和解得到解决，最终提交股东投票，获得了超过42%的股东批准。许多个人投资者不会通过代理投票委托书进行表决，因此，在实际选择投票的股东中，这一比例其实是很高的。许多共同基金仍然默认与管理层投相同的表决票，这是不幸的，也可以说是放弃了作为社会成员的责任。更多的个人股东应该注意到这种脱节，并坚持改变。如果能做到这点，一切都可能会改变，至少理论上如此。

根据Ceres提供的资料，美国另一家大型公用事业公司——美国电力公司，也曾撤回过相关决议；该公司同意提供一份报告，说明其闲置资产风险敞口，这些资产必须保留以维护世界的安全和繁荣，而这也是我们在碳追踪计划2011年不可燃碳报告中所公开拥护的理念。[4]

其他有关股东决议的优秀网站包括由As You Sow维护的网站，[5] As You Sow自己在2016年提交了近100项决议，以及由ICCR维护的网站。[6]

ICCR（宗教间共同责任中心）可以说是股东参与[7]和跟踪股东决议这一领域的开创人，其在2016年提交了257份决议，这个数字高于2015年创纪录的227份，而2011年和2012年的数字都为160份。游说是ICCR成员提出最多决议的主要问题，这些决议有时涉及数万亿美元的资产。

股东参与对某些人来讲可能是负面的活动，但股东参与通常的目的都在于积极要求改善商业实践，而这在财务和社会方面都是有益的。例如，Ceres只会在这种两方面都有益的基础上提出决议。

积极的行动主义与Nelson Peltz、Paul Singer和Carl Icahn等相对负面的做法不同，后者的财务业绩并没有那么积极。福布斯发现Icahn Enterprises在“过去一年中财务业绩下降了45%”，[8] Nelson Peltz的攻击言辞颇为激烈，但在审查他提出的激进目标时，发现财务业绩并无显著改善。这些消极行为主义要求企业分拆和缩减规模，这可能会对相关公司（如杜邦）与可持续性相关的计划造成长期损害，而杜邦公司一直在寻求提高可持续性收入，这是过去十多年中他们一直在致力于加强的价值驱动因素。这种消极股东行为主义很可能导致他们的努力付诸东流。因此，我们认为短期、破坏性的行动主义是消极的活动，而为必要变革采取的长期行动主义则是积极的活动。

气候变化可能会持续破坏股东价值；剑桥大学在 2015 年下半年发布的《无法对冲的风险》报告中指出，因气候变化受损的经济价值比例可能高达 45%。[9]因此，我们认为，以可持续发展和财务价值之间的关系为核心的积极股东行为主义，最终将在未来成为可供投资者选择的重要工具。

当前正在进行的股东参与活动中，有很大一部分都围绕着所谓的碳资产风险。如上所述，碳追踪计划的主要关切仍然是，剩余高达 80% 的煤炭、石油和天然气——作为潜在的碳排放——需要继续留在地底，而这将使数万亿美元的投资处于重大风险之中，并可能导致未来的金融危机或泡沫。

因此，涉及碳资产风险的股东参与运动，要求公司向股东退回现金，而不是将其用于矿石燃料开采的资本支出，因为这笔支出将浪费在不再具有经济意义的高成本项目上。幸运的是，高成本和高碳之间存在着相关性。

最重要的是，沙特阿拉伯、伊拉克、伊朗和科威特等国家拥有最便宜的石油资源。卡塔尔拥有一些最便宜的天然气储量。

在阿尔伯塔省和北极等地的资源和储量更昂贵，同时也最具环境破坏力，并且开采成本最高。

这些数字可能会对埃克森美孚、英国石油和壳牌等公司产生压力，所有这些公司正在转型成为天然气公司而不是石油生产商。

正如我们前面所讨论的那样，沙特阿拉伯可能会成为世界上最大的投资者，它已开始在后石油时代计划中，剥离国有企业。

煤炭仍然处于严重威胁之下，将继续承受压力，因为大部分剩余的碳都是以煤炭的形式存在。

石油公司一直在竭尽全力维持分红，包括实施裁员、出售资产和增加债务水平。[10]他们知道，如果这些分红消失，股东们会非常不乐意。

涉及碳资产风险的股东参与提出了另一种维持分红的方法——向股东退回现金，而不是浪费在注定财务失败的项目上。

另外一系列活动涉及埃克森美孚等公司，它们在充分了解气候变化危险的情况下，仍然资助虚假宣传活动。[11]纽约州总检察长办公室在此基础上对埃克森美孚公司提出指控，要求其就此承担财务责任，这一做法得到了许多其他州和司法辖区的支持[12]。

由于存在这种诉讼风险，投资者需要考虑的财务因素又增加了一种；即便可以通过改进石油生产技术来增加现有资源，投资者还需要考虑在石油需求较低的未来世界，石油公司是否能够实现经济回报。

除虚假宣传活动之外，这些因素也导致股东更有动力提出关于游说的股东决议。耶鲁大学的Dwight Hall最近就根据著名的《道德投资者》一书提出了相关决议。[13]

耶鲁大学ACIR委员会负责人（其负责向耶鲁大学基金会提出建议）Jonathan Macey最近表示："ACIR承诺投票支持与气候变化现实相一致的决议"。Macey还表示，他将"鼓励ACIR支持Dwight Hall的股东提案"。

虽然该提案没有获得通过，但这种压力会随着时间的推移而不断增加，这些长期参与的技术，有助于提高对最终将产生重大财务影响的问题的意识。

正如《道德投资者》一书所说，"如果股东参与不太可能成功地改善公司的活动，耶鲁会出售该公司的股票。"

这也是世界上最大的投资者挪威银行的立场，挪威银行的整体投资策略和头寸都是透明的，并可以在其网站上看到，[14]网站上还会公布其因股东参与未能带来积极的结果而出售的公司。

学术研究还发现，业绩表现不佳的公司在股东参与后，业绩出现明显改善。[15]Wilshire Associates提出了著名的所谓"CalPERS效应"[16]，起初被认为是治理最差的公司，在股东参与的努力下，开始跑赢市场。

英国的尽职管理理念也需要在一定程度上纳入考虑。基本上，如果你选择拥有任何特定公司的股份，则这一理念要求你成为一名负责任的投资者。如果这一理念不仅适用于上市公司而且还适用于私人公司，那么这将是非常有意义的，而且已经有迹象表明这种现象已经产生了。

例如，我们在前两本书中介绍过的Aviva Investors为其他投资者制定了7个明确的原则，以便投资者在"尽职管理声明"中考虑[17]，并通过以下方式来遵守这些原则：披露其自己的管理政策、避免利益冲突、承诺监督其拥有的公司、制定明确的指引、承诺与其他投资者合作、就股东决议表决制定明确并知情的政策，并报告这些活动。

鉴于气候变化即将带来的影响，有人呼吁采取更有力的"强制"管理形式[18]。考虑到股东价值下降的可能性，除非能快速采取有意义的措施，否则这种呼吁也不无道理。

但是，许多大型基金经理只是跟随管理层投票。特别令人困惑的是世界上最大的投资者 BlackRock 的态度，其与 Ceres 在 2015 年发布了气候管理指南，[19]并于 2015 年 10 月另外发布了《投资组合气候变化代价》一文，[20]但他们仍然继续跟随管理层对待气候变化的立场投票，这一立场似乎不曾改变，[21]但却可能越来越站不住脚。

许多公司已经认识到不同利益相关方之间进行对话的价值，并且已经开始对环境和社会问题采取积极态度，并预期到如果不这样做投资者将产生的反应。

虽然非政府组织有“浅绿色到深绿色”的区分，但是，许多非政府组织也开始在与企业的对话中采取更积极的态度，寻求共同的立场和积极的解决方案，而不是陷于互相指责。红白脸的搭配并不能有效地促成成功，成功的动力在于吸引股东参与，并向股东赋予参与权力。

注释

1. https：//next. ft. com/content/01e2bfb6 – fldl – 11e5 – aff5 – 19b4e253664a。查阅日期：2016 年 9 月 7 日。

2. www. ceres. org/investor – network/resolutions。查阅日期：2016 年 9 月 7 日。

3. www. reuters. com/article/us – oil – climatechange – idUSKCN0YG2I6。查阅日期：2016 年 9 月 7 日。

4. www. carbontracker. org/wp – content/uploads/2014/09/Unburnable – Carbon – Full – rev2 – l. pdf。查阅日期：2016 年 9 月 7 日。

5. www. asyousow. org/our – work/current – resolutions/。查阅日期：2016 年 9 月 7 日。

6. www. iccr. org/corporate – engagements。查阅日期：2016 年 9 月 7 日。

7. www. iccr. org/about – iccr/history – iccr。查阅日期：2016 年 9 月 7 日。

8. www. forbes. com/profile/carl – icahn/。查阅日期：2016 年 9 月 7 日。

9. www. cisl. cam. ac. uk/publications/publication – pdfs/unhedgeable – risk. pdf。查阅日期：2016 年 9 月 7 日。

10. http：//money. cnn. com/2016/02/04/investing/oil – prices – dividends – conocophillips – exxonmobil/。查阅日期：2016 年 9 月 7 日。

11. www. newyorker. com/news/daily – comment/what – exxon – knew – about – climate – change。查阅日期：2016 年 9 月 7 日。

12. www. huffingtonpost. com/entry/attorneys - exxon - probe_ us_ 56fab959e4b0a372181bl13d。查阅日期：2016 年 9 月 7 日。

13. http：//acir. yale. edu/pdf/EthicalInvestor. pdf。查阅日期：2016 年 9 月 7 日。

14. www. nbim. no/。查阅日期：2016 年 9 月 7 日。

15. www. kempen. nl/uploadedFiles/Kempen/01_ Asset_ Management/Producten_ en_ diensten/VerantwoordBeleggen/Research percent20paper percent20ECCE. pdf。查阅日期：2016 年 9 月 7 日。

16. www. calpers. ca. gov/page/newsroom/calpers - news/2014/company - performance。查阅日期：2016 年 9 月 7 日。

17. https：//uk. avivainvestors. com/gb/en/individual/about - us/responsible - investment/stewardship - and - active - ownership. html. 查阅日期：2016 年 9 月 7 日。

18. https：//preventablesurprises. com/programmes/climate - change/。查阅日期：2016 年 9 月 7 日。

19. www. blackrock. com/corporate/en - us/literature/publication/blk - ceres - engagement-guide2015. pdf。查阅日期：2016 年 9 月 7 日。

20. www. blackrock. com/corporate/en - mx/literature/whitepaper/bii - pricing - climate - risk - international. pdf。查阅日期：2016 年 9 月 7 日。

21. http：//socialinvesting. about. com/od/Sustainable - Investing/fl/BlackRock - Fidelity - and - Vanguard - Exposed - on - Climate - Change. htm。查阅日期：2016 年 9 月 7 日。

第 15a 章

关于埃克森美孚公司股东决议的思考

耶鲁大学 ***Dwight Hall RSI Fund*** 股东参与小组

我们的故事从 2014 年 8 月开始。当时，耶鲁投资者责任公司委员会宣布，耶鲁基金会将通过特别代理投票指令，来解决气候变化问题：

耶鲁将一般性地支持要求公司披露如下内容合理、结构良好的股东决议：温室气体排放；气候变化对公司业务活动的影响分析；旨在减少公司对全球气候的长期影响的战略；以及公司为健全有效的政府气候变化政策提供的支持。

作为一个由学生运行的社会责任投资基金，Dwight Hall SRI 提交了一份股东决议，以便耶鲁基金会表决批准新指令的适用。

此外，通过代理投票指令，表示耶鲁大学公司否定剥离矿石燃料投资的决定。事实上，耶鲁在《道德投资者》中（1972 年）提出了施行长达数十年的道德投资指南，规定了股东的发声，是减轻大学因投资而造成企业社会伤害的"首道防线"。不过，该指引认为，当股东的发声似乎不可能在合理时间内消除严重的社会伤害时，大学应该剥离该投资。

因此，我们认为，提出这一决议将是一个宝贵机会，可以检测在这一具体情况下，股东参与的有效性。在提出股东决议时，我们力求提供相关证据，为就撤资、气候变化和矿石燃料公司开展的持续辩论提供支持。

经过审议之后，我们选择了埃克森美孚，部分原因是它是世界上最大的国际石油和天然气上市公司。2014 年 12 月初，我们购买了埃克森美孚公司的股票。按照证券交易委员会的要求，股东要提出决议，至少需要在一年内持续持有 2000 美元的公司股票。

满足条件之后，我们选择了一个与气候有关的问题来提交股东决议。埃克森美孚等石油和天然气公司面临各种气候相关问题的解决方案，包括但不限于：温室气体减排、管理层薪资水平、作为独立专家的董事会成员、ESG信息报告、采掘实践、监管风险披露和增加股息的可能性，以及最后，也是我们选择的问题——公共政策、政治支出及其披露。

在考察这些可能性时，我们研究了我们考虑的各种标准，例如该问题对于减缓气候变化所具有的更广泛意义、该问题与耶鲁大学的相关性、该问题是否符合大学新的代理投票指令，其他股东在此之前是否已提出过相关倡议，以及该问题被提交投票的可能性。众多专家、从业者和关注气候问题的股东支持者为我们提供了有益建议。

另外一个决定性因素是，在提交截止日期前的几个月里，埃克森公司受到前所未有的媒体监督。这是因为至少从1977年开始的数十年来，气候就一直在变化，而公众也开始意识到这一现象背后隐藏的科学。不过，尽管如此，埃克森公司多年来一直在努力破坏公众对科学的信任。由于这些真相被揭露出来，一些州律师开始调查埃克森公司可能存在的故意误导公众和公司股东的情况。司法部也向联邦调查局发出了一项调查要求。因此，埃克森的公共政策和政治支出是一个很重要的课题。

我们始终不能忘记的一件事是，耶鲁的新代理投票指令，特别强调了政府在减排方面所发挥的关键作用：

气候变化这一艰巨问题值得所有人关注和参与，而这一问题的解决在很大程度上依赖于国家和国际上的政府政策干预。

虽然埃克森公司不再支持“否认气候变化”，并开始支持收入中性碳税，但公司仍在继续为美国立法交流委员会（ALEC）等机构提供财务支持。ALEC是阻碍美国健全政府气候政策的主要力量之一。耶鲁认为“公司应当为健全有效的气候变化政策提供支持”，而埃克森美孚却在致力于破坏这些政策。

最终，我们选择公共政策和政治支出作为我们的问题。我们在2015年12月与北美最大的工会——联合钢铁工人（其中有超过5000名埃克森工人）共同提出了这一决议。该决议的其他共同提出人包括瑞典国家养老基金AP7，以及SRI行业历史最悠久的机构投资管理人瓦尔登资产管理公司。

提交决议后，我们有机会多次与埃克森投资者关系团队进行沟通。在这些讨论中，埃克森管理层负有证明其立场的义务。他们认为，埃克森支持了 ALEC 的部分但非全部行动；他们声称支持 ALEC 是因为其倡导 STEM 教育。最终，我们的决议制作成了股东委托书声明，而埃克森管理层建议股东反对我们的决议。

在投票前的数周和数月中，我们力求尽可能地确认投资者对我们决议的支持。最重要的也许是，我们获得了耶鲁大学的正式公开声明，支持我们的决议。

埃克森年度股东大会于 2016 年 5 月 25 日上午在德克萨斯州欧文市举行。非常幸运，我们代表自己出席了会议。

在会议上，我们的决议由一位名叫 Hughes 的友善人士介绍。他曾在埃克森美孚的巴吞鲁日炼厂工作，代表联合钢铁工人工会发言。在所有决议案提交之后，我们的一名高级成员，Gabe Rissman 站起来发表正式评论。Gabe 向公司的 CEO Rex Tillerson 发表讲话，强调了埃克森对气候变化的公开态度与 ALEC 在否认气候变化和政策障碍方面的记录存在矛盾。

但是，Tillerson 并不同意；他为埃克森公司对 ALEC 的出资辩解，称公司管理层“认为我们与他们的合作非常有成效”，并称“无论我们是否同意，我们都认为这一合作是非常成功的”。当被问及埃克森公司可能采取什么措施来抵消 ALEC 的负面影响时，Tillerson 明确表示，该公司不关心其是否支持“否认气候变化”和政策障碍。用他自己的话说，即“我们支持人民就任何事情发表自由言论，且决不会撤回这一立场”。

由于将否认支持气候变化偷换概念为保护言论自由，Tillerson 获得了达拉斯听众的热烈掌声。这不是唯一一次听众认可此类观点。听众没有支持任何以气候为重点的决议，而在听到一位股东声称全球正在变冷，而气候变化是由火山造成时，却报以热烈的掌声。Tillerson 此前虽然似乎承认了气候变化现实，却并未就此提出反驳意见，尽管这与公司政策相矛盾。相反，Tillerson 默认了这一观点并表达了感谢。相比之下，Tillerson 花了相当多的时间来质疑在会上发言的气候科学家的主张。

我们的决议获得了 25.7% 的投票。这个数字被股东支持者认为是一个不错的成绩。一方面，决议获得了成功；它与从前相比获得了更多的票数，并鼓励媒体对埃克森的现行做法进行审查。另一方面，决议失败了；因为它没有改善公司的政策。事实上，在2016年委托书征集季，提交给埃克森公司的十一个股东决议中，只有一个赢得了过半数的投票并获得成功——即要求就代理参与制定章程的股东决议，这将允许某些股东提名候选人选举公司董事。

我们认为，这次与埃克森美孚的交锋经验提出了一系列重要问题。股东决议是否属于有效的参与形式？股东参与是否可以在可预见的未来撼动埃克森？需要多少年的失败参与才能得出埃克森与Tillerson先生的结论是一样不可撼动的？并且，如果得出这个结论，投资者是否应该放弃公司的股份？

在我们知道气候变化将威胁世界稳定的时候，至少有一件事是清楚的——没有人应该继续为“否认气候变化”和政策障碍提供资助。

第 16 章

新 兴 范 式

Cary Krosinsky

除了关于经济领域和地区未来需求的“前沿”观点之外，投资者还需要牢记一些新兴业务思维方式。

在 Airbnb、Uber 等公司缔造的共享经济背景下，商业模式的转换给许多行业造成了破坏。我们将在后续章节中对此进行进一步简要介绍，包括分析共有所有权概念的根源，这一概念甚至可以追溯至我们所知的伊斯兰金融之前。

重要的是，新价值结构也已出现，直接将财务价值创造与可持续发展工作相结合，包括投资者已经可以通过新的方式来确定所创造的价值。这也有助于在创新之前确定创新的潜力。

我们还在寻找一个“圣杯”，用来衡量企业能够通过投资对社会产生的积极影响。一个典型的例子就是毕马威会计师事务所在肯尼亚电信公司 Safari-com 上所做的工作[1]，它显示了一个公司如何在社会上创造出比财务利润高出近十倍的经济利益（尽管他们最近深陷会计丑闻[2]）。

在这一章的结束部分，我们回顾了责任投资原则的工作，并留下一些问题：多少才是足够，谁可以推动必要的变革，谁能确定变革速度，如何加速变革并同时保持健康的财务回报，以及投资者本身是否足以为整个体系完成所有必要的事项。

我们也讨论了多样性，因为它已经明显成为企业成功的关键因素，也是应当采取的正确行为。

如往常一样，商业从来都不是理想的样子，不是吗？站在未来往回看，我们现在的时代也可能是美好的旧时光。

注释

1. https://www.home.kpmg.com/content/dam/kpmg/pdf/2016/01/case-study-safaricom-limited.pdf。查阅日期：2016 年 10 月 18 日。

2. See *Business Daily Africa* at www.businessdailyafrica.com/Corporate-News/Senior-Safaricom-executives-billion-shillings-procurement-scam/-/539550/3206682/-/4jgwqn/-/index.html。查阅日期：2016 年 9 月 7 日。

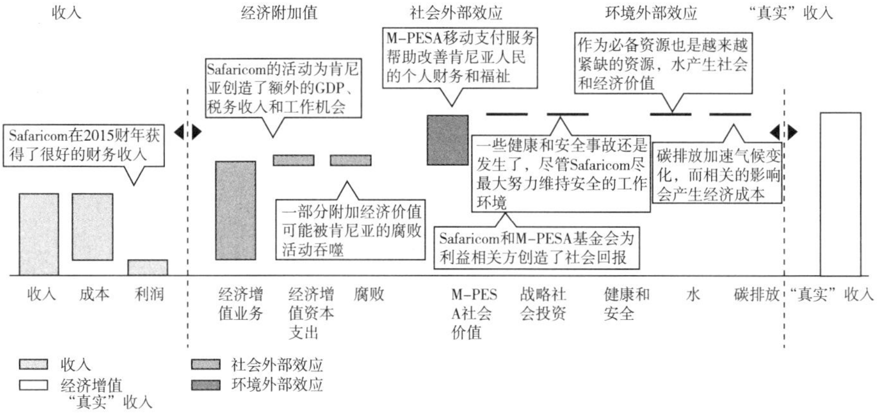

资料来源：KPMG。

图 16.1 Safaricom 真实价值

第 16a 章

价值驱动力

David Lubin

投资者如果希望将其投资策略与可持续发展风险和机遇结合起来，需要克服许多挑战。首先最重要的是要评估公司在可持续发展相关因素上的表现，必须拥有可靠的数据，目前数据的采集工作仍需不断完善。

SASB 等组织已经取得了显著的进步，例如尝试“实质性关注”典型的 KPI 模式。CDP 也开展了相关工作，就气候和环境影响提供深度披露。虽然如此，但正如前文所述，差距仍然存在。目前着力点在于改进基于可持续发展数据模型而建立的分类标准。它们从可持续发展理论开始——问题、措施和指标，打算提供一个标准化的基础，以便基于不同类别的可持续发展利益相关方认为重要的广泛变量，对不同公司进行比较。

负面清单需要建立广泛分类标准

可持续性数据的主要用途是使投资者、分析师和其他利益相关方能够创造负面清单，从而可以识别从事以下行为的公司，或在受到以下因素影响时实施投资者行为（如倾斜、剥离）：转基因销售、多样性问题、伦理争议或碳强度；这些因素涵盖 ESG 数据模型的环境、社会和公司治理三大支柱。为响应 SRI 概念下的广泛问题，需要详尽的数据方案。分类法非常适合这一目的。

目前，可持续发展数据的使用情形正在不断扩大。

最大的一个变化是积极策略的增多。这种积极策略试图识别在一个或多个 ESG 因素上获得高分的公司。一旦这些公司被确定为领导者或行动者，投资者便会制定战略，以通过更可持续的投资组合来实现市场利率回报，和/或通过发现提高财务绩效的可持续发展因素来打败市场对手。

公司已注意到这一转变，并且在许多情况下，公司正在扩大其报告范围，凸显其在创造实质利益方面的领导地位。

积极观点的影响

对于那些将注意力集中在可持续发展的潜在“上行”机会的投资者和分析师而言，问题在于价值创造。分析师的问题可以换一种提法：“可持续发展举措能够怎样促进公司的价值创造战略？它是如何做到的？”鉴于每个公司都会试图创造自己的竞争优势，而每个公司的战略就是其试图达成这一目的的独特手段，因此，有效地分析公司绩效，需要采用以公司战略为中心的开放框架，说明公司的历史，而不应在进行可持续性比较时采用封闭分类法。

要确定哪些公司能成功将可持续发展驱动力整合到其业务模式中，并获得有意义和持久的竞争优势，所选择的指标必须能对公司战略进行说明，将其直接与价值创造联系起来，并提供业务成果的领先和滞后指标。采用以战略为中心的方法进行外部可持续发展报告，既可以使业务价值可视化，更可直接支持对可持续发展战略执行进行内部管理；这种做法表明大多数公司的指标方向发生了重大变化。

回到基础——旧的就是新的

公司可以通过开放框架描述和报告其可持续发展战略的业务影响（Lubin和 Esty，2014；Lubin 和 Krosinsky，2013），我们认为这个框架已经存在。这是一个“回到基础”的方法，它认为应当衡量可持续发展战略对收入增长、生产力和风险的直接影响。借助这个以战略为重心的视角，我们认为投资者和分析师能够更清晰地看到竞争优势的要素，以及“可持续性溢价”的潜力，即通过成功执行可持续发展战略，而实现股东价值有意义的增长。

我们的模型是根据 Porter 和 van der Linde（1995）的早期工作提出的，而 Esty 和 Winston（2009）又对 Porter 和 van der Linde 的工作进行了改进。Porter

和 van der Linde 提出，可持续发展战略的实质可以通过审查对四个基本因素的影响来确定——品牌价值、收入增长、生态效率和风险敞口。

我们将这一观点与我同事 Kaplan 和 Norton（1992 至 2008 年）的工作结合起来。Kaplan 和 Norton 认为，所有的业务战略都有推动收入增长、提高生产率和降低风险的共同目标。此外，通过定义绩效的领先和滞后指标，可以最好地衡量和管理公司战略的每个要素的表现。试举一个简化的例子，公司要寻求销售增长，必须满足客户的需求，而要满足客户的需求，又有赖于内部公司流程，如产品开发和销售管理，而这些流程本身又需要诸如 IT 系统和熟练员工等关键支持，最终才能产生所需的商业利益。沿着这一“因果”链，对具体指标进行定义、衡量和报告，能够使观察者深入了解并预测公司表现或有可能在未来实现的业绩。Lubin 和 Krosinsky 在 2013 年发表的 UNGC / UN-PRI 报告中，率先将这一被称为“价值驱动力模型”的方法引入了可持续发展领域。

价值驱动力模型的假设是，提高可见性，说明公司可持续发展战略是如何推动新的收入增长、提高生产率和降低风险的，是获得主流投资参与可持续发展的最直接手段。我们认为，应该基于这些普遍接受的核心业务绩效指标，设计相关衡量方法，显示对可持续发展的影响，而不是要求分析师将可持续性数据整合到其财务模型中。此外，价值驱动力模型还有助于帮助企业在内部以及供应链内部取得一致，以达到其追求的结果。

在最高层次上，该模型认为，企业可以通过衡量以下领先和滞后指标来确定可持续发展的商业价值：

1. 销售内部或外部指定的可持续产品和服务而产生的业务增长；
2. 可持续发展相关计划每年所节省的总成本（和规避的成本）；
3. 可持续发展所减少的风险敞口——可能严重损害公司业绩的相关因素。

要在整个企业层面对价值驱动因素进行分析，面临着其自身的挑战。现在很少有公司知道或报告它们的产品组合是如何向可具有持续性优势的产品转型的，即使是那些积极推广和塑造创新品牌形象的公司也不例外。今天，只有少数几家公司公布了其可持续发展计划所节约的总成本，甚至那些通过稳健的计划实现了可观的成本节约的公司也很少进行此类公布。尽管许多公司都会提供风险报告，但很少有公司强调与可持续发展相关的风险可能会削弱公司战略目标。

但是，价值驱动力的领军公司取得了很大进步，不但从可持续发展战略中获取商业利益，并且能够将这些成果更有效地传达给利益相关方。在这些情况下，寻找机遇的增长型和价值型投资者在他们熟悉的框架中获得了重要信号，因此开始将可持续发展战略视为业务战略日益重要的一环。

倍耐力的绿色绩效策略[1]

2009 年，在金融危机的经济动荡之中，倍耐力迈出了勇敢的一步，在竞争激烈的轮胎业务领域，从博转精。在主席 Marco Provera 的带领下，倍耐力团队向政府部长、行业分析师和其他利益相关方介绍了他们新的“绿色绩效战略”。倍耐力把预定 2013 年生效的欧洲轮胎评级系统，视作将其与竞争对手区分开来的机会，而不是威胁。新的欧盟规定要求根据一系列关键因素，如滚动阻力、在潮湿表面的制动能力和滚动噪声，从 A 到 G 对所有新轮胎进行标注。与“G”（红色）等级的轮胎相比，“A”（绿色）等级轮胎的买方将获得 7.5% 的燃油效率提升，在 50 英里/小时的情况下，减速距离也缩减为 45 英尺，并且道路噪音也要小得多。

符合欧盟标准并非易事，许多人认为，在制造轮胎时，不可能既通过降低滚动阻力来增加行驶里程，又同时能减少安全制动距离。

倍耐力的策略是采用新开发的“绿色”材料，这一策略使其在面对竞争时能达到甚至超过新的顶级标准。此外，它还将通过一系列工程创新来实现这一目标，包括开发具有环保优势的硅土源，这是低滚动阻力轮胎化合物最重要的原料之一。这一进步将在满足欧盟绩效标准方面发挥重要作用。倍耐力的工程师发现，他们可以使用米糠灰——一种稻米生产中的废弃物，作为非定晶硅的一个经济、可扩展并且优质的来源。乙醇需要使用农业用地生产的食物来获取能量，与此不同，倍耐力的解决方案只使用不可食用的废料，因此不构成任何社会问题。

倍耐力看到了主宰高端市场、带动盈利增长和建立其品牌的机会，并且坚定不移地推行这一策略。近年来，倍耐力在可持续发展领域的领导地位得到了广泛认可，并且遵循联合国 PRI / 全球契约价值驱动力模型，报告可持续发展战略对其收入增长、生产率和风险缓解的影响。

倍耐力的增长策略

2010 年，倍耐力“绿色绩效”产品的收入达到了 17.5 亿欧元，在 48.5 亿欧元的总收入中占比 36%。2013 年，“绿色绩效”产品的收入为 28.4 亿欧元，在 63 亿欧元的总收入中占比高达 45%，从而显示了产品组合的显著变化。“绿色绩效”收入增长率与总收入增长率之比为 2:14，这意味着绿色绩效产品的增长速度是总收入增长速度的两倍有余。考虑到倍耐力基准增长本已非常强劲，绿色业绩收入规模也非常可观，这一增长速度显得尤为引人注目。凭借这一简单的指标，倍耐力可以确定可持续发展战略是业务的关键驱动因素，并且可以用来实现其增长预期。

倍耐力的生产力策略

评估可持续发展因素对倍耐力生产力战略的影响，突出表明了需要采用开放模式，反映企业的具体细节。倍耐力在改善其所需投入的自然资源密集度方面取得了重大进展。由于这些努力，每年的能源成本预计降低了 600 万欧元，足以引起任何分析师的兴趣。倍耐力的另一大进展是，与购买市场上的传统硅胶相比，稻壳硅胶每吨可节约的成本约为 1000 美元。虽然这个创新主要源于产品性能的逻辑和环境理念，但从商业上来看，也成功使其成为了一个改变游戏规则的公司。倍耐力最初是在巴西的稻米产区使用这种低碳可再生资源，预计到 2016 年，将供应拉丁美洲 30% 以上的市场。虽然倍耐力称其规划并实现的成本节余属于保密信息，但业内分析师可以很容易地估计这一创新对未来每单位成本的影响范围，以及可能产生的改善 EPS 的效果。

倍耐力的风险缓解策略

对倍耐力可持续发展相关风险缓解的评估也同样令人印象深刻。该公司在 2013 年将花费约 4700 万欧元来支持其“360 度风险管理”流程。该系统涵盖关键的外部、战略性和操作风险，包括许多可持续性相关因素。虽然像其他可持续发展的领导者一样，倍耐力向各利益相关方报告了各种 ESG 数据，但其“360”计划的关注重点在于对实现公司战略和财务目标构成威胁的关键问题。其中几个指标与可持续发展特别相关，包括：

1. 收入水资源密集度，自2009年以来下降了70%。

2. 废物回收指数在2010至2015年间上涨了30%以上。

3. 事故频率在2009年至2012年间下降了约56%，通过减少劳动力伤害节省了500万欧元。

4. 未预料的供应商开支（即风险评估或管理中不包括的支出百分比，包括ESG因素）从2011年的29%下降到2013—2015年的0%。

5. 制造和运营流程认证：未获得达到或超过独立标准认证的流程的百分比在2012年将近为0%。

总而言之，倍耐力的指标讲述了一家将可持续发展深入整合其业务战略的公司的故事，该公司以具有可持续发展优势的产品为增长极，从可持续发展举措中获得显著的生产力收益，并有效地管理了与可持续发展相关的风险。

倍耐力不断变化的投资者基础

倍耐力的领导团队特别努力吸引热衷可持续发展的主流投资者，且与大多数公司不同，他们取得了重大成功。2009年绿色绩效战略启动时，倍耐力的自由流通股只有33%由增长型机构投资者持有，而这一数字现在已经飙升至74%。其中，北欧机构投资者的增幅最大，因为它们大多数都对推动业务成果的可持续发展战略感兴趣。

倍耐力的绿色绩效报告，可以弥合股东对于可持续发展的利益分歧，在谈及这一点时，可持续发展与风险管理负责人Filippo Bettini表示：

在全球范围内，我们正处在一个转折点，开始理解ESG能产生货币形式的回报。在倍耐力，我们十分注意衡量资本回报率，在运营效率、人力资本管理和我们声誉的经济实力方面都清楚地看到了资本回报率。换句话说，我们希望通过开发、生产和销售“对人安全”和“对地球安全”的轮胎盈利——我们希望从可持续发展中获益。

注释

1. 更多价值驱动力模型案例研究，见附件 C。

参考文献

Esty and Winston 2009 is a reference to their book *Green to Gold* www. wiley. com/WileyCDA/WileyTitle/productCd－0470393742. html。查阅日期：2016 年 9 月 7 日。

Kaplan and Norton 1992 through 2008 is a general reference to this body of work on balanced scorecards。http：//balancedscorecard. org/Resources/About－the－Balanced－Scorecard。查阅日期：2016 年 9 月 7 日。

Lubin and Esty 2014。http：//sloanreview. mit. edu/article/bridging－the－sustainability－gap/

Lubin and Krosinsky 2013。www. unglobalcompact. org/docs/issues_ doc/Financial_ markets/Value_ Driver_ Model/VDM_ Report. pdf。查阅日期：2016 年 9 月 7 日。

Porter and van der Linde 1995。www. uvm. edu/～gflomenh/ENRG－POL－PA395/readings/Porter_ Linde. pdf。查阅日期：2016 年 9 月 7 日。

第 17 章

新商业模式

“自觉资本主义”

Jeff Cherry

2016 年 1 月，奥巴马总统在国情咨文中指出[1]，商业和投资领域正在发生一种趋势，预示着我们的经济将走向更加公正、繁荣和可持续发展的道路。在演讲开头，总统说：

“许多企业已经认识到，正确地对待工人或客户或所在社区，最终也对他们的股东有利。今年，我打算为这些企业提供进一步激励。”

虽然有点吹毛求疵，但我认为他本应该说“和”而不是“或”（工人和客户和所在社区……），但是这句话表明总统已经深刻意识到自觉资本主义®，这或许为解决一些最棘手的经济辩论打开了大门。

“自觉资本主义”[2]是一个术语，用于描述秉承更为整体和包容的观念开展经营的公司。值得注意的是，这种观念并不以牺牲股东利益为代价。事实上，股东往往比其他不采用这种理念的竞争对手公司的股东获得更大的收益。

我的同事 Raj Sisodia 和已故的 David B. Wolfe 所做的开创性工作证明了这一点。在他们的著作——《人见人爱的企业：世界级公司如何从激情和目的中获益》中[3]，Raj、David 和合著者 Jag Sheth 教授发现，公开上市的所谓的“人见人爱的企业”——致力于为全球人民谋求更好福祉的公司——在 10 年内回报率达到 750%。而标准普尔公司的总体回报率仅为 128%。在五年期间，这些公司为投资者提供了 205% 的回报，高于标准普尔 13%。

作为一名企业家、首席执行官、顾问、商业顾问，现在作为投资者，在我的职业生涯中，有两件事显而易见。第一，资本主义向社会提供了为全球人民谋求更好福祉的最佳希望。面对压倒性的历史证据，这个基本前提是不容忽视的。第二，虽然许多人不喜欢承认，但资本主义正处于危机状态。环顾四周，我们会发现，有太多公司似乎已经迷失了方向。目前实行的资本主义，其与生俱来的局限——只重视股东的短浅目光，已经产生了意想不到的后果。我们大多数人把这个当作“做生意”的代价。但正如总统所发现的，一种更好的方式已经出现。

得益于社交媒体，社会透明度越来越高，社会也越来越希望在我们的一切行为中找到意义。在这样的大环境下，我们正在集体反思与资本主义的关系。在选择我们愿意为其工作的雇主、愿意从其购买产品的商户，以及允许其在我们社区内运营的主体时，我们正在考虑新的指标。作为回应，管理最好的公司也正在创造一种工作环境，激励人们全身心投入办公室的工作，并使他们为自己的工作和公司感到自豪。

这些公司并不认为，只要它们提供工作机会，社区就会对其表示感激，而不管它们会成为什么样的邻居。它们并不在寻求利润的过程中，将环境成本外化给社会其他部门承担。它们一直努力尊重员工，并向他们发放足以照料家人的工资。简单地说，他们不会因为短期收益，牺牲组织的长期健康。他们正在树立企业如何消除资本主义局限性的榜样，而这种局限性正在阻碍资本主义作为一种良好的积极力量在全球获得承认。

在投资界，我们有很多人奋斗在这些新商业模式的最前线。在自觉创业实验室[4]，我们正在努力培训尽可能多的企业实践自觉资本主义® 。我们最近创建了自觉创业基金，通过种子期投资来支持这项工作。这项基金计划落地于马里兰州西巴尔的摩、俄亥俄州克利夫兰和密歇根州底特律，向将这些城市及其公民提供他们最需要的机会。

康菲尔德顾问[5]Rick Frazier 和 Peter Derby 创造了一个优美的模型，以识别和投资实行采用这种更全面、更人性化的利益相关方模式的规模最大的公众公司。Sunny Vanderbeck 及其在 Satori Capital[6]的团队，在增长型的私募股权领域也开展了类似工作。

在这里，要记住的缩写是 ESC，而不是 ESG。E 指员工，应公平、友好地对待他们；S 指供应商，即你希望培养商业关系的供应商；C 是指客户，即你视为家人对待并希望建立友好关系的客户，以便培养他们的忠诚度，并一代代地关照你的生意。自觉资本主义® 最终是关于信任、诚信和建立持续的关系。

企业与社会各界的关系是生活、自由、幸福追求的基础组成部分。

在自觉创业实验室，我们现在可以回答一个简单的问题：如果投资者和企业家像关心利润一样关心民众，我们将创造出什么样的世界？改变美国经营的方式也许是我们时代最重要的使命之一。我很高兴总统参与了这一讨论，并且很荣幸能继续为那些使这一梦想成真的非凡企业家提供支持。

注释

1. www. whitehouse. gov/the - press - office/2016/01/12/remarks - president - barack - obama ~ prepared - delivery - state - union - address。查阅日期：2016 年 10 月 18 日。

2. 自觉资本主义® 是自觉资本主义® 公司的注册商标。

3. www. firmsofendearment. com/。查阅日期：2016 年 9 月 8 日。

4. www. consciousventurelab. com/。查阅日期：2016 年 9 月 8 日。

5. www. eda. gov/news/blogs/2014/07/01/guest - column. htm。查阅日期：2016 年 9 月 8 日。

6. www. satoricapital. com/。查阅日期：2016 年 9 月 8 日。

第 18 章

伊斯兰教法和共享所有权

Mujtaba Wani

Michael Lewis 在他的“Flash Boys”一书中认为，市场的某些部分实际上是被操纵的。

2008 年的国际金融危机，可以说主要是由大银行不负责任的活动引起的。由此造成的经济衰退产生了持久的影响，目前长期失业率仍然是经济衰退前的 4 倍，每年的长期损害可能高达一万亿美元以上[1]。此外，美国目前的收入差距是自 1928 年以来的最高水平：90% 的全国人口总收入不到国民总收入的一半[2]。另外，有 7700 万美国人存在债务违约情况，三分之一的美国人口负有债务[3]。随着全球海平面和海洋气温的上升，环境也因为公司的贪婪而遭受不可逆转的损害。简而言之，经济制度存在严重问题。

政府当局、专家和企业家正在努力通过许多策略来解决这些问题。一些公司正在开始关注可持续性，例如减少毒性废物的排放。一些专业公司正在专注于提供资金，发展替代能源发电，如太阳能电池板。一些企业强调基于道德操守的经济学。单独来看，这些办法都取得了不同程度的进展。结合特定的理念，可以创造繁荣的业务和促变因素。可持续投资（SI）或许可以与伊斯兰金融融合起来。

伊斯兰金融的基本理念

在伊斯兰，商业和金融遵循伊斯兰教法，这是神圣的生活方式。“伊斯兰教法”在西方是个有争议的术语，其本意是“道路”或“路径”。虽然翻译人员经常将这个术语翻译成“伊斯兰律法”，但其实这是一个非常宽泛的词语，其中包括上帝对人类的命令和禁令。例如，祈祷和施舍是上帝的命令，而不饮酒则是上帝的禁令。与西方对这一词语的观念相反，伊斯兰教法实际上意味着正义。这个扩大的定义代表了穆斯林对这个词的正面理解。伊斯兰教法比当代西方对法律的理解要广泛得多。[4]

Fiqh，即伊斯兰教的判例，发展了人类对伊斯兰教法的理解。在语法方面，fiqh 是指“理解”或“知识”。在实践中，这个词包含了人类确定上帝律法的过程。穆斯林称推理和解释的过程为 ijtihad，只有广泛涉猎神学、法律渊源和阿拉伯语语法的合格学者才有资格进行这种推理和解释。律法的渊源包括《古兰经》（穆斯林圣书）、Hadith（先知穆罕默德言行录）、Ijma（学者们的共识），以及 Qiyas（类比推理）。今天，fiqh 和伊斯兰教法两个词语通常可以互换使用。[5]

判例的目的通常是为了出具 fatwa（法律意见）。这个词语的词根意为“解释”。法学家的见解是在特定问题和周围环境的背景下给出的，它们既不能自动转适用于其他案例，也不具有约束力。这个问答系统，是为了确定问题的解决方法。因为伊斯兰教允许一切“古兰经”和“圣训”没有明确禁止的东西，法学家拥有很大的自由裁量权。[6]

通过 fatwas 和 fiqh，穆斯林试图在包括金融在内的各个方面坚持伊斯兰教法。虽然总体来看，伊斯兰教法似乎主要是约束性的，但穆斯林认为，伊斯兰教法的实质是将其追随者从自我的奴役中解放出来。伊斯兰教法的宗旨是保护宗教、生活、智慧、财产和荣誉。此外，穆斯林认为，上帝是全能的主和全人类的创造者——神最能判断什么对众生是最好的。为这个世界做好准备是必须的，并被认为是有益的；但是，为死后做好准备更为重要。在 Umar ibn al－Khattab（第二个哈里发）的时代，商人在学习伊斯兰教商业判例之前，不得在市场上做生意。[7]

伊斯兰金融是一个基于伊斯兰教原则的经济体系，符合 fiqh 的规定。因为伊斯兰学术传统并没有讨论现代商业中的许多问题，所以很多规则都是当代 ijtihad 的结果。最根本的原则是贸易必须以相互协商和互利为基础。风险和利润应该分享。参与交易的人应该避免不确定性，谴责投机。穆斯林也不得进行涉及被禁止物品和活动的业务。在现代金融方面最重要的是，伊斯兰教法禁止利息，无论是支付还是收取。[8]

虽然利息已不再被视为负面的耻辱形象，但在历史上，这个概念被认为是负面的，因为它造成不平等、债务和剥削。约公元前 2000 年的印度文本和公元前 600 年的佛教文字均记录了对高利贷的负面评论。在希伯来文圣经中，特别是《埃及记》、《利未记》和《申命记》，都蔑视收取利息的放债。Thomas Aquinas 称这种做法是不公正和不平等的。哲学家塞内卡、卡托、西塞罗、柏拉图和亚里士多德严厉地反对高利贷。亚里士多德认为这是不自然和不公正的，而卡托将其与谋杀相比较。即使是现代经济意识形态之父，亚当·斯密和约翰·梅纳德·凯恩斯也认为利率应当设有上限。但是，在今天的时代，利息是无所不在的。在美国，40% 的人靠工资生活。发薪日贷款平均利率在 391% ~521% 之间，只有 2% 的发薪日借款人不会重复举债。利率造成债务的恶性循环。此外，利率为 5% 的为期 30 年 100 万美元贷款，最终本息总额将高达 190 万美元。[10]显然，利息来自借款人，并支付给贷款人。因此伊斯兰金融禁止高利贷。

然而，由于损益共享结构，穆斯林投资者可以自由地购买股权。虽然如此，如果公司的主要收入是从被禁止的交易中获取的，那么投资者不会购买这种公司的股权。由于这些要求，穆斯林不仅不能发行正常的债券、贷款或抵押贷款交易，也不能交易色情、酒类、赌场等产品和服务。[11]另外，穆斯林不买公司负债比率高的股权。这些规则可能看起来很霸道，但是绝大多数行业并不受影响。[12]

可持续投资的核心价值观：ESG 和 ESC

纳入对环境问题的考量是可持续投资的关键部分。气候变化对全球经济构成严重威胁。然而，能源行业的绝大多数资本仍在流入不可持续、污染严重的碳密集型行业。[13]目前，地球的温度正在升高，科学家认为，如果升温达到 2 摄氏度，将对人类社会和环境造成灾难性的后果。[14]国际能源机构估计，到 2050 年，需要在清洁能源投资大约 360 亿美元。[15]防止环境和经济灾难需要转型，而这一转型的加速需要更多的资本作为支持，而其中大部分需要来自私人投资。[16]因此，负责任的伊斯兰投资者应该将资金从碳密集型能源转向清洁能源替代品。

社会关注构成了负责任投资的第二个传统焦点。令人遗憾的是，今天社会消费的许多产品都是以牺牲他人为代价的。劳动咨询公司 Verite 最近发现，马来西亚电子产业大约 1/3 的外籍劳工处于强迫劳动的状态。大约 2/3 的受访员工认为其行动受到高度限制。88% 的受访者表示，他们没有选择不同工作安排的权利。发达国家的富裕居民所使用并认为理所当然的产品，都是由在这种环境下工作的工人生产的。与西非的可可收割童工或南亚的服装裁缝相比，部分马来西亚工人的境况似乎还可以忍受。而我们还没有提到那些在美国工作的幸运儿，他们的工作条件似乎算是体面，但赚得的工资却不足以维持生存。所有投资者都应该把资金从社会责任欠缺的公司转移到谨慎运营供应链并考虑其他社会因素的企业。[17]

公司治理是社会责任投资者第三个传统的重要关注点。有效的治理不仅有利于公司本身，也有利于投资者、经济和社会。英国公司治理准则认为某些原则对公司有效经营而言必不可少。公开披露政策、制定关于利益冲突的严格政策、制定明确的表决政策、监督投资、定期报告——每一个都是十分重要的原则。为了确保被投资公司运作良好、经济实力强劲绩效可持续，一个负责任的投资公司应该考虑治理原则。投资者应确保公司的资产负债表真实，表决程序不存在腐败现象，以及具备多元化和组织良好的领导。这些指标反映了公司的责任和财务实力，并且符合伊斯兰金融的基础原则。[18]

负责任投资实践有时还会考虑股东之外的利益相关者，例如员工。这与 ESG 的社会方面存在部分重叠，但相比之下更为具体。例如，工作时间、产假、薪酬结构、绩效奖励——都属于涉及公司员工的因素。专家认为，员工和工作态度也许是企业取得成功的最重要因素。因此，评估公司对员工的待遇对负责任投资应当具有重大意义。

供应商是社会责任投资第二个不太传统的因素。在许多情况下，公司面临可持续发展和伦理问题，不是因为自己的做法，而是因为供应链中存在问题。沃尔玛本身可能不存在强迫劳动，但沃尔玛的供应链下路易斯安那州的一家海鲜供应商却存在。如沃尔玛等公司对供应商的活动（如有关工人和污染的活动）进行监督，那么，它们大可以向供应商施加必要的压力和/或提供必要的资源，来纠正这些问题。这种纠正不仅可以提高业务的可持续性，而且还会降低企业面临公共关系灾难的风险。供应商的相关性表明投资者在投资过程中应考虑到这一因素。

客户属于负责任投资的第三个利益相关方。许多公司都明白，要确保财务长期健康，必须服务好客户。糟糕的客户服务和劣质产品可能会带来短期利润，但长期来看，这种策略往往会失败。倾听客户代表了一种学习者的态度和良好的商业策略。由于这些态度至关重要，因此，投资者应考虑公司如何关心客户并与之互动，因此，ESG 和 ESC 都符合伊斯兰金融的实践。

伊斯兰金融与 SI 融合

伊斯兰金融的原则与可持续投资对 ESG 问题的关注是一致的。穆斯林对环境关注程度在利润之上。种植树木和播撒种子，可能在某一天使动物或人受益，这被认为是一种慈善。先知穆罕默德说：如果时日【审判日】即将到来，你们中有一人正握着棕榈树的柔枝，也应让他在既定的时日到来之前一秒种下它。[19]显然，伊斯兰教重视环境问题，这也是可持续投资的首要考虑。关于社会问题，伊斯兰金融强调了员工的权利和尊严。工作被视为礼拜：工人应该被有尊严地对待。必须撰写并遵守明确的合同，员工必须得到应得的待遇。[20]先知说：“在工人汗水干掉之前，给工人发放工资”，“不要给他们负担过重的工作，如果你给他们这样的任务，那么应当向他们提供帮助。”[21]伊斯兰金融和可持续投资都明显强调社会意识。

关于公司治理，伊斯兰金融并没有明确地支持诸如公开报告或多元化董事会等具体措施，但传统中确实可以找到支持这些措施的原则。《古兰经》强调商业中的公平和诚实。上帝在圣书中说，“全力以赴，不要成为给【他人】造成损失的人。使用公正【无欺的】衡器称量物品”。[22]先知说，“任何欺骗我们的人都不属于我们。”[23]关于多样性，《古兰经》说：“我确已从一男一女上创造你们，我使你们成为许多的民族和宗族，以便你们互相认识。”[24]所以，伊斯兰教和负责任投资都强调公平、诚实和多样化。

成功的潜力

伦理投资结合了伊斯兰教法和社会责任，有很大的潜在客户群。截至

2013 年，全球符合伊斯兰教法的行业拥有 1.6 万亿美元的资产。这些资产中的大多数都在海外，其中美国就有数十亿。[25] Amana 共同基金是美国规模最大的遵守伊斯兰教法的机构，拥有约 30 亿美元的资产。其大多数股东实际上并不是穆斯林。[26]被公司的道德价值所吸引，负责任的人们选择购买共同基金。随着可持续投资资产在其所有战略中的增长，遵守伊斯兰教法的投资的潜在市场可能继续增长。

以符合伊斯兰教法且可持续的方式进行投资，结合深入的财务分析，可以获得相当于或高于市场平均水平的回报。在财务评估中，可持续发展作为衡量指标的重要性逐年提高。各行业的领导者也常常是可持续发展的领导者。例如，苹果公司在财务和社会责任企业方面都属于电子公司的领军者。由于更加可持续的做法可以降低成本、风险或浪费，这些做法可以提供竞争优势。外部因素，如环境变化或公共压力，强调采用更负责任的实践；这类变化可以创造品牌价值。这种转变是大势所趋——企业应当适应这一潮流，否则将被淘汰。[27]此外，关于“价值投资”对投资回报的影响的研究表明，其利润与市场平均水平相当。一些证据甚至表明，ESG 可能会提高收入。[28] Jupiter Ecology 和 Generation Investment Management 等公司在财务上的成功，可以支持这一说法。投资者应该将价值看作潜在的优势，而不是担心道德投资可能会降低回报。

一家运作良好且谨慎的穆斯林投资公司，单凭一已之力可能无法解决经济体制的不公正现象。然而，这样一家公司仍可以产生影响，并提供替代解决方案。也许更重要的是，任何此类组织的财务成功，都可以向大型机构投资者和公众说明，利润不需要道德牺牲，反之亦然。穆斯林投资融入伊斯兰教法和 SI 模式可以推动积极的变化，并创造一个真正的替代选择。

挑战

伊斯兰金融最大的挑战在于坚持律法的字面规定和精神。例如，通常由企业购买的、符合伊斯兰教法的商品贷款，通常会由银行以分期付款方式，溢价向客户出售商品。由于商品很容易兑换为货币，许多传统学者认为这与普通的信用交易相同。[29]类似地，通过在签署日之前制定销售月的合同，对冲基金便据称符合伊斯兰教法，且正在取代投机性的卖空做法。[30]从技术上讲，这笔交易是可以允许的，但在道德和经济上似乎并无任何区别。公司应该遵循其愿景，即为可持续发展提供资金，并提出替代方案。投资者应该严格遵守崇高的目标，而不是在一个不可接受的框架中创造技术合法性。先知穆罕默德说：

“合法的东西是明确的，非法的也是明确的，两者之间则有许多事情是令人疑虑，许多人都是不知道的。因此，避免这些令人疑虑的事情的人，就是维护了自己的宗教和荣誉的清白，但是那些陷入这些令人疑虑的事情的人【终究】会陷入非法的事情。”[31]

穆斯林应该注意使者的忠告。

符合伊斯兰教法的投资还存在学者方面的挑战。伊斯兰教学者拥有各种各样的观点。古典学派传统的法学家认为，信仰的基本原理在学者的共识中是普遍真实的，但他们也同意许多细节上存在着有意义的分歧。作为 16 亿人的信仰，伊斯兰教存在着很大程度的多元化。然而，银行体系和国际金融却要求标准化和采用通用规则。对于伊斯兰金融这种具体、微妙和复杂的主题而言，这样的标准是很难实现的。[32]另外，目前还没有足够的学者在这个领域开展工作。2008 年的一份报告表明约 20 个人能完全胜任这样的任务，因此，当前董事会和据称符合伊斯兰教法的公司其有效性值得严重怀疑。[33]从事符合伊斯兰教法的金融活动的公司必须付出高昂的成本对投资进行广泛筛选，找到了解各方面问题复杂性的合格学者，保留相应人才和程序并提供必要资金。[34]总之，穆斯林学者的现状构成了一个独特，虽然也是可以克服的挑战。

结论

穆斯林投资策略可以与可持续投资一道作为重要变革的催化剂。道德投资较当代投资具有道德优势。学术研究和时间表明，负责任投资也具有财务优势。伊斯兰教法和 SI 原则提供道德和安全保证。这些理念将过滤绝大多数制度的不可持续性和不道德性，并提供一种全新的道德选择。

注释

1. Krugman, Paul. ‘The Mutilated Economy’. *New York Times*. 7 November 2013. Web.

2. Desilver, Drew. ‘U. S. Income Inequality, on the Rise for Decades, Is Now Highest since 1928’. Pew Research Center, 2013. Web.

3. Malcolm, Hadley. ‘A Third of Americans Delinquent on Debt’. USA *Today*. 29 July 2014. Web.

4. Vikør, Knut S. ‘Shariah’. In The *Oxford Encyclopedia of Islam and Law*. Oxford Islamic Studies Online. 14 October 2014.

5. Rabb, Intisar. ‘Fiqh’. In *The Oxford Encyclopedia of the Islamic World*. Oxford Islamic Studies Online. 14 October 2014.

6. Masud, Muhammad Khalid, Joseph A. Kéchichian, Brinkley Messick, Ahmad S. Dallal and Jocelyn Hendrickson. ‘Fatwa’. In *The Oxford Encyclopedia of the Islamic World*. Oxford Islamic Studies Online. 14 October 2014.

7. Rabbani, Farraz. ‘Money Matters’. ‘Islamic Finance in Everyday Life. Seekers Guidance’. Web.

8. Ibid.

9. Visser, Wayne A. M., and Alastair Macintosh. ‘A Short Review of the Historical Critique of Usury’. *Accounting History Review* 8. 2 (1998): 175 – 190.

10. ‘Fast Facts – Payday Loans’. Center for Responsible Lending. N. p., n. d. Web. 27 November 2014.

11. Bälz, Kilian. ‘Islamic Finance’. In *The Oxford Encyclopedia of Islam and Politics*. Oxford Islamic Studies Online. 14 October 2014.

12. Rabbani, ‘Money Matters’.

13. *Inquiry into the Design of a Sustainable Financial System: Policy Innovations for a Green Economy*. Report. United Nations Environment Programme, n. d. Web 27 November 2014.

14. Fulton, Mark, and Reid Capalino. *Investing in the Clean Trillion: Closing the Clean Energy Investment* Gap. Report. Ceres, January 2014 – Web. 27 November 2014.

15. Ibid.

16. *Inquiry into the Design of a Sustainable Financial System.*

17. *Forced Labor in the Production of Electronic Goods in Malaysia: A Comprehensive Study of Scope and Characteristics.* Report. Verité, 17 September 2014. Web. 28 November 2014.

18. The UK *Stewardship Code.* Report. Financial Reporting Council, September 2012. Web. 28 November 2014.

19. Siddiqi, Muzammil. ‘Rights of Workers in Islam’. On Islam. N. p., 1 May 2014.

Web. 28 November 2014.

20. Quran 51：56；Rabbani，'Money Matters'.

21. Siddiqi，'Rights of Workers in Islam'.

22. Quran 26：181－182.

23. Siddiqi，'Rights of Workers in Islam'.

24. Quran 49：13.

25. Caulderwood, Kathleen. 'Could Sharia－Compliant Banking Change The Finance World This Year?' *International Business Times* N. p.，7 February 2014－ Web. 29 November 2014.

26. Randall, David K. 'Islamic Fund Star'. *Forbes*. N. p.，21 January 2010. Web. 29 November 2014.

27. Krosinsky, Cary, Nick Robins, and Stephen Viederman (eds.) *Evolutions in Sustainable Investing Strategies, Funds and Thought Leadership*. Hoboken, NJ：Wiley, 2012. 1－8.

28. Ibid.，432.

29. Bälz，'Islamic Finance'.

30. Burroughes, Tom. 'The Risks and Rewards from the Explosive Growth in Sharia Finance'. *The Business*, 1 February 2008. ABI/INFORM Trade and Industry. Web.

31. Nawawi. 'Hadith 6'. 40 Hadith. N. p.：n. p.，n. d. N. pag. Sunnah. Web. 30 November 2014.

32. Ibid.

33. Rarick, Charles A.，and Thaung Han. 'Islamic Finance：Panacea for the Global Financial System?' *Journal of Applied Business and Economics* 11. 3 (2010)：27－32. ABI/INFORM Complete. Web.

34. Bhatti, Maya (ed.) *Sharia' Compliant Funds：A Whole New World of Investment*. Price Waterhouse Coopers. Web.

参考文献

Bälz, Kilian. 'Islamic Finance'. In *The Oxford Encyclopedia of Islam and Politics. Oxford* Islamic Studies Online. 14 October 2014.

Bhatti, Maya (ed.) *Sharia－Compliant Funds：A Whole New World of Investment*. Price Waterhouse Coopers. Web.

Burroughes, Tom. 'The Risks and Rewards from the Explosive Growth in Sharia Finance'. *The Business*, 1 February 2008. ABI/INFORM Trade and Industry. Web.

Caulderwood, Kathleen. 'Could Sharia – Compliant Banking Change the Finance World This Year?' *International Business Times* N. p. , 7 February 2014. Web. 29 November 2014.

Desilver, Drew. 'U. S. Income Inequality, on the Rise for Decades, Is Now Highest since 1928' . Pew Research Center, 2013. Web.

Erman, Michael. 'Five Years after Lehman, Americans Still Angry at Wall Street: Reuters/Ipsos Poll' . *Reuters.* N. p. , 15 September 2013. Web. 26 November 2014.

'Fast Facts – Payday Loans' . Center for Responsible Lending. N. p. , n. d. Web. 27 November 2014.

Forced Labor in the Production of Electronic Goods in Malaysia: A Comprehensive Study of Scope and Characteristics. Report. Verité, 17 September 2014. Web. 28 November 2014.

Fulton, Mark, and Reid Capalino. *Investing in the Clean Trillion: Closing The Clean Gnergy Investment Gap.* Report. Ceres, January 2014. Web. 27 November 2014.

Graham, Benjamin, and Jason Zweig. *The Intelligent Investor.* New York: Collins Business Essentials, 2006.

Inquiry into the Design of a Sustainable Financial System: Policy Innovations for a Green Economy. Report. United Nations Environment Programme, n. d. Web. 27 November 2014.

Krosinsky, Cary, Nick Robins, and Stephen Viederman (eds.) *Evolutions in Sustainable Investing Strategies, Funds and Thought Leadership.* Hoboken, NJ: Wiley, 2012.

Krugman, Paul. 'The Mutilated Economy' . *New York Times.* 7 November 2013. Web. Lewis, Michael. *Flash Boys*: A Wall Street Revolt. New York: Norton, 2014.

Malcolm, Hadley. 'A Third of Americans Delinquent on Debt' . USAToday. 29 July 2014. Web.

Malkiel, Burton G. A *Random Walk Down Wall Street.* 10th ed. New York: Norton, 2012. Masud, Muhammad Khalid, Joseph A. Kéchichian, Brinkley Messick, Ahmad S. Dallal and Jocelyn Hendrickson. 'Fatwa' . In *The Oxford Encyclopedia of the Islamic World.* Oxford Islamic Studies Online. 14 October 2014.

'Meet The Managers' . Azzad Asset Management. N. p. , n. d. Web. 29 November 2014.

Mozer, Paul. 'China Scrutinizes 2 Apple Suppliers in Pollution Probe' . *Wall Street journal.* N. p. , 4 August 2013. Web. 28 November 2014.

Nawawi. 'Hadith 6' . 40 Hadith. N. p. : n. p. , n. d. N. pag. Sunnah. Web. 30 November 2014. 'Our Funds' . Saturna Capital. N. p. , n. d. Web. 29 November 2014.

Rabb, Intisar. 'Fiqh' . In The *Oxford Encyclopedia of the Islamic World.* Oxford Islamic

Studies Online. 14 October 2014.

Rabbani, Farraz. 'Money Matters'. 'Islamic Finance in*Everyday Life*. Seekers Guidance'. Web.

Randall, David K. 'Islamic Fund Star'. Forbes. N. p., 21 January 2010. Web. 29 November 2014.

Rarick, Charles A., and Thaung Han. 'Islamic Finance: Panacea for the Global Financial*System?*' *Journal of Applied Business and Economics* 11. 3 (2010): 27 - 32. ABI/INFORM Complete. Web.

Seckan, Bakary. 'Confidence in Banks, Financial Institutions and Wall Street, 1971 - 2011'.

Journalist's Resource. N. p., 27 March 2012. Web. 26 November 2014.

Siddiqi, Muzammil. 'Rights of Workers in Islam'. Onlslam. N. p., 1 May 2014. Web. 28 November 2014.

Swensen, David F. *Unconventional Success*. New York: Free Press, 2005.

The UK Stewardship Code. Report. Financial Reporting Council, September 2012. Web. 28 November 2014.

Vikør, Knut S. 'Shariah'. In *The Oxford Encyclopedia of Islam and Law*. Oxford Islamic Studies Online. 14 October 2014.

Visser, Wayne A. M., and Alastair Maclntosh. 'A Short Review of the Historical Critique of Usury'. *Accounting History Review* 8. 2 (1998): 175 - 190.

Woll, Lisa. *US Sustainable, Responsible and Impact Investing Trends*. Report. The Forum for Sustainable and Responsible Investment, 2014. Web. 30 November 2014.

第 19 章

性别多样性

Ella Warshauer

虽然 ESG 指导方针（环境、社会和公司治理）中投资的环境因素受到投资者高度关注，但许多社会和公司治理因素受到的关注较少。专题审议的另一个重要领域是性别多样性。性别多样性对于企业具有重要价值。多元化的社会背景能够为创造性解决方案提供更好的基础，使公司免受宏观经济波动影响，最终为投资者带来更高的回报。最近我们看到，企业和投资者开始更加重视工作场所的多样性，这导致了彭博金融服务多样性指数以及诸如 SHE ETF 等专题投资的发展。性别多样性，与气候变化相似，是跨越经济、政治和社会边界的问题，随着投资者的兴趣增长，这一领域也将开发出更加全面的量化工具。

多样化的商业理由

很重要的是，不应将性别多样性视为绝对的社会或道德问题，而应将之作为一个重要的经济挑战。根据麦肯锡全球研究所 2015 年 9 月发布的报告，到 2025 年，通过提高妇女地位，全球国内生产总值可以提高 12 万亿美元。从全球经济的角度来看，妇女代表着市场中一个基本未开发的部分，这部分一旦激活，全球生产力和创新能力将大大提高。培训和雇佣妇女，将释放全球经济潜力，并将其转化为长期的投资机会。

从基本面和定量的角度进行的研究，为在宏观经济层面将性别多样性纳入投资决策提供了进一步支持。摩根士丹利全球定量研究报告最近发表的一项研究概述了一个全面的量化框架，用于分析多样性不同方面的重要性，包括代表性、赋权、工资平等、政策和工作/生活平衡。经济计量分析表明，薪酬平等和赋权是这一框架中最重要的特征，而政策则是最不重要的因素，因为它们产生的结果不一定可衡量。量化这些信息对于投资者来说是非常有价值的工具，因为可以帮助他们制定符合数据趋势的投资策略。对性别收入差距、女性在公司各层级分布不公、女性在各行业领域的分布不公，以及缺乏政策支持等方面的调查结果，进一步突出性别多样性是一个宏观经济问题，值得投资界予以更多关注。

这种定量分析的结果表明性别多样性是成功的关键组成部分。与竞争对手相比，性别多样性程度较高的企业能产生更高回报。根据瑞士信贷最近发布的一份多样性报道，过去十年，如公司中有一名或多名女性担任董事会成员，则其每年的业绩表现要高出 3.4%。自 2005 年以来，有女性担任董事的公司的平均股本回报率为 14.1%，而董事会全部为男性的公司的股本回报率为 11.2%。女性占高级管理层的比例超过 15% 的公司，股本回报率为 14.7%，而女性占高级管理层的比例不到 10% 的公司，股本回报率只有 9.7%。最后，CEO 和关键运营岗位多样性更高的公司，盈利能力甚至能高出 27%。总体而言，“促进性别多样性的公司更有可能走得长远，更可能在作出战略决策时仔细考量多种不同观点”（Parker 等，第 25 页），同时，这种公司经历的波动也较少，也能够实现更健康的长期投资。

多样性指标

鉴于多样性可以使用很多特征来定义，究竟公司的哪些具体方面有助于将多样性视为竞争优势？研究确定了以下四个指标，表明高程度的性别多样性对企业是有利的。

促进多样性的企业可以吸引和留住最优秀的人才。招募各种不同社会背景的员工，企业可以利用比竞争对手更大的人才库。支持工作场所平等的政策，提供了必要的服务和福利、法律保护和人身安全，这些都有助于招聘和留住最优秀的人才。这种做法创造了一个包容性的工作环境，能够提高员工的生产力。此外，更好地留住人才会降低招聘成本、减少生产力损失，并改善工作场所的文化。

高水平的多样性与更高的创新率有关。由来自不同社会背景的员工组成的团队，能够为业务挑战开发创新的解决方案，而如果员工彼此背景类似，则会面临“团体思考”的束缚，这是创新的障碍。多元化程度更高的公司还能够了解更广泛的消费群体的价值观，从而更有能力适应更大的市场，并保持全球竞争力。

增加多样性能够增强财务业绩。多样性使公司能够快速适应不断变化的市场环境，使其免受宏观经济波动影响。女性在管理下行风险方面发挥着关键作用，而男性则善于将上涨回报最大化，但这可能导致业绩表现不佳。

工作场所的多样性对企业的成功至关重要，并能够增加财务回报。然而，量化提高多样性所需的机制并将其应用于投资界，是一项更加困难的工作。

投资实践

量化多样性对投资组合的影响，是普及多样性投资的重要一步。对这种量化分析的需求已经出现；彭博社于 2016 年 5 月发布了“金融服务性别平等指数”（GEI），以回应雇主对劳动者多元化的重视。投资者正在越来越多地将社会资本指标纳入其投资决策，但量化这些特征仍然具有挑战性。彭博社正在试图填补这一空白，但仅凭一家公司的力量是不够的。GEI 的目标是确定适当的指标，并向投资者提供可以据此行动的可量化信息。GEI 包括 53 个关于工作场所多样性和政策的数据点，包括公司中的女性人数、董事会中的女性人数、产假的长短、提供的托儿服务和收养服务，以及这些数据与市场的对比。该指数的发展说明了投资者对工作场所多样性的重视。通过提供量化多样性所需的工具，彭博社正在促进变革，帮助实现投资多元化，并使投资者能够有效地将资源分配给符合投资者观点的企业。

案例研究

美国银行即是一个从全球经济角度和企业角度拥抱多样性的具体例子。美国银行被 GEI 确定为性别平等和在工作场所中支持女性的全球领导者。美国银行的雇员中，有 52% 是女性（市场中女性平均占比为 45%），女性占管理团队的 38% 。该银行已经与 Tory Burch 基金会资本计划合作，从 2014 年起向超过 450 家女企业主提供超过 1000 万美元的可负担贷款资金。此外，美国银行宣布还在未来 20 年内增加 2000 万美元，这进一步表明多样性蓝图正在扩大。为了给世界各地的女企业家创造经济机会，该银行与 Vital Voices 和 Cherie Blair 基金会合作，为 80 多个国家的近 2000 名女企业家提供导师——其中 200 名由美国银行雇员指导。这些努力非常重要，使美国银行在解决性别多样性和平等问题领域占据了领导地位；然而，除了实际的举措和计划之外，要取得广泛的成功，还需要塑造企业的态度，将多样性纳入其文化之中。

除了在企业层面采取的行动外，在基金层面的重点是投资于能比同行更好地促进女性领导权的公司。最近，SPDR SSGA 性别多样性指数 ETF，更为人所知的名字是 SHE ETF，开始筛选通过性别多样性提高女性在董事会和管理层中地位的公司。该基金跟踪了 SSGA 性别多样性指数，其费用比率非常低，仅为 0.20% 。Barclay's 提供了一个类似的产品，名为“女性领导力 ETN”，其资产管理规模达 2860 万美元，并于 2014 年推出。该 ETN 由女性担任 CEO 的公司组成，费用比率为 0.45% ，高于竞争对手。ETN 的主要问题之一是流动性，这是投资者入场的障碍，是许多小基金共同面临的问题。性别多样性产品的快速增长反映了投资者的兴趣，同时也是因为，女性领导力与优秀财务业绩之间的相关性已经得到证明。定量工具必将影响市场的投资风格，对这一问题的研究是颇有意义的。

结论

工作场所的多样性是成功的商业模式的重要组成部分，并且对于投资者来说，这可以转化为财务回报增长。虽然专门针对环境和减缓气候变化的投资激增，但其他一些社会因素，如性别平等和多样性，也在全球经济中发挥关键作用，并且可以为投资者提供重要的经济机会。包容性的工作环境和鼓励创新性解决方案的政策，能够使企业更快地适应不断变化的宏观经济趋势，使其免受宏观经济波动影响，将企业打造为更好的投资对象。性别多样性投资策略的成功在于其能够成功地释放女性人口的潜力，开发这一有待挖掘的生产力，探索新的经济机会。

随着“社会责任投资”和“环境、社会和治理”定义的发展，投资者应当将性别多样性看作一个跨越经济、政治和社会边界的问题。由于目前的政治态度正在发生变化，我们很可能看到美国第一任女总统的当选，很显然，社会比以往任何时候都更重视性别平等和多样性。性别平等，像气候变化一样，是一个存在多面性的复杂问题，需要公共领域和私营领域的支持和融合。重要的是继续量化多样性指标，以便我们可以衡量不断变化的情况，并有效地将资源分配给最需要关注的领域。作为投资主题的性别多样性正在获得重视，随着越来越多的指标发展，这个主题未来将如何发展，我们将拭目以待。

参考文献

Authers, John. ‘Women in Investment Management’. Women in Investment Management. CFA Institute, 14 September 2016. Web. 29 May 2016.

Dieterich, Chris. ‘SHE Power State Street Launches Gender Diversity ETF’. Focus on Funds RSS. Barron’s, 8 March 2016. Web. 29 May 2016.

Evans, Akousa Barthwell, and Juila Dawson. *Diversity and Inclusion: Evidence on Corporate Performance*. Report. Credit Suisse, the Barthwell Group, April 2016. Web. 29 May 2016.

Bank of America ‘Newsroom’. ‘Bank of America Is a Leader in First – Ever Bloomberg Financial Services Gender – Equality Index’. Bank of America, 3 May 2016. Web. 29 May 2016.

Pacheco, Brad W. ‘CalPERS Hears Report on the Financial Benefits of Diversity and Inclusion in the Global Corporate Market’. CalPERS, 28 April 2016. Web.

Parker, Adam S., Lin Lin, Charles Clavel, Chandrama Naha, Eva T. Zlotnicka, and Jessica Alsford. ‘Putting Gender Diversity to Work: Better Fundamentals, Less Volatility’. Morgan Stanley Global Quantitative Research, 2 May 2016. Web. 23 May 2016.

Sullivan, Paul. ‘In Fledgling Exchange – Traded Fund, Striking a Blow for Women’. *New York Times*, 4 March 2016. Web. 29 May 2016.

Woetzel, Jonathan, James Manyika, Richard Dobbs, AnuMadgavkar, Kweilin Ellingrud, Eric Labaye, Sandrine Devillard, Eric Kutcher, and Mekala Krishnan. *How Advancing Women's Equality Can Add $12 trillion to Global Growth*. Report. McKinsey & Company, September 2015. Web. 29 May 2016.

Zarya, Valentina. ‘Bloomberg's New Gender Equality Index Shows Who's Investing In Women’. *Fortune*, 2 May 2016. Web. 29 May 2016.

第 20a 章

创新的未来

Cary Krosinsky 与 *Will Martindale*

现如今，创新一词随处可见，甚至我们已经开始怀疑是否有必要使用它。

无论如何，创新可以通过云计算提高业务效率，通过更好的产品设计提高收入，因此，创新仍然是一个关键任务。

以下实例可以看出将创新孤立出来的危险。2013 年，《战略与商业杂志》创新 1000[1]排名将大众汽车列为在面向未来研发以及开发支出排名第一的公司，但大众在其他很多方面却作出了错误的选择。

假设这些公司不会在诚信问题上犯错，如果有一种方法既能加速财务增长又能减少全球环境足迹，那么创新就会起到引领作用，所以我们需要鼓励、探索和加速这些努力，并给予高度的重视。

交通运输、闭环流程和可再生能源技术的创新形式都有所帮助，基础设施融资的新形式，包括政府和社会资本合作等，也有所助益。

其他形式的金融创新正在为进一步巨变创造条件。例如，所谓的“大数据”流行一时，但系统是否可以从噪声中解析信号仍然是一个关键问题。由于存在发现不对称信息的可能性，必然会出现相应的溢价投资；市场中资产的定价因素越多，这种情况将尤为严重。

随着信息透明度日益提高，隐私的定义也变为权力机关可以决定不公开它了解的我们所有人的哪些信息。仅此一项就会对信息市场所拥有什么信息以及何时拥有信息产生种种影响，投资消费者也会越来越能够了解投资的最终影响，在未来，这种现象有可能形成一种积极的推动力。

另外，“区块链”技术和替代货币也引发了我们关于未来可能性的如下思考。从这一角度出发，我们对衡量创新潜力，并进一步鼓励和最大限度地发挥创新潜力，形成了一些思考，我们将这些思考放在对十年负责任投资原则工作的回顾中。

区块链和比特币

对于投资者来说，加密货币技术可能会影响后期交易价值链，消除结算和交易对手带来的风险。比特币等加密货币是分散的数字货币，这意味着用于记录比特币的数据库不是集中控制的。

这些系统是使用“分布式分类账”或“区块链”构建的，这是一个分散的公共数据库，由一个被称为“矿工”的人员网络统一维护，矿工们运行该软件。没有银行或国家负责发布比特币，就意味着不存在任何可能倒闭的中心点。

比特币的优势在于：与传统的银行系统不同，它将货币创建流程与验证付款流程联系起来。比特币交易是匿名，但透明的。比特币地址不与名称或其他个人身份相关联。一个人可能拥有数十个地址，甚至可以转让地址。但是，每个地址的比特币的数量是公开的。交易是安全和国际化的，交易可在几分钟内完成，且费用很低。

在比特币业务生态系统中，一些企业已经达到一定规模，包括商家付款处理器 Bitpay、钱包公司和交易所 Coinbase 和 Blockchain. info。分布式分类账的使用也得到了扩大。Ripple 的分布式金融技术允许银行在不需要中间交易对手方的情况下进行交易。Overstock 等公司也已测试使用区块链发行股票（“cryptoequity”）。纳斯达克最近试行了一个股票区块链清算系统。

十年前，当联合国“负责任投资原则”确立时，Facebook 只有几千名用户，iPhone 还没有问世。比特币、其数据库系统、区块链和其他加密货币正在创造电子支付的未来。它们是真正的国际化无现金社会的基石。比特币目前还不是金融改革或创新的主导力量，但毋庸置疑的是它正在逐步获得公信力。

认识和鼓励创新潜力

根据国际能源署的说法，在每年新增的 1 万亿美元投资中，能效投资应该占到相当大的部分，这样才能使我们处于气候变化的安全范围之内。[2]但是过去 25 年，能效投资总计仅获得了 5.7 万亿美元的投资，约占每年所需数量的 22%。

例如，提高建筑物的能效，必须具备相应的经济激励和意愿，但由于投资金额本来就不到位，这可能难以实现。为了降低当前的碳排放水平，可能需要其他的指标衡量创新潜力。

通过共享资源（如云计算）实现效率提升，只是一种效率提升技术，共享数据效率的潜力也是如此，但是从大自然的进程中学习，即所谓的生物仿真，也是如此。在生物仿真学研究所的网站上，我们可以找到向自然界学习提升效率的实例。[3]例如，从驼背鲸的鳍形设计中学习来提高风力发电的效率，或通过学习白蚁建造土堆结构时使用的气候控制技术来设计更多的节能建筑物，或向草原学习如何以更可持续、更有弹性的方式种植食物。这样的例子数以千计。

创新潜力可以存在于任何地方，从新产品设计到使用更为有效的材料，以及使用更轻的材料来减少货物运输的碳排放。运用新的薄膜太阳能电池板，使建筑物和技术设备在能源获取上实现自给自足，同样是具备创新潜力的方法。3D 打印、研究新的能量储存和照明形式，以及其他减少企业供应链资源的方法，甚至从大气中捕获和去除碳的方法，也是如此。

对投资者来说这很重要吗?

外部动荡已经导致许多公司或行业收缩或消失。像 Eastman Kodak 和相机大部分都已被 iPhone 和 Instagram 取代。长期以来，Xerox 一直是一个创新公司，但其并没有充分实施自己的发现，所以也存在不能从自身创新潜力中受益的风险。IBM 本可以从 Windows 软件中获得利益，但它将专有权授予微软，而这只是众多例子中的一个。从汽车租赁到酒店业，共享经济也扰乱了许多传统企业。

实行新技术和通过新的方式来开展业务，可能会导致产品开发和商业模式设计产生的收入增加；市场虽然不乐见这一现象，但至少应对此有所预见。激进投资者已经迫使诸如杜邦和通用电气等公司来提高效率，但往往没有实现价值增长。

如果我们尝试预测创新潜力、可持续发展增长和其他提高生产力的技术可能产生的价值，那会怎样？激进投资者是否会为了财务价值和社会效益而推动企业提高效率和创新性？

可持续投资是按价值第一的理念架构的，试图打造明天的赢家，同时牢牢把握投资组合所有公司的底线。

虽然未来难以预测，但作为提升财务绩效的驱动力，创新对财务价值的影响速度可能会越来越快，同时，创新可以解决环境效率问题。在我们每年都需要做出的万亿美元投资中，这点似乎仍付之阙如。

我们很难知道，在无人驾驶汽车，以及其他可能继续主宰行业未来的创新中，谁将在竞争中最终获胜，但是从多样化观点来看，越来越多的人支持参与创新，以便抓住这个潜在的未来上升空间。

或许除了产品创新之外，公司还可以通过实施创新来革新自己的效率，实施创新也是我们作为公司和投资者可以采用的一个重要切入点。

注释

1. http：//digitaledition. strategy - business. com/publication/？ i = 183015&p = 34。查阅日期：2016 年 9 月 8 日。

2. www. iea. org/publications/freepublications/publication/MediumTermEnergyefficiencyMarketReport2015. pdf。查阅日期：2016 年 9 月 8 日。

3. https：//biomimicry. Org/biomimicry - examples/#. VlgEEZErLNM。查阅日期：2016 年 9 月 8 日。

第 20b 章

行业主导的变化：负责任投资原则组织

Sagarika Chatterjee

本章在负责任投资原则组织成立十周年之际审视了机构投资者签署负责任投资原则的经验，重点说明了合作在推动未来行业变化（包括气候变化）方面的重要性。

负责任投资原则获得的支持不断增多和扩大

负责任投资原则组织（PRI）是联合国于2006年支持的一项投资者倡议，其在全球范围内获得了主流投资者的大力支持。2016年是PRI发起后的第十个年头，截至这一年，全球专业管理资产中大约63%是由签署PRI的投资管理人持有，19%是由签署PRI的资产所有者持有。[1]截至2016年3月，20国集团内共有1330个PRI签署机构。[2]

要成为PRI签署机构，投资者需要扩大视野，承认其面临的各种风险和机遇，以便符合其客户和受益人短期和长期利益的方式进行资本配置。[3]这六项原则体现了如何将ESG问题纳入投资决策、积极所有权和信息披露方面的各种投资实践之中。

PRI[4]签署机构的规模和数量持续增多；签署机构在2006年的数量为100个，合计资产管理规模达6.5万亿美元，到2015年，这一数量增至1380个，合计资产管理规模达到59万亿美元，其中包括在以下地区3年来的强劲增长[5]：北美（25%）、欧洲大陆（38%）、非洲（28%）和日本

(28%)。[6]

各个市场的负责任投资的参与程度存在地域性差异。虽然 PRI 签署机构数量最多的地区是美国（256 个）和欧盟（696 个），但是其他地区的 PRI 签署机构的数量也较多，这些地区包括澳大利亚（118 个）、加拿大（76 个）、巴西（57 个）、南非（52 个）、日本（39 个）和中国（17 个）。

1 我们将 ESG 问题纳入投资分析和决策过程。

2 我们将成为积极所有者，将 ESG 问题纳入我们的所有权政策和实践。

3 我们要求我们的投资对象适当披露 ESG 问题。

4 我们促进投资行业接受这些原则。

5 我们将共同努力，提高这些原则的实施成效。

6 我们将各自报告为实施这些原则所开展的活动及取得的进展。

资料来源：PRI，2016 年。[7]

图 20b.1　六大负责任投资原则

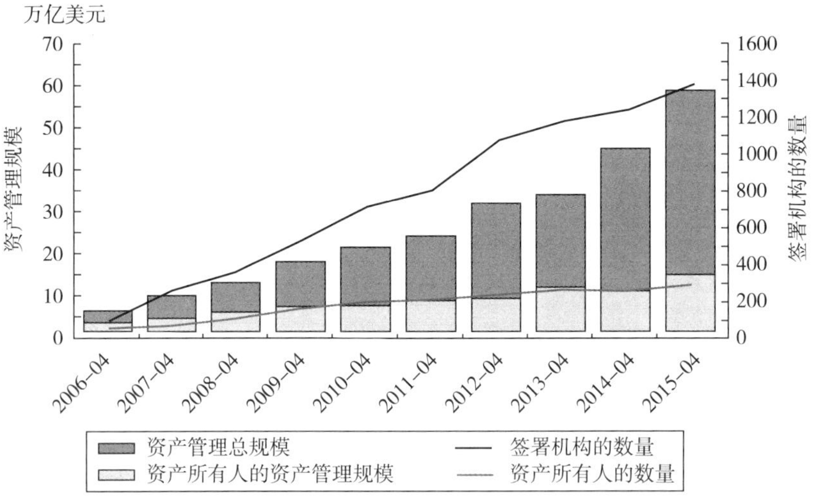

资料来源：PRI，2015 年。[8]

图 20b.2　2006—2015 年全球 PRI 签署机构增长

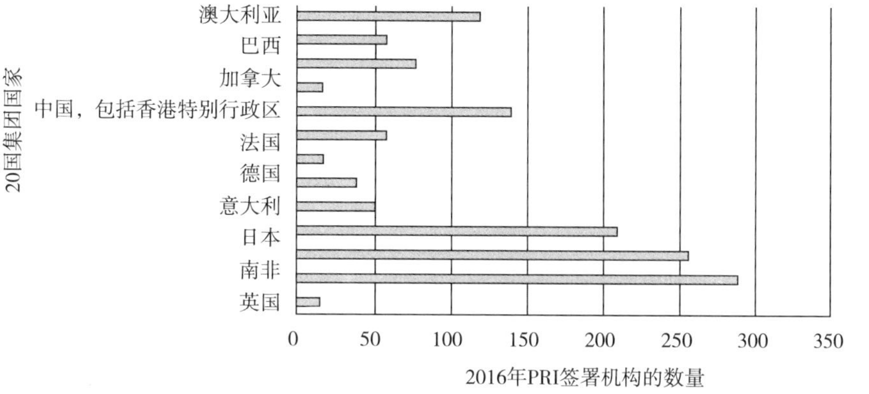

资料来源：PRI 签署机构，2016 年。[9]

图 20b. 3　各国 PRI 签署机构的数量

年份	事件
2006：	负责任投资原则组织发布有关 ESG 和信义义务 Freshfields 报告
2010：	全球所有权：为什么环境外部因素对机构投资者具有重要意义
2012：	飓风桑迪造成 1 亿美元损失
2015：	21 世纪信义义务报告，PRI 可持续发展目标被采纳
2016：	PRI 就负责任投资蓝图的未来方向征求意见 《巴黎协定》生效

资料来源：负责任投资原则组织，2016 年。[10]

图 20b. 4　负责任投资原则组织大事年表

各国投资者对 PRI 的支持

在全球规模最大的资产所有者管理人中，有一部分已经成为 PRI 签署机构，包括安联保险集团和 Old Mutual plc 公司。资产管理规模较小的投资者也成为 PRI 签署机构，如土耳其的 Ak Asset Management 公司和墨西哥的 Ainda, Energia&Infrastructura 公司。

表 20b.1　　各市场 PRI 签署机构示例

签署 PRI 的资产所有者	资产管理规模（单位：十亿美元）	国家
安联保险集团	2528	德国
安盛集团	1675	法国
GPIF	1146	日本
忠意集团	630	意大利
Old Mutual pic	529	英国
Caisse des Depots et consignations（CDC）	403	法国
加州公务员退休基金（CalPERS）	300	美国
韩国国民年金公团（NPS）	283	韩国
加拿大养老金计划投资委员会	201	加拿大
南非公务员养老基金	148	南非
AustralianSuper	80	澳大利亚
PREVI（Caixa de Previdencia dos Funcionarios do Banc do Brasil）	74	巴西

资料来源：PRI，2016 年。

六大原则的实施

来自 6 大洲 48 个国家的 900 多名投资者就其如何管理和实施 PRI 六大原则，发布了负责任投资透明度报告[11]（见图 20b.1）。上市股票是 PRI 签署机构最常持有的资产类别。在这一资产类别中，将 ESG 纳入决策的投资管理人的比例从 2014 年的 93% 上升到 2015 年的 95%。将 ESG 因素整合到公司分析，仍然是最常见的 ESG 纳入战略，有 84% 的 PRI 签署机构报告针对上市股票采用这一战略。[12]63% 的投资者与政策制定者或标准制定者进行开展 ESG 主题方面的互动，有 50% 的投资管理人也这样做。

如《公司债券——ESG 风险聚焦指引》、[13]新的《可持续房地产投资指南》、[14]《有限合伙人负责任投资尽职调查问卷》、[15]《农田负责任投资》所指，[16]PRI 签署机构正在建设行业能力，以在各资产类别实施这六大原则。

PRI 签署机构也公开承诺采取行动应对气候变化。

表 20b. 2　　PRI 签署机构在气候变化方面的领导力

国家	PRI 签署机构	2015 年 12 月 21 日巴黎 COP21 召开前或期间宣布的行动	资产管理总规模（单位：美元）
法国	Caisse des Depots et Consignations	到 2020 年，550 亿欧元的资产脱碳 20%。对煤炭业务超过 20% 的公司不再持股。	4027 亿美元
荷兰	ABP	到 2020 年，"清洁世界"的投资配置额达到 290 亿欧元，其中 40 亿欧元投资于可再生能源，股票碳排放预算（1000 亿欧元）和碳足迹。	4497 亿美元
美国	纽约州审计署	50 亿美元用于可持续投资战略，其中 20 亿美元用于减少基金碳足迹的新低碳指数，追踪误差为 25 个基点。纯煤炭业务将被剥离。基金的碳足迹将比富时罗素指数低 70%。	1465 亿美元
德国	安联保险集团	40 亿欧元用于可再生能源，逐步淘汰煤炭投资，ESG 的纳入。	2528 亿美元
法国	安盛集团	30 亿欧元用于绿色债券，从煤炭业务中撤资 5 亿欧元，ESG 的纳入，积极所有权和碳足迹。	16748 亿美元
南非	Old Mutual plc	气候变化立场，包括投资组合的碳足迹。	5293 亿美元
英国	英华杰投资	气候变化战略，包括低碳基础设施，ESG 的纳入、积极所有权、撤资和碳足迹。	4066 亿美元

资料来源：PRI，2016 年。

导致 PRI 获得支持的驱动因素

投资者长期以来一直都对 ESG 主题予以关注，但过去十年来，投资者对 ESG 问题的重要性认识更为深刻。导致投资者支持 PRI 的 5 个主要驱动因素是：长期价值、风险缓解、客户需求、战略政策信号和不断增多的监管行动。

长期价值

各个市场的主流投资者越来越普遍地认为，ESG 因素的考虑是创造长期价值的源泉。

加拿大养老金计划投资委员会指出："我们认为，有效管理环境、社会和企业治理（ESG）因素的组织，相对于未有效管理 ESG 因素的组织，更有可能创造长期可持续的价值……我们仅仅将负责任投资视为明智的长期投资"。[17]

同样，日本政府养老金投资基金也表示："我们认为，适当考虑环境、社会和企业治理（ESG）问题，将实现企业价值上涨，促进被投资企业的可持续增长，增加养老金领取者的中长期的投资回报。"[18]

对于投资回报的增加，也存在大量的相关学术证据。2016 年，德意志资产及财富管理公司和汉堡大学分析了超过 2200 项关于 ESG 对企业财务绩效（CFP）影响的研究。[19]总体而言，62.6% 的分析发现 ESG 与企业财务绩效之间呈正相关，90% 的研究发现 ESG 与企业财务绩效之间存在非负面关系，而且 ESG 与新兴市场公司财务绩效之间存在很强的相关性。

风险管理

风险是导致投资者考虑绿色问题的一个驱动因素，包括声誉风险和投资组合层面的风险。[20]投资者常常引用的绿色风险管理不善的例子包括大众汽车公司排放丑闻和英国石油公司在墨西哥湾的深水地平线漏油事故。资产所有者正在积极寻求鼓励投资组合管理人了解并减轻这些风险。例如，CalPERS（资产管理规模达 3000 亿美元，全球排名第六[21]）已在 2013 年确立了用于管理投资并确定优先事项的"投资信念"。这些投资信念认为，"强有力的治理以及环境和人力资本因素的有效管理，使企业实现长期绩效和有效管理风险的可能性大增"。[22]

大型投资管理人，如 State Street Global Advisors（资产管理规模达 2.4 万亿美元，按资产全球排名第三[23]）已经强调公司董事需要对重大环境问题进行强有力的风险监督。[24]

专栏 20b.1　投资信念 9

CalPERS 面临的风险是多方面的，而且通过诸如波动性或追踪误差等措施并不能完全被捕捉。

子信念

- CalPERS 应制定一系列广泛的投资和精算风险措施及明确的风险管理流程。
- 投资回报路径很重要，因为投资回报的高度波动，可能会对缴费率和资金状况产生意想不到的影响。
- 作为长期投资者，CalPERS 必须考虑长期慢慢显现出来的但可能对公司或投资组合回报产生重大影响的风险因素，例如，气候变化和自然资源可用性等。

资料来源：CalPERS 信念[25]

客户需求

对 ESG 的需求正在增长，根据 YouGov 的调查，与发达国家的投资者相比，新兴市场投资者对绿色问题的关注度要更大。[26]这项调查的范围覆盖了英国、美国、法国、日本、澳大利亚、南非和巴西的养老基金持有人，以确定调查对象对公司和 ESG 问题的态度。巴西 52% 的调查对象和南非 43% 的调查对象表示，如果基金管理人向其发送其所持基金的投资对象如何处理气候变化等 ESG 问题的信息，将会有所帮助。在除英国以外的所有国家，至少有 23% 的调查对象表示，他们希望与基金管理人就对投资者具有重要意义的问题进行更多的磋商。投资者向此项调查报告的作者表示，社会的压力也导致受益人不断加大对 ESG 和绿色问题的关注力度。

监管行动不断增多

这包括报告要求不断增多，例如《能源过渡法》和用于协助法国境内社会责任投资基金贴标签的政策行动以及管理守则。在全球范围内，监管机构、行业团体、非政府组织和国际组织制定了近400项有关气候或可持续发展的信息披露计划。[27]在20国集团（G20）中，有8个国家制定了涵盖ESG信息披露的养老基金法规，7个证券交易所制定了可持续发展上市规则，16个国家制定了环保法规。

投资者治理：信义义务、信息披露和管理守则

信义义务的存在目的是为了那些确保管理别人金钱的人的行为符合受益人的利益，而不是服务于其自身的利益，其中最重要的责任是：

- 忠诚：受托人应为了受益人的利益诚信行事，公正地平衡不同受益人之间相互冲突的利益，避免利益冲突，而且不得为自己或第三方利益行事。
- 谨慎：受托人应以适当谨慎、熟练和勤勉的方式行事，并作为“普通谨慎的人”进行投资。

信义义务的法律背景

投资者对如何使用他们所控制的资金进行投资拥有不同程度的自由裁量权。在留给投资者的自由裁量权的范围内，某些法律规则规定了其将绿色风险纳入决策的权利。在普通法系国家（如澳大利亚、加拿大、南非、英国和美国）以及大陆法系国家（例如巴西、德国和日本），影响投资决策的规则采用必须予以遵守的特定法律和一般责任的形式。一般来说，这些规则并不规定投资者如何将ESG风险纳入其投资实践和流程，也不规定投资者界定投资目标的期限。在大多数情况下，投资者需要自行确定在特定情况下使其能够履行法定义务的方法。在评估机构投资者是否履行其信义义务时，法院将考虑对ESG问题的评估及将其整合到投资决策中的程序。

在过去十年中，与信义义务有关的法律几乎没有多大变化。然而，在G20国家中，投资者的ESG信息披露要求有所增多，并且管理守则等鼓励投资者与其投资的公司互动的软性法律工具的使用也在增加。在G20国家中，已有8个国家制定了鼓励积极所有权的管理守则，分别是日本、德国、英国、

意大利、韩国、印度尼西亚、法国、比利时、荷兰和葡萄牙。

专栏 20b.2　21 世纪的信义义务

继 Freshfields Bruckhaus Deringer 于 2005 年发布联合国环境规划署金融倡议机构（UNEP FI）委托的关于信义义务的报告之后，《21 世纪的信义义务》报告阐明未能在投资实践中考虑长期投资价值驱动因素，包括 ESG 问题，就是未履行信义义务。

该报告发布于 2015 年，涉及 8 个国家，分别是澳大利亚、巴西、加拿大、德国、日本、南非、英国和美国。

该报告确定当前的问题包括对信义义务和负责任投资存在误解，现行定义缺乏明确性，缺乏透明度，公司报告不一致，及法律和行业准则的实施不力。

该报告的建议包括政策制定者和监管机构应当：

- 明确信义义务要求投资者在投资过程、积极主动权和公共政策互动中考虑 ESG 问题。
- 加强法律和准则的实施力度，明确提及 ESG 问题的法律和准则，并要求向投资者公开披露 ESG 整合的情况。
- 支持在全球范围内统一开展有关负责任投资的法律和政策工具的活动。

从 2016 年起，该报告已经发展成为 UNEP FI、PRI 和世代基金会联合开展的 3 年期项目，旨在与投资者和政策制定者互动，统一全球对信义义务的理解。该项目将包括对亚洲市场的法律审查，而且推动形成有关信义义务的新国际声明。

资料来源：PRI 2016。[28]

战略政策信号：《巴黎协定》和可持续发展目标

《巴黎协定》深受投资者的欢迎，并且被视为是有关绿色问题的全球政策长期发展轨迹的明确信号，及国家政策的重要基础。[29]在2015年9月的联合国可持续发展首脑会议上，193个国家通过了17个可持续发展目标（SDG）[30]。

最近开展的一项全球投资者调查[31]显示出了投资者参与程度。在此项调查中，超过65%的调查对象同意针对这些目标采取行动符合其信义义务。超过一半的调查对象认为，致力于实现全部17个目标将具有帮助实现其所属组织的投资目标的高度或中度可能性。投资者已经计划针对可持续发展目标采取行动，75%的调查对象正在针对三个或更多的目标采取行动。投资者今年优先考虑的前三大目标中有两个是绿色目标。

合作：PRI成功的重要组成部分

PRI取得成功，合作发挥了关键作用。PRI集合投资者团体，重点关注这六大原则在特定资产类别内的实施及投资者与公司和政策制定者的互动，从而促进行业合作。通过PRI项下的合作，投资者能够在实现不同的投资目标和地域多样性的同时，以节约资源的方式发挥其集体影响力。

投资者与公司开展的合作性互动

积极所有权是指投资者使用其正式权利——代理表决权和提交股东决议的权利——以及作为投资者的地位影响公司或其他实体的活动或行为。作为2016年投资者优先考虑事项的指标，投资者与公司开展的合作性互动不仅涉及气候变化，而且还涉及以下事项：

- 棕榈油：39位投资者正在与棕榈油买家和种植者进行互动，以提高经认证的棕榈油的透明度，提升产量增益，最大限度降低进一步的土地使用需求，并推动禁止伐林政策的出台。
- 水资源风险：41位投资者正在就食品、饮料、食品零售和服装行业的农业供应链水资源风险与公司进行互动，以促进对与水资源相关的风险进行有力的风险管理。[32]

专栏 20b. 3　水资源及投资者与公司的合作性互动

为了就投资者与公司开展的水资源方面的互动提供信息，PRI、世界自然基金会（WWF）和德国普华永道合作开展了一项深入的调查，并形成了一份研究报告。

该调查发现，在缺水地区，单个公司的收入与预计用水量之间存在很大的相关性，而且被调查公司的用水量均值与中值之间存在较大的差异。与服装、酿酒、蒸馏酒和葡萄酒公司相比，食品和软饮料、农产品和食品零售行业的公司拥有更大的供应链水足迹。公司的风险管理表现从整体上而言不佳。

该调查的结果已被用于为投资者与高风险公司的互动提供信息，以推动实现更大的透明度，加强水资源风险管理实践。

资料来源：PRI、WWF 和德国普华永道，2014 年。[33]

专栏 20b. 4　投资者在自然资本方面的合作性互动

《自然资本宣言》倡议旨在协助金融部门将包括水资源和软性大宗商品在内的自然资本纳入贷款、固定收益、会计和保险产品以及会计、信息披露和报告框架。29 个金融机构已经签署了《自然资本宣言》，重申了自然资本在维护可持续发展全球经济方面的重要性。自然资本是指土壤、空气、水资源和动植物，以及由此产生的生态系统服务。已签署《自然资本宣言》的投资者包括 Caisse des Depot（法国）、Infraprev（巴西）和 VicSuper（澳大利亚）。

该倡议与 Bloomberg LP 共同开发了一种新的水资源风险评估工具，使分析师能够评估如何将水资源风险因素纳入使用 DCF 模型进行的估值。

资料来源：自然资本倡议。[34]

投资者与政策制定者进行的合作性互动

为了更好地对 ESG 问题采取行动，市场需要进行更大范围的转型。《投资者参与公共政策的理由》强调了公共政策对长期投资者和相关框架日益重要。[35]超过400名投资者（合计资产管理规模达24万亿美元）已经要求政府加强对能效和可再生能源的监管支持，这反映了投资者对明确激励措施和稳定政策的需求，在能效和可再生能源领域，有必要加强监管支持，以促进低碳技术的部署，支持低碳技术的创新和部署，包括清洁能源研发融资。[36]

证券交易所

证券交易所在通过证券新发、IPO和绿色债券为“绿色流”筹集资金方面发挥了关键作用。对于具有较强绿色实践实力的公司而言，社会责任投资指数有助于提高标准。投资者积极鼓励证券交易所对绿色问题采取行动。在G20国家中，有18家证券交易所已参与可持续证券交易所倡议。[37]这是一个合作性倡议，旨在提高企业对ESG问题的透明度，并鼓励可持续投资。《可持续证券交易所倡议示范指引》[38]鼓励上市公司就重大环境因素向投资者做出充分的信息披露。

2009年，PRI推出由英华杰投资公司（英国）牵头的投资者与证券交易所合作项目，现在的可持续证券交易所投资者工作组，由合计资产管理规模达7.6万亿美元的43个投资者组成。2015年，身为该投资者工作组成员之一的安联环球投资有限公司领导一个由100个投资者（合计资产管理规模达10万亿美元）组成的联盟，鼓励全球77家证券交易所在2016年底前制作或更新针对发行人的ESG指引。目前已经有20家交易所加入。

信用评级机构

投资者积极鼓励将ESG融入信用评级，100位投资者（合计资产管理规模达10万亿美元）表示对此举予以支持。[39]2016年，投资者和信用评级机构同意联合发布《关于信用评级中的ESG声明》。该声明的内容具体涵盖了以下方面：

- 将ESG因素正式整合到信用评级中，目的在于在信誉评估过程中，加强ESG因素考量的系统性、透明度；
- 评估在不同发行人类型中，ESG因素与信用相关的程度；及

- 以透明的方式公布信用评级过程中如何考虑这些因素。

专栏20b.5 关于信用评级中的ESG声明

为了更加全面解决债务资本市场的主要市场和特殊风险，承销商、信用评级机构和投资者应以战略和系统的方法，考虑ESG因素可能具有的财务重要性。公开披露哪些ESG因素纳入考虑，如何整合这些因素，及其在信贷评估中被认为重要的程度，将使关键利益相关者能够更好地达成一致。通过此举，他们应该认识到，信用评级仅反映了对发行人信誉的评估结果。

资料来源：PRI，2016年。[40]

气候变化方面的合作

在《巴黎协定》签署后一个星期内，100多名投资者签署了《巴黎誓言》，公开宣称其支持《巴黎协定》的实施。主流投资者对COP 21作出承诺，该承诺不仅包括可再生能源，而且还包括绿色债券和低碳基础设施等领域，具体如上一节所述。投资者有关气候变化的合作性倡议在预示投资者的气候变化行动和对《巴黎协定》的支持方面发挥了重要作用，其中包括蒙特利尔碳承诺和投资组合减碳联盟，两者都获得了投资者的大力支持。这两个倡议均列入了UNFCCC非国家行动者官方平台，《巴黎协定》在正文中承认并明确提及该平台。

此外，投资者通过合作创建了低碳投资登录平台，[41]这是由全球气候变化投资者联盟创建的全球公共在线数据库。[42]该登录平台旨在获取和分享低碳和减排投资的例子，其记录在册的投资项目的合计投资金额已经超过500亿美元。登记的投资项目不仅包括风能发电、太阳能发电和水电，还包括绿色建筑、能效、国家铁路和货运系统以及林业。该登录平台于2015年推出，投资者目前仍在向该平台提交记录。

《G20集团能效声明》不仅表明了投资者也将采取行动，而且还进一步有力地说明了投资者要求出台支持性政策。在UNEP FI的召集下，该声明获得合计资产管理规模约4万亿美元的100个银行和投资者的支持。

投资者还创建了一个全新的绿色基础设施联盟，以便与政府进行更密切的合作，通过协助投资者了解未来的后备项目和解决资本流动的障碍，来扩大绿色基础设施投资规模。在某些 G20 集团国家，如法国，政策制定者已经支持社会责任投资改革，以协助投资者选择绿色基金（图 20b. 5）。

表 20b. 3　　关于气候变化的全球投资者合作性倡议（投资组合减碳联盟[43]和蒙特利尔碳承诺）

全球倡议	所涉投资者	目标
蒙特利尔碳承诺	由 PRI 召集的 120 个投资者，合计资产管理规模达 10 万亿美元。投资者包括 Old Mutual plc、HSBC Global Asset Management 及 CalPERS。	投资者承诺对投资组合碳足迹进行计量和披露。[44]
投资组合减碳联盟	召集到一起的 25 个投资者以减碳为目标，资产管理规模达 6000 亿美元。UNEP FI 是联合创始人。PRI 是提供支持的合作方。投资者包括 AP4、Amundi、CDC 及法国巴黎银行。	为使投资组合与低碳经济相契合而进行的系统性活动。这些活动包括但不限于为了减少投资组合的碳足迹，增加对可再生能源等领域的投资，从高能耗活动中撤资，及鼓励公司和其他实体减排和支持向低碳经济转型，而开展的活动。[45]

资料来源：投资组合减碳联盟[46]和蒙特利尔碳承诺。

专栏 20b. 6　G20 集团能效声明

作为我们为推动 G20 集团能效融资工作组工作而作出的贡献，我们作为管理人和投资者，对能效的积极经济和社会效益有着共同的认识。为了确保我们的活动促进并支持能效，同时考虑到我们的信义义务：我们认识到有必要将能效充分纳入我们的投资过程。我们，即以下签名人，作出以下承诺：

1. 将重大能效考量因素纳入我们评估公司的方式；
2. 当我们与公司互动时，将能效作为一个重点关注领域；
3. 在对股东提案进行表决时，在与所考虑的提案相关的范围内，考虑能效绩效；

4. 在选择管理人时，在相关的范围内，将能效率投资考量因素纳入在内；

5. 评估我们现有的房地产资产和管理人，并对其能效绩效进行监测和报告；

6. 寻求适当的机会，增加我们投资组合中的能效投资。

资料来源：能效融资工作组（IPPEC）和 UNEP FI，2015。[47]

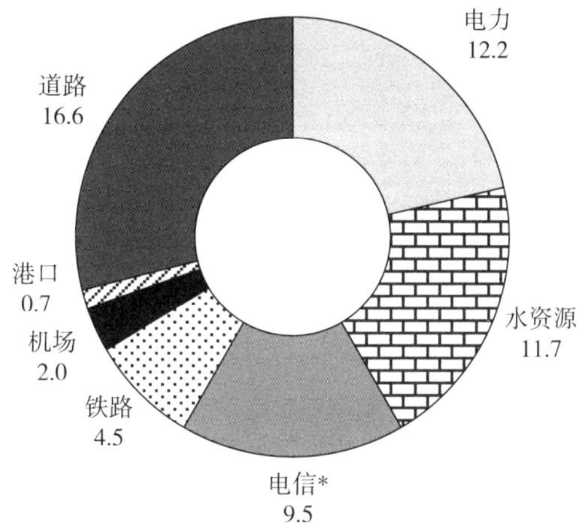

＊仅巴西、中国、印度和 OECD 国家

资料来源：绿色基础设施联盟，2015 年。[48]

图 20b. 5　绿色基础设施投资

结论

PRI 取得成功，合作发挥了关键作用，为投资者提供了共同努力以使投资者、公司和政策制定者的实践发生切实变化的途径。这一行业合作的终极利益最终归向客户和受益人，投资者对上述六大原则的坚定实施，使客户和受益人的投资受到更好的保护。

2016 年是 PRI 诞生十周年。在这一年，PRI 就其未来十年的方向征求全行业意见，最终会形成未来十年的“负责任投资蓝图”。Steward Redqueen 对 PRI 的影响力进行的独立评估发现，整体上而言，PRI 为未来做好了充分准备。对于进一步进展和现实世界的变化而言，以下三个方面将具有重要意义：明确 PRI 的宗旨和抱负并就此达成共识，加大对签署机构的关注并为其增加价值，及完善签署机构问责程序。

当 PRI 在考虑未来十年的方向（其中包括排放量到 2020 年达到峰值的挑战和实现可持续发展目标）时，我们希望以 PRI 的优势为基础，深化行业落实负责任投资的力度。

注释

1. https：//www. unpri. org/download_ report/9483。查阅日期：2016 年 10 月 18 日。

2. 截至 2016 年 2 月 28 日。2016 年的更新公开数据将在 2016 年 4 月后公布。

3. www. unpri. org/introducing – responsible – investment/。查阅日期：2016 年 9 月 8 日。

4. http：//www. aspaonline. org/global/pdfs/Whatisresponsibleinvestment. pdf。查阅日期：2016 年 10 月 18 日。

5. 期限是从 2012 年 4 月至 2015 年 4 月。

6. www. unpri. org/news/pri – fact – sheet/。查阅日期：2016 年 9 月 8 日。

7. www. unpri. org/about – pri/the – six – principles/。查阅日期：2016 年 9 月 8 日。

8. www. unpri. org/news/pri – fact – sheet/。查阅日期：2016 年 9 月 8 日。

9. www. unpri. org/signatories/signatories/。查阅日期：2016 年 9 月 8 日。

10. www. unepfi. org/about/background/。查阅日期：2016 年 9 月 8 日。

11. www. unpri. org/areas – of – work/reporting – and – assessment/reporting – outputs/2014 – 15 – public – ri – transparency – reports/。查阅日期：2016 年 9 月 8 日。

12. https：//www. unpri. org/download_ report/13718。查阅日期：2016 年 10 月 18 日。

13. www. kfw. de/Presse – Newsroom/Themen – Kompakt/PRI/PRI – CORPORATE _ BONDS_ SPOTLIGHT_ ON_ ESG_ RISKS_ 2013. pdf。查阅日期：2016 年 9 月 8 日。

14. www. unepfi. org/fileadmin/documents/SustainableRealEstateInvestment. pdf.

15. https：//www. unpri. org/download_ report/6385。查阅日期：2016 年 10 月 18 日。

16. http：//2xjmlj8428ula2k5o341lm71. wpengine. netdna – cdn. com/wp – content/uploads/PRI_ RI_ IN – FARMLAND_ REPORT – 2014_ 2015. pdf。查阅日期：2016 年 4 月。

17. www. cppib. com/en/how – we – invest/sustainable – investing. html。查阅日期：2016 年 9 月 8 日。

18. www. gpif. go. jp/en/topics/pdf/20150928 _ signatory _ UN _ PRI. pdf。查阅日期：2016 年 9 月 8 日。

19. 学术论文“ESG and Financial Performance：Aggregated Evidence from More Than 2，000 Empirical Studie”，详见 Journal of Sustainable Finance and Investment：www. tandfonline. com/doi/full/10. 1080/20430795. 2015. 1118917。Deutsche Asset and Wealth Management 与 the University of Hamburg 发布的 ESG 白皮书，包括 PRI 常务董事 Fiona Reynolds 的前言，详见：https：//institutional. deutscheawm. com/globalResearch/investment_ strategy_ 3540. jsp。查阅日期：2016 年 9 月 8 日。

20. www. unpri. org/viewer/？ file = wp – content/uploads/2014_ report_ on_ progress. pdf。查阅日期：2016 年 4 月。

21. www. towerswatson. com/en – GB/lnsights/IC – Types/Survey – Research – Results/2015/09/The – worlds – 300 – largest – pension – funds – year – end – 2014。查阅日期：2016 年 9 月 8 日。

22. www. calpers. ca. gov/docs/forms – publications/calpers – beliefs. pdf。查阅日期：2016 年 9 月 8 日。

23. www. towerswatson. com/en – GB/lnsights/IC – Types/Survey – Research – Results/2015/11/The – worlds – 500 – largest – asset – managers – year – end – 2014。查阅日期：2016 年 9 月 8 日。

24. www. ssga. com/investmene – topics/environmental – social – governance/2016/Climate – Change – Risk – Oversight – Framework – For – Directors. pdf。查阅日期：2016 年 9 月 8 日。

25. www. calpers. ca. gov/docs/forms – publications/calpers – beliefs. pdf。查阅日期：2016 年 9 月 8 日。

26. www. unpri. org/wp – content/uploads/Consumer – Survey – Executive – Summary. pdf。查阅日期：2016 年 4 月。

27. www. bankofengland. co. uk/publications/Documents/speeches/2016/speech873. pdf。查阅日期：2016 年 9 月 8 日。

28. www. unepfi. org/fileadmin/documents/fiduciary_ duty_ 2lst_ century. pdf。查阅日期：2016 年 9 月 8 日。

29. www. parispledgeforaction. org/。查阅日期：2016 年 9 月 8 日。

30. United Nations（2015）*Transforming our World*：*the* 2030 *Agenda for Sustainable Development* A/RES/70/1 https：//sustainabledevelopment. un. org/post2015/transformingourworld/publication。查阅日期：2016 年 9 月 8 日。

31. 全球投资管理人和资产所有者（资产管理规模达 5. 9 万亿美元）对调查的回复，及与 12 个其他利益相关者的访谈。该调查是为 PRI 和 Share Action 即将在 2016 年发表的出版物《Transforming our World through Investment》而开展的。

32. www. unpri. org/areas – of – work/clearinghouse/coordinated – collaborative – engagements/。查阅日期：2016 年 9 月 8 日。

33. www. unpri. org/publications/#WATATER – RISKS。查阅日期：2016 年 9 月 8 日。

34. www. naturalcapitaldeclaration. org/water – risk – valuation – tool/。查阅日期：2016 年 9 月 8 日。

35. https：//www. unpri. org/download_ report/3938。查阅日期：2016 年 10 月 18 日。

36. http：//investorsonclimatechange. org/wp – content/uploads/2015/12/11DecemberGISCC. pdf。查阅日期：2016 年 9 月 8 日。

37. www. sseinitiative. org/。查阅日期：2016 年 9 月 8 日。

38. www. sseinitiative. org/wp – content/uploads/2015/09/SSE – Model – Guidance – on – Reporting – ESG. pdf。查阅日期：2016 年 9 月 8 日。

39. PRI 对投资者开展的有关 ESG 和信用评级机构的调查，2015 年。

40. 经请求，PRI 可提供该声明。详见：www. unpri. org/areas – of – work/implementation – support/fixed – income/。查阅日期：2016 年 4 月。

41. http：//globalinvestorcoalition. org/low – carbon – investment – registry/。查阅日期：2016 年 9 月 8 日。

42. http：//globalinvestorcoalition. org/。查阅日期：2016 年 9 月 8 日。

43. http：//unepfi. org/pdc/与 http：//montrealpledge. org/。查阅日期：2016 年 9 月 8 日。

44. http：//montrealpledge. org/。查阅日期：2016 年 9 月 8 日。

45. www. unepfi. org/fileadmin/documents/FromDisclosureToAction. pdf。查阅日期：2016 年 9 月 8 日。

46. http：//unepfi. org/pdc/与 http：//montrealpledge. org/。查阅日期：2016 年 9 月 8 日。

47. www. unepfi. org/fileadmin/documents/EnergyEfficiencyStatement. pdf。查阅日期：2016 年 9 月 8 日。

48. www. unpri. org/whatsnew/green – infrastructure – investment – coalition – launched – at – cop21/。查阅日期：2016 年 9 月 8 日。

结论

气候与影响

Cary Krosinsky 与 *Sophie Purdom*

气候变化和工作条件是两个亟待解决的问题，而这两个问题可通过可持续性投资来予以解决，且不仅大学捐款基金可对此予以关注，所有投资人都可有所作为。这是我们2016年在布朗大学开设的一门课程的结论，也是选择将ESG因素纳入考量的许多投资人的关注焦点。引发人们对这些问题的广泛关注，实施投资战略，能有效促进资本竞赛，从而带来改变。

实际上，在气候变化和相关社会问题方面，我们即便不能密切合作，也应以统一的方式来应对投资人所关注的影响，但最终能否取得成功尚未可知。如果仍然坚持目前的投资现状，那么改变将无法发生，而从气候科学的角度看，这一切显然是不可持续的。

如果我们不尽快行动，不采取大动作，一定会出问题，而且很可能比我们预期的来得更早。例如，在系统失灵以前，可能一切事物的价值都维持不变；直到有一天，由于我们忽视环境破坏（特别是气候变化和水资源方面）的严重后果，系统崩盘，一切格局都将被颠覆。

据“碳追踪计划”或哈佛商学院估计，仅基本建设支出方面的风险就达到2~2.5万亿美元。而剑桥“无法对冲的风险”研究显示风险的价值比例更高。可以肯定的是，因气候变化和水资源问题而面临风险的价值比例显然不止2%。

面对这些问题，我们首先选择持乐观态度。

与以往相比，现在我们更加清楚，要避开上述风险所需的投资——必定是数万亿美元的规模：我们使用的粗略估计是50万亿美元。而这也仅仅是人类全部财富价值的10%而已。我们可以针对成功的投资开展案例研究，找出需要扩大投资规模的领域，建立公私合作关系，将这些解决方案在上述商业领域进行大规模推广。如之前所述，投资人和政府均可中途介入，而长项投资框架和回报计划则确保长期受益人参与其中，共享机遇，共担风险。我们需要完成并掌握第一批案例研究，同时制定出规模化推广的全球路线图。大规模推广一个好的想法并不容易，而假如方式错误，工作将变得更加举步维艰。

我们也需要开展教育工作，提高公众的意识和认知，让人们不仅了解到各种可能性，还要清楚失败的后果。有些后果虽然令人不敢想象，但我们仍需把后果的情形描述出来，作为一种警示。更重要的是将成功后的景象视觉化，以终为始，通过目标来指导我们开展工作。

好消息是，在这一转型过程中会创造出至少数以千万计的工作岗位。这可能会成为突破当下政治阻力的关键，因为工作和民生现在是，将来也仍然会是政治领域重点关注的话题。

文化发展也至关重要。

要抓住相关机遇，应确保我们拥有合格的领导者：他们理解并支持统一的气候和影响愿景，确保我们在制定战略时提出正确的问题，积极协调，在全球范围内达成共同目标，进行必要的能力建设以完成转型，进而制定实现改变所需的战略。实施这些战略，包括深度的全球公私合伙投资合作之后，我们要能够对年度进展或不足进行评估或追踪，并每年进行回溯评估，这项工作可能需要一直开展到2020年、2025年，甚至更远的未来。

要实现这种改变，很可能需要全世界所有人或大多数人的参与。我们所有人都需要找到能带来积极改变的切入点。必要和可能的切入点有很多。

因此，我们在教学中鼓励学生探索ESG风险与机遇，把它们细分为自己感兴趣的子话题，对其进行全面研究，为悬而未决的问题找到解决方案，并将之作为期末报告和论文的内容。

以下是部分期末报告的题目，其中一些成了本书的章节。

耶鲁大学2014和2015学年：关于商业和可持续性的大学研讨会

- 如何通过共有产权和共享价值开展伊斯兰教法投资；
- 在美国通过碳税资助清洁能源的潜力；
- 印度的能源未来；
- 美国电网革命；
- 邮轮产业变革；
- 太阳能融资的发展；
- 化石燃料与耶鲁投资政策；
- 可持续性指标与标准的现状；
- 共享单车在亚洲的发展潜力；
- 通过使用衍生品来拯救地球；
- 阻止婆罗洲的森林退化；
- 美国垃圾税的潜力——以欧洲为例进行分析；
- 工业共生体分析；
- 如何在供应链中杜绝贩卖人口；
- 可持续性国有企业的潜力；
- 智慧微电网：展望美国未来；
- 中国经济发展与土壤污染的平衡；
- 能源转型中的自由市场解决方案；
- 如何修复珊瑚礁；
- 加拿大水力发电——基础设施投资潜力；
- 可持续实践在医疗保健供应链中的应用；
- 非洲的天然气资源；
- 通过多方利益相关者对话，改善拉丁美洲的甘蔗产业现状；
- 中国B型企业的潜力；
- 清除应对气候变化举措的路障；

肯考迪亚大学 2016 学年：可持续性金融管理

- 在商学院中融入可持续性元素；
- 加拿大的信义义务；
- 小额信贷的优势与不足；
- 加拿大的可持续性地产；
- 伦理学与药学行业：古里德科学和艾滋病药物的可负担性；
- 养耕共生——魁北克省原住民的一种农耕方式；
- 转基因作物：问题与解决方案并存；
- 智利的可持续性旅游；
- 能源创新潜力分析。

你的切入点正是机遇所在。我们需要的切入点，不是像罗伯特斯卡罗所说的 15 个，而是需要成百上千的解决方案，通过巨额投资规模化，来实现这些好的想法。

教育和提高风险意识，尤其是提升关于机遇的认识，仍是当务之急。对于大多数人来说，除非他们认识到自己所处的困境，同时知道自己将如何受益，否则，他们不会落实正确的方案。这就需要对利益权衡和选择进行仔细检视，也需要将不发达世界纳入其中，否则，冲突和分歧仍将持续下去。

我自己（卡利）从事教学工作，完全得益于哥伦比亚大学南希·迪克南（Nancy Degnan）女士的推动。她建议我教学时，我还从未有过此类想法。她将我引向教学的道路，而今天，教学已成为我生命中不可或缺的一部分，也是我自认为最有价值的一项事业。跨学科视角的无穷力量，得益于南希卓越的领导力，这在"肯尼迪可持续性投资"项目中也一直有所展现。该项目将学生集合起来，资产高达 15 万亿美元，他们联合起来，作为组织机构，致力于推动可持续性进程，建设社区，共享经验，彼此学习，我们也从中受益匪浅。

在耶鲁大学，该教学进一步演化，开始探讨创新与可持续性以及潜在解决方案，同时关注企业和投资人的战略。

在布朗大学，对于苏菲和我来说，该教学在于探讨如何通过深入分析和投资纪律在大学捐赠基金中加入积极的可持续投资。

这就是我们所做的努力——使资产发生流转很难，真的很难。但改变恰恰从这里开始，这是迈向可持续金融系统之路。在可持续金融系统里，所有资产都是可持续的，因为从最开始，它们就已将可持续性纳入其中。

你们做出改变的切入点可能完全不同，或者可以从学习和改变他人的尝试和成功经验开始。

对于未来，我们非常乐观。我们相信未来是光明的，会有很多机遇，但接下来的五到十年至关重要。该领域在过去一两年内已经开始发展，其速度前所未见，犹如搭上了火箭船。我们需要你们加入进来，大家共同努力，找到兼具可持续性和金融价值的解决方案。

让我们共创美好未来！

附件 A

气候变化简明指引

政府间气候变化专门委员（IPCC）[1]创建于 1988 年，是全球气候科学家的代表机构，长期以来对气候变化及其预期影响开展共识研究，并在不久前发布了《第五次综合评估报告》。

《第五次综合评估报告》是一份综合性的报告，但对于一般人而言并不易懂。因此，关于气候变化的简明指引，可以给予读者一定的帮助。

我们向感兴趣的读者推荐两份简明指引，一份是 Wilshire Associates[2]的《气候视角报告》中的部分内容，另一份是黑熊环境资产咨询事务所撰写的题为《气候变化：越来越受到注重的事实》的精彩文章。[3]

在本简明指引中，明确说明了美国国家航天航空局以及国家海洋和大气管理局对如下事实的论证：过去几年是地球上最热的几年，而且自 1880 年以来气温最高的 19 年，都发生在最近 20 年内。2014 年的平均气温较 20 世纪的平均气温要高出 0.69℃（1.24°F），到 21 世纪末，这一气温差距可能超过 2℃（3.6°F）。

自 19 世纪后期以来，全球海洋温度也上升了 0.74℃。由于大气中 90% 以上的余热都聚集在海洋里，以目前温室气体排放率计算，到 21 世纪末海洋温度可上升 4.2℃（7.25°F）。

大多数科学家认为，气温上升是由于温室气体排放浓度增加和其他人类活动造成的。科学家们预言，气温上升可带来破坏性的后果，造成全球气候模式变化、粮食和水短缺、千万人流离失所。

注释

如需了解详细信息，请查阅以下有关气候变化的简明指引。

1. www. ipcc. ch/report/ar5/syr/。查阅日期：2016 年 9 月 8 日。

2. https：//globenewswire. com/news - release/2016/05/18/841252/0/en/New - Wilshire - Consulting - Program - Assists - Clients - Concerned - With - Implications - of - Climate - Change. html。查阅日期：2016 年 9 月 8 日。

3. http：//nebula. wsimg. com/edf5b696c3bde9a8952279d5ef53f2al? AccessKeyld = D9D974DEC5F930B854CF&disposition = 0&alloworigin = 1。查阅日期：2016 年 9 月 8 日。

附件 B

ESG 问题

Cary Krosinsky

2015 年，世代基金会（Generation Foundation）在其题为《长期回报资本配置》[1]的作品中，试图对到底什么是重大的环境、社会和公司治理（ESG）问题作出解释说明。对于希望初步了解 ESG 风险和机遇分类的人来说，这一作品值得一读。

例如，环境问题包括涉及以下议题的问题：

- 空气质量；
- 生物多样性；
- 碳排放；
- 气候变化弹性；
- 能源消耗；
- 环境政策和法规；
- 水资源的利用和消耗；
- 食物供应影响；
- 自然资源、废物和供应链管理；
- 土地利用；
- 海洋酸化；
- 面对极端天气的脆弱性。

不难看到上述风险与社会后果之间的相互关联性。这方面的数据比较少（参见第九章关于数据挑战的内容），我们自己开展的研究工作则从人权角度考量并侧重于以下五个类别：

- 战争与和平状况及策略；
- 政治和经济自由；
- 社区健康和医疗条件；
- 种族和性别歧视；以及
- 商业惯例和工作条件。

全球治理甚至可以说是一个更为复杂的问题；围绕董事会和高管层的利益冲突、薪酬以及股东权利等问题，形成了一种所谓的美国模式。

然而，尽管美国治理投资者的关注焦点是，诸如公司不得拆分其股票类别，或者要求分拆董事长与首席执行官职能，但在家族经营企业等其他背景下，此等机制有助于阻止那些不希望公司开展有益于社会的活动的投资者。

举例而言，德国拥有世界上最成功的经济体系之一，但是在德国，公司之间往往相互持股、相互委派董事。这一做法在美国却常常受到批评，所以，从总体而言，公司治理更像是一门艺术，而不是一门具有普适性的科学。

我们长期以来一直偏好，而且至今仍然偏好 ESGFQ（环境、社会、治理、财务、管理质量）[2]。ESGFQ 是一个更宽广的模式，而不仅仅是 ESG。其中的 F 是指资金情况，如果没有 F，任何可持续性战略都不可能持续；Q 是指管理质量、公司的文化和业务计划，区分和独立于例如报酬和董事会组成等传统的公司治理措施。

这种 ESGFQ 构架囊括了所有的全球金融体系，并充分考虑到了可持续性。如果我们脱离这一构架，我们开展经营的经济维度会变得狭窄许多，而且会产生被那些想逃避业务后果的人们忽略的“外部性”。

我们不能再继续无视上述后果了。

ESG 问题清单不仅显示了投资者可能对公司绩效作出的思考，而且还以颇为有力的方式列示了对社会造成全面影响的问题。我们仍以气候变化作为一个我们面临的出发点，如果这一问题得不到解决，它将对前述其他众多问题产生多米诺效应。

上文所述的众多环境和社会问题都非常重要，但在这些问题之上，全球面临着一个最迫在眉睫的可持续性挑战，这是一项非常艰巨的挑战，且如果不改变一个特殊意义的数字，其他一切最终可能都不再有意义。

这个数字就是 50。

50 是以吉吨（或 Gt）为单位计算的、全球每年排放到大气中的二氧化碳和其他温室气体的大约数量（二氧化碳当量）。

也许有人会觉得有些奇怪，我们没有提供一个精确的数值，但数值是否精确实际上并不重要。同样，我们也不知道气候变化预期效应的临界点是什么，但是我们知道，我们必须继续加速步伐，向低碳经济过渡。

上述排放量计算数字是通过将以下领域每年的产量相加而得出的：

1. 发电；
2. 交通运输；
3. 工业流程；
4. 农业、林业和土地利用（或也称作“AFOLU”）；和
5. 楼宇运作。

以下为近期美国非 AFOLU 经济领域的能源消耗状况：

每年消耗的能源产出量比例（2015 年）

石油	35%
天然气	29%
煤炭	17%
核能	8%
可再生能源	11%

以下为按照经济领域划分的能源消耗状况：

交通运输	27%
工业	22%
其他民用和商用楼宇	12%
发电	39%

在全球不同国家和地区，上述比例会有所不同。但是，该图直接反映了在持续产生的温室气体排放中能源消耗具有明确和重要的作用。例如，石油在当今美国交通运输领域中的能源消耗中的占比仍高达 90% 以上。而从另一方面来说，美国 71% 的石油消耗用于交通运输领域，其中，小汽车消耗量约占一半的比例。在美国的煤炭消耗中，91% 用于发电，因此，气候监管具有

潜在的重要意义，且关于清洁电站的要求仍需通过法律体系得到确立。

此外，如果加上其他温室气体排放，尤其是甲烷排放（温室效应强度是二氧化碳的 25 倍），我们每年排放的二氧化碳当量即达到了上文所述的 50 千兆吨的数量，甚至可能更多。这其中还未包括例如森林碳汇等所有其他效应的释放量。

从政府间气候变化专门委员会（IPCC）到独立的专家机构，例如国际能源署（IEA），到非政府组织，例如碳追踪计划，科学家们一致同意我们应当按照实际上的“碳预算”开展运作。

此项碳预算的最佳估计数据为 900 ~ 1000 吉吨；如果继续采用以往的运营方式，按照现在每年的数据，大约 20 年，甚至可能更短，即可用尽这一预算。要改变这一切，我们必须采取更快和更切实的过渡措施。

最近，政府间气候变化专门委员会和国际能源署均提出，我们已经用掉了全球一半的碳预算，而且正在快速地消耗剩余的碳预算。此外，我们必须说明的是，政府间气候变化专门委员会认为，气候变化“极有可能”或者至少有 97% 的可能，是真正和很大程度上的人为现象。

这并不仅仅是一个科学上的问题，而是我们作为投资者必须面对的现实。

我们面对的挑战不是停止化石燃料的生产，而是如何转变能源消耗，使我们逐渐找到每年的能耗模式，将能源消耗保持在维持全球安全的必要水平。

如果不改变能耗模式，上述领域还将继续不断使用化石燃料，尤其是随着发展中国家居民追求发达国家的生活方式，这一消耗甚至可能加剧。人类应当如何应对这一切？我们希望本书能够为取得必要的投资成功开辟相关途径。

按照每年约 50 千兆吨的二氧化碳和等同物的排放量，以及自 2011 年起 900 ~ 1000 吉吨的碳预算计算，我们似乎最多还有 650 ~ 700 吉吨的排放量。过渡需要一定的时间，因此，我们确有必要立即大力按下低碳的加速按钮。

这是一场与时间的竞赛，固守陈规的投资者可能最终无法获得收益，尤其是由于能源价格下跌，人们正越来越多地踩下向低碳过渡的油门。

剩下需要关注的问题是“现状的根深蒂固性”——现有的汽车还将继续行驶，低效能楼宇还将继续运作，电厂还将继续建造和运营，从环境角度而言，这一切都是欠佳的，会使我们进一步深陷受气候变化影响的未来，使得我们更有必要立即采取行动。

许多人认为，我们至少已“通过制度确定”1.5 摄氏度的平均升温数值；但是虽然巴黎协定最近试图将 1.5 摄氏度作为气温上升的控制目标，这可能仅是一个乌托邦式的构想，实际上却很难实现。人们越来越担心，对于碳排放对地球气温造成的影响，科学家的估计可能过于保守[4]，而且现在还应当充分考虑到其他众多社会后果。因此，加速向低碳过渡的急迫性变得更为确凿无疑。

这些社会问题可以列举如下。这些问题完全可能发生，而且许多人都会亲身面临这些问题：

- 农业产量不足；
- 疾病的传播；
- 上百万的人面临淡水短缺；
- 极端天气频发；
- 海平面上涨，给众多人口和基础设施造成影响；
- 生物大量灭绝和生物多样性受损。

上文最后一点所述的情形已经发生，由于海洋吸收了大部分增加的热量，海洋健康受到影响，引起了珊瑚礁白化等众多问题。随着污染持续加速，全球许多城市，尤其是在印度和中国，空气质量受到严重影响；此外，土地和水污染物也在不断扩大。

许多人预测，首当其冲的将是淡水短缺问题；随着人口的增加，在不远的将来还会出现肥料以及可耕种土地的耗竭。我们面临的各种灾难正向我们步步紧逼。

随着人们开始关注可持续性问题，一些人意识到，一系列相互交织的问题往往在同时起作用，这就需要同时采取多项平行战略的解决方案，才能改变现有的经营、商业和消费状况。

同时，以下仍在继续的三大趋势也在一定程度上与可持续性直接相关，并对商业价值具有极大影响：

- 快速成熟的全球化；
- 不断加速的技术变革；和
- 对具有经济弹性的社会的需求。

全球化会影响商业的成功，包括其工作被外包的个人，但同时也有助于以最大限度地提高股东的利益。

技术变革的步伐造成了越来越多的行业消失或演变，例如报业印刷和音乐出版，同时还为中产阶层家庭带来了更大的压力，中产阶层的工作不再像以前那样稳定。

全球城邦的崛起给当地社区增加了第三项压力，这些地方社区可能与过往的工业遗迹一道被甩在社会发展的大潮之后。

这些趋势产生了社会和政治风险，但也带来了环境机遇。城市提高了环保效益，未来世界上大多数的人口都会居住在城市里，这为我们创造了一个至关重要的机会。

投资者可以从自身的利益出发，对这些趋势开展预测——不仅仅是对房地产价值的趋势进行预测，同时也包括其他资产类别，例如基础设施——并通过企业对其产品和服务做出相应的定位。

技术变革还能够提高环境效益，而这正是我们所迫切需求的，同时可以通过封闭式环路来减少浪费，以及通过云计算等形成降低能耗的趋势。一段时间以来，最具创新性的技术公司都实现了卓越的财务业绩，并在自我可再生能源生成方面居于领先地位。Jeremy Rifkin 等人认为技术公司将成为未来的电力设施。[5]

在本书编辑之时，58 家公司承诺将使用“百分之百的可再生能源”。[6]

此外，宜家不久前也承诺将在 2020 年成为能源净出口商。[7] 我们预期，各个领域内的其他的大公司也将纷纷效仿，尤其是，如果低碳能源的生产能够成为它们自身的多元化商机，那么，在收缩利润的年代，这种趋势将更为明显。那些鼓励能源生产商进行成本竞争的人，例如，当年负责康涅狄格州能源和环境保护局（DEEP）领导工作的耶鲁的 Dan Esty，[8] 曾是这一关键的动态转变的一部分。未来能源的生产商将开展质量和成本的竞争。

汽车制造和其他技术公司也都在激烈竞争，在电动汽车/无人驾驶汽车，以及其他相关的应用技术领域，争取未来的领导者地位。随着发展中国家越来越向往西方中等阶层的生活，波音等公司通过节油飞机设计大幅提高了其财政绩效；虽然航空领域整体的低碳过渡实施肯定会需要更长的时间，但无论在目前和未来，节能都将起到重要作用。

企业之所以获得成功，是因为它们提供消费者需要的产品，并在这一过程中结合了可持续发展和提高生产力等因素。这一混合的动力在目前和未来都将是市场份额的桌面筹码，而同时实现商业和投资成功的方法论也已出现（参见第16章a部分关于价值驱动力模式的内容）。

全球化还促进了在世界各地的技术分享和传播。在非洲历史上，移动电话的引进可以说是最大的可持续性倡议，提供这些解决方案的公司创造的社会效益是经济利润的9倍，形成了一种财务和社会利益完美结合的“圣杯”局面，而且正通过所谓的影响力投资的方式，得到快速发展。其他形式的社会企业也正在起步。许多领域内的公司寻求建立循环经济、消除废物流；另一些则通过共享所有权积极参与共享经济。

总之，我们希望以下三件事能够同时发生：

- 以所需的步伐持续向低碳能源过渡；
- 现有企业的环境和社会性质持续发展；和
- 形成新的/社会企业，并提供相应就业机会。

这些目标呈现了一种单一的、相互交织的动力，必须有意识地加快这一动力，才能获取持续的社会和财务成功，这就需要决策人、投资者、法人和消费者同心协力。

只有做出积极系统的努力，精心设计过渡措施，并结合一定的方法来测定过渡的步伐，才能取得成功，确保良好的平衡。

读者们可以看到我们的发展方向，并推定财务回报将日趋向那些既能解决上述问题，同时又能保持商业效益的创新公司倾斜。

由于美国的经济实力和创新领头人的地位，从其身上可以看出，全球竞赛实际上已经开始。在注重可持续性的同时，取得经济成功的企业最终将会胜出。

让我们通过可持续投资，开展全球竞争力的竞争吧！

注释

1. www. genfound. org/media/pdf - genfound - wp2015 - final. pdf。查阅日期：2016年9月8日。

2. www. greenbiz. com/blog/2009/08/14/how - build - framework - sustainability - 20。查

阅日期：2016 年 9 月 8 日。

3. US Energy Information Administration, Monthly Energy Review (March 2015) www. eia. gov。查阅日期：2016 年 9 月 8 日。

4. https：//www. scientificamerican. com/article/climate – science – predictions – prove – too – conservative。查阅日期：2016 年 10 月 18 日。

5. www. foet. org/ongoing/documents/Laeding WayThirdIndustrialRevEUabridged5 – 14 – 08. pdf。查阅日期：2016 年 9 月 8 日。

6. http：//there 100. org/companies。查阅日期：2016 年 9 月 8 日。

7. www. theguardian. com/sustainable – business/2016/may/27/ikea – net – exporter – renewable – energy – 2020 – cop21。查阅日期：2016 年 9 月 8 日。

8. www. nhregister. com/general – news/20140115/connecticut – deep – commissioner – esty – to – return – to – yale – position。查阅日期：2016 年 9 月 8 日。

附件 C

附加价值驱动模式案例研究[1]：施耐德电气

——作为地球和社会晴雨表的业务

战略

1836 年，施奈德兄弟购买了位于法国 Le Creusot 附近的矿业和制造业务。某一天，这些业务或许会成为当今的跨国公司施耐德电气（SE）。[2]该公司目前提供能源管理服务和其他技术设施、楼宇能效、太阳能解决方案和自动化流程，将在全球范围内将节约财务和提高环境效益作为其业务核心。

结果

随着对上述服务日益增长的需求，以及 SE 在上述领域所提供服务的特有性，SE 获得了相当的利益。SE 最近的报告显示，可持续性优势收入[3]（S/G）大幅提高。收入的可持续性品质（即“可持续性优势”收入总额所占的绝对百分比）在 2011 年年初为 29.9%，到 2013 年第三季度已提高到 63.3%。此外，在这一期间内，该公司的股票价格上涨了 50%，显示出 SE 的战略不仅使其股东获益，而且有利于其利益相关方。SE 的 S/G 比率（可持续优势收入增长率除以全球业务的增长率）为 7.8。这也就是说，可持续优势产品的发展速度高于整体发展，而且超出了被该分析界定为高绩效阈值的发展比率两倍。[4]

此外，公司还将更多的注意力放在可续持性驱动生产力上（S/P），并使用“地球和社会晴雨表”作为总体的、面向公众的监控器，对风险管理和可持续性最重要领域的发展开展监督。公众通过其网站可以进行查阅[5]，这一因素在其持续财务报告中也占有重要的地位。[6]

施耐德电气是如何做到的？

早在12年前，SE就开始努力通过可持续发展创造价值。当时，公司首次创立了可持续发展部门，以响应一小部分投资者对这一议题释放的信号；同时也显示了SE对可持续作出的承诺，以及SE自行创设和衡量特定KPI的意愿。2002年，SE被选入道琼斯可持续发展指数，并在同时发出了NEW 2004（新能源世界）倡议。到2008年，能源效率解决方案业务上升了30%，达到183亿。

此外，SE自2005年起开始开发和维持其地球和社会晴雨表。公司提出了SE可持续发展目标，即在减少能源浪费的同时，采取更有益于环境的工业生产和消耗方式。[7]晴雨表还包括在帮助最穷困的国家获得能源的同时，为其经济发展提供协助，这些领域如果取得成功，可以帮助公司在未来获得业务上的收益。晴雨表围绕地球、利益和人，共分14个方面（如下），并以1～10分对其自身进行评分。SE在2009年初的评分为3分，到2011年已经提高至8分[8]。最近，SE的绩效达到了6.38分，而公司2014年的目标为8分[9]。公司在一系列关键领域都领先于既定的目标，具体如下：

1. 2011—2014年二氧化碳排放量减少10%，公司准备通过交通运输方式的选择、供应链和物流优化以及载运密度等一系列措施，实现上述目标。到2013年第三季度，公司已实现这一目标，减少二氧化碳排放量达27.2%。

2. 绿色优质指定产品获取的收入占产品收入的75%。这一目标原定为67%。在2013年第三季度，公司自己的测算结果为63.3%，而在2011年第一季度这一比例仅为29.9%。

3. 所有的工业或物流场所在收购或创设后两年内应取得ISO 14001认证。此前，在2011年已实现关于2/3员工所载的工作场所应取得ISO 14001认证；这一目标在此基础上又提高了一步。

4. EcoXpert能源效率产品和服务取得的SE年度增长幅度在7个百分点以上。这一目标与上文所述的S/G计算直接相关。

5. 通过 SE 解决方案，使得位于“金字塔底层”的一百万个家庭[10]获得能源供应。

6. 90% 的 SE 货物战略供应商为 ISO 26000 成员，识别问题、确立战略，并出具进度报告。自 2004 年以来，SE 一直支持其供应商，促使其信守联合国全球契约原则。截至 2011 年年底，SE50% 以上的采购供应商，属于对联合国全球契约十项原则做出公开承诺的企业。

7. 纳入明确的社会责任投资指标索引，作为对 SE 可持续发展战略的独立确认。

8. 到 2014 年，将 SE 医疗事故率减少 30%，医疗事故率是关于安全、工作场所危害以及工伤数量的指标。

9. 让更多的员工将 SE 认同为一个“愉快的工作场所”。

10. 在 2014 年，使 SE 的员工聘用指数评分达到 70 分。2013 年第四季度的最新指数结果为 57，正在稳步实现预期目标。

11. 通过 2011 年高发展潜力员工发掘计划，到 2014 年年底，将在重要岗位任职的女性比例从最初统计的 23%，提高到 30%。

12. 每年向每个员工提供一天有关能源管理解决方案的培训，公司最初的目标是为 2000 名员工提供这一方面的培训。

13. 为 30000 名位于“金字塔底层”的人提供能源管理方面的培训（目前的数字显示已有 20000 人接受了培训，已远远超出了最初确定的 10000 人的目标）。

14. 在 2012 年新设的施耐德电气教师项目中，在项目前三年为社区组织 300 场培训。

对于 S/P 盈利，SE 目前正致力于将其运营能源效率节余转化为有形的美元节余，以在下一个年度报告中作出披露。此外，公司正在按照部门划分，研究确定不同部门领域中的企业实现财务节余的潜力。SE 的例证显示了公司通过内部生产力努力，可获得更多的业务收入。因此，S/P 数据即将公布，分析家和资金管理人将可利用这一数据了解公司所关注的节余成效。

从风险角度来看，SE 继续积极开展测量，通过其网站对其设立的晴雨表作出报告；同时公司还启动了一项内部水管理计划。SE 承认，尽管从未来收入风险角度来看，此项计划对于 SE，可能并不如对饮料制造商或类似业务公司那样重要，但是 SE 希望通过此项计划，对外显示其对全球最大的可持续发展问题的关注及作出的努力。因此，SE 通过碳信息披露项目、道琼斯可持续发展指数以及 Global 100 等外部排名合作伙伴，展示其在这一方面取得的进步。

本案例展示了施耐德电气如何直接通过可持续发展倡议，推动其业务走向成功。同时还证明了，具体的生产力节约有助于产生进一步的收入。本案例为分析师提供了相关线索，可用来分析像 SE 这样可持续发展的公司，如何提高其未来的价值。正如 SE 设立的晴雨表体系，从某一个风险角度确立关键的指标值和关键领域，可为内部和外部利益相关方提供最大的透明度，同时使公司在积极管理其风险方面赢得声誉。

SE 向投资者提供了一个机会，使投资者可以观察到 SE 的转变过程，看到其是如何逐渐将思维、战略和报告机制直接纳入业务框架的。随着 SE 的 S/GPR 发展，公司的股票价格也从 2009 年年初的每股 10 欧元上涨到 2013 年的每股 61 欧元。

注释

1. 可在 UN Global Compact 查阅我们更多的价值驱动案例研究 www. unglobalcompact. org/library/811。查阅日期：2016 年 9 月 8 日。

2. www. schneider – electric. com/sites/corporate/en/group/profile/history/schneider – electric – history – animation. page。查阅日期：2016 年 9 月 8 日。

3. www. schneider – electric. com/sites/corporate/en/finance/presentations/financial – results. page。查阅日期：2016 年 9 月 8 日。

4. 在本案例分析中，作者认为此处提出的这个阈值以及其他阈值均具有合理性。这些阈值仅作为说明性例证，在不同的公司背景下可能会有所不同。

5. www. schneider – electric. us/sites/us/en/company/sustainable – development – and – foundation/planet – and – society – barometer/planet – and – society – barometer. page。查阅日期：2016 年 9 月 8 日。

6. www. schneider – electric. com/documents/financial – results/en/local/2013 – half – year – results/presentation – hy – 2013 en. pdf。查阅日期：2016 年 9 月 8 日。

7. www2. schneider – electric. com/documents/sustainable – development – and – foundation/en/barometer – guide – en. pdf。查阅日期：2016 年 9 月 8 日。

8. www. schneider - electric. us/documents/sustainable - development - and - foundation/en/score_ s409. pdf。查阅日期：2016 年 9 月 8 日。

9. http://www. schneider - electric. co. uk/sites/uk/en/company/sustainable - development - and - foundation/planet - and - society - barometer/our - sustainable - development - scorecard/sustainability - performance - evolution. page。查阅日期：2016 年 10 月 18 日。

10. “金字塔底层”业务活动包括被施耐德电气称为“BipBop”的项目，也就是位于金字塔底层的业务、创新和人。www2. schneider - electric. com/sites/corporate/en/group/sustainable - development - and - foundation/access - to - energy/presentation. page。查阅日期：2016 年 3 月。